博学之，审问之，慎思之，明辨之，笃行之。

——《礼记·中庸》

管理者终身学习

国际工程承包与海外投资税收筹划实务与案例

李　铮◎编著

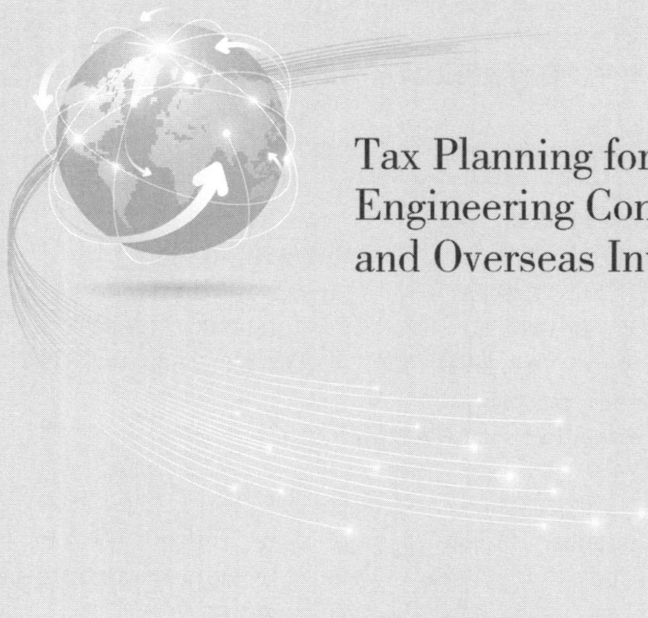

Tax Planning for International Engineering Contracting and Overseas Investment

中国人民大学出版社
·北京·

图书在版编目（CIP）数据

国际工程承包与海外投资税收筹划实务与案例/李铮编著.—北京：中国人民大学出版社，2017.1
（管理者终身学习）
ISBN 978-7-300-23149-5

Ⅰ.①国… Ⅱ.①李… Ⅲ.①国际承包工程-研究②海外投资-税收筹划-研究 Ⅳ.①F746.18②F830.59

中国版本图书馆CIP数据核字（2016）第163679号

管理者终身学习
国际工程承包与海外投资税收筹划实务与案例
李 铮 编著
Guoji Gongcheng Chengbao yu Haiwai Touzi Shuishou Chouhua Shiwu yu Anli

出版发行	中国人民大学出版社		
社　　址	北京中关村大街31号	**邮政编码**	100080
电　　话	010－62511242（总编室）		010－62511770（质管部）
	010－82501766（邮购部）		010－62514148（门市部）
	010－62515195（发行公司）		010－62515275（盗版举报）
网　　址	http://www.crup.com.cn		
	http://www.ttrnet.com(人大教研网)		
经　　销	新华书店		
印　　刷	北京玺诚印务有限公司		
规　　格	170 mm×240 mm　16开本	**版　　次**	2017年1月第1版
印　　张	22.75 插页2	**印　　次**	2019年3月第3次印刷
字　　数	392 000	**定　　价**	59.00元

序

PREFACE

随着国家“一带一路”战略的推进，我国企业境外投资规模不断扩大，“走出去”步伐明显加快。跨出国门的企业更多地参与跨国经济事务，面临着更加激烈的国际竞争。跨国经营者要想在竞争中求得生存和发展，就必须尽量以最小成本获取最大利润。追求价值增长的目的决定了跨国公司必须把国际税务筹划作为公司管理的重要内容和手段。同时，世界各国在政治制度、市场条件、分配制度、税制、外汇管制、对外资的政策等方面存在的差异，也为跨国公司国际税务筹划提供了巨大空间和实操方法。

我国跨国公司在国际税务筹划方面存在两大主要问题：

(1) 税务筹划意识淡漠。一些企业由于未树立充分的税务管理意识，因投资决策发生之前未进行合理筹划而产生较高的税务成本。许多企业的会计工作者只侧重会计的核算功能、提供会计信息等基础工作，对税收成本的控制并不关注，没有意识到税务筹划的重要性与必要性。而管理人员则认为税务筹划与自己无关，是财务部门的职责，忽略了税务筹划需要管理人员与财会人员共同协作的要求。

(2) 纳税筹划能力不强。国际税务筹划专业性强，需要扎实的财会水平，还要了解和熟悉国际税收和金融知识，知晓各国的税收制度与法律法规。跨国公司的经营者想要卓有成效地开展税收筹划，前期需要进行大量细致慎重的研究。而我国财务人员对中国税法了解较多，对其他国家税法知之甚少，这些都严重影响了财务人员的纳税筹划能力。

本书作者在国际税务筹划工作方面有着丰富的理论和实践经验，在梳理国际税务筹划相关理论和基本方法的基础上，分别从国际工程承包和海外投资两个业务角度对税收筹划的方法与案例进行了详尽的阐述，并对税收筹划的风险控制方法进行了解读。可以说，本书的出版为我国从事国际工程承包和海外投资的企业正确理解和掌握国际税务筹划的理念，科学开展税务筹划工作，合理选择国际税务筹划方法，加强国际税务筹划的管理，提供了有益的帮助和有效的借鉴。

王化成

目　录
CONTENTS

Chapter One

第 1 章 概　述

第一节　国际工程承包及海外投资税收筹划的背景和必要性

近年来，我国的国际工程承包业务得到了突飞猛进的发展，随着国家鼓励和支持企业“走出去”战略的实施，越来越多的企业加快了“走出去”的步伐，特别是对外工程承包行业飞速发展，工程项目规模日益增大，工程总承包模式日益广泛，形成了一大批有国际竞争力的大型跨国企业集团。

根据国际惯例，从事国际工程承包的企业，必须作为工程所在国的纳税主体向该国纳税。因此，在承揽项目之前，就要准确了解所在国的相关税制，包括征税对象、税率、纳税程序、纳税期限、税收优惠政策、违章处置等。对外承包企业在与国外业主签订建造合同时，就形成了税务注册、登记的责任，也具备了纳税条件，在整个工程建设和质保维修期间，都要按照工程所在国的相关税收法律要求，履行纳税义务。

海外工程承包项目的快速发展和规模的迅速扩大，吸引了项目所在国政府部门和民众的极大关注。与此同时，这些“走出去”企业运营的合法性和合规性也受到当地各级政府更加严格的监控和检查，尤其以纳税合规性审查居多。因此海外工程承包项目税务管理受到了业界的广泛关注，海外工程复杂性的特点也为税务工作提出了更为专业化、系统化运作的要求。

随着国际工程承包及海外投资业务的日益增长，问题也接踵而至，部分“走出去”的企业在工程所在国遇到了比较严重的税务困扰和纠纷，遭受了税务处罚，甚至为此失去了市场信誉。有些企业不进行正规的税收筹划，而是采用偷税漏税的方法，结果为这些短期行为付出了沉重的代价，不仅追缴应纳税款并缴纳罚金和滞纳金，更有甚者，财务人员锒铛入狱。

作为国际工程承包和海外投资类项目，是否采用了恰当的税收筹划方式直接关系到项目的利润。因此，如何充分利用各国的税收政策和相互之间的税收差异进行国际税收筹划，合理合法地降低国际工程业务的税负，从而达到利润最大化的目的，是我国对外承包和海外投资企业提高国际竞争力的主要手段之一，理应受到企业的高度重视。

国际工程承包与海外投资的税收筹划，首先要遵循合法避税原则，即遵守项目所在国的法律法规，这是税收筹划的基础。在进行税收筹划前，一定要充分研读项目所在国的相关税务法律条文。

尤其对于投标的国际工程承包项目，在实际操作中，往往因为标书要求的时间紧，有的企业就想当然地估计税费，待中标后发现实际税负远远超出预期，最终导致成本增加，项目亏损。因此，对于第一次涉足的国家和地区，建议企业请专业的国际知名会计师事务所或税务师事务所提供所在国的税务报告供参考，从而准确掌握税负支出。

总之，逃税行为在各国的法律法规中均属违法行为，纳税人应充分意识到逃税行为一旦败露，给企业带来的损失远远大于逃税给企业带来的利益，这里所说的损失还不仅仅限于经济上的，更重要的是企业的形象，有可能丧失在该国继续承揽项目的机会，更有甚者，有可能殃及国家形象，导致国外的一些媒体指责中国企业，那就更得不偿失了。因此，这里反复强调，税收筹划不是偷税漏税，而是通过仔细研究各国税法之间的差异，运用税收筹划的方式达到减轻税负的目的。

因此，建议企业建立多层次的税务管理架构，落实前期税务调查，合理筹划，重视合同条款，做好项目执行中的税务管理工作，有效避免项目税务风险，确保项目盈利目标的实现。

第二节　税收筹划的发展历程

一、国际税收筹划的发展历程

纳税人在不违反税收法律法规的前提下，通过对经营、投资、理财活动的安排等进行筹划，尽可能地减轻税收负担，以获取**“节税”**（tax savings）

的税收利益的行为很早以前就存在。从税收的历史过程来看，税收筹划是纳税人为减轻税负而采用的一种手段，是税制发展到一定阶段才出现的。

税收筹划最早可以追溯到 19 世纪中叶的意大利。那时意大利税务专家的地位不断提高，可以从事包括税收咨询在内的税务业务。税收筹划得到社会的关注和被法律所认可是在 20 世纪 30 年代。1935 年英国的税务局长诉温斯特大公案在业内颇为有名。当时参与此案的英国上议院议员汤姆林爵士对税收筹划作了这样的表述："任何一个人都有权安排自己的事业。如果依据法律所做的某些安排可以少缴税，那就不能强迫他多缴税。"汤姆林爵士的观点得到了法律界的认同，这是第一次从法律上对税收筹划给予认可。英国、澳大利亚、美国在以后的税收判例中经常援引这一原则精神。经过半个多世纪的发展，税收筹划的规范化定义得以逐步形成，即"在法律规定许可的范围内，通过对经营、投资、理财活动的事先筹划和安排，尽可能取得节税的经济利益"。

现代意义上的税收筹划研究，应当说是自 1959 年欧洲税收联合会成立真正开始的。欧洲税收联合会是在法国巴黎由 5 个欧洲国家从事税务咨询的专业人员和团体发起成立的，其成员遍及奥地利、比利时、瑞士、德国、英国、丹麦、西班牙、法国、意大利、卢森堡、荷兰等 22 个欧洲国家。欧洲税收联合会明确提出了税务专家是以税务咨询为中心开展税务服务，于是形成了一种独立于代理业务的新业务，这种业务的一个主要内容就是税收筹划。

从 20 世纪 80 年代起，安永、毕马威等知名会计师事务所就开始销售避税方案。1991 年，美国会计师行业调整规则，规定注册会计师在进行税务咨询时，可从为客户节约的税额中提成，而不只是按小时收费。这为税务筹划业务的兴起提供了动力。如今，销售避税方案已成为国际上一些知名会计公司的主营业务之一。在西方国家，各大会计师事务所都拥有一支专业的税务咨询队伍，税务咨询收入几乎占事务所总收入的 1/3。美国的会计师事务所从 19 世纪中叶发展至今，审计的概念已逐渐淡化，审计收入比例越来越小，取而代之的则是迅速发展且所占比重越来越大的咨询业。从美国税务咨询来说，最为看好的是纳税策划，这也是获利最多、发展前途最广的一项业务。在美国，为了适应世界经济迅速发展的需要，一般大公司的交易计划都首先要充分考虑税务筹划，做详细的税务分析。

目前，税收筹划在西方发达国家已受到纳税人和政府的高度重视，税收筹划的专业化趋势也越来越明显。

二、我国税收筹划的发展历程

20 世纪 90 年代，中国的国际工程承包企业刚刚走出国门，当时中国的税法本身就不够健全，而中国承包商的主要优势就是价格低廉，导致国际工程承包项目所在国主要分布于经济落后的国家，而这些国家的税法更是处于初级阶段，所以许多承包商采用找关系、走后门的方法达到少缴纳税款的目的。更有甚者，猖狂偷税漏税，甚至抗税。另一个极端则是，一些承包商由于对税法不熟悉，屈从税务机关多征强征税款。总之，在那个时代，税收筹划在中国承包企业中还是个新名词，税收筹划基本没有生存的空间。

进入 21 世纪，我国的税法处于逐步完善的阶段，偷税漏税和税收筹划并存。部分纳税人仍沿袭传统的纳税方式，通过特殊关系达到少缴纳税款的目的，但由此付出的代价和成本也越来越高，而腐败的税务官员得到的惩治概率也在攀升，整个国家的税务环境整体向好，迫使部分纳税人开始思考如何合法减少税负。此时的税收筹划开始在中国萌芽发展。

近几年来，我国整体的法制环境初步建立，税收法律法规亦趋于完善。虽然仍然存在涉税犯罪的现象，但社会已经形成纳税要合法的整体意识，借助税收筹划，合法减少税负，已被大多数纳税人接受。对于税务机关而言，也认识到税收筹划的积极意义，税收筹划已经为全社会所认同。而项目所在国，随着外国企业进入的越来越多，也在实践中摸索出对外国承包商的征税制度。因此，在这一阶段，国际工程承包和海外投资企业越来越重视税收筹划，全球经济和法制的发展同样给税收筹划创造了良好的氛围。

总之，随着社会经济发展，税收筹划已受到纳税人和政府的高度重视，世界各国（或地区）的税种、税率、税收优惠政策等千差万别，为国际工程承包和海外投资企业开展国际税收筹划提供了广阔的空间。税收筹划日益成为纳税人理财或经营管理整体中不可缺少的重要组成部分。

第三节　国际税收的基本概念

一、国际税收

国际税收（international taxation）是指两个以上的国家和地区，在对跨国纳税人行使各自征税权力的过程中所发生的税收分配关系。国际税收根本性问题就是税收管辖权，其要解决的是国家间的双重征税问题，实现平等税收负担。

二、国际税收筹划

国际税收筹划是指跨国纳税人事先制定的，用于减少国际纳税义务的跨国投资经营计划。它是跨国纳税人在国际税收的大环境下，为了保证和实现最大的经济利益，利用公开合法的手段，达到规避或减轻税收负担目的的经济现象。国际税收筹划已成为国际工程承包及海外投资企业追求利润最大化的重要手段。

国际税收筹划与国际逃税和国际避税的概念是完全不同的。因此，在进行税收筹划之前，首先要清楚地区分这三个概念。国际逃税是指跨国纳税人采取某种违反税法的手段或措施，减少或逃避其跨国纳税义务的行为。逃税方式主要有：不向税务机关报送纳税资料；谎报所得额；伪造账册和收支凭证等。国际逃税属于违法行为，采取的是欺诈手段，其行为是不会被法律所认可的，要承担相应的法律责任，情节严重的，构成犯罪。国际避税是指跨国纳税人利用两个或两个以上国家的税法和国际税收协定的差别、漏洞、特例和缺陷，规避或减轻其总纳税义务的行为。国际避税方式主要有：转让定价避税、利用国际避税地避税、滥用国际税收协定避税等。

国际税收筹划和国际逃税是有本质区别的。虽然两者的经济目的和结果一样，但手段不同。国际税收筹划主要是通过纳税人的精心安排，采取合理选择其经营方式或经营地点等公开或接近公开的合法手段，保证在税务筹划前后所实现的实际纳税义务，符合法律规定的要求。国际逃税往往采取不公开的，具有欺诈性和隐瞒性的手段，以逃避其实际纳税义务，结果是对其应有纳税义务的逃脱，不仅与税法的立法意图相违背，而且与法律规定实质上也是不相符的。国际税收筹划实质上是避税计划。虽然各国对避税概念的认识存在差异，但多数认为应将国际税收筹划严格地限制在狭义的国际避税或正当避税、顺法意识避税的范畴，即纳税人通过合法（或合理）的手段，利用国际税收差别及有关国家税法的不完善和漏洞，在应税事项未发生之前进行的计划和安排，以减轻或规避纳税的负担。因而，应摒弃不当避税或逆法避税的做法，如纳税人不能采取滥用税务协定等含有隐瞒或欺骗因素的方法，以逃避纳税义务，否则将被归入国际逃税范畴。

三、国际税收协定

国际税收协定是指两个或两个以上的主权国家为了协调相互间在处理跨国纳税人征纳事务方面的税收关系，本着对等原则，通过政府间谈判所签订的确定其在国际税收分配中的关系的具有法律效力的书面协议或条约，也称为国际税收条约。税收协定属于国际法中“条约法”的范畴，它对当事国具有同国内法效力相当的法律约束力。

国际税收协定所要解决的主要问题，首先是处理国家之间的双重征税问题，这也是国际税收协定的基本任务，各类协定的主要条款内容都是围绕这一问题订立的。其次是要实现平等税收负担原则，这是处理国际税收关系的一项重要原则，也是谈判签订税收协定的目标之一。再次是情报的互相交换，防止或减少国际偷漏税。通常在避免双重征税协定中都有“情报交换”条款，缔约国之间按照协定的规定互相提供税收情报已经成为防止跨国偷漏税的有力手段。

世界上最早的税收协定是1843年比利时和法国政府签订的税收协定。该协定主要是为了解决两国政府在税务问题上的相互合作和情报交换等问题。100多年来，为适应国际税收关系不断发展的需要，国际税收协定从单项向综合、从双边向多边迅速发展。特别是20世纪中叶以来，国家与国家之间签订税收协定十分普遍，范围不断扩大。据统计，目前国际上已经生效的税收协定有2 000多个，并且形成了具有世界意义的两个国际性税收协定范本：由联合国专家小组提出的《关于发达国家与发展中国家间避免双重征税的协定范本》，即《UN协定范本》；由经济合作与发展组织提出的《关于对所得和财产避免双重征税的协定范本》，即《OECD协定范本》。两个范本的内容、结构大体相同，用以指导各国税收协定的签订。下一步的目标，应以最终形成世界各国共同承认的国际税收公约为方向，充分发挥税收协定在调整国际税收关系中的规范作用。

四、中国的对外税收协定

（一）我国对外税收协定的发展情况

新中国成立之后，我国根据不同时期经济发展的需要，与有关国家缔结了大量不同类型的国际税收协定。

早在20世纪50年代初，中国就与苏联和东欧各国以及朝鲜、越南等国签订友好通商条约或者通商航海条约，其中就包括双方免征海洋运输收入税收的条款。之后又逐步与古巴、老挝、阿富汗、瑞士、加拿大、联邦德国、芬兰、英国、荷兰、比利时、希腊、意大利、挪威、丹麦、瑞典、科威特等国签订了互免海运收入税收或互免空运收入税收的专项税收协定，或者将互免海运收入税收或互免空运收入税收的条款包括在双方签订的海运协定或民用航空协定中。此外，我国还以换文的形式与波兰、阿根廷、法国等国达成了互免海运收入税收或互免空运收入税收的协定。在1981年1月以前，我国同有关国家签订的这类协定换文已达40多个。

20世纪70年代末以来，我国对外经济贸易发展迅速，外资涌入，对外投资和劳务输出飞速发展，我国与世界各国关于对跨国投资者和经营者的征税问题变得十分现实和突出，税收矛盾也随之出现并且日益复杂化，其中有很多问题是我国单方面难以解决的，如国际重复征税问题、对跨国纳税人和跨国所得征税权的确认问题等。1980年和1981年我国先后颁布了《中华人民共和国个人所得税法》《中华人民共和国中外合资经营企业所得税法》和《中华人民共和国外国企业所得税法》三个涉外税法，初步确立了中国的涉外税收体系，为对外谈判和缔结全面避免重复征税协定奠定了法律基础。自1981年，我国开始与有关国家缔结全面性的双边税收协定。

1983年我国同首先开展经贸往来的日本签署了第一个综合性的国际税收协定——《中华人民共和国政府和日本国政府关于对所得避免双重征税和防止偷漏税的协定》。2006年，国家税务总局在税收协定谈判和签署方面，有选择性地与英国、比利时等5个国家开展对原有协定的修订工作，完成了与香港特别行政区对原有税收安排的修订并签署了全面的税收安排，积极与中资企业海外投资活动较多的国家开展税收协定谈判。在税收协定执行方面，加强与缔约国税务当局相互协商，解决我国企业海外投资活动中遇到的税务纠纷及不公正待遇，妥善处理了一些有影响的我国企业境外税案。截止到2015年5月底，我国已对外正式签署100个避免双重征税协定，其中97个协定已生效，和香港、澳门两个特别行政区签署了税收安排。

已经生效的97个协定是（依签字顺序）：

日本，美国，法国，英国，比利时，德国，马来西亚，挪威，丹麦，新加坡，加拿大，芬兰，瑞典，新西兰，泰国，意大利，荷兰，捷克斯洛伐克（适用于斯洛伐克），波兰，澳大利亚，南斯拉夫（适用于波斯尼亚和黑塞哥维那），保加利亚，巴基斯坦，科威特，瑞士，塞浦路斯，西班牙，罗马尼亚，奥地利，巴西，蒙古国，匈牙利，马耳他，阿联酋，卢森堡，韩国，俄罗斯，巴布亚新几内亚，印度，毛里求斯，克罗地亚，白俄罗斯，斯洛文尼亚，以色列，越南，土耳其，乌克兰，亚美尼亚，牙买加，冰岛，立陶宛，拉脱维亚，乌兹别克斯坦，孟加拉国，南斯拉夫联盟（适用于塞尔维亚和黑山），苏丹，马其顿，埃及，葡萄牙，爱沙尼亚，老挝，塞舌尔，菲律宾，爱尔兰，南非，巴巴多斯，摩尔多瓦，卡塔尔，古巴，委内瑞拉，尼泊尔，哈萨克斯坦，印度尼西亚，阿曼，尼日利亚，突尼斯，伊朗，巴林，希腊，吉尔吉斯斯坦，摩洛哥，斯里兰卡，特立尼达和多巴哥，阿尔巴尼亚，文莱，阿塞拜疆，格鲁吉亚，墨西哥，沙特阿拉伯，阿尔及利亚，塔吉克斯坦，埃塞俄比亚，土库曼斯坦，捷克，赞比亚，叙利亚，厄瓜多尔。

香港和澳门特别行政区签署了避免双重征税安排，均已经生效。

已经正式签署但尚未生效的 3 个协定是（依签字顺序）：乌干达、博茨瓦纳、智利。

（二）我国有关国际税收协定的原则

我国对外签订税收协定的基本原则是：既要有利于维护国家主权和经济利益，又要有利于吸收外资，引进技术，有利于本国企业走向世界。在此基础上，我国目前对外签订的综合性双边税收协定中，一般坚持以下具体原则：

（1）税收待遇对等原则。即协定中所有条款的规定要体现对等，对缔约国各方具有同等的约束力。

（2）地域管辖权优先原则。即坚持和维护所得来源地优先课税的权利，在合理合法的基础上充分保障我国的税收权益，这是从我国对外交往多处于资本输入国的角度考虑的。

（3）遵从国际税收惯例原则。即我国对外商签税收协定，参考了国际通行的税收协定范本，在兼顾双方利益的基础上结合各个范本制定出适合自己的范本。

（4）税收饶让原则。即坚持对方国家对我国的减免税优惠要视同已征税额给予减免，以便使我国的税收优惠措施切实有效。

税收协定属于国际法的范畴。双边税收协定由缔约国双方政府谈判后达成，经过各自国家的立法程序后生效，因此对于缔约国政府具有法律上的约束力。我国在税收协定的具体执行过程中，为协调国内税法与国际税收协定，当国内税法与国际税收协定不一致时，纳税人适用税收协定一般遵循以下原则：一是税收协定优先的原则，即国内税收法律法规规定税率高于税收协定的，按税收协定执行；二是孰优的原则，即国内法规定税率低于税收协定的，按国内法执行。

五、国际双重征税的缓解和消除

国际双重征税又称国际重复征税，是指两个或两个以上的国家各自依据自己的税收管辖权就同一税种对同一纳税人的同一征税对象在同一纳税期限内同时征税。国际双重征税是以税收管辖权的冲突，即存在两个以上征税主体为前提的，是由各国税收法律的冲突引起的，是各国税收管辖权交叉的结果。

国际重复征税作为一种特殊的经济现象，必然对国际经济合作与交往产生影响，而且这种影响往往是消极的。一方面国际重复征税加重了跨国投资者额外的税收负担，影响国际资本、商品、劳务和技术的自由流动，对国际资源配置产生阻碍；另一方面国际重复征税违背税收负担公平合理的原则。正是由于存在上述问题，世界各国和各种国家联盟都把解决国际重复征税作为一个极其重要的国际问题，并在世界范围内逐渐确立并贯彻了一系列减除国际重复征税的方法。

避免国际重复征税可以有三种协调的途径：一是限定各国唯一地行使居民（公民）税收管辖权；二是限定世界各国唯一地行使地域税收管辖权；三是允许各国同时行使两种以上的税收管辖权，在发生冲突时，承认一种税收管辖权的优先地位，而其他的税收管辖权从属行使。显然，第三种做法能得到各个国家的认可和赞同，可以在相当程度上减轻重复征税现象。当前，世界各国普遍接受地域税收管辖权优先的原则，即在出现税收管辖权冲突时，由来源国优先课征，从而在相当程度上可以减轻乃至消除国际重复征税问题。因此，国际重复征税减除实际是指行使居民（公民）税收管辖权的国家，通过优先承认纳税人向行使地域税收管辖权国家缴纳税收，借以减除国际重复征税的一种形式。

从世界各国的实践来看，避免国际双重课税主要有两类方法，一类称为单边方式，指一个国家在本国税法中单方面做出一些规定，通过采取主动限制本国行使的税收管辖权，单方面避免国际重复征税。包括免税法、扣除法、低税法、抵免法等。免税法指一国政府单方面放弃对本国纳税人国外所得的征税权利，以消除国际重复征税的方法。扣除法指一国政府为了减除国际重复征税，从本国纳税人来源于国外的所得中，扣除该所得所负外国所得税款，就其余额征税的方法。低税法指一国政府对本国人来源于国外的所得，单独制定较低税率以减轻国际重复征税的方法。抵免法指一国政府在优先承认其他国家的地域税收管辖权的前提下，在对本国纳税人来源于国外的所得征税时，以本国纳税人在国外缴纳税款冲抵本国税收的方法。目前国际上普遍采用的方法是抵免法。抵免法又可分为直接抵免和间接抵免两种。如果两个公司是总公司与分公司的关系，则可以采用间接抵免法，即允许母公司从其国外子公司取得的所得就已经向外国政府缴纳的所得税，在向本国政府缴纳所得税时予以相应减免。但母子公司关系的确定，通常是以一个公司拥有另一个公司有表决权的股份达到一定标准来确认。

另一类称为双边或多边方式，指两个或两个以上国家通过谈判、签订避免国际重复征税的双边或多边税收协定的方式，来协调各国之间的税收分配关系，这已经成为世界各国普遍采用的方式。通常税收协定的具体内容包括如下三个方面：明确缔约国之间可以对其行使居民管辖权的纳税人的范围；限定缔约国地域管辖权的实施范围；明确居住国免除国际重复征税的方法和运用的税种范围。

为了解决中国公司、企业以及中国居民（公民）由于跨国经营和从事劳务活动而引起的国际双重征税问题，我国的涉外税收制度中也包括免除双重征税的内容。在目前情况下，主要采用税收抵免法，并具体规定了直接抵免和间接抵免的方式和方法。例如，我国《企业所得税法》规定，居民企业来源于中国境外的应税所得已在境外缴纳的所得税税额，可以从其当期应纳税额中抵免，抵免限额为该项所得依照本法规定计算的应纳税额；超过抵免限额的部分，可以在以后五个年度内，用每年度抵免限额抵免当年应抵税额后的余额进行抵补。我国从事国际工程承包的企业也不例外。

六、税收饶让原则

税收饶让，指居住国政府对其居民在国外得到减免税优惠的那一部分，视同已经缴纳，同样给予税收抵免待遇不再按居住国税法规定的税率予以补征。例如，假设有一家 A 国子公司在 B 国经营业务活动，并有所得 100 万元。已知 B 国所得税为 30％，按税法规定，B 国可对该项所得征收 30 万元的所得税，但为了鼓励 A 国公司在 B 国投资，B 国给予税收减免，改按 15％的税率征税。当 A 国政府在对该公司来源于 B 国的所得征税时，如果仍以 30 万元作为该公司实纳外国所得税进行税收抵免，而不对该公司在 B 国获得的 15 万元（100×15％）减税进行补征，即称为税收饶让。

税收饶让是在抵免法基础上发展起来的一种特殊的抵免制度。之所以“特殊”，是因为它不是为了避免双重征税解决重复征税的问题，而是一种无可比拟的、独特的免除征税的照顾法，是对发展中国家的一种特殊优惠。税收饶让的目的不在于避免和消除法律性国际双重征税或经济性国际双重征税，而是为了使来源地国利用外资的税收优惠政策与措施真正收到实际效果。税收饶让抵免的适用范围：一是对股息、利息和特许权使用费等预提税的减免税予以饶让抵免；二是对营业所得的减免税给予税收饶让抵免；三是对税收协定缔结以后，来源地国政府依据国内税法规定的新出台的税收优惠措施所作出的减免税，经缔约国双方一致同意，给予税收饶让抵免。税收饶让这种优惠措施的实行，通常需要通过签订双边税收协定的方式予以确定。

税收饶让在发达国家和发展中国家之间的税务关系中具有实际的意义。20世纪70年代以来，许多发展中国家为了尽快摆脱贫困落后的面貌，都比较重视吸引外资，引进先进技术。为了吸引外国资本到本国投资，发展中国家往往在税制上，特别是对所得税给予许多减免优惠待遇。如有的国家在一定时期内对外资不征或减征所得税。但是根据1980年联合国范本和国际税收惯例，收入来源国只有征税的优先权，而无独占权。如果资本输出国（主要是发达国家）不给予税收饶让，则发展中国家给予的减免会转化为发达国家的税收收入，而纳税人本身得不到任何好处，从而使税收抵免失去意义。这种现象与建立国际新经济秩序是不相符合的，所以发展中国家迫切要求纠正这种情况。于是，发展中国家提出了税收饶让的问题，并力图通过税收条约实现税收饶让，以取得远比实行税收抵免避免双重征税更多的东西。

但是，发达国家对税收饶让的认识并不一致。有些国家认为它是不可取的，认为它将使国家的税收制度同对投资的鼓励办法搅在一起，它在对待投资人的待遇方面，将会产生不平等的现象，形成差别待遇。美国就是持这种态度。现在世界上实行税收饶让的国家有日本、瑞典、英国、丹麦、联邦德国等。发展中国家与发达国家之间的税收饶让还需通过国家间缔结税收条约的形式确定下来。

七、纳税主体和征税对象

国际工程项目税收涉及的纳税人包括负有跨国纳税义务的自然人和法人。自然人在税收的法律界定上，依照各个国家不同的界定标准，可分为个人居民和个人非居民。所在国可以采用居住地、居住时间、注册登记地等标准，由此界定出不同的税务责任。法人包括从事跨国经营活动的所有企业。

国际上大多数国家的对外工程承包合同均以母公司的名义签署，因为母公司的知名度和信誉度较高，尤其在竞标项目中，容易获取合同，再由项目经理部具体承包业务。但在不同的国家，对纳税主体的规定也不尽相同。例如埃塞俄比亚、阿尔及利亚等国家规定要以项目经理部为纳税主体，而马来西亚、坦桑尼亚等国则要求以常设机构或分公司为纳税主体。

对于在项目所在国设立子公司还是分公司，这一点尤为重要，需要在承揽项目之前就根据所在国的相关规定确定好。其主要区别是：子公司是独立的法人主体，要承担法人责任。换言之，子公司要以法人身份在所在国缴纳各种税收。而分公司则不同，由于不是法人主体，分公司只是总部在该国的分支机构。从税务的角度讲，无论子公司还是分公司，都应在其所在国缴纳所得税，但是，许多国家对在该国注册登记的公司法人（子公司）与外国公司设在该国的常设机构（分公司）在税收上的规定有所不同，前者需要承担全部的纳税义务，后者承担有限的纳税义务。此外，在税率、优惠政策等方面也有所差异。需要说明的是，设立子公司还是分公司没有优劣之分，需要具体情况具体分析。例如，设立子公司，虽然税收缴纳的相对多一些，但其作为法人主体，承担的法律责任到此为止，不会波及总部；设立分公司，虽然纳税额相对少一些，但作为总部的一个分支机构，其法人责任在总部，一旦分公司出现亏损或法律纠纷，总部要承担最终的法律责任。

综上所述，建议对于初次涉足的国别，承包企业一定要雇用了解当地税法的中介机构出具书面的所在国对于外国承包企业在该国承揽项目的税务规定的相关文件，并由此做出判断。

八、法人居民身份的认定

（一）法人居民纳税人身份的认定

法人居民身份的认定关系到项目所在国的税收权益和纳税义务，被认定为法人居民身份的企业具有无限连带责任，要对其在全球的总收入纳税。由于国际工程承包业务在世界范围内开展经济活动，随之产生了与跨国纳税有关的常设机构与联属企业问题。常设机构的认定关系到收入来源地国家的税收权益，而联属企业的认定则是母子公司利润调整的依据。国际公认的确定法人居民身份的通行标准有以下三种：

（1）法人实际管理控制中心所在地标准。该标准以利益重心为依据，认为实际管理控制中心就是经营活动的主要场所。经营的管理和支配中心能够决定和指挥分支机构的经营活动，分支机构的行为服从管理控制中心全球战略的需要。例如，英国是采取该标准判别法人的居民身份和非居民身份的代表性国家。采用的具体标准包括公司进行营业活动的场所、公司的各种账簿的保管场所、公司董事会举行会议的场所、股东大会召开的场所等。

（2）法人总机构所在地标准。该标准以法人的总机构所在地作为依据，从而判定纳税人身份。总机构是具有独立法人地位的企业总公司，它是所属派出机构的首脑机关，拥有对分支机构的生产、销售、财务、人事等方面的控制权。例如，法国、日本、中国等都是采用此标准的国家。在我国，对于国外企业在我国境内与当地企业成立的合营企业，若总机构设在国外，则不按照中国居民纳税人处理。

（3）法人注册成立所在地标准。该标准以公司注册成立国家为标准判定法人的居民身份。美国是使用此标准的典型国家。美国的法人所得税纳税义务人分为本国法人和外国法人。本国法人是根据联邦政府或州政府的法律在美国境内组织或设立的公司，即法律上在美国设立的公司都属于本国纳税人。

（二）法人居民纳税人判定标准评析

三种不同的法人身份判定标准，实际上反映了对跨国税收管辖权的不同理解，第一个标准看经济活动地，重视收入获得的来源地；第二个标准接近第一个标准，但是同时考虑一般注册公司所在地与总部所在地的一致性；第三个标准侧重法律意义上的税收管辖权，突出法制思想。

世界各国对法人确定的不同标准，给一些国际工程承包及海外投资企业以逃避纳税的可乘之机。跨国纳税人可以在采用第一标准的国家注册，总机构设在选用第三个标准的国家，在采用第二标准的国家从事生产经营活动，从而躲避居民身份，达到减轻税负的目的。因此，许多国家在立法实践中往往综合运用几个标准来确定居民纳税人身份，扬长避短，确保本国的居民税收管辖权。

第四节 国际工程承包和海外投资业务税收筹划的特点

国际工程承包与海外投资税收筹划的精髓是跨国企业的总分机构之间、母子机构之间存在关联性，为了集团利润最大化目标，对其国际收入和费用的分配进行全盘考虑，利用各国税制存在的差异，使其收入在最有利的时间和地点活动，从而逃避部分应纳税款。

对于国际工程承包和海外投资业务，其税收筹划具有以下特点：

一、复杂性

海外工程承包业务一般由工程设计咨询、土建、成套设备出口、设备安装、劳务输出等部分组成，具有工期长、金额大、组织实施复杂等特点，通常采用“总包—分包”的形式。国内分包商多为承担勘察设计和设备供货工作，原因是国家鼓励企业技术和成套设备出口，给予一定的税收优惠，如出口退税、高新技术企业优惠税率等，成本优势提高了中国技术和产品的竞争力；土建施工因为成本和属地经营等一般由当地分包商完成；部分中国尚没有生产能力的关键设备也会由欧美等发达国家提供。

因此，境外工程承包项目的税务工作既涉及技术与服务贸易的税收，也涉及货物贸易的税收，并且此类跨国经营行为产生的跨国税收行为还涉及国家与国家之间的税收分配关系，税务工作复杂程度可想而知。部分“走出去”企业不清楚项目所在国的税务法律法规，不清楚项目有哪些税务义务，不了解征税基础是什么，怎么简单怎么做，偷税漏税，反而损失巨大。

二、合法性

合法性是国际业务税收筹划最基本的特点，这是纳税筹划必备的前提条件，也是税收筹划与偷逃税根本区别所在。各国税法是各国政府明确纳税人权利和义务的法律准绳，从事国际工程承包业务的承包商或者海外投资业务的业主，必须依法纳税，超越或违反国家现行法律制度的任何税务活动都是不允许的。国际工程承包业务的承包商或者海外投资业务的业主必须在遵守各国税法的前提下，利用各国税法差异作出纳税方案选择，以避免法定纳税义务之外的任何纳税成本的发生，从而保护自身利益。国际业务税收筹划是一种合法、合情、合理的纳税行为，而不是利用税法漏洞和措辞上的缺陷来避税，更不是违法的偷税逃税。税收筹划只能在法律规定的范围内，在依法纳税的前提下对纳税义务合法规避。如果偏离了合法性，就可能演变为避税或偷逃税，国际工程承包及海外投资企业将面临涉税风险，可能被有关政府制裁，遭受经济和名誉的双重损失。

三、目的性

国际工程承包或者海外投资业务税收筹划的最终目的是在国际经营中实现税负最低，使企业整体利益最大化。围绕这一目的，不同企业或同一企业在不同时期的具体目标可能有所不同，有所侧重。这些具体目标通常包括：（1）减轻税负。通过对国际工程承包及海外投资企业在各个国家的税收筹划来降低整体税负。（2）延期纳税。通过对国际工程承包及海外投资企业纳税时间的筹划，延缓纳税，以获得税款的时间价值。（3）降低纳税成本。国际工程承包及海外投资企业为履行纳税义务，必然会发生相应的纳税成本，如税款计算成本、税收筹划成本等。降低纳税成本，可相应增加税收筹划收益。（4）实现涉税零风险。保证账目清晰，纳税及时足额，适当履行纳税义务，可以避免与各国税务机关发生税务纠纷而受处罚，从而规避税务风险。

四、整体性

国际工程承包及海外投资企业进行税收筹划的目的，就是要在法律允许的情况下最大限度地减轻税收负担，降低税务成本，从而增加资本总体收益。经营、投资、理财活动是多方面的，税收政策也是有针对性的，纳税人和征税对象的性质不同，税收待遇也往往不同。在进行税收筹划时，不能仅仅考虑一个税种，而要从企业的总体税负考虑。这是因为，一种税少纳了，另一种税有可能要多缴，整体税负不一定减轻。在这种情况下，应综合考虑，选择最佳方案。除了考虑税收因素外，国际工程承包及海外投资企业进行投资、经营决策时，还必须考虑其他多种因素，综合决策，以达到总体收益最大化的目的。

五、前瞻性

前瞻性表示事先规划、设计、安排的意思。纳税行为相对于经济行为而言，具有滞后性的特点，企业的纳税义务通常是在应税行为发生之后才履行的。跨国纳税人只有在交易行为发生之后，才有缴纳增值税或销售税的义务；收益实现或分配之后，才计缴所得税；财产取得之后，才缴纳财产税。这在客观上为纳税人提供了纳税前事先筹划或安排的机会。前瞻性要求从事国际工程承包业务的承包商或者海外投资业务的业主进行税收筹划时，必须在国家和企业税收法律关系形成以前，根据国家税收法律的差异性，对企业的经营、投资、理财活动进行事先筹划和安排，尽可能地减少应税行为的发生，降低企业的税收负担，才能实现税收筹划的目的。如果企业的经营、投资、理财活动已经形成，纳税义务已经产生，再想减轻企业的税收负担，那就成为偷税、欠税，不可能进行税收筹划。

六、风险性

风险性指税收筹划活动因各种原因失败而付出的代价。国际工程承包及海外投资企业在税收筹划过程中存在操作风险，并且是客观存在的。主要包括：一是日常的纳税核算从表面或局部的角度看是按税法规定操作的，但由于对有关税收政策的精神把握不准，造成事实上的偷税，由于未依法纳税而面临税务处罚的风险；二是对有关税收优惠政策的运用和执行不到位，面临税务处罚的风险；三是在系统性税收筹划过程中对税收政策的整体性把握不够形成的风险；四是对企业的情况没有进行全面比较和分析，导致筹划成本大于筹划成果，或者筹划方向与企业的总体目标不一致，表面上看有成果，实际上企业并未从中得到实惠。

第五节　各国的税收差异和分地域的不同处理方法

一、税收差异

世界各国税收制度的差异，为我国国际工程承包及海外投资企业进行国际税收筹划提供了客观基础。这些差异主要有：

（1）税收管辖权差异。世界各国行使的税收管辖权中，对纳税义务的确定标准存在较大的差别。有的国家按属地主义原则确定，即仅对纳税人来源于本国境内的各种应税收入纳税；有的国家按属人主义原则确定，即对纳税人境内境外的各种应税收入均征税；还有的国家按属地主义与属人主义相结合的原则确定税收管辖权。所有这些不同的纳税规定，在客观上都可以成为我国国际工程承包及海外投资企业选择最有利于自己的纳税制度和法律规定，以最小限度地承担国际纳税义务的重要条件。

（2）各国税种的差异。各国对工程劳务及个人提供劳务服务收入征收的流转税税种主要有增值税、商品或劳务税、营业税、劳务税。如德国、法国、奥地利、希腊、匈牙利、捷克、丹麦、芬兰、爱尔兰、日本、韩国、卢森堡、荷兰、新西兰、挪威、波兰、葡萄牙、西班牙、瑞典、英国等 OECD 成员均实施增值税；澳大利亚、加拿大、新加坡对工程项目及劳务征收的是商品和劳务税；大部分发展中国家则实行营业税、劳务税等，如阿根廷实行的是营业税，巴西实行的是劳务税，埃及、印度实行的是销售税，发展中国家对工程项目及其劳务实行增值税的主要是俄罗斯、菲律宾、南非、泰国。

各国对工程项目施工劳务及个人提供劳务服务取得的所得在缴纳流转税的基础上，还需缴纳企业所得税或公司所得税。

(3) 税率差异。各国的国情不同，有的国家和地区税率很高，税负重。如瑞典、丹麦、比利时等国，税率一般高达50%以上，而有的税率很低如我国香港等地。有的国家采用比例税率，有的国家采用累进税率。这种税率上的差别，客观上为我国跨国经营者避重就轻地选择创造了前提条件。对国际工程项目来说，应认真分析各国税负差异，里面蕴含着税收管理的空间。

流转税负的差异。各国对工程项目施工劳务及个人提供劳务服务收入征税的税负差别很大，发达国家相对较高，大部分发达国家在20%左右，而发展中国家税负整体水平较低，如埃及为5%～10%、巴西为0.5%～10%、菲律宾为10%、新加坡为3%、泰国为1.5%～10%、南非为14%、中国为3%。

公司所得税负的差异。各国对工程项目施工劳务所得征收的所得税为企业所得税或公司所得税，不论是否在工程项目所在地设立机构。大部分发达国家的公司所得税税率均在30%以上，一部分国家实行比例税率，另一部分国家实行累进税率。如奥地利的公司所得税税率为34%的比例税率；比利时实行28%，36%，41%的超额累进税率；法国的公司所得税税率为33.33%；希腊的公司所得税税率为35%，且按注册地原则确定居民公司；意大利的所得税税率为36%；墨西哥的税率为35%。土耳其的公司所得税税率分为三部分：一是对经过免税、扣除和以前年度结转损失调整后的利润，按30%的税率征税；二是对公司利润分配征收预提所得税，其中国营公司的税率为5%，私营公司的税率为15%；三是对公司所得税和预提所得税另外征收10%的基金。发展中国家的公司所得税税率平均水平高于发达国家，如阿根廷为35%、巴西为34%、埃及为40%、印度为35.7%、菲律宾为32%、俄罗斯为35%；相对较低的只有南非（30%）、泰国（30%）、新加坡（20%）。另外，公司还得负担一定比例的社会保障税，如巴西税法规定，雇主（公司）应缴纳15%～22.5%的社会保障税；埃及税制规定，雇主（公司）应负担的养老保险为雇员基本工资的26%和变动工资的24%，应负担的医疗保险税率为4%，工伤保险税率为3%，失业保险税率为2%；菲律宾公司应缴纳的附加福利税为雇主向其管理和监督层的雇员提供的附加福利的货币价值的32%；俄罗斯雇主应缴纳的统一社会税税率为35.6%。

个人所得税负的差异。大部分国家对个人提供劳务的所得既要征收流转税，还征收个人所得税和社会保障税。其中个人所得税大部分国家实行的是超额累进税率，但累进级次及税负率相差很大，社会保障税差别更大，有些国家是由雇主支付，有些国家由雇主和雇员分别负担，而有的国家则全部由雇员负担。

（4）税基差异。由于各国规定的税收减免和优惠各不相同，在计算应纳税收入时，各国对费用的确认和分配、资产的计价等项目的规定往往有很大的差别。如在固定资产摊提、交际费列支方面都存在较大的差异。因此，同种收入的纳税人在不同国家的税负并不相同。

（5）税收优惠政策的差异。各个国家为了吸引外国投资者，一般都对外国纳税人提供各种优惠条件，尤其对投资所得提供优惠。税收优惠不仅在发展中国家，就是在发达国家也较常见。税收优惠无疑也为我国国际工程承包及海外投资企业进行国际税收筹划提供了有利的条件。

（6）避税港。避税港是指为跨国经营取得所得或财产提供免税和低税待遇的国家和地区。由于避税港的税负很轻，如百慕大对所得、股息、资本利得和销售额不征收任何税收，也不开征预提税和财产税，因而成为跨国纳税人进行税收筹划的理想场所。

二、分地域的不同处理方法

（1）项目所在国。根据其国内税法和税收协定，利用税收扣除、税收优惠、税收损失、免税条款、机构设置、债务融资、股本融资等方式进行税务筹划。

（2）中间国。通过减少就汇回国内的收入课税，利用税收协定以减少在东道国应当缴纳的预提税，恰当地选择离岸金融中心，改变支付给本国的收入特征或进行再投资，从而起到税务筹划的目的。

（3）国际工程承包商及海外投资商的所在国。充分利用能够取得的外国税收抵免或免税优惠，合法减轻本国税负。

第六节　国际业务税收筹划常用的方法和步骤

一、利用纳税主体避税

在项目所在地设立子公司还是分公司，从税收筹划的角度出发，应从以下方面加以考虑：

（1）子公司是法人主体，在项目所在国独立承担法律责任。其需要和项目所在国的其他内资企业一样，缴纳各种税款。但其承担的责任也仅限于子公司的层面，不会波及总部。当然，总部提供担保责任的除外。分公司不是法人主体，可以视为总部设立在海外的一个业务部，因此，无须以一个独立企业的身份在项目所在国缴纳税款，总部才是最终承担责任的法律主体。换言之，分公司的亏损、义务以及其他所有税收和法律责任最终都由总部承担。

（2）一些国家允许在境内的企业集团内部公司之间的盈亏互抵，按差额纳税。这样就最好在境外设立子公司，纳入集团范畴后，可以实现整体利益上的纳税筹划。在此类国家之外，设立分公司的好处是，在经营的初期，境外企业往往出现亏损，分公司的亏损可以直接冲抵总部的利润，减轻税收负担。更有部分企业，在项目初期设立分公司，进入盈利期后再转成子公司。

（3）当项目所在国的适用税率低于居住国时，子公司的累积利润可以得到递延纳税的好处。此外，某些国家的子公司适用的所得税税率比分公司低。

（4）子公司向母公司支付的特许权、利息、其他间接投资等，要比分公司向总部支付更容易得到税务机关的认可。

（5）子公司有时可以享有集团内部转移固定资产增值部分免税的税收优惠。对于分公司而言，因其与总部之间的资本转移，不涉及所有权变动，不必负担税收。

（6）子公司利润汇回总部的方法比分公司灵活得多，资本利得可以保留在子公司，或者可以选择税负较轻时汇回，得到额外的税收利益。而分公司交付给总部的利润通常不必缴纳预提税。

（7）总部转售境外子公司的股票增值部分，通常可享有免税优惠，而出售分公司资产取得的资本增值是必须要缴纳税款的。

（8）境外分公司资本转让给子公司有时要征税，而子公司之间的转让则无须征税。

二、利用税率差别避税

由于世界各国的税率差别较大，对于同一个国际工程项目，在税率相对较低的国家缴纳税款，就能起到税收筹划的作用。以企业所得税为例，加拿大为38％，坦桑尼亚为35％，中国和巴西均为25％，德国高达45％，而黎巴嫩则低至10％。此外，美国、埃塞俄比亚、沙特阿拉伯又分别采用不同级别的超额累进税率。仔细比较一下各国的税率表，就会发现税收筹划的潜力巨大。再以关税为例，很多非洲国家原来是欧洲部分国家的殖民地，而今彼此之间经济联系紧密，存在许多关税互免协定，例如，阿尔及利亚和欧盟就有关税互免协定，因此，承包商从欧洲进口工程物资将会节省很多关税。

三、从税基的角度避税

基于公式：应纳税款=税基×税率，因此，在进行税收筹划时不能仅仅考虑税率的因素，减少税基同样能起到减少纳税额的作用。以所得税为例，所得税的税基是应税所得，但各国对于应税所得各种扣除项目的规定大相径庭，这就是筹划的空间，即从税基上找出不同国家的差异，筹划不同国家之间的税务。

1. 根据项目不同的分部分项工程分割税基

国际工程承包项目一般金额都非常大，通常大工程包括多个分部分项工程，由于承包方式不同，对应的税法也不尽相同。例如，某交钥匙工程，若是国际工程承包商独立承接，一个法人主体只对应一个税率。若是把工程分割成若干分包商，分别由从事采购、设计、咨询服务、工程施工、现场监理等的法人单位来共同实施，税收缴纳的结果将会完全不同。由于各个分包商性质不同，其所适用的税法条款和税率也不同。因此，这种拆分的方法实际上等于调整了税基，而国家工程总承包商可以把低税率、高利润的这部分项目留给自己。

2. 转移定价安排解决的就是作为纳税税基确定的利润分配问题

所谓转移定价，是指跨国公司内部，在母公司与各国子公司或各国子公司之间转移产品、提供劳务、转让技术和资金借贷等活动所采用的特殊的定价方法。这种特殊的定价方式的制定不由交易双方按市场供求关系变化和独立竞争原则确定，而是跨国公司根据整体的战略目标和自身的全球利益最大化原则而制定的偏离正常市场价格的内部交易价格。其一般做法是：高税国企业向其低税国关联企业销售货物、提供劳务、转让无形资产时制定低价；低税国企业向其高税国关联企业销售货物、提供劳务、转让无形资产时制定高价。这样，利润就从高税国转移到低税国，从而达到最大限度减轻税负的目的。但需要特别注意的是，目前各国对于转移定价的税务监管较多地关注于风险或者资产的转移与利润的获取是否符合法律的要求，而忽略了其经济实质上是否一致，这就给跨国公司转移利润提供了机会。2012 年英国国会对星巴克、谷歌等跨国企业的纳税行为进行了调查，路透社的报告显示，星巴克作为全球最大的咖啡连锁店销售额达到了 31 亿英镑，但自2009年起连续三年没有在英国缴纳企业税或所得税，在过去的13年间只在英国缴纳了860万英镑的税收。此外，苹果等大型跨国企业也受到了美国政府对其在全球范围内避税的指责，受到国际社会的广泛关注和热议。

我国国际工程承包及海外投资企业利用转移定价进行国际税收筹划可使用的方法有：（1）利用转移定价以减少所得税。国际工程承包及海外投资企业通过在内部贸易中采取转移定价将盈利由高税率国家的子公司转移到低税率国家的子公司以减少所得税。（2）利用转移定价以减少预提税。各国对外国公司或个人在本国境内取得的部分所得，如股息、利息、租金、特许权使用费等，往往征收预提税。当子公司向母公司支付股息、利息、租金、特许权使用费时，往往会被征收预提税，此时子公司可以通过低价向母公司供货或高价向母公司购货的办法来代替所得支付，将股息、利息、租金、特许权使用费含在转让价款之中，以减少属于预提税范畴的收入。（3）利用转移定价以减少关税。利用转移定价减少关税的具体做法有两种：一种是国际工程承包及海外投资企业内部企业之间以调低的价格交易，减少缴纳关税的基数。另一种是利用区域性关税同盟或有关协定的优惠规定逃避关税，即降低向自由贸易区内子公司销售半成品的价格，使得半成品加工成成品以后的价值有一半以上是在自由贸易区内增值的，使成品在该自由贸易区内销售可以免交关税。

四、递延纳税，重视货币的时间价值

递延纳税就是尽量采用延（缓）期缴纳税款的筹划方法。它是纳税人根据税法的有关规定将应纳税款推迟一定期限缴纳。递延纳税虽不能减少应纳税额，但从财务的角度讲，货币是有时间价值的，纳税期的推迟可以使纳税人无偿使用这笔款项而不需支付利息，可以将资金用于其他可获取投资回报的项目，对纳税人来说等于是降低了税收负担，节省了利息支出。如一些低税国和避税地的税法规定公司外国投资所得只要留在国外不汇回，就可以暂不纳税，那么设在高税国的母公司就可以通过设在低税国或避税地的子公司（完全的控股公司），利用其他课税客体移动性转移手段，使利润在该公司得以形成和积累。这些利润可以拖延一段时间后再以股息形式汇回，对纳税人来说这就等于获得一笔无息贷款，享受了延期纳税的优惠待遇。因此，递延纳税也是税收筹划的主要内容之一。

狭义的推迟纳税专门指纳税人按照国家有关延期纳税规定进行的延期纳

税；广义的推迟纳税还包括纳税人按照国家其他规定可以达到延期纳税目的的财务安排和纳税计划，比如，按照折旧政策、存货计价政策等规定来达到延期纳税的财务安排。政府制定推迟纳税规定主要有以下一些原因：一是避免先征后退，节约征税成本。比如，我国规定，境外进入免税区的货物，除国家另有规定外，免征增值税和消费税，以后如果免税进入保税区的货物运往非保税区，这时才再照章征收增值税和消费税，以后如果保税区生产的产品，除国家另有规定外，运往境外，免征增值税和消费税。这个规定就性质来说是一种延期纳税。二是防止纳税人税负畸轻畸重。比如，有的国家规定，农民在某一年度取得特别多的所得，可以将这一年的所得分散到数年之内缴纳税收。三是鼓励和促进投资。比如，有些国家允许只要国外子公司的利润留在国外继续投资经营，不汇回国内，就可以一直延缓至汇回国内时再纳税。

税收递延的途径很多，国际工程承包及海外投资企业可充分利用税法给予的优惠，积极创造条件，在遵守法律规范的前提下进行税收筹划，享受更多的税收优惠。具体地讲，要争取做到以下两点：（1）延期纳税项目最多化。在合法和合理的情况下，尽量争取更多的项目延期纳税。在其他条件包括一定时期纳税总额相同的情况下，延期纳税的项目越多，本期缴纳的税收就越少，现金流量也越大，相对节减的税收就越多。使延期纳税项目最多化，可以达到节税的最大化。（2）延长期最长化。在合法合理的情况下，尽量争取纳税延长期最长化。在其他条件包括一定时期纳税总额相同的情况下，纳税延长期越长，由延期纳税增加的现金流量所产生的收益也将越多，因而相对节减的税收也越多。使纳税延长期最长化，可以达到节税的最大化。比如，税法规定购置的高新技术设备和环保产品设备，可以采用加速折旧法，在其他条件基本相似或利弊基本相抵的条件下，尽管总的折旧额基本相同，但选择加速折旧可以在投资初期缴纳最少的税收，而把税收推迟到以后期间，相当于延期纳税。

五、利用税收优惠政策筹划

为了发展本国经济，世界上大多数国家对于外国企业在本国承揽工程或投资一般都规定了各种税收优惠政策。特别是发展中国家，出于迅速发展本国经济，完善产业结构，解决普遍存在的资金匮乏和技术、管理水平较为落后的矛盾，往往对某一地区或某一行业给予减免税的优惠政策。这些政策会明确规定不同的税收扣除，例如允许无限期结转累积亏损去冲减未来利润，直接给予税前扣除；允许扣除基于公平交易下的利息、管理费用等；甚至有一些税收条款专门用于非居民企业。纳税扣除和减免的存在，使得实际税率远低于名义税率，大大减轻了纳税人的税收负担。目前，我国对实施“走出去”战略的企业规定了允许出口退税的项目，包括境外带料加工装配业务、对外工程承包项目、海外投资项目等，这也是税收优惠政策的体现。此外，对于使用中国政府“两优”贷款的企业，在两国政府之间签署的框架协议内就明确规定，“两优”贷款项下的国际工程承包项目在项目所在国免交所得税。世界各国或多或少都有税收优惠政策，准确掌握税收优惠政策至关重要，这也是合理合法地进行税收筹划的有效手段。

六、利用避免国际双重征税的方法避税

双重征税是指两个或两个以上的国家，对跨国纳税人的同一项跨国所得进行重复课税。按照国际税收规范的规定，国与国之间税收管辖权发生冲突时，在税收权益的分配上，地域管辖权优先。为了解决双重征税问题，各国通常采用如下方法：

（1）抵免法时，应纳税额＝(国内所得＋国外所得)×本国税率－国外已纳税额；

（2）扣除法时，应纳税额＝(国内所得＋国外所得－国外已纳税额)×本国税率；

（3）豁免法时，应纳税额＝(国内所得＋国外所得－已纳外国税收的所得)×本国税率。

其中，抵免法会给规避税负带来机会，许多国家通过抵免法提供双重税收优惠，可能是只对预提税实行直接抵免，也可能就股息对潜在的收入进行间接抵免。

我国现行税法对所得税避免双重征税做出了相应规定。其主要内容包括：一是对纳税人来源于中国境外的所得，已在中国境外缴纳的企业所得税和个人所得税税款，准予在应纳税额中扣除，但其扣除额不能超过该纳税人境外所得按中国税法规定计算的应纳税额。二是对纳税人来源于境外所得在境外实际缴纳的企业所得税、个人所得税税款，低于按我国税法规定计算的扣除限额的，可以从应纳税额中据实扣除，但超过扣除限额的，不得在本年度应纳税额中扣除，可以在以后年度税额扣除的余额中补扣，补扣期限最长不超过 5 年。三是对纳税人境外已缴纳税款的抵扣，一般采用分国不分项抵扣境外已缴税款的方法。其抵扣额为：境内境外所得按中国税法计算的应纳

税额×(来源于某国或地区的所得/境内境外所得总额)。对于不能完全提供境外完税凭证的内资企业，经国家税务总局批准，也可以采取定率抵扣的方法，不区分免税或非免税项目，统一按照境外应纳税所得额16.5%的比率计算抵扣税额。

七、利用避税港进行税收筹划

国际避税地，也称避税港或避税天堂，是指那些为吸引外国资本流入，繁荣本国或本地区经济，在本国或本地区确定一定范围，允许境外人士在此投资和从事各种经济、贸易和服务活动，获取收入或拥有财产而又不对其征直接税，或者实行低直接税税率，或者实行特别税收优惠的国家和地区。避税地既可以是一个国家，也可以是一个国家的某个地区，如港口、岛屿、沿海地区或交通方便的城市。目前国际上总共有350多个避税地，遍及75个国家和地区。国际避税地大致可分为三类：

（1）纯粹或标准的国际避税地。这种类型的避税地没有个人或公司所得税、财产税、遗产税和赠与税。如百慕大群岛、开曼群岛、巴哈马等。

（2）普通或一般的国际避税地。这种类型的避税地一般只征收税率较低的所得税、财产税、遗产税和赠与税等税种。这种避税具体可分为两种情况：1）对境内外所得和财产所得等征税，但税负较轻，对外国经营者给予特殊税收优惠。如巴林、中国澳门、瑞士等。2）只对境内所得或财产征收较轻税负的间接税，对来自境外的所得不征税。如巴哈马、中国香港等。

（3）不完全或局部的国际避税地。这种类型的避税地一般实行正常的税收制度，但有一些特殊的税收优惠政策或规定，或在国家的某一地区单独实行这些优惠政策或规定。如荷兰、希腊、加拿大等。

避税港的存在为我国国际工程承包及海外投资企业进行国际税收筹划提供了有利条件，最常见、最一般的做法就是国际工程承包及海外投资企业在国际避税地设立基地公司，将在避税地境外的财产和所得转移至基地公司，以达到逃避所在国高税负的目的。基地公司实际上是在避税地建立的受控于高税国纳税人的虚构的纳税实体，绝大部分基地公司在避税地没有实质性的经营活动，仅租用一间办公用房或一张办公桌，甚至仅仅挂一面招牌，其全部或主要的经营活动是避税地境外进行的。基地公司通常以控股公司、信托公司、金融公司、受控保险公司、投资公司、专利持有公司、服务公司等形式存在。

知识链接 **典型国际避税地简介**

巴哈马

巴哈马是北美洲一个很著名的避税地。巴哈马一直没有开征个人所得税、公司所得税、资本利得税、预提税等各种所得税，也没有开征遗产税、继承税和赠与税。在直接税中巴哈马只对不动产征税。另外，巴哈马还课征印花税、营业税（对保险公司的保费收入）和关税。居民公司根据营业额和总利润缴纳营业执照年费。巴哈马没有签订任何税收协定和税收情报交换协定，有严格的银行保密和信息披露规则，无外汇管制。法律没有要求披露公司受益人的股权，但是对洗钱和其他犯罪行为，法律进行了严格的规定。

巴哈马的主要财政收入来自关税、印花税以及对银行、公司征收的年注册费和许可证费。

除了没有直接税以外，巴哈马还具有吸引外资的一些优势。例如，巴哈马拥有大量的律师事务所、会计师事务所、银行、金融公司等机构，能为投资者提供良好的法律、金融服务，已成为全球重要的离岸金融中心。此外，在巴哈马注册成立公司的注册费也较低，一般仅为2 500美元。

百慕大群岛

百慕大是北大西洋中的一个岛国，面积71平方千米，自然资源贫乏，最主要的经济部门是旅游业，其次是金融业。关税、公司税、印花税和土地税是政府收入的主要来源。百慕大是一个典型的避税港，不征公司所得税、个人所得税、财产税和普通销售税，只对境内的遗产课征2%～5%的印花税和遗嘱认证费；对雇主支付的薪金课征5%的就业税、4%的医疗税和一定的社会保障税；对进口货物一般课征20%的关税。另外百慕大针对旅游业兴盛的特点，征收税负较轻的饭店使用税、空海运乘客税。百慕大政府还向豁免公司保证在2006年以前绝不会对其课征所得税和资本利得税。所谓豁免公司，就是不必按公司法所要求的至少有60%的资产由百慕大当地居民持有。豁免公司不受当地外汇管制限制。但是，豁免公司在经营上受以下限制：(1) 不能购买、出租或销售土地，不能利用土地作担保的抵押单据、债券等；(2) 不能购买当地公司的股票；(3) 未经允许不得在当地销售公司生产的产品。

在百慕大注册一家公司，允许最低资本额为1.2万百慕大元，而对保险公司，最低资本额定为12万～37万百慕大元。注册登记一家公司只需支付

2 000～2 500 美元，此外，每年还要支付相同金额的年检费。百慕大证券交易所允许免税离岸公司上市。百慕大是当今世界上最大的专属自保保险公司和再保险公司的离岸基地，同时它也是吸引离岸贸易、私人银行、共有基金、保险和信托业方面的重要金融中心。许多国际授权公司和金融公司以及美国外贸公司都将其作为重要的基地。

开曼群岛

开曼群岛位于加勒比海西北部，毗邻美国，是一个部分自治的英国殖民地，面积只有 259 平方千米。全岛两大经济支柱，一是金融，二是旅游。金融收入约占政府总收入的 40%、国内生产总值的 70%、外汇收入的 75%。那里课征的税种只有进口税、印花税、工商登记税、旅游者税等简单的几种，30 多年来没有开征个人所得税、公司所得税、资本利得税、不动产税、遗产税等直接税。开曼群岛对于外国投资者在岛上注册但不在岛上经营的豁免公司提供 20 年内不征收所得税的保证，豁免信托公司可得到 50 年内不课征所得税的保证。各国货币在此自由流通、外汇进出自由，资金的投入与抽出完全自由，外国人的资产所有权得到法律保护，交通运输设施完备，现已成为西半球离岸融资业的最大中心。

至 20 世纪 90 年代初，全世界最大的 25 家跨国银行几乎都在开曼群岛设立了子公司或分支机构，在岛内设立的金融、信托类企业的总资产已超过 2 500 亿美元，占欧洲美元交易总额的 7%，涉及 56 个国家。在开曼，有相当多的银行及信托公司是免征所得税的，其条件是交易行为在境外进行。

在开曼设立的受控保险公司已有 370 家，仅次于卢森堡、百慕大，居世界第三位，每年保险费收入约为 20 亿美元。受控保险公司的发展得益于几个因素：一是手续简便，资本额在 120 万美元以上便可登记；二是起步较早，1979 年对离岸保险公司制定了正式法规；三是配套的条件健全，银行、律师事务所、会计师事务所相当发达，还有大量的保险管理人才。

作为避税地，开曼群岛在许多方面都有与巴哈马和百慕大相同之处，但相比之下更具特色。首先，在开曼注册公司非常快捷便利，没有烦琐的调查程序；其次，公司的注册费用和年检费用也较低，一般仅为 1 500 美元；豁免公司还可以发行无面值的股票，可以不必每年召开一次股东大会，甚至股东的名字也可以保密。由于这些优点，近年来有大量的公司从巴哈马和百慕大迁到开曼群岛。

现在，避税港开曼群岛越来越引人注目。岛上只有居民 6 万人，而在岛上注册的公司多达 1.8 万家。其中各类银行和信托公司有 500 多家，豁免公司 2 000 多家。

列支敦士登

列支敦士登是瑞士和奥地利之间的一个小国，人口只有 3.7 万（2014 年），但列支敦士登在欧洲一向以低税的避税地而著称，居民公司仅需缴纳 7.5% ～20%的所得税。控股公司和离岸公司取得的所得还可以免缴所得税，这类公司每年只需按注册资本和资本公积金缴纳 0.1%的资本税。另外，列支敦士登的股息和利息预提所得税税率也很低，只有 4%。

列支敦士登的另一个闻名之处就是其银行业和税务事务的严格保密性。公司成立前无须对受益所有权人进行披露。公司可以发起无记名股票和无面额股票。空壳公司可以在这里设立。董事必须恰当地保留账本和其他记账凭证，除非从事商业活动，否则没有披露义务。只有从事商业活动的公司才有义务进行会计审计并逐年提交纳税申报。董事会和股东会可以在全世界任何地方召开。

列支敦士登的低税政策和严格的保密措施吸引了大量的外国公司来这里投资组建公司。

卢森堡

卢森堡是欧洲联盟中最小的一个成员国，而且也是欧洲大陆一个有名的避税地。卢森堡同时实行居民管辖权和地域管辖权，而且公司所得税的税率也较高，中央政府课征的所得税税率为 33.3%，加上地方政府征收的所得税，总税率接近 40%。由此看来，卢森堡似乎不能为一个避税地。但卢森堡对控股公司规定有特殊的免税政策。

根据 1929 年通过的《控股公司税收优惠法》，卢森堡对符合条件的控股公司不征收所得税，这些有权享受免税的控股公司可以持有国内外公司的股票和债券、政府债券、现金、外国货币、银行和金融机构存款、专利（不包括商标），但不能从事其他工商业活动，也不能从事银行业务，但是这些公司可以完全免予缴纳所得税和财产收益税，也无须负担资产净值税和市政税。此外，它们还无须为支出股息、利息和特许权使用费缴纳预提税。公司仅需缴纳一次资本税（核准资本的 1%）和年度认股税（公司发行股票和债券价值的 0.2%），但是最低年度纳税额不得低于 2 500 卢森堡法郎。这一政策吸引了许多外国公司。在卢森堡注册的控股公司大约有 5 万家。

英属维尔京群岛

英属维尔京群岛位于加勒比海东北部，是英国的保护属地。如果公司的实际管理和控制在本地，公司就构成英属维尔京群岛的居民。如果公司的大部分董事是本地税法居民，在本地成立公司，实际管理和控制中心就被视为在英属维尔京群岛。

居民公司就其全球范围内的所得按照15%的税率纳税。如果公司外国来源所得在外国免予征税，则居民公司就该部分所得按照1%的税率纳税。非居民公司应当就其汇入当地的所得或者来源于当地的除利息以外的所得纳税。英属维尔京群岛不征收预提税和财产收益税，该地也不实行外汇管制和货币限制。对外国缴纳的税款，英属维尔京群岛给予单边减免。英属维尔京群岛与日本和瑞士签订有双边税收协定。

英属维尔京群岛根据《1984国际商业公司法案》为离岸商业行为设立了特别免税区。国际商业公司无须缴纳任何公司税、预提税和印花税。作为零税率的实体，公司不能享受双边税收协定，但其需要缴纳的仅仅是固定的营业执照年费，也没有报告股东和董事情况的义务。

英属维尔京群岛是政治、经济和贸易环境非常稳定的地方；有良好的金融法律设施，方便各种金融机构或基金会的成立与发展；政府保护股东利益，不需要公布受益人身份；成立公司受到当地政府的私隐条例保护，董事数据和银行数据均可保密。再者，海外公司每年无须交税。岛屿当地政府为了鼓励经济发展，吸引外资，规定一个人可完全拥有一家有限公司；低税率，岛屿国际有限公司所受的税务管制非常少；不需核数师报告，只需保留资料反映经济状况即可；在外地经营所得利润无须交利得税，以三角贸易形式可以达到合理避税的目的；岛上企业在世界各地均可开立银行账户。

英属维尔京群岛是当今世界最主要的离岸金融中心之一，在吸引免税公司或零税率公司方面一直处于领先。英属维尔京群岛的其他主要业务公司还包括离岸银行和专属自保保险、海运、共有基金和信托。

中国香港

中国香港实施分类所得税制，主要征收四种所得税：薪金税、利润税、利息税和财产收益税，各税平均税率为15%左右。此外，香港征收的其他税种有：遗产税、印花税和进出口关税（仅对烟草、酒、甲醇、碳氢等四类货物征收），对股息免税，特许权使用费课征税率为1.5%（个人）和1.65%（公司）的预提所得税。股票发行和溢价部分按照0.3%的税率缴纳印花税。香港地区没有外汇管制和货币限额。

公司的税法居民身份取决于管理和控制中心所在地。所有公司都应缴纳相当于利润16%的税额。香港地区依据属地原则进行征税。如果符合以下条件，则公司应当就其利润在香港地区纳税：(1) 在香港地区进行贸易或开展业务；(2) 从上述贸易或业务中获取利润；(3) 利润来源于香港地区。所有三个条件必须都满足才对公司征税。所以，如果在香港地区进行的业务或贸易产生的利润来源于香港地区境外也不应征税，即便该所得可能最终汇入香港地区。同样，如果因在香港以外地区进行业务或贸易取得的香港地区来源所得，也同样不应征税。从纳税的角度来讲，公司的居民身份并不产生任何影响，香港基本上行使单一的地域管辖权，仅对银行和金融机构的境外所得及居民船东经营所得征5%的利润税。

由于香港在直接税方面的低税以及免征大部分关税，不仅使其成为一个发达的离岸业务基地（特别是国际贸易或采购）和区域性金融、市场营销和管理业务的中心，而且是有名的自由港，共有基金和离岸银行业务在香港地区也非常活跃。在与中国进行业务往来时，香港地区常常作为基地。

瑞士

瑞士对外资有较为优惠的政策，它征收某些直接税，但税率低，税基窄，因而税负轻。瑞士的税收协定网络相当发达，成为设立国际控股、中介性的金融和贸易公司较多的国家之一。瑞士已同澳大利亚、奥地利、比利时、加拿大、丹麦、埃及、法国、德国、英国、美国等30多个国家缔结了全面税收协定。瑞士预提税税率如下：一般股息为35%，对协定国降为5%，7.5%，15%或20%；利息为35%，对协定国降为5%，7.5%，15%或20%；特许权使用费不征税。

但是，除非税收协定规定，否则瑞士不给予外国税收抵免。对于瑞士总公司基于管理职能所获取的所得，瑞士税务机关一般将其外国分支机构特定比例的净利润推定为其应纳税所得。根据联邦参股免税原则，对于其他从分支机构或不动产获取的所得、特定股息和财产收益应当免税。股息免税的条件是瑞士母公司必须持有子公司至少20%的资产且股票的市值必须超过200万瑞士法郎。财产收益免税要求纳税人持有股权超过一年。瑞士实际上对于这些外国缴纳的税款给予了累进抵免（类似于荷兰）。外国分支机构的损失可以根据递减条款在7年内从分支机构的利润中扣除。

塞浦路斯

塞浦路斯的税收协定网络也很发达。它除了早就与俄罗斯及东欧一些国家签订协定外，还与西方许多经济发达国家，包括加拿大、丹麦、德国、芬兰、英国、澳大利亚、美国，以及中国缔结了双边税收协定。塞浦路斯位于地中海的东北部，是欧亚交接地，再加上发达的税收协定网络，吸引了许多国际工程承包及海外投资企业在那里设立各类子公司。

塞浦路斯税收负担很轻，所得税税率只有4.25%，税后所得分配给投资者，不另征股息预提税，资本利得一般也不课征所得税。

塞浦路斯是重要的离岸海运公司的基地。作为一个比较完善的税收协定避税港，塞浦路斯是国际控股和金融公司的一个著名的离岸中心，尤其是在东欧地区。许多国际工程承包及海外投资企业将其区域总部或管理中心设立于此。许多在中东地区开展业务的工程建筑公司都将协调中心建立在塞浦路斯。其他主要离岸服务行业还包括再包装和分销业务、国际贸易和转口服务等。

八、利用反避税方法避税

出于一些经济因素的考虑，为了最大限度地保护本国利益，部分国家要进行反避税。例如，关于扩大纳税义务措施的《美国国内收入法典》的F分部。由于税收筹划是合法的，F分部中必须有大量的定义、例外、限制规定和核定手续等条文做细则，以防止法律出现自我矛盾的情况，这就导致法规内容十分复杂。而且由于各国的具体情况不同，使得各自的反避税方法存在巨大差异，这会给国际税收筹划以大量自由发挥的空间。

九、聘用专业的税务咨询机构进行筹划

由于各国的税法千差万别，作为一个外国企业，尤其是第一次涉足的国别，千万不能想当然地按照本国的思维模式进行税收筹划，一定要雇用国际知名的四大会计师事务所或者当地正规的税务咨询机构出具税收筹划方案。在后续的项目执行过程中，还要请当地的会计师事务所把项目公司财务的账表转化成符合当地法律要求的空间账册、报表形式，同时代理项目公司进行纳税申报并办理各项免税、完税证明等相关工作。为总部的相关项目税务事项提供相关文件，这对承包企业处理好税务方面的工作十分重要。要按账务代理合同要求把相关的账务处理凭证等的摘要、会计科目翻译成账务代理合同规定的文字，将其与国家会计政策的不同点介绍给账务代理，说明账务处理方式，与国内税收的关系，避免账务转换过程中不利的情况出现。通过当地会计师审核或编制财务报表，容易通过当地税务机关的审查。同步委托税务咨询公司参与企业的税收筹划工作，同时通过财务咨询公司的帮助，逐步提高企业的财务管理水平。现实中，大多数企业都能做到后者，即通过当地的财务、税务代理公司记账、纳税，但对于项目开拓时期的税收筹划重视程度还有待加强，这主要与各个企业的财务管理水平息息相关。有些企业在项

目开拓期根本没有财务的参与，还有些企业为了节约成本，在签署商务合同之前根本不考虑税收筹划，只寄希望于项目执行中拉关系、做工作来节约税款，事实证明这种做法是要付出大代价的。

此外，国际工程承包项目必须适应所在国法律，主要是会计法规和税法及相关的国际公约。国际工程承包项目涉及经济领域广、经济关系复杂，既要处理与业主的经济关系，又要处理与项目所在国的经济关系。例如，收入确认、价款结算、资金流动、成本分摊、利润分配、税金缴纳等事项，都涉及关联国家法律法规，操作稍有不慎就会触犯法律。由于国家之间法律法规都有差异，这就要求财务人员要熟悉项目所在国的法律法规，做到知己知彼，掌握主动，避免产生不必要的经济损失。有些企业的财务人员将不合法的发票列进项目成本，以达到少缴纳税款的目的，被所在国稽查出来后，不仅要补缴税款，还要缴纳罚款和滞纳金。更有甚者，在当地购买假发票。在税收稽查十分严格的国家，从事偷漏税的财务人员被关进了监狱，付出了沉重的代价。这些前车之鉴，我们都要引以为戒，税收筹划决不能与偷税漏税划等号，更不能重蹈覆辙，让悲剧重演。

十、利用会计方法的多样性避税

会计准则、会计制度等会计法规，一方面起到了规范企业会计行为的作用，另一方面也为企业提供了可供选择的不同的会计方法，为企业在这些框架和各项规则中自由流动创造了机会。因此，财务人员应熟悉项目所在国的会计制度，恰当使用各种会计处理方法，以减轻税负或延缓纳税。具体的案例如下：

（1）适当地将受益和费用的结算日期滞后数日，可达到延期纳税的目的。

（2）在免征或低于所得税率征收资本利得的国家，项目可以及时调整会计政策，尽力将流动性收益转化为资本性收益，从而获得可观的效果。

（3）平均费用分摊是最大限度地抵消利润、减轻税负的最佳方法之一。项目财务人员要把整个项目经营期间发生的各项费用尽可能地分摊到各期，使其所获利润平均，避免出现某阶段纳税过高的现象。

（4）在物价上涨的情况下，存货计价中采用后进先出法可以有效地减轻税负。利用不同的会计政策影响项目利润，从而减少税负。

（5）固定资产折旧采用不同的折旧方法以减少税负。例如，某公司在埃塞俄比亚的某个工程项目，按母公司国内规定的固定资产折旧方法，项目实施期间固定资产计提 50%折旧，即 4 722 万元，按照我国财务制度的规定，该项目应计提 6 552 万元折旧，按照埃塞俄比亚的法律规定，该项目应计提 5 650 万元折旧，差距非常大。因此，对于同一笔经济业务，不同的会计处理方法对利润和税收的影响也是非常大的。

（6）选择恰当的交易分类形式。一家企业的收入在税务上会被划分归入不同的收入类别，并对应不同的税率，如将收入划分为施工收入、销售收入、佣金收入等类别。通过调整，企业可以选择一种税收上比较有利的类别分类，从而主动地改变所适用的税收条款。

十一、减税方法

减税就是国家对纳税人应缴税款的减征。它是国家对某些纳税人或纳税人的某些纳税对象进行的鼓励或照顾、扶持。各国一般有两类不同目的的减税：一类是照顾性质的减税，如国家对遭受自然灾害地区的企业、残疾人企业等减税，是国家对纳税人由于各种不可抗原因造成的财务损失进行的财务补偿；另一类是奖励性质的减税，如对高科技企业、公共基础设施投资企业等的减税，是对纳税人贯彻国家政策的财务奖励，对纳税人来说则是财务利益的取得。减税筹划技术就是尽量争取获得减税待遇和使其减税额最大、减税期最长。比如 A，B，C 三个国家，公司所得税的普通税率基本相同，其他条件基本相似或利弊基本相抵。某企业生产产品 90%以上出口到世界各国，A 国对该企业所得按普通税率征税；B 国为鼓励外向型企业发展，对此类企业减征 30%所得税，减税期为 5 年；C 国对此类企业减征 40%所得税，没有减税期规定。打算长期经营此项业务的企业，完全可以考虑把公司或其子公司搬到 C 国，从而在合法的情况下使节减的税款最大化。

十二、分割方法

分割方法就是使应税所得、应税财产在两个或更多纳税人之间进行分割而使少纳的税款最大化。所得税和财产税的使用税率如果是累进税率，则计税基础越大，适用的边际税率也越高。应税所得、财产在两个或更多纳税人之间进行分割，可以使计税基础缩小，从而降低最高边际适用税率，节减税款。以个人所得税为例，某国应税所得 20 万元以下适用的税率是 8%，20 万～45 万元适用的税率是 15%，该国允许夫妇分别或合并申报，一对某年各有应税所得 15 万元的夫妇就可以分别申报纳税。采用分割方法节税的要点在于使分割合理化、节税最大化。利用国家的相关政策对企业的所得或财产进行分割，技术较为复杂，因此，除了要合法，还应特别注意其合理性。在合法合理的情况下，尽量寻求通过分割方法使节税最大化。

十三、退税方法

退税就是尽量争取获得退税待遇并且使退税额最大化的节税技术。许多国家的税法都规定了投资退税、出口退税、先征后退等退税政策，纳税人在已缴纳税款的情况下，退税无疑降低了税负，所退税额越大，节减的税收就越多。比如 A 国规定企业用税后所得进行再投资可以退还已纳公司所得税税额的 40%，公司在其他条件基本相抵或利弊基本相抵的条件下，用税收所得而不是借入资金进行再投资，无疑可以节减税款。

第七节　国际工程承包与海外投资业务税收筹划的步骤

国际工程承包与海外投资业务税收筹划的步骤如下：

（1）分析项目所在国到母国的业务流程，审阅其国内法和税收协定。在承揽项目之前，一定要仔细了解项目所在国的税收法律法规，对于首次涉足的国别，要聘请会计师事务所或者税务师事务所提供专业报告。

（2）计算税务成本，进行成本效益分析。企业要根据报告认真计算税务成本，计入整个工程成本，进行成本效益分析。

（3）设计筹划方案，确定经营方式。根据税务师事务所提供的报告，结合本企业的实际情况设计税务筹划方案，选择好境外的承包或投资主体，为税务筹划的实施做好铺垫。

（4）审查遵守反避税规则的情况，适时调整税收筹划策略。

（5）定期进行税务风险检查，及时发现问题，及时解决问题。

第八节　合理避税过程中需要注意的事项

一、深入了解项目所在国的税收政策和法律法规

当前世界各国税收制度千差万别，税种、税率、计税方法各式各样，课税关系错综复杂。因此，作为国际工程承包商和海外投资企业，千万不能依照中国式的税收思维进行税收筹划，一定要准确了解项目所在国的相关信息，必要时，可以采用付费的方法通过专业中介机构取得。另外，税收地点

的政治、军事、科技、文化、民俗等也会影响国际工程承包和海外投资企业的经营活动，进而影响财务和税务安排。因此，国际工程承包和海外投资企业在进行国际税收筹划时必须充分考虑税收地有关税务、政治、文化等方面的具体情况，应时刻注意国际工程承包和海外投资企业所处外部环境条件的变迁，包括未来经济环境的发展趋势、有关国家政策的变动、税法与税率的可能变动趋势等。

二、选择能力强的会计师或税务师事务所

为了及时了解项目所在国各项税收法律法规，处理好各种涉税事项，聘请合适的、有实力的会计师或税务师事务所是一个最行之有效的方法。可以选择当地的事务所，也可以选择国际“四大”事务所（安永、毕马威、普华永道、德勤）。从实践经验来看，为降低涉税风险，选择“四大”对境外承包工程和海外投资业务的长远发展更为有利。

对外承包工程和海外投资企业应充分利用“四大”提供的税务咨询、税务评估和纳税申报等服务。通过税务咨询，不仅可以深入了解项目所在国的各项税收法律法规以及最新的相关变化，而且可以有针对性地解决项目实施过程中遇到的特定税务问题。通过税务评估，可以及时发现并纠正日常税务申报、计算、缴纳过程中可能存在的问题，避免在税务机关正式审计时有麻烦，而且在税务评估过程中，事务所会提供有益的税收筹划建议。

但与此同时，也不能过分依赖中介机构，在事务所出具的税收筹划方案的基础上，企业要针对自身的实际情况加以判断和调整，不能完全照搬。因为事务所提供的筹划方案都有相关的免责条款，最终的风险是要由企业自行承担的。

三、税收筹划要早做准备，未雨绸缪

税收筹划工作应在商务合同签署之前完成，同时筹划方案还要具有前瞻性，不能杀鸡取卵，为追求眼前利益而忽略长远利益。有的税收筹划方案可能会使纳税人在某一时期税负最低，但却不利于其长远的发展。因此，在进行税收筹划方案选择时，不能仅把眼光盯在某一时期纳税最少的方案上，而是要考虑企业的发展目标，选择有助于企业发展，能增加企业整体收益的税收筹划方案。此外，要从投标及合同谈判开始重视相关税务条款。由于各个国家在工程承包业务方面的税收法律不同，如果没有详细了解项目所在国的相关税收法律与政策就贸然投标签约，在现今国际承包市场残酷竞争的情况

下，很可能赔本，甚至吃大亏。企业应未雨绸缪，在项目投标和合同谈判中就考虑并重视项目可能涉及的税务问题。

对于成本加成合同，一切与工程有关的税金负担对象要在合同中明确规定。施工过程中所需缴纳的税金，如合同规定由承包商缴纳，则应了解税种和税率，将应纳税额列入税金及附加费和成本费用中，并在投标中加以考虑，这是相当重要的。对于固定造价合同，因涉及的税种较多，税率也不相同，最好的办法是在合同中规定由业主负责缴纳所在国的应纳税金，而承包商仅负责其本国的应纳税部分。如合同规定均由承包商纳税，则应了解清楚税种和税率，将税金计入合同价款内，并且在合同条款中一定要注明所规定交纳的税金适用的法律、期限及责任，对签订合同后其国家颁布的相关法律不应适用本合同。

现实案例中，企业经常是在面临当地税务机关检查的时候才猛然发现问题，由于木已成舟，更好的税收筹划方案已经没有办法实施，即使能够临时抱佛脚，税收筹划的效果也会大打折扣。因此在项目承建初期，项目负责人和项目财务人员就要重视税收筹划问题，充分了解当地的税收环境、税收政策、金融环境、法律环境等，根据项目的特点如施工进度、采购方案等有计划地进行税收筹划工作。

四、要注意控制税收风险

要合理合法进行税收筹划。我国国际工程承包及海外投资企业在进行国际税收筹划时，这一条界限不可逾越，必须坚决杜绝那种抱侥幸心理进行非法逃偷税或瞒税的冒险行为，以免得不偿失，给我国海外企业的声誉、利益带来损失，并影响到我国海外投资业务的拓展以及国际工程承包市场的开拓。税收筹划强调的是合理合法地缴纳税款，在减轻税负的同时，应统筹考虑风险和收益，避免事后税务稽查带来的税收惩罚。在东南亚的一些国家，如老挝、柬埔寨，都实行“关门审计”，即在项目整个周期结束后，由所在国的税务机关组织人员专项稽查，一旦稽查通过终身不再翻案。因此，项目公司应在建设期结束后主动要求稽查，以免由于税务官员的更换导致后患。对于税务风险的详细内容将在本书第 4 章中详细阐述。

五、注意全局观念

国际工程承包及海外投资企业要在全球范围内进行税收筹划，追求的是全球规模的纳税负担最小化，而不是某个子公司的税负最小化。另外成功的税收筹划应有助于国际工程承包及海外投资企业整体发展目标的实现，而不能仅局限于税负的减轻。也就是说，国际工程承包及海外投资企业进行税收筹划使得税负降低的同时，也要有助于企业总体目标的实现，不能顾此失彼。因此，国际工程承包及海外投资企业应站在宏观看问题，从全局出发安排税收筹划。

六、商务合同的法律效力低于所在国的税法

通常来说，项目所在国税法的效力高于商务合同的法律效力。某些企业自认为在与外方签署的商务合同中约定了某些条款，例如某些税收减免、某些税收由业主承担等，在成本核算时就未考虑相关税收成本，而开工后，发现商务合同的约定与项目所在国的税法相抵触，税法规定某些税收必须由国际工程承包商来承担，最终只好按照税法缴纳了税款。这是没有国际项目经验的企业常犯的错误。

七、注意保存好国外纳税资料和减免税证明

保存国外纳税资料和减免税证明极其重要，却容易被忽视，它有利于在国内计算缴纳所得税时进行税收抵免。例如，国际工程都要涉及设备物资的进口和再出口问题，这就涉及清关文件的管理和保管问题。一个清关合同执行完毕后一般会形成清关合同、提单、清关用商业发票、装箱单、清关费用发票、保险费用发票、保险单、海关完税证明、关税申报声明、保函费用发票、保函文件和免税文件等一系列文件，这些文件如果没有妥善保管，势必影响到今后设备的再出口、保函清退、税务稽查等工作。

八、提高外账工作质量，做好日常纳税申报、税款缴纳等工作

外账是指根据项目所在国的财务会计制度、税收政策进行的会计核算以及以此为依据编制的会计报表。外账是进行境外税务管理的基础，因此必须提高外账工作的质量。境外工程项目应配备专门的财务人员负责外账处理工作，了解项目所在国会计核算方法和各类税收规定，选用当地允许的、正确合理的会计核算方法和制度。外账核算制度一经确立，不应随意改变，以保持其连续性。

按照项目所在国相关规定进行纳税申报、缴纳税款，是境外工程项目应履行的义务，同时也是降低税务风险、减少税务检查的有效途径。

九、了解项目所在国的反避税条款

税收筹划尽管是合法的，但在有罪推定的前提下，极有可能和项目所在国的反避税条款发生冲突，使企业处于不利的地位。常用的反避税条款主要有：

（1）关联方之间进行的交易应该与独立各方之间进行的交易相类似。

（2）所有费用必须是全部而且无一例外地为取得应税收入而产生的，从而阻止不恰当的转移定价或者是无法律依据的税前扣除。

（3）通过实质重于形式和判定商业目的，确定交易是否违法。

Chapter Two

第 2 章 国际工程承包业务的税收筹划方法及案例分析

第一节　国际工程承包业务简介

一、概念

国际工程承包业务（设计—采购—施工）（Engineering-Procurement-Construction，EPC）是指公司受业主委托，按照合同约定对工程建设项目的设计、采购、施工、试运行等实行全过程或若干阶段的承包。通常公司在总价合同条件下，对所承包工程的质量、安全、费用和进度负责。国际工程承包的业务范围包括：工程设计、技术转让、机械设备的供应与安装、原材料和能源的供应、施工、资金管理、验收、人员培训、技术指导、经营管理等。

二、国际工程承包的种类

按照承包范围及承担责任的不同，国际工程承包可分为单独承包、总承包及联合承包三类。

（1）单独承包是指承包公司从外国业主那里独立承包某项工程的承包方式。这种方式下，承包公司对整个工程项目负责，工程竣工后，经业主验收合格才结束整个承包活动。工程建设所需的材料、设备、劳动力、临时设施等全部由承包公司负责。

（2）总承包是指一家承包公司总揽承包一项工程的承包方式。在这种方式下，总承包商对整个工程负全部责任，但是它可以将部分工程分包给其他承包商，各分承包商只对总承包公司负责，而不与业主直接发生关系。

（3）联合承包是指几家承包公司根据各自所长，联合承包外国的一项工程的方式。各承包公司各自负责所承包的一部分建设任务，并各自独立对业主负责。

三、我国国际工程承包的发展历程

从 20 世纪 50 年代到 70 年代，中国政府以贷款和赠送形式，先后向 74 个国家和地区提供了经济技术援助，帮助第三世界国家建成各类建设项目 945 个。我国真正进入国际工程承包市场是从 20 世纪 80 年代初开始，当时国家放开进出口权，从事国际贸易的中央企业迫于个体经营者的竞争压力纷纷开始转型，其中部分公司由于拥有大量外贸型人才、国际贸易经验、国际代理关系，转而从事国际工程承包业务。但这些公司自身并无设计院、施工单位，所以主要采用上述的第二种方式，即总承包。这些企业在海外拿到商务合同，在国内配合国家“走出去”战略，得到政府的优惠政策和信贷支持，合同生效后再分包给国内具有承包资质的施工企业。

30 多年来，中国国际工程承包事业得到了蓬勃发展，竞争也日趋激烈。海外工程承包市场的丰厚利润使得具有承包资质的施工企业不再甘心被分包，纷纷成立国际工程公司，走出国门，尝试上述的第一种方式，即单独承包。这些企业由于可以独立地完成从设计到商务、从施工到后期经营等全过程，而不需分包，因此其报价极具竞争优势。截至 2011 年底，中国具有对外国际工程经营权的企业已达 1 800 多家，承揽的国际工程业务已经遍及全球 100 多个国家和地区，初步形成了多元化格局，承揽的工程项目从原来的房建、道路等单纯土木工程项目逐渐增加到冶金、石化、地铁、机场、港口、供排水、通信、电站、矿山建设等国民经济的各个领域，还逐渐进入环保、航空航天以及和平使用核电等高科技领域。从内涵上来讲，中国所承建的国际工程承包项目档次明显提高。大型项目和技术含量高的项目逐渐增多，承包工程正在向总承包、“交钥匙”项目以及 BOT 项目过渡。这些项目的实施带动了国产机电产品的出口，使我国产业的比较优势得以发挥。同时，随着国资委加强改革整合力度，不断打造集设计、商务、施工、管理于一体的大型企业，我国企业在国际市场的竞争力日益增强，一些公司已较稳固地确立了国际大承包商的地位，在国际承包市场占有一席之地。

2015 年是中国加入世界贸易组织的第十四年，世界经济格局发生了巨变；中国经济全面快速发展，GDP 更是跃居世界第二。在这个大的经济环境下，我国对外承包工程行业也有了长足的进步，随着国家“走出去”战略的实施，越来越多的中国建筑企业响应国家政策投身于国际承包工程市场参与国际竞争，积极开展国际承包工程业务。从初期的房建、路桥等劳动密集型领域逐渐扩展到冶金化工、机械电力、环境保护等资金技术型领域；从初期的劳务分包、结构分包等简单承包模式逐渐发展成行业主流的施工总承包模式；从初期承接几十万美元的小型施工项目到现在承接几十亿甚至上百亿美元的大型、特大型综合项目，我国对外承包工程企业承接的境外工程数量逐年递增，工程技术含量和规模不断提升，对外承包工程的整体水平迅速提高。据国家商务部合作司统计，2011 年我国对外承包工程业务新签合同额高达 1 423 亿美元，较 2010 年增长 5.9%；完成营业额 1 034 亿美元，较 2010 年增长 12.2%，继续保持稳步增长的态势。截止到 2011 年 12 月 31 日，我国对外承包工程业务累计完成营业额达 5 390 亿美元，实现新签合同额 8 417 亿美元。

但我们也应当清醒地认识到，我国对外工程承包业是在低起点上发展起来的，与发达国家企业相比仍有很大距离。据美国《工程新闻纪录》杂志 2011 年统计数据显示，2011 年度我国一共有 51 家建筑企业入围国际最大承包商 225 强，是上榜企业数量最多的国家，但入围的 51 家中国建筑企业海外营业收入的总和约为 570.6 亿美元，仅占全球海外工程承包营业收入总额的 14.9%，平均每家企业的海外营业收入约为 11.2 亿美元；而美国和欧洲国家共有 89 家承包商上榜，其海外营业收入占据了全球海外工程承包营业收入的 68.2%。除了经营规模上的差距外，与发达国家承包商相比，我国对外承包工程企业在业务结构、经营模式等方面也暴露出诸多不足。当前国际承包工程市场的分工格局印证了上述差距：发达国家承包商凭借其技术和管理方面的优势占据工程承包产业链的高端市场，包括设计咨询、工程管理、项目运营等领域；而我国承包商主要集中在工程承包产业链的低端市场，例如工程施工、劳务派遣等领域，利用中国劳动力成本低的竞争优势，依靠低价竞标的经营模式生存，盈利水平长期在低点徘徊，经营风险也越来越大。

四、国际工程承包的特点

(1) 需要有融资的信贷支持。国际工程承包通常涉及的范围广、合同金额较大，因此不同于一般的国际贸易，仅依靠企业的自有资金很难完成，一般都要采用信贷模式。关于信贷在后面章节会有详述。

（2）项目内容复杂广泛。国际工程承包一般涵盖项目的设计、勘探、施工，有些还包括人员的培训和后期的经营管理。具体根据项目的不同，其范围也有所差异。因此要求国内的总承包商需集商务、设计、施工、管理于一体。

（3）工程建设周期长。国际工程承包一般建设周期都在两年以上，如遇到罢工、政府更迭等特殊事件会更长一些。因此对总承包商的抗风险能力要求较高。

（4）海外施工风险大。国际工程承包与国内工程承包的最大区别在于项目的施工地点在国外，因此我们作为外国人在该国施工，要受该国的法律、金融、外汇、税收等政策的影响，还要带动国内的劳务输出，应对各种突发事件，避免因施工不力导致政治、外交等不利影响，因此，除了技术层面，国际工程承包对总承包商在管理方面的综合要求也非常高。

近几年，国际工程承包出现了以下新特点：

（1）激烈的竞争以及国际贸易环境的变化导致盈利水平普遍下降。随着人民币的升值、原材料的上涨、国际运输费用的增加、出口退税率的降低等因素的出现，国际工程承包的利润水平普遍从 20%左右降至如今的 10%左右，有的竞标项目利润甚至更低。

（2）国外业主的要求日趋苛刻。由于中国企业在海外竞争激烈，有时同一个项目就有几个中国企业同时跟踪，因此国外业主的条件也越来越高。例如，要求带资投标、延期付款、实物支付的项目增加等。此外，对项目东道国公司的优惠与对外国公司的限制同时增加，各国保护主义盛行。

（3）能否融资创新决定项目成败。近几年，随着“走出去”的企业越来越多，传统的三类融资模式——中国进出口银行的“两优”贷款模式，中国进出口银行的一揽子项目模式，中国出口信用保险公司提供保险、中国进出口银行提供贷款的商贷模式已经为越来越多的承包企业所熟识，各个企业在对外商务谈判时提供的融资模式也大致相同。因此进行融资创新就成为企业在国际工程承包市场上角逐的杀手锏。随着国际工程承包市场竞争程度的加剧，国际工程承包所提供服务的复杂程度日益增加。承包工程内容不再仅限于提供建设、设备供应、安装维护、人员培训等服务，还扩展到提供融资服务等方面。如今越来越多的企业开始拓展与承包工程相关的投资项目；越来越多的企业加大对公私合营（PPP）、建造转让（BT）、建造运营转让

(BOT)模式的研究和推动；越来越多的企业开始积极探索以小额投资入股撬动 EPC 的模式；收购兼并也成为进入发达国家市场的重要手段。

五、国际工程承包市场的现状

根据《中国对外承包工程发展报告 2014—2015》记载，2014 年中国的国际工程承包特点如下：

(一) 对外承包工程业务继续保持较快增长态势

2014 年中国对外承包工程业务新签合同额 1 917.6 亿美元，同比增长 11.7%；完成营业额 1 424.1 亿美元，同比增长 3.8%。

2014 年新签合同继续保持较快增长的原因有如下方面：(1) 重大项目合作的驱动。2014 年，新签 20 亿美元以上的项目有 5 个，10 亿美元以上的项目有 25 个，项目数量较上年翻番。(2) 中国大力支持亚非等国家的基础设施建设，中国资金的支持成为更加重要的因素。在国际市场资金趋紧的情况下，中国资金的拉动作用更加明显，对推动中国企业业务的发展起到了重要作用。

(二) 新兴市场开发力度不断加大，传统市场业务保持稳定增长

2014 年我国的国际工程承包业务已涉及 190 多个国家和地区。其中亚洲市场新签合同额同比增长 18.8%，非洲市场新签合同额同比增长 11.3%，亚洲和非洲市场新签合同总额约占对外承包工程业务总量的 83.3%。

六、国际工程承包业务涉及的税种

按照征税的性质和作用，我国的税收制度大致可以分为流转税类、所得税类、资源税类、财产税类、特定目的税类、行为税类等。企业的经营行为和经营范围不尽相同，向税务机关缴纳的税种各有不同，相应的税收管理也存在差异。在现行政策制度下，我国对境外发生的应税行为基本不征收流转税，企业所得税是国际工程承包企业需要向国内税务机关缴纳的主要税种。在税收管理上，与在国内进行生产经营的企业基本相同，国际工程承包企业需要相应地履行税务登记、税务变更登记、纳税申报、税款缴纳等职责。

与国内生产经营企业不同的是，国际工程承包企业除了要依照本国税收法规向本国纳税之外，还需要依照工程所在国的税收法规依法向当地纳税。不同国家之间税法规定客观存在差异和利益冲突，国与国之间经贸往来的相互间税收待遇必须且只能由有关国家政府通过共同协商谈判，达成双边或多

边税收协定去求得解决。

由于各个国家经济水平和发展阶段各有差异，所以税制体系和税率设置都各有不同，但主要涉及工程的税种不外乎以下四大类：流转税、收益税、财产税、杂项税。其中流转税主要包括营业税、增值税、消费税、进口关税、许可证税、印花税等；收益税主要包括公司所得税、个人所得税；财产税主要包括固定资产税、房产税、土地使用税等；杂项税是某些国家或地方政府可能以各种名目征收的各种税费，或者以摊派名义征收的各项服务设施的费用等。

七、国际工程承包项目实施中遇到的主要纳税问题

在市场开拓、工程实施、技术保障等方面，我国国际工程承包企业均已达到了世界的规范标准水平，但是由于介入市场时间较短、中介机构费用较高、语言文字交流困难等原因，企业一般只能对一个项目在一个国家碰到的具体情况加以研究。结合实际，下面对国际工程承包项目实施中纳税方面的共性问题进行探讨。

1. 法人居民身份的认定问题

法人居民身份的认定关系到东道国（来源地国）税收权益和纳税人义务，企业被认定法人居民身份后，对税收负有无限连带责任，需要对其来自世界各地的总收入纳税。工程承包企业在世界范围内从事经济活动，与跨国纳税有关的常设机构和联属企业问题随之而来。常设机构的认定关系到收入来源地国家的税收权益，而联属企业的认定则是母子公司利润调整的依据。确定法人居民身份的国际公认通行标准主要有以下三种：

（1）法人实际管理控制中心所在地标准。采取该标准判别法人的居民身份或非居民身份的主要代表国家是英国。该标准以利益重心为依据。认为实际管理控制中心就是经营活动的主要场所。经营的管理以及支配中心能够决定和指挥总公司经营活动，分支机构的行为服从“管理控制中心”全球战略的需要。具体判别标准有：公司股东大会召开的地点、董事会会议举行的地点、公司进行营业活动的地点、公司各种账簿保管的地点等。

（2）法人总机构所在地标准。采取该标准的主要代表国家是日本、法国、中国等。该标准以法人的总机构所在地作为判定纳税人身份的依据。该标准认为，“总机构是具有独立法人地位的企业总公司，它是所属派出机构的首脑机关。拥有对分支机构的生产、销售、财务、人事等方面的控制权”。假如国内企业在我国境内与国外企业成立合营企业，其总机构设在外国，则

不按照中国居民纳税人处理。

（3）法人注册成立的标准。使用这个标准的典型国家是美国。该标准以公司注册成立国家为标准判定法人的居民身份。美国的法人所得税纳税义务人分为本国法人和外国法人。本国法人是根据联邦政府或州政府的法律，在美国境内组织或设立的公司，即法律上在美国设立的公司都属于本国纳税人。

2. 法人居民纳税人判定标准评析

法人居民身份的三个不同判定标准，实际上反映的是对跨国税收管辖权的不同理解：第一个标准侧重经济活动地，重视收入获得的来源地；第二个标准接近第一个标准，但同时考虑一般注册公司所在地与总机构所在地的一致性；第三个标准重视法律意义上的税收管辖权，突出法制思想。

各国法人居民身份的确定标准不同，在一定程度上给国际工程承包企业提供了规避纳税的可能。跨国企业通过选择在采用第一个标准的国家注册，在采用第三个标准的国家设立总部机构，在采用第二个标准的国家从事生产经营活动而躲避居民身份，从而达到减轻税负的目的。例如，目前美国以登记注册地为标准判定公司的居民身份，而日本以总机构为标准判断公司的居民身份，假如我国国际工程承包企业利用两国税收上的这些差异，在日本登记注册公司（假定其总机构不设在日本境内），而将总机构设在美国（假定其不在美国注册登记），如此一来，该公司在法律上既不是日本税收上的居民，也不是美国税收上的居民，两国都只能按来源地管辖权对该公司取得来源于本国的所得进行征税，而不能按居民管辖权对其世界范围内所得征税，从而该国际工程承包企业可以达到减税效果。因此，为确保本国的居民税收管辖权，许多国家在立法实践中往往综合运用几个标准来确定居民纳税人的身份。

3. 国际重复征税的问题

产生国际重复征税问题的原因在于不同国家税收管辖权存在交叉重叠。国际重复征税不仅违背了各国税收立法中的税负公平性原则，直接加重了跨国纳税人的税收负担，而且会影响到各国之间的税收权益关系。各国政府为此采取以下两类方式来规避国际重复征税问题。

一类被称作单边方式，是指一个国家在本国税法中单方面做出一些规定，通过采取主动限制本国行使的税收管辖权，单方面避免国际重复征税。主要包括免税法、抵免法、扣除法、低税法等，其中目前国际上普遍采用的方式是抵免法。如果两个公司是总公司与分公司的关系，可采用直接抵免法

(又可分为全额抵免和限额抵免)；如果两个公司是母公司与子公司的关系，则可以采用间接抵免法，即允许母公司从其外国子公司取得的所得已向外国政府缴纳的所得税，在向本国政府缴纳所得税时予以相应抵免。但母子公司关系的确定，通常是以一个公司拥有另一个公司有表决权的股份达到一定标准来确认。例如，我国《企业所得税暂行条例》以及《外商投资企业和外国企业所得税法》都规定，企业来源于中国境外的所得已在境外缴纳的所得税税款，准予在汇算清缴时从其应纳税额中扣除，我国从事国际工程承包的企业也不例外。

另一类称作双边或多边方式，也是目前各国普遍采用的方式，是指两个或两个以上国家通过谈判、签订避免国际重复征税的双边或多边税收协定的方式，来协调各国之间的税收分配关系。通常税收协定的具体内容包括三个方面：明确缔约国之间可对其行使居民管辖权的纳税人的范围；限定缔约国地域管辖权的实施范围；明确居住国免除国际重复征税的方法和运用的税种范围。

第二节　国际工程承包业务的流转税

工程承包项目在当地进行土建安装等工作，很有可能被当地管理机构认为从事了经营活动，从而会面临缴纳流转税的纳税义务。流转税按照课税对象进行分类，主要分为增值税、关税、消费税、营业税等。

流转税税收筹划方法主要包括：

(1) 利用税率差异进行税收筹划。不同的流转税税种之间，同一税种的不同税目之间的税率是存在差异的。同一税种内，纳税人兼营不同税目、税率的业务，应分别核算不同税率的税目的销售额，否则会从高适用税率。不同的税种之间，增值税和营业税的税率也不同，所以增值税和营业税的混合销售行为就存在税收筹划的机会。

(2) 通过规避课税环节进行税收筹划。这一方法主要适用于消费税的税收筹划上，由于消费税的课税环节一般情况下是产制环节，而不是批发、销售环节，如果将应税收入从产制环节转到批发零售环节实现，就有可能规避掉部分消费税。

下面对流转税的主要税种分别进行介绍。

一、增值税

目前世界各国普遍实施增值税。它是以商品(含应税劳务和应税服务)

在流转过程中产生的增值额作为征税对象而征税的一种税。大多数国家将其称作增值税，也有少数国家和地区将增值税赋予其他的称谓，例如，加拿大将增值税称作货物及劳务税、蒙古国称为销售税，斯里兰卡称为商品劳务税等。无论其称谓如何，只要其核心是针对商品生产、流通和提供劳务的增值额所征收的税种，其实质就是增值税。

在考虑增值税对国际工程承包项目的影响时，应特别关注四个方面：一是增值税类型；二是增值税的课征范围；三是增值税的抵扣方法；四是增值税出口退税制度。

1. 增值税类型

增值税按照企业在购进固定资产所含税金的处理上存在的差异，可以划分为三种类型：消费型增值税、收入型增值税和生产型增值税。

消费型增值税的特点是允许纳税人将购置的所有投入物包括资本性投入物在内的已纳税款一次性全部予以扣除，是以销售收入总额减去其耗用的外购商品与劳务及购进固定资产后的余额作为增值额所计算的增值税。

收入型增值税的特点是在征收增值税时，对资本性投入物所含税款的扣除，只允许扣除当期固定资产折旧部分所含税款，是以销售额减去外购商品、劳务和折旧额后的余额作为课征依据所计算的增值税。

生产型增值税的特点是在征收增值税时，不允许纳税人扣除购进固定资产所负担的增值税，是以销售收入总额减去其耗用的外购商品与劳务（不包括纳税人购进固定资产）后的余额为课征依据所计算的增值税。生产型增值税对购进固定资产的价值不作任何扣除，存在一定程度的重复征税，而且资本投资构成比重越高，重复课征越严重。

由于工程承包类项目固定资产投入比例一般比较大，因而在计算和缴纳增值税时，是否允许扣除购进固定资产所缴纳的增值税会对工程项目的税负产生重大影响。

2. 增值税征税范围

理论上来讲，增值税的实施范围应包括所有创造和实现价值增值的领域，即应包括农业、牧业、制造业、采矿业、能源交通业、对外承包工程业、商业及劳务服务业等各个行业，或应包括原材料采购、制造、批发、零售各个环节。但由于增值税的技术操作性强及各国征管水平及财政需要程度不同，各国增值税的实施范围不同。有的国家仅对整个制造业征收增值税，有的国家对整个制造业和批发业征收增值税，有的国家则对农业、工业、批发、零售及劳务服务交易领域普遍征收。

3. 增值税的抵扣方法

发票抵扣制度是目前世界各国在增值税计算和缴纳时通常采用的方式，所以增值税进项税发票的取得就尤为重要。例如，我国增值税法对增值税普通发票和专用发票的开具时限、内容、适用范围等都作出了严格的规定。因此为顺利地进行增值税的抵扣，一定要详细了解工程项目所在国的增值税发票具体规定，严格按照当地税法的规定取得符合抵扣要求的进项税发票。

4. 增值税出口退税制度

目前实施增值税的各国一般都对出口商品和劳务实施零税率制度，即出口商品和劳务在出口环节不缴纳增值税，同时对其在国内缴纳的增值税额予以部分或全部退还。因此，我国实施国际工程承包项目的企业应当及时、充分地了解我国的增值税出口退税制度。

按照我国税法规定，对外承包工程公司运出境外用于对外承包项目的货物在报关出口后，可向当地主管出口退税的税务机关申请退税。在办理退税时，需提供以下资料：

（1）出口货物退（免）税申报表；

（2）购进货物的增值税专用发票（税款抵扣联）；

（3）出口货物报关单（出口退税联）；

（4）对外承包工程合同；

（5）增值税税收（出口货物专用）缴款书；

（6）税务机关要求提供的其他凭证资料。

增值税出口货物退税在具体计算时按不同情况采用规定的退税率、适用税率、征收率。目前我国出口货物的增值税退税是按照“征多少、退多少”的基本原则来确定退税率。为了鼓励或限制货物出口，国家会对各种货物的出口退税率进行及时调整。

增值税是流转税，如果筹划进项税增大，只能将某些不能增值的项目计入增值科目，国际工程承包项目中分包商会用到一些专业设备，如果可以将分包商所有成本计入工程物资的成本，无疑可以加大进项税额，但应注意比较增值税率和关税税率。

例如，A国某项目在进行机组进水压力钢管制作和安装工程招标的时候，将该分包商的管理成本全部计入钢管的成本中，制作形式发票报关，增加了进项税额，降低了应交增值税，并加大了直接材料成本，减少了工程附加税（因该国有一种类似中国原来的营业税的税收，不同的地方是将直接工程成本作为抵减项，所以增大直接成本可以减少该税）。

增值税有生产型和消费型的分类，在某些国家如坦桑尼亚实行消费型增值税，在另外的国家如阿尔及利亚、埃塞俄比亚等实行生产型增值税，这样对于报关物资的描述就应该多加注意，以便通过转化资产性质来增加进项税额，降低应交增值税。

坦桑尼亚在非洲国家中具有一定的代表性，以该国为例做简要介绍。

【例 2—1】 坦桑尼亚税法规定，只有同时获得了税务登记号和增值税登记号的企业或经营机构，才能向税务局进行增值税的申缴或返还。该国对所有企业征收增值税，税率有两种：其一为 20%，适合于登记注册且账簿健全的企业；其二为 1.2%，适合于小型企业（没有增值税号，类似于中国的小规模纳税人，该国将其称为印花税，交增值税的企业不用缴纳印花税）。取得的所有含增值税的合法单据，其进项税均可抵扣，在每月 20 日前应向税务机关上报前月增值税进项税、销项税报表。进项税的申报期限：以发票或收据上注明的时间为准，一年内有效。销项税的申报时点：以货物所有权移交时间、取得销货款时间、开出增值税发票时间三者中最早的一个，作为销项税的申报时点，申报不能跨月。当连续 6 个月进项税大于销项税时，可以申请退税。退税需要提供所有进项税和销项税资料（发票、收据及账本等），并请注册会计师提出审计意见，税务机关审核，一般情况下税务机关会到现场查验。要注意的是，坦桑尼亚规定原购进的已经申报了增值税进项税，但未实际使用的存货和设备，其包含的进项税不能退还。对同一个承包商属下的若干个项目，应当采用汇总申报的方式，可有效节税。同时，一定要全面掌握税收优惠政策，该国税法规定，世界金融组织提供贷款的项目免缴增值税（但需要向税务机关报批），但需要对每期账单收入向税务局进行免税报批，获得批准后可以免销项税，因此资料收集很重要。

二、关　税

1. 分类

按照征税的计税标准，关税可分为以下四种：

（1）从价计征是以货物的价格为计征标准计算征收的关税；

（2）从量计征是以货物的计量单位（质量、数量、长度、体积等）为计征标准的关税；

（3）复合关税是对同一种货物同时采用从价与从量两种标准计征的关税；

（4）滑动关税是对某种进口货物规定其价格的上下限，按照国内货物涨落的情况，分别用几种高低不同税率的关税。

按照运输货物的不同征税分类，关税可分为以下两种：

（1）加重关税：包含反倾销税、反补贴税、报复关税；

（2）优惠关税：包含互惠关税、特惠关税、最惠国待遇、普遍优惠制。

2. 关税的筹划

我国的国际工程承包项目主要集中在发展中国家，这些国家关税的政策基本原则趋同，这也给关税筹划带来一些便利，主要的筹划方法有以下几种：

（1）项目所在国与特定国家有无关税协定，如有协定，可直接享受。

（2）利用保函替代关税。有些项目所在国的海关接受关税保函，还有些项目所在国的海关可以接受用保险公司开出的保单来替代关税，在工程完工后运出项目所在国，如果需要可以再次报关，这样可以避免缴纳关税。其优点是，无论保函还是保单，其成本远远低于直接用现金缴纳关税。缺点是在处理设备的时候有可能遇到麻烦，若不能顺利运出项目所在国，就只能补缴关税并缴纳罚金。

（3）利用项目所在国关税税率的区别筹划。不同商品报关的关税税率是不同的，通常由关税税则约定，由于各国对关税税则的要求都比较细致，如果物资性能类似，但是在税则上约定的税率不同，可以运用形式发票合理描述货品名称进行报关，从而选择有利的税率。

（4）将关税税率与所得税税率进行对比，如果关税税率大于所得税税率，或者项目的整体盈利预期不高时，可以运用转移定价，采用形式发票报关，将设备原值降低，避免高额关税。

（5）项目所在国的投资环境如果良好，可以用实物作为投资，进而可以考虑转化缴纳的税收作为投资的一部分。

【例2—2】伊朗某项目是由某国际工程承包商承建的EPC交钥匙工程，该项目的融资方式是通过中国的银行买方信贷提供85%的融资，伊朗方面出资15%，工程结算采用封顶总价的单价计量结算方式。合同规定，在伊朗境内外的各种税费都由承包商来承担，业主可协助承包商办理相关事宜。

伊朗是一个经济秩序较不规范的计划经济国家，关税税率时常调增。承包企业根据《伊朗伊斯兰共和国直接税法》和《伊朗伊斯兰共和国进出口法实施细则》，在签订总承包合同之前，仔细研究了伊朗有关税则，在合同中明确规定了纳税基数和税率，这有利于把实际纳税金额控制在预算范围内。

如政府税法有所变更，并直接影响合同的执行，承包商可以向业主提出税金的索赔。

项目部在执行的过程中，采取了一些有效的节税措施，现就关税的具体操作进行分析介绍。

关税是对外贸易过程中的一个重要税种，从税收筹划的角度观察，关税作为一个世界性的税种，税负弹性较小，在税目、税基、税率及减免税优惠方面都规定得相当详细，不像所得税应纳税所得额那样有伸缩余地。

该项目部为了减轻进口配件的关税税负，采取了如下税收筹划：

(1) 利用临时进口施工设备携带配件。根据伊朗进出口法实施细则规定，临时进口的施工设备可以免缴关税。承包企业利用这一有利条款，在与提供施工设备的厂商签订合同时，充分考虑了一部分配件随施工设备一起进口，把配件作为施工设备的一部分来考虑，免去了进口配件的关税。

(2) 利用异地采购配件降低完税价格。伊朗项目购置了日本生产的施工设备。本应从日本进口大量配件，但承包企业对国际配件供应市场进行了详细调查、比较和分析，同种型号的配件从新加坡进口到伊朗海关比从日本进口便宜16.6%。新加坡又是亚洲主要的海运航线上的自由港，它实行开放的进口政策，大约95%的货物可以自由进入新加坡，同时还没有海关附件费用。该项目最终选择从新加坡进口，降低了进口配件费用，同时节约了关税。

(3) 进口配件关税税法变更的索赔依据。伊朗政府提高关税前，配件的关税税率为5%，商业利润税率为10%，海关计税外汇兑换率执行固定汇率1美元=1 755里亚尔。提高关税后，从2003年4月取消一切进口优惠条件，配件平均关税税率为25%，海关计税外汇兑换率执行变动汇率，平均率1美元=8 720里亚尔。由此，承包企业多支付了进口关税。这种税法变更是任何有经验的国际承包商所无法控制和规避的税费支出。幸好该项目是总价封顶的EPC总交钥匙工程，但根据合同条款规定，因所在国税法调整或变更，对承包商履行合同规定的义务产生影响时，合同价格应考虑进行调整。伊朗项目部也正是以书面形式向业主提出关税索赔，最终获赔，避免了损失。

第三节　国际工程承包业务的所得税

一、所得税概念

所得税是对所有以所得额为课税对象的税种总称。国际税法规定，一国对收入、所得、投资、财产等行使征税权力只能依据属人原则和属地原则。各国对国际工程承包项目征收所得税的依据主要有两个：一是依据设立机构的性质，即征税对象是具有居住国公民身份的公司、企业或其他经济组织和个人。二是依据收入来源地的原则，即针对来自该国地域范围内的收入、所得、财产等。

二、所得税税率及征收所得税的基本方法

（一）不同国家和地区税率简介

巴哈马没有企业所得税，但公司要缴纳其他形式的税赋。国际工程承包企业最终支付的实际税率介于 5%～15%，具体则因公司市值而定。

百慕大没有公司所得税，但国际工程承包企业的实际税率平均为 12%左右。

开曼群岛没有企业所得税，但国际工程承包企业最终为它们在开曼群岛注册的业务部门所产生的利润支付约 13%的税率。

瑞士是最早的“避税天堂”之一，虽然对于企业而言并非“避税天堂”。瑞士的企业所得税税率是 21%，本土公司的实际税率中位数为 17%，国际工程承包企业为 19%。

印度的法定企业所得税税率为 34%，但国际工程承包企业实际支付的税率中位数仅为 17%，本土公司则为 22%。

中国台湾的企业所得税税率为 25%。经税收减免之后，本土公司缴纳的税率中位数为 20%，国际工程承包企业为 18%。

中国大陆在 2008 年把企业所得税税率降至 25%，与巴西相当。经税收减免之后，本土公司及国际工程承包企业的实际税率都在 22%左右。

瑞典的企业所得税税率为 28%，比美国低。本土公司的实际税率仅 10%，国际工程承包企业为 18%。

加拿大的企业所得税税率为 36%，经税收减免之后，国际工程承包企业的实际税率中位数降至 21%，本土公司的实际税率中位数为 14%。

澳大利亚的企业所得税税率为 30%，经税收减免之后，本土公司及国际工程承包企业的实际税率中位数降至 22%。

和美国企业一样，法国企业的基准税率为 35%。经税收减免之后，本土公司支付的实际税率中位数为 25%，国际工程承包企业的税率平均为 23%。

德国本土公司及国际工程承包企业的法定所得税税率为 37%，但实际税率中位数分别为 16%和 24%。

英国国际工程承包企业及本土公司的法定企业所得税税率是30%。经税收减免之后，本土公司的总税收负担是20%左右，国际工程承包企业则为24%左右。

美国国际工程承包企业的企业所得税税率是35%。但经税收减免之后，美国本土公司支付的税率中位数为23%，而国际工程承包企业支付的税率中位数为28%。这使得美国在联邦政府征收重税的榜单中排名第二。

日本勇夺本榜单第一名，日本的法定企业所得税税率为40%，本土公司的实际税率为37%，而大型国际工程承包企业的实际税率为38%，均为全球最高。

（二）所得税征收方法

各国征收企业所得税的基本方法主要有以下两种：

（1）外国税收抵免（foreign tax credit），即非居住国允许该项目或该公司申报所得税时进行税前抵扣，居住国政府征税时对纳税人来源于国内外的全部所得征收所得税时，允许以其在国外缴纳的所得税额抵免应纳税款。

（2）税收饶让（tax sparing credit），即居住国政府对跨国纳税人在非居住国得到减免的那部分税额，视同已经缴纳，不再按本国规定的税率予以补征。依照国际税收抵免的惯例，除了在非居住国缴纳的税额超过了按居住国税率计算的应纳税款外，跨国企业纳税人在非居住国投资的税赋和在居住国投资的税赋，通过抵免后，一般都是相等的。因为即使非居住国税赋本来低于居住国税赋，居住国在计算总的税额时仍然要补足征收。这种税赋拉平的趋势，往往使发展中国家吸引外国投资的努力受到影响。作为发展中国家，为了鼓励外国投资，对外国投资者征收的所得税，会在一定时期内给予减免税的优惠待遇。而作为发达国家的居住国，如果不考虑这种情况，对非居住国所减免的税款加以补征，其结果就会使发展中国家为吸引外资所给予的优惠政策落空。投资者并未得到实惠，只不过是将发展中国家减免的税款转到资本输出的发达国家，增加了资本输出国的财政收入而已。为了使发展中国家的这些优惠政策不被发达国家吞噬，可以采用税收饶让的方法。根据这个办法，资本输出的发达国家作为居住国，不仅对本国居民已纳的非居住国税款给予抵免，而且作为非居住国的发展中国家，给予本国居民的减免税也视同已纳税款给予抵免。在一些欧洲国家和发展中国家签订的双边税收协定中，考虑到发展中国家的要求，往往在一定范围内（例如仅限于预提税），以某种方式接受税收饶让的方法。

目前，大部分国家采用限额抵免的方式。限额抵免的具体方式有三种：

分国限额法、综合限额法、分项限额法。从抵免所针对的纳税人、课税对象的具体情况看，可分为直接抵免和间接抵免。直接抵免，是指居住国在对其居民征税采用税收抵免法对其国外税额进行抵免时，被允许抵免的外国税收必须是跨国纳税人直接向东道国（来源地）缴纳的税款。间接抵免，是指居住国对居民境外所得征税采用抵免法进行抵免时，其抵免的税款并不是居民纳税人在非居住国直接缴纳的，而是其所属子公司、孙公司等缴纳后而由其承担的税赋，适用于母公司与子公司不属于一个法人实体之间的税收抵免关系。我国实行的是直接抵免制度。税收饶让抵免必须通过双边税收协定的签订才能实现。我国与世界上很多国家签署了具有饶让抵免的税收协定，但主要是为了吸引和鼓励国外投资者，在对外投资方面所实施的饶让抵免相对较少。

当我们在海外承揽国际工程承包项目时，在所在地设立子公司还是分公司，其主要参考因素就是该国的所得税政策。为此，当我们进入一个从未涉足的国家时，一定要聘请专业中介机构出具该国税收政策的书面报告，这其中，尤以所得税政策为重。否则，在某些国家一旦设立了法人主体的子公司，其所得税会导致承包利润大打折扣。

预提所得税并不是一个独立的税种，而是按照预提的方式征收的一种所得税，即由所得支付人在向所得受益人支付所得时为其代扣代缴的税款。一国居民从境外取得股息、利息、特许权使用费所得等消极投资所得时，一般需以预提税的方式缴纳所得税。国际工程承包项目在建设施工时也会涉及此类税负。

项目在境外执行，项目执行地主管税务机关有优先征税权。由于主合同签订通常由母公司进行，因此母公司作为中国居民企业需要就全球收入进行纳税。如果境外缴税后不能取得完税证明，就会存在用一笔业务缴纳两笔所得税的问题，即企业被双重征税。

三、所得税的主要形式

目前世界各国普遍实行的所得税主要有以下三种形式：

1. 传统税制

以会计实体理论和近代公司法为基础，在对待纳税人时实行公司与股东完全分开的原则，分别缴纳税款。公司获利后，补偿为取得收入的费用和税法允许的扣除项目后，按应纳税所得额缴纳税款，股东按收到的股利缴纳税款。这种税制有利于鼓励公司保留利润。

2. 归集抵免制

为了使留存利润与分配利润得到公平对待，许多国家放弃了传统税制，而实施税收归集抵免制（imputation system）。此方法分为全额归集抵免制和部分归集抵免制。全额归集抵免制指公司缴纳的全部公司所得税都可以在分配股息时从中得到抵免。部分归集抵免制指有一部分公司税不能得到抵免，尽管不会消除重叠征税，但可使其得到缓解。

3. 双税率制

双税率制指的是实行两种不同的所得税税率，一种是未分配利润的公司所得税税率，另一种是分配利润的公司所得税税率。对未分配利润的按较高所得税税率征收，对分配利润的则按较低所得税税率征收。这种税制鼓励公司支付股利。

就以上税制分析而言，传统税制方法简单明了，但没有考虑重叠征税问题。此方法有利于鼓励公司保留利润，扩大再生产。同时，国际工程承包企业也可以利用减少股息分配帮助股东合理避税。抵免制度考虑到了重叠征税的因素，既减轻了股息负担，又不影响保留利润，但会减少税收收入，使个人所得税变得复杂。双税率制使重叠征税现象直接在公司税中处理，同样可以缓解重叠征税，但公司所得税本身变得复杂了。我国目前采用的是传统税制，欧盟国家采用抵免制和双税率制的相对较多。

四、所得税筹划的思路与途径

（一）考虑设立子公司还是分公司对所得税的影响，合理选择企业的组织形式

由于一些低税国家或地区可能对具有独立法人地位的投资者的利润不征税或只征收较低的税收，并与其他国家、地区广泛签订了税收协定，对分配的税后利润不征或少征预提税，因此，跨国企业常乐于在这些低税国家或地区建立子公司或分公司，用来转移利润，逃避高税国税收。

从法律的角度来讲，子公司是一个独立的法人，分公司则不具有独立的法人资格。从税务的角度来讲，无论子公司、分公司，都应在其所在国缴纳所得税。但是，大多数国家对在该国注册登记的公司法人（子公司）与外国公司设在该国的常设机构（分公司）在税收上是有不同规定的。前者往往承担全面纳税义务，后者往往承担有限纳税义务。此外，在税率、优惠政策等方面也存在差异。一般而言，分公司是作为企业的组成部分之一派往国外，在国外不能享受税收优惠待遇，而子公司由于在国外是以独立的法人

身份出现，因而可享受所在国提供的包括免税期在内的税收优惠待遇。许多国家对外国公司的分支机构利润，除征收企业所得税外，还征收一种分支机构税。

基于以上原因，如何合理选择企业的组织形式便成为国际工程承包企业需要关注的重要问题。从税收筹划的角度出发，国际工程承包企业将其某些附属机构设为子公司，而将另一些设立为分公司，应从以下几个方面加以考虑：

（1）设立子公司在项目所在国只承担有限责任的债务（虽然有些需母公司担保），但设立分公司时，总公司则需承担连带责任。

（2）项目所在国适用税率低于居住国时，子公司的累积利润可得到递延纳税的好处；另外，某些国家子公司适用的所得税税率比分公司低。

（3）许多国家允许在境内的企业集团内部公司之间的盈亏互抵，子公司就可以加入某一集团以实现整体利益上的纳税筹划。设立分公司时，在经营的初期，境外企业往往出现亏损，分公司的亏损可以冲抵总公司的利润，减轻税收负担。

（4）子公司有时可以享有集团内部转移固定资产增值部分免税的税收优惠；而设立分公司时，因其与总公司之间的资本转移，不涉及所有权变动，不必负担税收。

（5）子公司向母公司支付的诸如特许权使用费、利息、其他间接费等，要比分公司向总公司支付更容易得到税务认可。

（6）子公司利润汇回母公司要比分公司灵活得多，资本利得可以保留在子公司，或者可以选择税负较轻的时候汇回，得到额外的税收利益；而分公司交付给总公司的利润通常不必缴纳预提税。

（7）母公司转售境外子公司的股票增值部分，通常可享有免税待遇，而出售分公司资产取得的资本增值要被课税。

（8）境外分公司资本转让给子公司有时要征税；而子公司之间的转让则不征税。

国际工程承包企业对外投资时，可以根据所在国企业自身情况采取不同的组织形式达到减轻税负的目的。通常，国际工程承包企业为实现税收筹划最优化，在初级阶段组建分公司，当经营活动全面展开后再组建子公司。

例如，某国际承包商在埃塞俄比亚设立分公司，有效地减轻了项目的税收负担。某国际承包商埃塞俄比亚项目运行初期，三个项目分别以各自项目的名义进口设备物资等，并按当地税法规定缴纳了关税。后经研究当地税法，某国际承包商在埃塞俄比亚成立了分公司，以分公司的名义进口设备物资从而免除了进口关税。

（二）选择合适的会计政策，通过合理调整成本减轻税负

会计政策是指企业在进行会计核算和编制会计报表时所采用的具体原则、方法和程序。企业所得税的应税利润是在会计利润的基础上，通过调整差异项目金额计算出来的；对税法没有明确规定的事项，都是按照财务会计处理结果计算应税所得。因此，会计政策的选择不同，核算出来的结果就会不同，不同的结果又会对纳税人的税负产生影响，甚至较大的影响。对所得税产生影响的主要会计政策选择包括存货计价方法、固定资产折旧方法等。

通过对成本的合理调整，抵消收益，减少利润，从而达到避税效果的方法称作成本调整法，具体可分为材料核算法、折旧法、费用分摊法、存货计价法等。

1. 材料核算法

在当地税法没有明确规定的情况下，将某些工程物资组合形成的设备作为消耗性材料计入成本，可以降低项目利润，减少税负支出。例如，埃塞俄比亚某大坝工程中使用的混凝土拌和系统、砂石破碎系统、缆机浇筑系统，这些在国内都应该以整体作为固定资产管理，但是由于海外工程的特殊性，这些系统的运行和其中零部件的构成依赖性很大，承包企业通过对埃塞俄比亚税法的研究，把这些作为消耗性物资管理，从而增大了项目的成本。

2. 折旧法

由于折旧要计入产品成本或期间费用，直接关系到企业当期成本、费用、利润和应纳所得税的多少，因此，折旧方法的选择、折旧的计算就显得尤为重要。通过对折旧方法的研究，通过调节折旧的方式、年限对成本进行调节，通过研究各国的固定资产摊销的方式，某些国家对电子设备和高新技术设备采用加速折旧法，那么可以将某些设备通过总部整体筹划，在总部内部的科技部门认证，并得到当地税务部门的认证后，采用加速折旧的方法，进而增大工程成本。此外，可通过确实的总体工程设备投入预算，在工程前期加大工程设备原值，增加这些设备的摊销年限，加大工程期间的成本总额。

固定资产折旧方法有平均年限法、工作量法、年数总和法和双倍余额递减法等，不同的折旧方法对纳税企业的影响不同。如选择双倍余额递减法或年数总和法等加速折旧法，可使得在资产使用前期提取的折旧较多，企业少纳所得税，起到推迟纳税时间和隐性减税的作用。延缓纳税对于企业来说，

相当于从国家取得了一笔无息贷款，降低了企业的资金成本。

影响折旧的因素包括固定资产原值、净残值和折旧年限。由于新的会计制度及税法对固定资产的预计使用年限和预计净残值没有做出具体的规定，企业可以根据自己的实际情况，选择对企业有利的固定资产折旧年限来计提折旧，以此达到节税及企业的其他理财目的。对于处于正常生产经营期且未享有税收优惠待遇的企业来说，缩短固定资产折旧年限，往往可以加速固定资产成本的回收，使企业后期成本费用前移，从而获得延期纳税的好处。

3. 费用分摊法

总部对境外分公司和常设机构在提供技术支持、人员辅助管理、采购保障等环节发生的费用，可以通过母子公司的相关技术合同、劳务合同、服务合同，并提供明细账目，在当地税务机关认证后计入项目成本。

对于费用列支，税收筹划的指导思想是在税法允许的范围内，尽可能地列支当期费用，预计可能发生的损失，减少应交所得税和合法递延纳税时间来获得税收利益。通常做法是：

（1）已发生费用及时核销入账，如已发生的坏账、存货盘亏及毁损的合理部分都应及早列作费用。

（2）能够合理预计发生额的费用、损失，采用预提方式及时入账，如业务招待费、公益救济性捐赠等应准确掌握允许列支的限额，将限额以内的部分充分列支。

（3）尽可能地缩短成本费用的摊销期，以增大前几年的费用，递延纳税时间，达到节税目的。

4. 存货计价方法

存货计价方法影响企业营业成本，从而影响应税利润，进而影响所得税。税法规定，存货计价可以采用先进先出法、后进先出法、加权平均法和移动平均法等不同方法。不同的存货计价方法对企业纳税的影响是不同的，企业可根据具体情况选择合适的方法。在物价持续下降时，应选择先进先出法来计价，可以使期末存货价值较低，销货成本增加，从而减少应纳税所得，达到节税目的；在物价持续上涨时，应选择后进先出法对存货计价，这种方法符合稳健性原则的要求，可以使期末存货成本降低，销货成本提高，从而减轻企业所得税负担，增加税后利润；而在物价上下波动的情况下，宜选择加权平均法或移动平均法，可以避免因各期利润变动造成企业各期应税所得上下波动而增加企业安排资金的难度。

（三）利用税收优惠政策，减轻纳税负担

所得税的税收优惠形式包括税率式、税基式、税额式。税率式优惠是国家对鼓励或者照顾的地区、行业或者企业实行较低的税率，例如对深圳特区的外商投资企业适用15％的所得税税率。税基式优惠是对不同的征税对象减少计税的基数，例如加速折旧。税额式优惠是对某些特殊行业或对象按规定先计算出税额再返还或者减征一定数额或比例，例如对聘用下岗失业人员的新办服务型企业的减免税。

世界上大多数国家都规定了税收优惠政策，如投资抵免、差别税率、加速折旧、专项免税、亏损结转等。一般来说，发达国家税收优惠的重点放在高新技术开发、能源节约、环境保护上。包括我国在内的许多发展中国家，出于迅速发展本国经济，完善产业结构，解决普遍存在的资金匮乏和技术、管理水平较为落后的矛盾，往往对某一地区或某一行业给予普遍优惠，进而达到调控经济发展，引导跨国投资方向的目的。

我国国际工程承包企业可以利用这些税收优惠，结合与所得来源国之间签署的包含税收饶让条款的双边国际税收协定，用以减轻其在非居住国的纳税负担，减少纳税金额。在税收筹划时，首先要结合企业自身情况充分利用可以适用的税收优惠，其次要注意不同税收优惠之间的合理搭配，比如减免税期就不适合采用加速折旧。

（四）利用税率差异，合理转移定价

各个国家和地区之间的税率差异很大，有的税率很高，如英国达到50％，有的税率却很低，如中国香港16.5％，甚至有的国家和地区根本不征所得税；有的采用比例税率，有的采用累进税率。简单地比较一下各国和地区税率表，就会发现税收筹划的巨大潜力。所以我国国际工程承包企业可将盈利由高税负国家或地区的公司转移到低税负国家或地区的公司，从而降低整个国际工程承包企业的纳税总额。

关联企业（集团内企业）为了实现整体利益的最大化，在企业内部对货物销售、资金借贷、劳务提供、有形财产租赁和无形财产转让等制定不同于市场公平竞争的价格，或就费用的分摊进行不合理分配的方法称作转移定价。这种特殊的定价方式的制定不受国际市场供求关系的影响，不是自由竞争市场下的价格，而是公司根据自身的全球利益最大化原则和其他全球战略而制定的偏离正常市场价格的内部交易价格。在企业经营领域，关联企业运用转移定价，有时出于某种商业考虑，如调节利润以树立新建企业的形象，提高其竞争力，或是调节利润以避免海外经营时面临的政治风险、外汇风险、货币风险等。国际工程承包企业通过比较各国的税法差异，运用转移定价的方式将利润从高税率国向低税率国转移，使企业的利润在低税率国积累，从而避免在高税率国的税收负担，达到企业最大限度减少税收的目的。某些国际联盟会针对别国制定违背市场经济规则的惩罚性关税。例如，中国的纺织品出口屡次受到不公正的税收待遇；又如，美国国会屡次向中国政府施压逼迫人民币升值，等于向中国的出口商间接地收取了税收。因此，一些企业集团内部所做的成功的转移定价策略，是一种值得弘扬的行为。从企业角度，转移定价并不是一个贬义的概念，至少反映关联企业内部的一种定价原则。考察它的历史可以发现，转移定价起源于在同一税收管辖权下的两个关联企业之间的定价策略。最初并不是出于避税目的，而是为了节约交易成本。随着关联企业发展和国际经济的推进，关联企业的经营从域内发展到域外，相应地，其税务从受制于同一税收管辖权发展到受制于两个或两个以上的税收管辖权。为了追求利润最大化，国际工程承包企业常利用不同的区域设立不同的关联企业，对在这些企业内部的交易进行定价规划，从而降低交易成本，提高整个国际工程承包企业的效益。

从国际税收角度讲，各国为了自身的利益，利用对关联企业转移定价行为进行法律干预的结果，导致各国税收法律存在差异，也导致各国转移定价制度存在差异。如果一国的转移定价制度得不到相关主权国家的认可和配合，则各相关国家独立的、存在差异的转移定价制度势必造成对跨国企业的国际双重征税问题，进而影响跨国经营企业的利益，不利于国际经济的发展。而要得到相关主权国家的认可和配合，则有设计尊重和保护各相关主权国家的税基和税收管辖权问题。因此，一国对跨国企业转移定价避税行为的法律干预，不仅要考虑本国的利益，还要考虑相关国家的利益和国际经济发展的需要。换言之，转移定价的税法控制绝不是一项单纯的本国税务问题，而是一项国际经济政治问题，这也是转移定价税制相对于其他领域税制复杂的根本原因。

例如，为了使海外子公司获得较高的利润，跨国母公司可以向其低价销售产品零部件或由子公司向母公司高价出售产成品。又比如，为了减少海外子公司的利润，跨国母公司在向其提供劳务、贷款或专利使用权时可以收取较高的劳务费、利息或特许权使用费，从而把子公司的一部分利润转到母公司的账上。此外，在关联企业的运输费、保险费、管理费和佣金等费用的支付上也可以采用上述转让定价策略。但需要指出的是，避税和利润转移并不是国际工程承包企业使用转让定价的唯一目的，在许多情况下，国际工程承包企业使用转让定价手段是为了满足其内部经营管理的需要。

我国国际工程承包企业利用转移定价进行国际税收筹划可使用的方法有：（1）利用转移定价以减少所得税。国际工程承包企业通过在内部贸易中采取转移定价将盈利由高税率国家的子公司转移到低税率国家的子公司以减少所得税。（2）利用转移定价以减少预提税。各国对外国公司或个人在本国境内取得的部分所得，如股息、利息、租金、特许权使用费等，往往征收预提税。当子公司向母公司支付股息、利息、租金、特许权使用费时，往往会被征收预提税，此时子公司可以通过低价向母公司供货或高价向母公司购货的办法来代替所得支付，将股息、利息、租金、特许权使用费含在转让价款之中，以减少属于预提税范畴的收入。（3）利用转移定价以减少关税。利用转移定价减少关税的具体做法有两种：一种是国际工程承包企业内部企业之间以调低的价格交易，减少缴纳关税的基数。另一种是利用区域性关税同盟或有关协定的优惠规定逃避关税，即降低向自由贸易区内子公司销售半成品的价格，使得半成品加工成成品以后的价值有一半以上是在自由贸易区内增值的，使成品在该自由贸易区内销售可以免交关税。

转移定价具体的操作方法如下：

（1）通过控制零部件、半成品等中间产品的交易价格来影响子公司成本。

（2）通过控制对境外子公司固定资产的出售价格或使用期限来影响子公司的成本费用。

（3）通过提供贷款和利息的高低来影响子公司的成本费用。

（4）通过对专利、专有技术、商标等无形资产转让收取特许权使用费的高低来影响子公司的成本和利润。

（5）通过技术、管理、广告、设计、维修、咨询等劳务费用来影响境外子公司的成本和利润。

（6）通过产品的销售，给予境外子公司以较高或较低的佣金和回扣影响子公司的利润。

（7）通过总部控制的运输公司、保险公司与子公司的业务往来，收取较高或较低的运输费用、保险费用、装卸费用等方法调节子公司的利润。

（8）通过商品交易，如在关联企业间供应原材料和零部件，销售商品上采用“高进低出”或“低进高出”，增加或减少子公司的利润。

（9）在关键公司之间人为制造呆账、损失赔偿等来增加子公司的费用支出。

（10）利用子公司系统销售机构人为提高或降低佣金回扣，影响公司销售收入。

（11）关联公司之间通过租赁机器设备转移利润。由一个设在高税国的关联公司购置资产，以尽可能的低价租赁给一个设在低税国的关联公司，后者再以尽可能的高价租赁给设在另一国的关联公司。它通过租金费用的转移，将在高税国所得向低税国转移，又分别由出租方和承租方多次提取折旧，这样可以达到我国国际工程承包企业总税负尽可能低的目标。

（12）通过信托公司。例如，我国在高税国甲国的跨国母公司，可以选择在避税地乙国设立一家信托子公司，然后把自己的所得和财产委托给这家子公司，并通过契约或合同使受托人按自己的宗旨行事。这样信托财产与委托人的分离，就成为一种虚构，而受托人与信托人又常常是相互分离的，委托人与受益人也不是避税地的居民，但信托财产的经营所得却归在避税地信托子公司的名下，从而达到免于纳税或减少纳税高税国税收的目的。

【例 2—3】某国际工程承包企业集团的两个公司 A，B 分别设在甲国和乙国，两国所得税税率分别为 30%和 20%。B 公司要把一批空调器零部件卖给 A 公司，这批产品的总成本为 50 万美元，B 公司原定价 60 万美元，现增加到 70 万美元，A 公司最后以 80 万美元的价格销售。现比较 B 公司提高转让价格后国际工程承包企业的总税负的变化。

该国际工程承包企业原税负：

$$(60-50)\times 20\%+(80-60)\times 30\%=8(\text{万美元})$$

提高转让定价后总税负：

$$(70-50)\times 20\%+(80-70)\times 30\%=7(\text{万美元})$$

该例中 B 公司通过提价的方法，把 A 公司的利润转移给 B 公司，从而使整个公司的税收负担从 8 万美元降到 7 万美元。

（五）注意时间跨度与时间价值，享受延期纳税的优惠

在我国，所得税在季度终了后预缴申报，年度终了后汇算清缴申报；而流转税一般是以一个月为纳税期限进行申报。相对而言，同样金额的所得税推迟缴纳，会比同样金额的流转税推迟缴纳有更高的时间价值。资产在足够长的时间内都会转化为费用，因此，在不考虑其他因素的情况下，公司营业期间内资产的处理方式不同，不会影响所得税税款总额，但会影响所得税金

额在前后期的分布。由于所得税税款支出是强制性的现金支出，考虑到时间价值，企业应该选择所得税税款支出现值最小的税收筹划方案。

在国际税收领域中，实行居民税收管辖权的国家，对本国居民建立在国外的子公司所取得的利润收入，在没有以股息形式汇回母公司之前，对本国母公司不就其外国子公司的利润征税。这实质上不能减少跨国纳税人的应纳税款，只能推迟纳税人的纳税时间。而纳税人在纳税延迟期里，就可合理占用本应及时交纳的税款并加以使用，从而使纳税人从中获得了较多的利润，达到降低税率的目的。所以国际工程承包企业在进行税收筹划时常用到这种方式。例如，我国设在高税国的母公司，想利用延期纳税的规定避税，其先决条件是在合适的低税国或避税地建立子公司（完全的控股公司），然后再利用其他课税客体移动性转移手段，使利润在该公司得以形成和积累。这些利润可以拖延一段时间后，再以股息形式汇回，对纳税人来说这就等于获得一笔无息贷款，享受了延期纳税的优惠待遇。

（六）积极争取境外减免税处理

纳税人境外投资、经营活动按所在国（地区）税法规定或政府规定获得的减免税，应区别不同的情况按以下方式处理：

（1）与中国缔结避免双重征税协议的国家，按所在国税法及政府规定获得的减免税，可由纳税人提供有关证明，经税务机关批准后，视同已缴纳所得税进行抵免。

（2）对于中国政府援外项目，如企业承揽中国政府援外项目、当地国家（地区）的政府项目、世界银行等世界经济组织的援建项目和中国政府使领馆项目，当地国家（地区）政府减免所得税的，可由纳税人提供有关证明，经税务机关审核后，视同已缴纳所得税进行抵免。例如，斯里兰卡中斯友谊村项目，企业通过向地方税务局提交相关证明和解释说明，免交了因收款开给中华慈善总会发票的营业税。同时，也可以积极向国家税务总局争取优惠政策。当在同一国家同一公司名下有多个国外项目时，应以一个公司名义积极向所在国申请争取进行合并纳税。例如，某企业的对外承包工程集团向巴基斯坦政府申请所有项目以集团公司名义统一纳税并获得批准。

（七）增加税收抵免限额

大多数国家都规定，企业来源于境外的所得已在境外缴纳的所得税款，准予在汇总纳税时在其应纳税额中扣除，但扣除额不得超过其境外所得按本国所得税率计算的应纳税款。即境外缴纳的所得税在境内计算抵免时，要受到限额的控制，在境外所得税税率高于国内所得税税率的情况下，多缴纳的这部分外国所得税不予扣除。

具体的抵免方法各国有所不同，有的采取综合法，即不分国别加总计算；有的采取分国法，即一个国家一个国家分别计算（我国即采取分国不分项的方法）；有的采取分项法，按不同收入项目适用的税率分别计算。国际工程承包企业设立控股公司后，可以把原来由子公司分别计算税收抵免限额改为综合计算税收抵免额。

第四节　其他税种

一、个人所得税

个人所得税（personal income tax）是以自然人取得的各类应税所得为征税对象而征收的一种所得税。个人所得税 1799 年首创于英国，随着经济的发展，该税种所占地位越来越显著。现在，个人所得税已经成为众多国家的主要税种之一，也是英国、美国等国家的第一大税种。我国于 1980 年开征个人所得税，之后经历了不断的修改和调整。我国目前实行的个人所得税法是 2011 年 6 月第十一届全国人民代表大会常务委员会第二十一次会议修正通过的，免征额提高为 3 500 元，超额累进税率修改为 7 档。事实上，发达国家的个人所得税负担普遍高于发展中国家。

个人所得税征收模式分为三类，分别为分类征收制、综合征收制和混合征收制。分类征收制是把所得按来源、性质分类，对每类所得分别制定一个税率，它具有简便、容易征管的优点，但容易造成不同项目、不同纳税人之间的税负不公平；综合征收制是在扣除最低生活费、抚养费等规定的扣除费用的基础上，按累进税率对全年全部所得征税，它具有税负公平、合理的优点，但操作复杂，管理水平要求较高，工作量大；混合税制一般是先对各类所得课税，再按累进税率对一定数额以上的全年所得征税，它将分类所得税制和综合所得税制的优点兼收并蓄，既能体现量能负担原则，又能坚持对不同性质的所得实行区别对待的原则。

由于综合税制的税率结构简单，纳税人按其收入水平和能力负担税收，体现了税法的公平原则，世界上发达国家广泛采用综合税制。现在，欧洲各国大部分采取综合税制，只有英国、葡萄牙实行混合税制。在拉丁美洲，除了智利、厄瓜多尔等国采用混合税制，其他也大多实行综合税制。在亚洲，只有中国、约旦等国家实行分类税制。下面从税制角度对个人所得税作简单介绍。

1. 纳税义务人

各国对纳税人的规定虽不完全一致，但基本要义一样，即对本国居民或公民的所得征税，不论其收入来自国内还是国外，同时只对非本国居民来自本国境内的所得征税。各国对纳税人规定的差异在于各国判定居民身份的标准不同：有的国家以是否在本国有固定居所为标准，有的国家以居住时间来判断，还有的国家判断居民身份是看自然人是否有在本国境内居住的意愿。

大多数国家在规定居民身份的时候综合运用了居所所在地和居住时间的标准。英国税法规定，本国居民至少要符合以下条件中的一个：在英国有永久居所；一个纳税年度至少在英国居住 183 天；一个纳税年度虽在英国居住不到半年，但连续 4 年来访英国，每年达 3 个月。法国税法把纳税人分为定居法国的与非定居法国的，前者实际上类似于居民身份。法国定居要满足以下几种情况：家庭所在地、主要居所在国内，在国内进行从业活动，主要经济利益来源于国内。我国对居民身份的要求是在中国境内有住所，或虽无住所但在境内居住期满 1 年，包括中国国内公民，在华取得所得的外籍人员和港、澳、台同胞。

2. 征税范围

我国个人所得税目前征税项目有 11 个，分别为工资、薪金所得，个体工商户生产、经营所得，对企事业单位的承包经营、承租经营所得，劳务报酬所得，稿酬所得，特许权使用费所得，利息、股息、红利所得，财产租赁所得，财产转让所得，偶然所得，以及其他所得。个人所得税的征收范围很复杂，有些所得不征个人所得税，如住房公积金等。不同国家对同一所得项目的征税处理方法也存在差异，下面就征税范围中涉及的不同处理方法作介绍。

（1）合法所得与非法所得。个人所得有的来自于正当经营，是合理回报，有的来自于坑蒙拐骗，是非法所得。对于这两类所得的处理不仅体现了国家对所得的理解，也影响到一国财力。美国、德国、日本等国的做法是，不论所得在来源上的法律属性，都视为应税所得，也就是说不因为这些所得可能会对社会风气、风俗的不良影响而不征税。一般发展中国家采取的是正好相反的做法，征收范围局限在合法收入。

（2）转移所得。转移所得是政府或个人将所得无偿转移给纳税人，不同于有偿性质的转让所得。转移所得改变了社会财富的初始分配格局。由于转移所得有不同种类，一国对转移所得的处理也不尽相同。比如很多发达国家对离婚赡养费是征收个人所得税的，而对社会保险福利则不征收。对社会保险福利不征税的理由是这类转移本来就是出于社会再分配的目的解决一部分人的生活问题，如果再对此课税反而会部分抵消这种作用。发展中国家的征税范围不包括转移所得。

3. 税率结构

由于所得构成复杂，不同类别的收入税率结构不同。各国的税制变动大都表现出一种趋势，即税率结构逐渐简化，等级减少，税率降低。英国 1977 年的个人所得税税率有 10 档，最高边际税率为 83%；到了 1988 年，税率只有 25%和 40%两档，现在基本固定为 3 个等级。日本个人所得税（国税）税率在 1950 年有 8 档，最高档税率为 55%；到了 1969 年，税率档次达到顶峰，为 16 档；之后级数逐渐下降，1987 年 12 档，1995 年又减少至 5 档，最高档税率为 50%。目前我国的工薪所得由 9 档减为 7 档，最高一级为 45%，最低一级为 3%，级数比较多，还有进一步简化税率结构的必要。

4. 征收办法

个人所得税属于较为复杂的税种，其征收办法种类繁多。

（1）课源法，由扣缴义务人在所得产生的当时当地扣缴纳税人的应纳税款并缴纳给政府。

（2）申报法，由纳税人在一定期限内自行申报所得，总所得额的计算或自行完成或由税务机关完成。

（3）测定法，是税务机关按纳税人的一些外部特征推断其所得并计税，比如可以根据银行账户信息判断纳税人的收入，还可根据纳税人的消费支出、生活水平来判断。

（4）估计法，主要是以纳税人的历史资料为参考，估计其应纳税额。

日本和我国的课税办法包括课源法和申报法。英国首创了课源法，并一直在实践和运用这种方法。英国的课源法还分为所得税预扣法（主要是工资和薪金）和对利息支付的扣缴。其课源法也是离不开申报制度的。像所得税预扣法就是要求纳税人首先填写所得税申报表（不一定每年都填），再由税务机关标记每个纳税人可以享受的税收宽免并征求纳税人的意见，最后，企业的任务就是在得到纳税表及相关信息之后预扣税款。

5. 申报制度

申报制度的区别主要在于申报单位的差异。从各国实践来看，申报单位可以是个人、夫妻，也可以是家庭。实行个人制的国家有中国、日本、加拿大等。许多发达国家和地区，包括我国香港地区实行的是夫妻申报和家庭申报。

在了解了个人所得税的税制之后，下面对国际工程承包企业个人所得税的缴纳与税收筹划作简单介绍。

在我国负有纳税义务的个人，包括我国公民和外国公民，从境外取得收入，一般都按取得地税法规定缴纳了个人所得税，按我国税法规定，现阶段在外的工程劳务人员均为中国的居民纳税人，这些收入在我国也应缴纳个人所得税，这就导致了重复征税的问题。

为避免国际重复征税，减轻纳税人的税收负担，现行税法对纳税人来源于中国境外的所得已在境外缴纳的所得税税款，准予在汇总纳税时从其应纳税额中扣除，即作出了境外税额扣除的规定。纳税人在发生这种情况时，需要积极履行相关手续，以免缴冤枉税。

个人境外税额扣除的政策规定居民纳税人从中国境外取得的所得，准予应纳税额中扣除已在境外缴纳的个人所得税税额，但扣除额不得超过其境外所得依照《中华人民共和国个人所得税法》规定计算的应纳税额。已在境外缴纳的个人所得税税额，是指个人从中国境外取得的所得，依照该所得来源国或者地区的法律应当缴纳并且实际已经缴纳的个人所得税税额。

从以上规定可知，境外税额扣除涉及两个方面，即境外所得已缴纳的税额，以及境外所得按我国税法规定应该缴纳的税额。那么，境外所得依照我国税法规定的费用减除标准和适用税率计算应纳税额时采取“分国不分项”的原则，即对来源于同一国家的不同项目的收入，应分别扣除一定费用后，按适用税率计算应纳税额，同一国家或者地区内不同应税项目的应纳税额之和，为该国家或者地区的扣除限额。

【例 2—4】埃塞俄比亚个人所得税起征点为 150ETB（相当于 150 元人民币），实行超额累进税率。坦桑尼亚个人所得税起征点为 80 000 先令（相当于 700 元人民币），如果在这些国家发放工资，会比在中国缴纳更多的个人所得税，那么我们可以用母公司提供劳务管理的名义，将工资总额转移到国内发放，就可以节省缴纳一部分个人所得税。在国际工程因为代扣代缴的关系经常提供税后工资的情况下，这就是一种企业的税收筹划。

其次还有根据所在国家的个人所得税减免规定，取得当地税务机关的免税证明，以此到中国的税务机关作为减免税的依据。比如在埃塞俄比亚，外籍人员的伙食补助、海外津贴、艰苦津贴均可作为免税收入，我们可以把当地税务机关出具的免税证明递交给国内的地方税务机关作为税务减免的依据。

二、资源税

资源税是以各种自然资源为课税对象、为调节资源级差收入并体现国有资源有偿使用而征收的一种税。对资源产品征税是世界各国的普遍做法。在西方发达国家，资源税属于绿色生态税收，其主要目的是减少污染，保护生态环境，促进资源的合理开发和利用。

（一）国外资源税种类

国外资源税分为三种类型，即产出型资源税、利润型资源税和财产型资源税。

（1）产出型资源税：以加工过的矿石或未经加工的原矿为课税对象，或者从价定率征收，或者从量定额征收。

跨州税是产出型资源税的典型代表。在美国、加拿大、澳大利亚等国家，税收立法权由各州所有，自然资源丰富的州可以通过立法规定，本州的自然资源在输送至其他州时，从量征收跨州税，从而最大可能地分享自然资源租值。跨州税的纳税人是在本州从事矿山开采的居民或企业，但其负税人却是资源的消费者。

（2）利润型资源税：以开采企业的盈利为课税对象，对亏损企业不征税。

与产出型资源税相比，利润型资源税不仅考虑到开采企业的运营成本，而且考虑到了资源耗减因素。对利润率低的小型矿山企业没有歧视，意味着更公平的税收原则。但为保持税收公平合理性，会相应提高税务管理的成本。

（3）财产型资源税：以矿产这种财富作为课税对象，按该财富的价值征收，实际上是一种从价税。

受矿产财富在未来价格、成本和矿床地理特征等不确定因素的制约，矿产价值衡量起来十分困难。而且税收估价员通常缺乏评价这些参数的素质和能力。

（二）各国资源税概述

1. 美国

美国各州政府拥有对资源税的自行制定权，因而没有全国统一的资源税制。各州政府能够根据当地资源开采消耗的实际情况，对资源税征收及时进行调整。例如，开采税是对自然资源开采征收的税种，目前美国已有 38 个州开征开采税，但由于各州定税权的存在，各州能够结合当地实际来深化资源税的引导机制，从而实现与经济增长的良性配合。比如俄亥俄州的煤炭、石油、天然气税率分别为 9 美分 /吨、10 美分/桶、2.5 美分/千立方英尺；而这组数字在路易斯安那州则分别是 10，12.5，2.08。

虽然美国各州开采税的征税对象不完全一样，但总的来看，征税范围比较广，不仅包括矿产品，还涵盖林业产品、盐、沙、石、贝类与其他资源等。

美国资源税税率有两种形式：一是定额税率；二是比率税率。

2. 俄罗斯

以俄罗斯的林业税为例，说明动态税率的具体规则和效用。林业税是俄罗斯由国家林业资源使用者缴纳的税种，1998 年列入《俄罗斯联邦税收法典》，并在法典中规定了林业税的最低税率。当发生合法林业生产行为时，需要林业资源使用人适用不低于最低税率的实际税率。而最低税率也并非一成不变，税收管理局会随市场价格水平和生产费用的变化而进行动态调整。这样一来，动态税率可以调动林业资源使用者的积极性，俄罗斯庞大的林业资源得到了有效开发，贡献于经济增长。另外，最低税率也对林业资源的合理储备和再生发展提供了必要保障。

俄罗斯资源税征收范围广，土地、森林、草原、滩涂、海洋和淡水等自然资源都属于资源税征收范围，同时做到专款专用。比如水资源税包括 4 种类型的税收，使用地下水资源税、开采地下水的矿物原料基地再生产税、工业企业从水利系统取水税、向水资源设施排放污染物税，收入专用于水资源的保护和开发，有效地提高了水资源的利用效率。

俄罗斯还实行中央税，在 2002 年前征收的水资源税有 60%入国库，其余归属地方政府；2002 年后水资源税则全部上缴中央财政。

俄罗斯资源税采用的是从量税与从价税相结合的办法。

3. 德国

德国资源贫乏，石油和天然气几乎全部依靠进口。德国主张自由贸易，对能源进出口贸易没有限制，以矿物油税和会费代替资源税，不征收资源税或特殊关税。对汽油征收矿物油税，每升 0.65 欧元。另外，德国有石油储备协会，凡经营与石油有关的企业（炼油厂、石油进口和经销公司）必须加入该协会，并按进口或生产的数量与品种缴纳会费（平均每升约 5 欧分），这些公司可以将其缴纳的会费纳入石油商品售价，只需在发票上注明价格含法定储备费用，并列出具体数目，各销售环节均按此开具发票。

虽然政府没有设立统一的环境保护税，但在许多税收政策方面考虑了环保因素。例如，注重引导消费，征收矿物油税，规定不含铅汽油比含铅汽油的适用税率低；注重节能降耗，德国汽车税是根据汽车产生有害气体的多少制定的，对柴油汽车的征收标准则更高一些；注重生态保护，德国在生态税征收上，除风能、太阳能等可再生能源外，其他能源，如汽油、电能、矿物都要收取生态税，间接产品也不例外。

4. 荷兰

早在 20 世纪 60 年代荷兰就把绿色税收引入税制，是世界上最早开征垃圾税的国家之一。其绿色税收主要包括：燃料税、噪声税、垃圾税、水污染税、土壤保护税、地下水税、超额粪便税、汽车特别税、石油产品的消费税等。如地下水税，由于荷兰拥有足够的地表水可供利用，所以仅对取用地下水收取水费。地下水税有两种：一是为了资助地下水开发和水规划的研究，各省征收相对低的水费；二是作为一般税种的组成，由中央收税。这是荷兰税收总体改革中的组成部分，目的是使税赋由收入税向包括自然资源消费在内的一种消费税转变。荷兰采取这两种措施收缴水费，其目的是优化资源税税制结构，侧重于筹措资金，更好地促进水资源的开发利用。总之，荷兰环境优美，一方面是因为它注重保护环境，珍惜有限资源；另一方面，荷兰设计了一套十分完整的生态税制，既可起到筹集环保资金的作用，同时也可以促进环境保护。

5. 加拿大

加拿大的开采税范围涉及石油、天然气、煤炭、森林和矿物等资源。其开采税率一般为 18%～20%，其特点是鼓励矿山企业优先选择在本省，特别是在本省欠发达地区进行产品的加工和冶炼。比如在安大略省，若仅进行选矿，补贴率为 8%；若进行冶炼或精炼，补贴率为 12%～16%；若在本省北部欠发达地区进行精炼加工，补贴率则为 20%，进行补贴后，开采税率可降到 17%。

6. 澳大利亚

澳大利亚是自然资源大国，其铁矿石出口一度占据全球铁矿石出口的半壁江山。采矿业是澳大利亚的支柱产业，前几年由于全球大宗商品的价格飙升，矿业生产不但为澳大利亚带来了丰厚的利润，更吸引了巨额海外资本流入，创造了大量的就业机会。

在这种背景下，澳大利亚于2012年3月通过了《矿产资源租赁税2011》法律草案，并于7月1日正式实施，对利润超过0.75亿澳元的煤和铁矿石企业征收矿产资源租赁税，税率为应税利润的30%。

在新的资源税法实施一年后，澳大利亚经济受到重创，2013年第二季度GDP同比增长仅为2.6%，明显低于2012年第二季度的3.7%。与此同时，失业率升至5.8%，几乎与国际金融危机期间5.9%的失业率持平。其中多数失业都发生在矿业投资集中的西澳大利亚和昆士兰。

为了重振经济，2014年7月17日，澳大利亚议会废除始自2012年的碳税法案。

7. 乌兹别克斯坦

乌兹别克斯坦政府2005年大幅度提高了石油、天然气和贵重金属的资源税后，又在2006年底公布的新矿产资源税（2007年1月1日起生效）中大幅降低了油气资源使用税，如天然气资源税从58%降至30%，石油从35%降至20%，凝析油从32%降至20%。与此同时，乌政府还大幅度降低了石油制品的消费税，如汽油的消费税从45%降至28%，柴油从40%降至25%，航空煤油从20%降至8%。

8. 中国

我国税法规定，资源税是对在我国领域及管辖海域从事应税矿产品开采和生产盐的单位和个人课征的一种税，属于对自然资源占用课税的范畴。

我国资源税的征税范围主要分为矿产品和盐两大类，具体分为原油、天然气、盐、黑色金属矿原矿、有色金属矿原矿、煤炭、其他非金属矿原矿共7个税目。

资源税采取从价定率或者从量定额的办法计征，实施级差调节的原则。资源税七个税目中，原油、天然气、煤炭采用比例税率；其他非金属矿原矿、黑色金属矿原矿、有色金属矿原矿、盐采用定额税率。

从以上各国资源税概述可以发现，资源税税目繁多，且经常处于变动之中，国际工程承包企业需对此类税种予以关注，避免因税率提高而带来的成本增加。

三、财产税

财产税是以法人和自然人拥有和归其支配的财产为对象所征收的一类税收。它以财产为课税对象，向财产的所有者征收。财产税历史悠久，是最早形成的税收之一，但在漫长的社会发展史上，财产税已从国家主要税种退居于辅助税种，划入地方税。目前，世界各国都在着手建立一套多税种协调配合、功能健全、适合本国国情的财产课税制度。同时因为国情各异，各国的财产税制度也是相异的。

1. 财产税的特点

财产税具有以下特点：

（1）土地、房产等不动产的位置固定，标志明显，作为课税对象具有收入上的稳定性，税收不易逃漏。

（2）征收财产税可以防止财产过于集中于社会少数人，调节财富的分配，体现社会分配的公正性。

（3）纳税人的财产分布地不尽一致，当地政府易于了解，便于地方因地制宜地进行征收管理。

2. 财产税的课税类别

按照课征方式不同，可将财产税分为综合财产税和特种财产税两类。综合财产税亦称一般财产税，是对纳税人全部财产实行综合课征；特种财产税又称个别财产税，是对特定类型财产课征的税，主要包括土地税、房产税、车辆税等。

由于历史文化背景和社会经济发展水平的差异，各国对于课税类别的选择也不尽相同。在纳税意识强、税收征管水平高的发达国家，多选择综合财产税，并普遍开征了遗产税和赠与税，代表国家如美国、加拿大、德国。发展中国家由于人们纳税意识淡薄、征管手段落后，多选择以土地、房屋为主要课税对象的特种财产税，未普遍开征遗产税和赠与税。

3. 财产税的课征制度

（1）课税权主体。目前多数国家都将财产税作为税制中的辅助税种，由地方政府征收，如美国，其能保证地方收入，地方政府加强征管的积极性较高。但财产税在有些国家是中央税收，如瑞典，认为国家课税更能代表多数人利益、调节财富分配；还有一些国家是中央和地方都有征税权，如原先英国的财产税。

（2）纳税主体。世界各国对转让、占有和使用财产的课税，纳税人一般是产权所有者或使用者。转让财产交易行为的课税主体多数以卖方为纳税人；设置不动产或房地产购置税的国家，如韩国、日本，则以买方为纳税人。

（3）课税对象。从课税对象来看，财产课税可以对财产拥有课征，如财产税、土地税、净值税、房屋税等税种，也可以对财产转移课征，如遗产税和赠与税。发达国家普遍开征了遗产税和赠与税，而发展中国家，则有一部分尚未开征，如中国，有些国家征收其中之一，如新加坡只征遗产税，加纳只征赠与税，这都是由各国社会经济发展水平及税种本身重点不同所决定的。

（4）计税依据。从各国财产税的实践来看，财产税的计税依据大体上有三种：土地面积、市场价值、其他价值（如账面价值）。目前在市场经济比较发达、财产税制度比较完善的国家，一般以市场价值为计税依据。因为市场价值反映了土地、房产作为经济资源的价值，它不仅包括土地的级差收益，而且包括土地、房屋的时间价值。但由于以市场价值为税基要求定期对财产进行评估，并要具有较高的税收征管水平及较高的税收征管成本，因此在发展中国家还未实现以市场价值为计税依据，而大多以土地面积及账面价值作为计税依据。

（5）税率。各国财产税多实行比例税率，少数国家实行超额累进税率，仅个别国家实行定额税率，且税率都比较低。实行比例税率的国家，多将税率定在1%左右；实行累进税率的国家，最高税率不超过3%。在美国、加拿大，税率的确定一般由地方政府自行决定，较高一级政府只对其设置限制规定。而丹麦、法国和日本，中央政府对地方政府征收的税率都规定了固定限额或最高额。

第五节　国际工程承包业务在各个阶段税收筹划的工作

一、谈判阶段

税收筹划工作的质量，取决于项目的自始至终。相当一部分国际工程承包企业都是在签订了商务合同之后再进行税收筹划。而此时，许多边界条件都已经确定，无法更改，税收筹划的空间也大大减小。因此，国际工程承包的税收筹划要从谈判阶段开始。在谈判阶段，需做以下工作：

（1）了解项目所在地的税制；

（2）了解项目所在地的相关税收优惠政策；

（3）了解中国的相关税务规定；

（4）了解项目具体要求及其对税负的影响；

（5）计算工程应纳的税收；

（6）确定项目执行主体。

建议上述工作聘请专业的会计师事务所或税务师事务所来协助完成。下面逐一进行详细介绍。

（一）了解项目所在地的税制

1. 所得税

（1）6 个月为期限。即便不在当地设立子公司，多数国家规定工程承包超过一定时间即需要在当地缴纳所得税（中国和大多数国家签订的税收协定都以 6 个月为限）。但某些国家规定，只要外国企业在当地承包工程，就需要缴纳所得税。

例如，日本某公司在中国收购花生，临时派出一个海上车间在我国港口停留 28 天，将收购的花生加工成花生米，将花生皮压碎后制成板又返售给中国。按照中国税法，非居民公司在中国居留只有超过半年才负有纳税义务，这样，日本公司获得的花生皮制板收入就无须向中国政府纳税。

这是跨国纳税人利用海上作业，就地收购原料，就地加工，就地出售，缩短了生产周期，避免承担收入来源地纳税义务的典型例子。

（2）征税方法。如果国际工程承包企业在项目所在国设立的是项目部，则采用核定法，即按合同总额一定比例征收所得税。

如果国际工程承包企业在项目所在国设立的是项目公司，则采用实际利润法，即按收入减成本费用后的实际利润征收所得税。

（3）注意事项。在中国境内发生的为了支持项目而发生的各项成本如何在当地列支，这是困扰国际工程承包企业的一个主要问题。例如，国内的采购成本，以及为了使项目成行，国内发生的相关费用，通常在项目所在国很难被认定。大多数国家要求项目的成本费用提供充分的证明材料。

我国现行的专用发票由基本联次或者是由基本联次附加其他联次构成。基本联次为三联：发票联，抵扣联，记账联。发票联，作为购买方核算采购成本和增值税进项税额的记账凭证；抵扣联，作为购买方报送主管税务机关认证和留存备查的凭证；记账联，作为销售方核算销售收入和增值税销项税额的记账凭证。有的地方有附加联次，用于出口退税。因此，如果大型设备的采购要在境外入成本，就只能采用发票的复印件。而大多数国家对于复印件入账的认可程度是很低的。

2. 流转税

流转税指营业税、增值税、关税等。其中关税包括进出口关税、进口环节增值税等。

3. 工资税及社会保险

雇用当地员工缴纳个人所得税，同时按照工资比例缴纳社会保险。

4. 杂项税

国家或地方政府可能以各种名目征收的各种手续费，或者用摊派名义征收的各项服务设施的费用等。

（二）了解项目所在地的相关税收优惠政策

1. 所得税

（1）政府贷款、政府援助项目可能在当地免征所得税；

（2）不构成常设机构，可能不在当地缴纳所得税；

（3）如在当地创造就业机会，符合当地经济发展的项目，可能获得减免税优惠。

2. 流转税、关税等

设备暂时进口或租赁可能免征进口环节税。

（三）了解中国的相关税务规定

1. 增值税

（1）出口货物和自用旧设备可申请出口退税；

（2）外购旧设备出口免税但不退税。

2. 所得税

（1）抵免境外已经缴纳的所得税（或12.5%）；

（2）在当地免税，但与中国未签订税收协定，需在中国补交25%的所得税；

（3）与中国签订税收协定，但没有饶让条款，需按25%缴纳所得税。

3. 印花税

总分包合同、贷款合同、购销合同等，即使在境外签订，如果带入境内使用，也需要缴纳印花税，工程承包合同税率为合同金额的0.05%。

（四）了解项目具体要求及其对税负的影响

EPC合同：按工程承包收入缴纳所得税。

BOT合同：运营收入按经营利润缴纳所得税

转给国外业主时，按资产转让所得缴纳所得税。

（五）计算工程应纳的税收

（1）计算项目当地流转税，例如，增值税。

增值税通常有两种计税方式：

价外税：

[售价/(1＋税率)]×税率

价内税：

售价×税率

（2）计算项目所在地所得税。

收入总额：在当地确认的收入总额；

成本费用：可在当地税前列支的成本；

所得税率：根据当地税法规定计算。

所得税＝(收入－成本费用)×税率

（3）中国境内流转税、所得税。增值税是由于出口设备或材料由于不能退税而缴纳的销项税。

（4）需要计入项目成本的税费。主要包括当地流转税、不能拿回国内抵免的所得税、境内流转税，应在合同报价时将上述税费计入项目成本。

（六）确定项目执行主体

确定项目执行主体就是要确定在境外设立代表处或分公司（非法人分支机构）还是子公司（独立法人企业），这两种方式的优缺点如表2—1所示。

表2—1　　分支机构与子公司的优缺点对比

	分支机构（分公司、项目组、代表处、办公室等）	子公司
优点	1. 财务核算简单，设立和经营成本低于子公司。 2. 经营亏损可直接冲减总公司利润，减轻税负。 3. 分支机构与总公司之间的资本转移不涉及所有权变动，无纳税义务；在所在国只承担部分纳税义务。	1. 在所在国以其出资额承担有限的债务责任，母公司无连带责任。 2. 在所在国视为居民企业，可享受其居民公司同等的优惠待遇。 3. 可以与母公司进行一定幅度的转移定价。
缺点	1. 总公司负连带责任。 2. 享受所在国的优惠政策受到限制。	1. 设立程序复杂，开办费用高，需要交纳一定的注册资金或印花税。 2. 在所在国负有全部的纳税义务。 3. 经营亏损不能直接冲抵母公司的利润，与母公司的交易常常是税务机关避税审查的重点。

二、施工阶段

在国际工程承包的项目施工阶段，主要需要做好三方面的工作，即纳税申报、税收优惠申请、境外所得税抵免。

（一）纳税申报

在项目所在地，国际工程承包企业需要做好如下工作：

（1）税务登记：通常在项目开始时就需要完成；

（2）所得税申报：通常按月、季度申报缴纳，年末可能需要汇算清缴，并取得完税证明，以抵扣中国企业所得税；

（3）增值税申报：通常按月、季度或年度申报缴纳；

（4）关税申报：通常在货物和设备进口时申报缴纳；

（5）个人所得税申报：每个员工均需要申报缴纳，并取得完税证明，以抵扣中国个人所得税，特别是持工作签证的中国雇员。

总之，在项目所在地要按期进行纳税申报。

在我国，国际工程承包企业需要做好以下工作：

（1）所得税申报：如果中国公司在境外承包工程，则需要按季/月度申报缴纳，年末汇算清缴，可抵免外国所得税。如果在境外设立子公司承包工程，通常在利润汇回时才涉及中国企业所得税的申报和抵免；

（2）营业税申报：按月申报缴纳；

（3）增值税出口退税：出口货物和设备时申报。

我国允许对外承包工程企业运出境外用于对外承包工程项目的设备、原材料、施工机械等货物，在货物报关出口后，比照外贸企业出口货物退税办法，向当地主管退税机关申请增值税出口退税。出口退税是对外承包工程企业的一项特有而且重要的工作，及时足额地取得出口退税款对于提高企业的效益、减轻资金压力、增强企业在国际市场的竞争力具有重要的意义。对外承包工程企业应在下列方面加强对增值税出口退税工作的管理。

（1）重视出口退税工作，从制度、人员等各方面做好基础工作。

很多对外承包工程企业，特别是一些刚进入对外承包工程领域的企业，由于经验不足，或者根本就不重视，企业的出口退税工作处于散漫状态，导致企业应退税款遭受损失。

对外承包工程企业首先应转变观念，认识到增值税出口退税工作的重要性，制定切实可行的出口退税管理制度，并将制度落到实处。出口退税是一项政策性很强又十分细致且繁杂的工作，整理和核对单证的工作量大，工作中稍有不慎就会造成企业退税的流失，因此在货物出口前必须对具体业务人员进行理论和技能培训。此外退税工作涉及商品出口报关、准备退税单证、出口收汇核销等各个环节，对内涉及采购部门、财务部门、工程业务部门，对外涉及税务、海关、外汇管理部门等，因此对内应特别关注部门之间的工作协同性，规划相关的工作流程，建立通畅的信息沟通渠道；对外要加强同相关管理部门的汇报、沟通工作，为企业争取一个良好的退税工作环境。

（2）加强对出口退税工作中“出口视同内销”工作的管理。

根据国家税务总局《关于生产企业开展对外承包工程业务出口货物退（免）税问题的批复》（国税函［2009］538号），以及《国家税务总局关于出口货物退（免）税若干问题的通知》（国税发［2006］102号）文件规定，如果对外承包工程企业为开展对外承包工程业务而出口货物属于下列情况：“国家明确规定不予退（免）增值税的货物；出口企业未在规定期限内申报退（免）税的货物；出口企业虽已申报退（免）税但未在规定期限内向税务机关补齐有关凭证的货物；出口企业未在规定期限内申报开具《代理出口货物证明》的货物；生产企业出口的除四类视同自产产品以外的其他外购货物”，对外承包工程企业不仅不能享受出口退税优惠，还要按照视同内销予以征税。

（3）关注国家出口退税政策调整，积极应对、及时作出工作调整。

出口退税是一项政策性很强的工作，国家的出口退税政策经常会作出调整，境外承包工程企业为做好退税工作，应灵敏应对国家出口退税政策的调整信息，及时调整出口结构，为企业增加利润。

（4）个人所得税申报：每个员工取得境外收入均需要申报缴纳中国个人所得税，但可以抵免在国外缴纳的个人所得税。

我国税法①规定：纳税人在境外已缴纳的个人所得税税额，能提供境外税务机关填发的完税凭证原件的，准予按照税法及其实施条例的规定从应纳税额中抵扣。纳税人受雇于中国境内的公司、企业和其他经济组织以及政府部门并派往境外工作，其所得由境内派出单位支付或负担的，境内派出单位为个人所得税扣缴义务人，税款由境内派出单位负责代扣代缴。其所得由境外任职、受雇的中方机构支付、负担的，可委托其境内派出（投资）机构代征税款。

---

① 参见《国家税务总局关于印发〈境外所得个人所得税征收管理暂行办法〉的通知》。

（二）税收优惠申请

1. 所得税

（1）是否属于政府援助项目、重大基础设施、国际金融组织贷款；

（2）持续时间很短，可能不构成常设机构，不在当地缴纳所得税；

（3）能否适用相关的税收协定；

（4）是否在当地创造大量就业机会；

（5）投资地点是否属于经济区；

（6）从事的项目是否属于当地鼓励行业。

2. 流转税、关税等

设备暂时进口或租赁，可以免征增值税。

3. 常设机构

有协定的按照协定时间确立常设机构，无协定的根据《关于外国企业在中国境内提供劳务活动常设机构判定及利润归属问题的批复》规定，外国企业在中国境内未设立机构场所，仅派其雇员到中国境内为有关项目提供劳务，包括咨询劳务，当这些雇员在中国境内实际工作时间在任何 12 个月中连续或累计超过 6 个月时，则可判定该外国企业在中国境内构成常设机构。

如果项目历经数年，而外国企业的雇员只在某一期间被派来华提供劳务，劳务时间超过 6 个月，而在项目其他时间内派人来华提供劳务未超过 6 个月的，仍应判定该外国企业在华构成常设机构。该常设机构是对该外国企业在我国境内为有关项目提供的所有劳务而言，而不是某一期间提供的劳务。

（三）境外所得税抵免

境外承包工程项目在我国国内面临的非常重要的一项工作就是境外所得税收抵免工作。

目前世界上大多数国家同时行使居民税收管辖权和收入来源地税收管辖权，承包境外工程项目的企业作为我国的居民纳税人，需就来源于我国境内境外的全部所得缴纳企业所得税，同时，境外承包工程项目所在国也会就项目来源于该国的所得征收企业所得税。为了避免产生双重征税问题，按照我国税法的有关规定，承包境外工程项目企业来源于中国境外的所得，已在境外缴纳的所得税税款，准予从其当期应纳税额中抵免，但是抵免额不得超过其境外所得依照中国税法规定计算的应纳税额。

2008 年我国新的《企业所得税法》及其实施条例颁布实施后，财政部和国家税务总局相继发布了《财政部、国家税务总局关于企业境外所得税收抵免有关问题的通知》（以下简称《通知》）和《企业境外所得税收抵免操作指南》，这一系列法律法规构成了我国新的境外所得税收抵免制度。在新的不断完善的境外所得税收抵免制度下，境外承包工程企业需特别关注以下内容：

（1）原制度下对境外已缴纳所得税税款的定率抵扣方法已经取消，审慎采用简易征收办法。

我国目前境外所得税收抵免只有一种方法，即分国不分项抵免。《通知》中对境外所得已纳税额计算抵免的简易办法是在分国不分项抵免的框架下所采用的简易办法，这与原来的定率抵扣方法完全不同。简易办法中所列法定税率明显高于我国的境外所得来源国数量有限，此外，境外所得采用简易办法计算抵免额的，不适用税收饶让抵免。因此境外承包工程企业应在全面考量境外承包工程项目分布国家以及各个国家的具体情况后审慎决定是否采用简易办法。

（2）取得境外税务机关出具的税款所属年度的企业所得税性质的有关纳税凭证。

由于境外承包工程所在不同国家的机构设置、职能分配、语言文字等存在很大差异，所以现行税法只要求是境外税务机关出具，即只要负有税收征管职能的中国境外税务机关，不管其称呼是什么，都属于境外税务机关；此外，在不同的国家中，对于企业所得税的称呼也有不同的表述，如法人所得税、公司所得税等，但它们的性质都是一样的，都是针对企业的所得征收的税收，因此我国可抵免的境外所得税款只要是企业所得税性质的税款即属于可抵免范围；有关纳税凭证即允许境外取得的纳税凭证的名称、样式、内容等因各国差异可以不同。

（3）加强对我国与境外承包工程项目所在国税收协定的利用。

《通知》对税收饶让抵免做出了明确规定。因此如果我国与境外承包工程项目所在国签订了有税收饶让条款的双边税收协定，并且境外承包工程项目享受减免所得税待遇，那么境外承包工程企业就应该积极取得相关依据或证明，在境外所得税收抵免的时候将减免税额视同已缴税款进行抵免。

下面对我国采用的分国不分项抵免的一般规定作出介绍。

1．抵免适用情况

（1）直接抵免——（总分机构之间）对进行境外经营所得已纳税款的抵

扣，包括：

第一，居民企业来源于中国境外的应税所得；

第二，非居民企业在中国境内设立机构、场所，取得发生在中国境外但与该机构、场所有实际联系的应税所得。

（2）间接抵免——（母子或母子孙机构之间）对进行境外投资所得已纳税款的抵扣，包括：居民企业从其直接或者间接控制的外国企业分得的来源于中国境外的股息、红利等权益性投资收益，外国企业在境外实际缴纳的所得税税额中属于该项所得负担的部分，可以作为该居民企业的可抵免境外所得税税额，在税法规定的抵免限额内抵免。

2. 抵免限额的计算

境外所得税税款扣除限额公式：

$$\text{抵免限额}=\begin{matrix}\text{境内、境外所得按}\\\text{税法计算的应纳税总额}\end{matrix}\times\begin{matrix}\text{来源于某国（地区）}\\\text{的应纳税所得额}\end{matrix}\div\begin{matrix}\text{境内、境外}\\\text{应纳税所得总额}\end{matrix}$$

该公式可以简化成：

$$\text{抵免限额}=\text{来源于某国的（税前）应纳税所得额}\times\text{我国税率}$$

（1）公式中税率的运用——25%或15%；

（2）公式中的所得是税前所得（含税所得）。

可选用以下两种方法将税后所得还原成税前所得：用分回的税后所得除以（1－境外所得税税率）还原；用境外已纳税额加分回税后收益还原。

3. 抵免限额的具体应用

用抵免限额与境外实纳税额比大小，择其小者在境内外合计应纳税额中抵扣。

（1）如果纳税人来源于境外的所得在境外实际缴纳的税款低于扣除限额，可从应纳税额中据实扣除；

（2）如果超过扣除限额，其超过部分不得从本年度应纳税额中扣除，也不得列为本年度费用支出，但可以用以后年度抵免限额抵免当年应抵税额后的余额进行抵补，补扣期限最长不能超过5年。

4. 抵免税额的规定

可以抵免的税额：企业来源于境外的所得依照境外税收法律应当缴纳并实际缴纳的企业所得税性质的税款。

不可抵免的税额：错缴或错征的所得税款、按照税收协定不应当征收的所得税款、境外所得税滞纳金罚款、实际返还或补偿的所得税款、免税款。

境外分支机构亏损：不得抵减境内应纳税所得额，不得和境外国家之间互补，只能用同一国家的以后年度的利润进行弥补（5 年）。

【例 2—5】假设我国居民公司 2013 年度来自境内所得是 8 万元，来自境外税后收益是 2 万元。已经在境外缴纳所得税 0.5 万元。境内外所得税税率分别为 25%和 20%，则 2013 年该公司在我国应纳企业所得税为多少?

（1）因题中 2 万元是来自境外的税后收益，要计算境外的税前收益就必须加上已经在境外缴纳的所得税 0.5 万元，即境外所得在我国的应纳税额＝2＋0.5＝2.5（万元）。

（2）计算在中国境内、境外应纳税所得总额＝8＋2.5＝10.5（万元）。

（3）在中国境内、境外应纳税总额＝10.5×25%＝2.625（万元）。

（4）抵免限额＝来源于某国的（税前）应纳税所得额×我国税率，抵免限额＝(2＋0.5)×25%＝0.625（万元）。

（5）如果纳税人来源于境外的所得在境外实际缴纳的税款低于扣除限额，可从应纳税额中据实扣除，0.625（万元）＞0.5（万元）。

（6）该公司 2013 年在我国应纳企业所得税＝10.5×25%－0.5＝2.125（万元）。

第六节　国际工程承包税收筹划实施案例分析

一、案例一：L 国国际工程承包项目

本案例以 L 国为例，介绍国际工程承包税收筹划的基本思路，通过不同承包方式的对比分析，阐述如何选择合适的税收筹划方案。

（一）L 国税制介绍

1. 企业所得税

（1）征税对象。居民企业需就其全球所得缴纳所得税。非居民企业需就其来自 L 国的收入纳税；非居民企业在 L 国形成的常设机构（在 L 国时间超过 180 天，无论注册与否）视同居民纳税人征税。

境外货物供应商（未在 L 国境内构成常设机构）取得来源于 L 国的贸易所得无须缴纳所得税。

（2）应税所得。居民企业/常设机构需就其实际利润缴纳所得税；与生

产经营及投资相关的费用/成本、折旧以及亏损允许税前扣除。

纳税人需分别根据不同性质所得适用标准，计算当期应税生产经营所得及资本利得，再合并计算当期应税所得。

（3）税率。

● 从事公共基础设施建设及政府特许经营项目的实体（如公路、桥梁、隧道、空中缆索、天桥工程等，以及出口收入等）按 20％征收所得税；

● 银行、金融机构、保险公司、石油企业按 30％计征所得税；

● 除前述行业外的 L 国居民纳税人/境外承包商在 L 国的常设机构所得税一般按 25％计征。

（4）税务亏损的弥补。经营 EPC 工程承包的承包商相关的税务亏损允许向前结转。

通常情况下，与不同性质资产相关的税务亏损和收益，不允许互相抵减，包括：

● 投资亏损不允许抵减主营业务收益。

● 处置可折旧资产损失不允许抵减主营业务收益，因此只能导致纳税人当期允许扣除折旧资产降低。

● 处置商业资产（除可折旧资产与交易性股票）发生的损失不允许抵减主营业务收益；上述损失只允许抵减与被处置资产性质相同资产所产生的收益。

纳税人可就实际发生的坏账损失在所得税前抵减。但须注意，纳税人需完成税务机关要求的合理步骤来证明上述坏账确实无法回收，此类证明步骤通常具有主观性。

（5）资产折旧。纳税人按照余额比例法进行折旧；可折旧资产根据性质划分为 5 类，分别适用不同的折旧比例。其中承包商对于不同资产的折旧比例如表 2—2 所示：

表 2—2　资产折旧比例举例

项目	EPC 承包商
水电站	不适用
永久设备	不适用
施工设备	15％
车辆	20％

纳税人在免税期内也必须按照税法规定，对可折旧资产计提折旧，不允许自行将资产折旧推迟至纳税年度列支。

(6) 纳税申报。纳税人通常需在 L 国法定季度完成所得税季度预缴。季度预缴税基为每季度预估利润率。同时，中国施工单位需接受 L 国税务机关的年度审计，并在纳税年度结束后完成年度汇算清缴。

2. 预扣税/预提税

区分不同性质收入预扣税/预提税规定如下：

(1) 股息收入。居民企业向境内外股东分配的利润（含股息）需缴纳 5%的利润预提税。税收协定另有规定的除外。

(2) 利息收入。居民企业向境外借款机构支付的利息需缴纳 15%的最终预提所得税。税收协定另有规定的除外。

(3) 特许权使用费。非居民企业收到来自 L 国境内支付的特许权使用费必须缴纳 15%的最终预提所得税（该特许权使用费不与常设机构有关）。税收协定另有规定的除外。

(4) 利润汇出税。境外承包商在 L 国的常设机构向境外企业分派的利润，需缴纳 5%的利润汇出税。税收协定另有规定的除外。

(5) 服务性质收入。除表 2—3 中列示的项目外，居民企业/非居民企业收到 L 国企业支付的服务费（包括设计服务费、监理服务费等）通常需缴纳 15%的最终预提所得税。

表 2—3　　预提税特别项目

项目	居民企业/常设机构	非居民企业
建筑合同收入	1.5%	5%
佣金收入	15%	10%
保险费收入	无	1.5%
租金收入	10%	不适用

任何向境内外供应商支付的技术费、服务费、管理费或其他服务相关的费用很可能被 L 国税务机关视为服务费用。

3. 增值税

(1) 征税范围。在 L 国境内进口、生产和销售商品，以及提供服务，均需缴纳增值税。

境内纳税人接受境外服务提供商所提供的增值税应税服务，需就进口服务金额缴纳相应的增值税（反向增值税）。

下列收入为增值税免税收入：

- 从事电力项目开发的售电收入；
- 境外金融机构取得的利息收入；

● 未在L国构成常设机构的境外供货商取得来源于L国的贸易收入无须缴纳增值税。

(2) 税率。增值税税率为13%；出口货物适用零税率。

(3) 计税基础。通常情况下，产品及服务的销售收入为增值税计税基础；进口货物的增值税计税基础包括产品采购成本、运输费用及进口环节所需承担的相关税费（不含增值税本身）。

纳税人采购及进口与其增值税应税收入相关的原材料、机器、设备以及服务所承担的进项税金额允许抵扣当期需缴纳销项税。

需注意，若出现坏账（即无法收回的应收销售款），纳税人无法申请抵减或退回已缴的增值税。

(4) 注册要求。应税收入额达到200万卢比居民企业或非居民企业，须完成增值税注册并自行完成增值税申报。

(5) 纳税方式。对于居民纳税人/境外承包商在L国构成的常设机构，需自行申报并缴纳增值税；所取得的增值税进项税允许抵扣。

进口货物及服务需由L国境内进口方在报关进口时申报并缴纳增值税。上述税款可构成进口商的增值税进项税允许抵扣。

(6) 退税。若纳税人在承担增值税进项税金后的连续6个月内未能取得足够的增值税销项税金进行抵扣，则可申请退回相应的进项税。纳税人可通过提交增值税申报表的方式申请返还进项税。税务机关仅在收到纳税人提交的返还申请后才会开始上述返还程序，纳税人需在提交申请后的15日内向税务机关提交所有相关材料。

税务机关在收到纳税人的申请后，通常在30～60天内对是否批准上述返还做出回复。

4. 关税

(1) 征税对象。从L国进口或出口的货物，除税法规定的减免外，均需在进口或出口环节缴纳关税。关税通常按照从价的方式计算并缴纳。

(2) 税率。进口/出口货物需要根据报关时的价格（含货物售价、运费等）和适用的关税税率缴纳进口关税。关税税率表每年将由政府以财政法案的形式予以确定。

与EPC建设相关的机器设备的关税税率范围通常为10%～20%，具体适用税率需根据进口设备对应的关税税号确定。

从事政府特许经营水电项目开发的项目公司进口的永久设备、符合条件的施工材料进口时可按照1%征收关税（同时免进口环节增值税）。

（3）税收优惠。若原产地为印度的施工设备/原料，由印度进口至L国，可享受南亚区域合作联盟（SAARC）优惠税率。此类商品在适用税率不超过30%的情况下，可按7%征收关税；适用税率超过30%的情况下，可按5%征收关税。

原产地为中国的货物，以信用证的方式经西藏自治区进口到L国，可按照4%的优惠税率征收关税。

临时进口货物，包括用于经营租赁和融资租赁的货物，在进口清单取得财政部审批，同时进口商支付一定金额押金并取得银行担保的情况下，可免于缴纳进口环节关税及增值税。若未来临时进口免税无法复出口，则需补交关税。上述补缴关税无法减免。

5. 其他税种

（1）资本利得税。境外股东转让L国公司股权收益需缴纳10%的资本利得税。

（2）退出税。若居民企业转变为非居民企业，则根据《企业所得税法》（2002）第四十条的规定，居民企业全部资产与负债在发生上述转换时应视为按转换日的市场价格出售给转让交易后形成的非居民企业。该居民企业需据此计算处置收益并缴纳所得税。

（3）转让税。通过销售或捐赠方式转让不动产的行为，需缴纳房屋与土地注册费。

税收优惠：对于所购土地用于建设或扩建生产行业项目且拟雇用L国国籍员工300人以上的，可减免征收50%的土地注册费。

（4）消费税。在L国生产、销售或向L国进口的特定商品需缴纳消费税；应税商品通常包括某些特定食品、香烟、酒类商品、车辆及部分建筑材料（如水泥、铁制品等）。

消费税需根据不同应税消费品所适用税率从价计征并缴纳消费税。

（5）车辆购置税。L国对于所有种类的车辆征收车辆购置税；纳税人根据所持汽车类型来确定适用的税率计算并缴纳车辆购置税，部分私有汽车适用税率需根据其排气量确定。

纳税人应在每年4月15日前或车辆登记证更新日较前者缴纳车辆购置税。

（二）EPC合同签订方案需考虑的重点因素

在考虑EPC合同的签订方案时，境外承包商需要从组织形式、税务处理方式、相关方对EPC合同签订方式的要求等方面进行考虑。

1. 境外承包商在 L 国的组织形式

（1）境外承包商在 L 国从事工程项目时，可选择成立全资或合资形式的有限责任公司。而未在 L 国进行任何商业注册的境外承包商，如果其在 L 国境内所从事的大型工程建设项目持续时间较长，则会在 L 国境内构成常设机构，需就归属于该常设机构的利润在 L 国缴纳所得税和利润分配税；同时还需就应税收入缴纳增值税。

（2）通常来说，有限责任公司作为独立法人，可以对外签订合同，并进行较广泛的商业活动，而常设机构不是法律实体，因此通常不能对外签订合同或进行商业活动。常设机构可以采购建筑材料，但是通常情况下将由总机构代表常设机构签订合同。

（3）与全资有限责任公司和常设机构相比，合资形式的有限责任公司可能面临较为复杂的税收环境。

项目承包商综合考虑未来在 L 国是否考虑进一步扩大规模等角度，确定适用的组织形式。

2. 常设机构在 L 国的税务处理方式

（1）根据 L 国税法规定，若境外承包商在 L 国境内进行工程施工，连续超过 90 天，将被视为在 L 国构成常设机构。L 国国内税法将常设机构视同居民纳税人进行征税，即境外承包商一旦在 L 国境内构成常设机构，除所取得的应税收入需由境内支付方代扣缴相应的预扣税，还需按照实际利润根据法定税率缴纳所得税，纳税人当期发生的与生产经营活动相关的成本/费用允许税前扣除。同时，常设机构向境外承包商汇出的税后利润需承担 5%的利润分配税。

（2）一旦境外承包商在 L 国构成常设机构，将被视为独立的纳税人，通常情况下需自行完成纳税申报。L 国税务机关通常要求纳税人一次性完成企业所得税、增值税和个人所得税三项税务注册。因此，常设机构在完成税务注册后，需在以后纳税年度同时完成上述税种在 L 国的申报和缴纳义务。

项目承包商需综合考虑自身的预计利润水平、账务处理方式、成本/费用税前扣除支持性凭证的完备性等因素，合理规划雇员在 L 国境内提供服务的期限等因素，以尽量降低可能的税负影响。

3. 相关方对 EPC 总包合同签订要求

目前 L 国法律对于 EPC 总包合同签订并无限制。但是需要考虑项目相关方是否对项目 EPC 合同签订方式、EPC 合同签订方资质等提出要求。

（三）EPC 工程承包税收筹划基本思路

根据 L 国税制的特点和工程承包税收筹划的基本思路，重点考虑涉及的企业所得税、增值税、关税等主要税种，经过分析，L 国对于设备采购部分的税法规定为税收筹划提供了有利的依据。因此在选择 EPC 总包合同签订方式时，通过合同拆分方式合理安排总包合同中设计、采购和施工三部分的不同签约方，可以有效降低 EPC 项目的 L 国税负。重点关注如何通过税务效益较优的合同总分包安排及筹划方案，降低 EPC 承包商（包括总包商、分包商、境外供货商等）的 L 国税负，并递延中国企业所得税税负，从而达到降低项目整体税负的目的。

（1）从所得税角度分析，通常情况下，较大规模的工程承包项目在 L 国境内施工时间均会超过 183 天，如果签订 EPC 总承包合同，EPC 承包商会构成 L 国境内常设机构，需要就工程承包项目利润全额缴纳企业所得税。但是针对设备采购，L 国税法规定“境外货物供应商（未在 L 国境内构成常设机构）取得来源于 L 国的贸易所得无须缴纳所得税”，那么通过考虑设备采购部分单独签订合同，设备供货方的贸易利润就无须在 L 国境内缴纳企业所得税，从而有效降低 L 国所得税负担。

（2）从增值税角度考虑，如果签订 EPC 总承包合同，根据 L 国税法，需要就总承包合同额计算缴纳增值税，但是针对进口设备采购，L 国税法规定“未在 L 国构成常设机构的境外供货商取得来源于 L 国的贸易收入无须缴纳增值税”。因此通过考虑设备采购部分单独签订合同，设备供货方就无须在 L 国境内缴纳增值税，从而有效降低 L 国增值税负担。

因此综合企业所得税和增值税两个主要税种，将总承包合同进行拆分，即设备采购部分单独签订合同的方式可以有效降低项目企业所得税和增值税负担，合同拆分是有效的税收筹划途径。

（3）从关税角度考虑，根据 L 国相关税制规定，对于工程总承包商，与工程承包建设相关的机器/设备的关税税率范围通常为 10%～20%，具体适用税率需根据进口设备对应的关税税号确定，而从事政府特许经营水电项目开发的项目公司进口的永久设备、符合条件的施工材料进口时可按照 1%征收关税（同时免进口环节增值税），所以如果总承包供应商是为符合特殊减免税政策的项目提供服务，则可以考虑以业主即项目公司的名义进口，从而享受减免税政策。

（4）从合同签订主体考虑，由于中国企业所得税税率为 25%，而某些避税国家或地区的企业所得税税率低于 25%，例如中国香港企业所得税税率为

16.5%，且香港对于离岸收入免于征收企业所得税，因此可以考虑通过在避税国家或地区的子公司签订相关贸易采购合同。

（四）EPC 合同不同签订方案的税负分析

假设 A 公司为中国一家建筑施工企业，拟在 L 国进行工程总承包业务，施工建设期为 2 年，业主为 L 国的 B 公司，永久机电设备由业主 B 公司进行申报进口。假设工程总承包合同总金额为 1 000 万美元（不含增值税），其中设计部分金额为 100 万美元，分包设计院为中国某设计院 C 公司；设备采购部分金额为 400 万美元；土建施工部分金额为 500 万美元，分包商为中国施工单位 D 公司。A 公司在香港成立一家子公司 E 公司。假设设计、设备、土建三部分的总包和分包的毛利率分别为 10%，10%和 5%。现区分不同情况分析各方税收负担情况。

1. 方案 1

A 公司作为工程总承包商与 B 公司签订承包合同，并进行设计和施工部分的分包安排，设备采购部分由 A 公司自行采购。

（1）A 公司。

1）L 国企业所得税分析。

a. 根据 L 国税法规定，境外承包商从 L 国取得的工程承包所得无法享受任何税收优惠。因此，A 公司需根据双边税收协定及 L 国税法规定，判定其所取得的工程承包所得是否需缴纳 L 国所得税。

b. 根据中国和 L 国双边税收协定，常设机构包括“建筑工地，建筑、装配或安装工程，或者与其有关的监督管理活动，但仅以该工地、工程或活动连续超过 183 天为限”，A 公司该工程项目预计 2 年，因此 A 公司在 L 国工程承包项目部将被认定为常设机构，需要在 L 国进行税务登记，按照 L 国税法对常设机构的规定（即视同居民纳税人征税），就工程承包利润（含采购利润）缴纳 L 国所得税。

c. 根据 L 国税法规定，境外供应商只有在未在 L 国境内构成常设机构的情况下，向 L 国企业销售货物取得的贸易利润，通常无须在 L 国缴纳所得税。由于 A 公司已在 L 国构成常设机构，需就与常设机构相关的所有所得在 L 国缴纳所得税。因此，无论 A 公司项目部所提供的采购职能是否在 L 国境外执行，所取得的所有工程承包利润（包含采购利润）均需在 L 国缴纳所得税。

d. A 公司项目部需就总包利润（含采购利润）在 L 国缴纳所得税的情况下，所收取的工程承包合同款需由业主 B 公司根据合同金额扣缴 1.5%的预扣税。A公司项目部在被扣缴上述税款后可取得预扣税缴纳凭证。

e. A公司项目部需就工程承包总包利润缴纳25%的L国企业所得税，允许扣除当期支付给中国设计院C公司和施工单位D公司的分包价款及设备/材料采购成本。同时，A公司项目部当期由业主B公司扣缴的预扣税款可抵减当期应缴L国企业所得税。

f. A公司项目部将工程承包总包利润完税后从L国汇出时，需就税后利润金额缴纳5%的利润分配税。

g. 企业所得税扣缴义务：A公司项目部需在每次向中国设计院C公司和施工单位D公司支付分包结算款时，根据结算金额分别扣缴15%和1.5%的预扣税，并在每期付款的15天内向税务机关缴纳所扣缴的上述税款。

2）L国增值税分析。

a. A公司项目部需就工程承包总包金额自行申报并缴纳13%的增值税；进口环节已缴纳的增值税及其他采购已承担的增值税可作为进项税予以抵扣当期销项税，无法抵扣的进项税金可申请返还。无法返还的增值税进项税金额将构成总包成本。

b. A公司项目部作为工程施工总承包商，将负责分包商的施工设备/材料报关进口，进口上述施工设备/材料时，需缴纳进口环节增值税。

3）L国关税分析。

a. 由于永久机电设备由业主B公司申报进口，因此如果总承包供应商是为符合特殊减免税政策的项目提供服务，则可以考虑以业主即项目公司的名义进口，从而享受减免税政策。比如从事政府特许经营水电项目开发的项目公司进口的永久设备、符合条件的施工材料进口时可按照1%征收关税（同时免进口环节增值税）。

b. A公司项目部作为工程施工总承包商，将负责分包商的施工设备/材料报关进口，机器设备需根据进口时报关价格和适用的关税税率缴纳进口关税。进口关税具体税率根据进口货物的种类而定。假设分包商施工设备/材料的占比为50%。

4）中国企业所得税分析。A公司需就总包利润（含采购利润）在中国缴纳25%的企业所得税，允许扣除设计与施工的分包成本及设备/材料采购成本。由于A公司就总包利润（含采购利润）在L国已承担所得税性质税负的有效税率约为28.75%（即25%+(1−25%)×5%），因此上述境外所得税性质税负在中国境内进行抵免后，A公司应无须在中国补缴企业所得税。A公司需注意就所缴纳的L国所得税及利润汇出税取得完税凭证。

5）中国流转税分析。根据原营业税法规定，境外工程承包业务暂免征收营业税。2016 年 5 月 1 日全面实行“营改增”后，根据《跨境应税行为适用增值税零税率和免税政策的规定》，工程项目在境外的建筑服务免交增值税。

A 公司在根据相关规定完成出口退（免）税资格的认定后，所采购机器设备和材料出口到 L 国应可享受增值税退税的优惠。

（2）中国设计院 C 公司。

1）L 国所得税分析。

a. 根据中国—L 国双边税收协定，若中国设计院在 L 国提供的设计服务在任何 12 个月中连续或累计超过 183 天，将在 L 国构成常设机构，从而需就来源于 L 国境内所得缴纳企业所得税。

b. 据了解，实践中无论中国设计院是否在 L 国境内构成常设机构，L 国税务机关均要求境内支付方在支付上述结算款时，就设计分包收入扣缴 15％的预扣税。在中国设计院未在 L 国构成常设机构的情况下，该税负为中国设计院的最终所得税税负。

在国际税收筹划过程中，不仅关注所在国税法规定，而且要注意税法的实际执行情况。

2）L 国增值税分析。中国设计院需就设计分包收入金额缴纳 13％的增值税。该税款由 L 国境内服务接受方在支付时缴纳。

3）中国企业所得税分析。

a. 中国设计院需就设计分包利润在中国缴纳 25％的企业所得税。

b. 中国设计院在 L 国缴纳的企业所得税可以抵免国内所得税，但是根据双边税收协定的规定，如果中国设计院未在 L 国构成常设机构，其来源于 L 国的所得无须缴纳 L 国所得税。因此，如果中国设计院未在 L 国构成常设机构的情况下仍被 L 国税务机关强制性征收预扣税，可能存在上述税款无法在中国抵免所得税的风险。

4）中国流转税分析。2016 年 5 月 1 日全面实行“营改增”后，根据《跨境应税行为适用增值税零税率和免税政策的规定》，向境外单位提供的完全在境外消费的设计服务适用增值税零税率，因此中国设计院 C 公司无须缴纳增值税。

（3）中国施工分包商 D 公司。

1）L 国所得税分析。

a. 根据 L 国税法规定，境外承包商从 L 国取得的工程承包所得无法享受任何税收优惠。因此，D 公司需根据双边税收协定及 L 国税法规定，判定其所取得的工程承包所得是否需缴纳 L 国所得税。

b. 根据中国和 L 国双边税收协定，常设机构包括建筑工地，建筑、装配或安装工程，或者与其有关的监督管理活动，但仅以该工地、工程或活动连续超过 183 天为限，D 公司该工程项目预计 2 年，因此 D 公司在 L 国工程承包项目部将被认定为常设机构，需要在 L 国进行税务登记，按照 L 国税法对常设机构的规定（即视同居民纳税人征税），就工程承包利润（含采购利润）缴纳 L 国所得税。

c. D 公司项目部需就分包利润在 L 国缴纳所得税的情况下，所收取的工程承包合同款由总包方 A 公司根据合同金额扣缴 1.5%的预扣税。D 公司项目部在被扣缴上述税款后可取得预扣税缴纳凭证。

e. D 公司项目部需就工程承包总包利润缴纳 25%的 L 国企业所得税，当期支付的人工成本和设备/材料采购成本可以在税前扣除。同时，D 公司项目部当期由总包方 A 公司扣缴的预扣税款可抵减当期应缴 L 国企业所得税。

f. D 公司项目部将工程承包总包利润完税后从 L 国汇出时，需就税后利润金额缴纳 5%的利润分配税。

2）L 国增值税分析。D 公司项目部需就工程承包总包金额自行申报并缴纳 13%的增值税；与施工有关的采购活动所承担的增值税可作为进项税金抵扣当期销项税，并可申请返还未完全抵扣的进项税金。

3）L 国关税分析。A 公司项目部作为工程施工总承包商，将负责分包商 D 公司的施工设备/材料报关进口，机器设备需根据进口时报关价格和适用的关税税率缴纳进口关税。进口关税具体税率根据进口货物的种类而定。

4）中国企业所得税分析。D 公司需就分包利润在中国缴纳 25%的企业所得税，允许扣除设计与施工的分包成本及设备/材料采购成本。由于 D 公司就总包利润（含采购利润）在 L 国已承担所得税性质税负的有效税率约为 28.75%(即 25%+(1−25%)×5%)，因此上述境外所得税性质税负在中国境内进行抵免后，D 公司应无须在中国补缴企业所得税。D 公司需注意就所缴纳的 L 国所得税及利润汇出税取得完税凭证。

5）中国流转税分析。根据原营业税法规定，境外工程承包业务暂免征收营业税。2016 年 5 月 1 日全面实行“营改增”后，根据《跨境应税行为适用增值税零税率和免税政策的规定》，工程项目在境外的建筑服务免交增值税。

D公司在根据相关规定完成出口退（免）税资格的认定后，所采购机器设备和材料出口到L国应可享受增值税退税的优惠。

2. 方案2

A公司作为工程承包商与B公司签订设计和施工合同，并进行设计和施工部分的分包安排，设备采购部分通过A公司的香港子公司E公司进行采购。

（1）A公司。

1）L国企业所得税分析。同方案1，A公司项目部将在L国构成常设机构，需要就工程承包利润总额缴纳25%的企业所得税。业主B公司将按照合同金额扣缴1.5%的预扣税，该预扣税可以抵减当期应交所得税。A公司项目部税后利润从L国汇出时，需缴纳5%的利润汇出税。

对比方案1，由于A公司项目部在总包环节仅需就设计和施工总包利润在L国缴纳较少的所得税，从而降低总包环节所需承担的税负，与方案1相比在L国企业所得税税负较优。

2）L国增值税分析。同方案1，A公司项目部需就设计—施工合同金额按照13%的税率自行申报并缴纳增值税；进口环节已缴纳的增值税及其他采购已承担的增值税可作为进项税予以抵扣当期销项税，无法抵扣的进项税金可申请返还。无法返还的增值税进项税金额将构成A公司项目部的成本。

3）L国关税分析。同方案1，A公司项目部作为工程施工总承包商，将负责分包商的施工设备/材料报关进口，机器设备需根据进口时报关价格和适用的关税税率缴纳进口关税。进口关税具体税率根据进口货物的种类而定。

4）中国企业所得税分析。同方案1，由于A公司项目部在L国实际企业所得税负担高于中国企业所得税税率，因此无须在中国补缴企业所得税。

5）中国流转税分析。同方案1，在原营业税以及目前“营改增”下，境外工程承包业务不涉及中国流转税。

（2）香港公司E公司。

1）L国企业所得税和增值税分析。由于E公司在L国境外向B公司提供设备，通常情况下E公司将不会被认定为在L国构成常设机构，则E公司取得的贸易所得通常不会被视为来源于L国的所得，亦不构成增值税应税收入，无须在L国缴纳企业所得税和增值税。

2）香港利得税分析。如果E公司从B公司取得的货物销售收入被认定为香港离岸收入，则无须缴纳香港利得税。如果E公司从B公司取得的货物销售收入被认定为香港在岸收入，则有可能需缴纳 16.5%的香港利得税，同时 E 公司支付给其他采购商的采购成本可以在税前扣除。通过贸易采购的方式、签署地点等合理安排，E 公司的收入被认定为香港在岸收入的风险较低。

3）香港流转税分析。香港无流转税，因而 E 公司无须缴纳任何流转税。

（3）中国设计院 C 公司税务分析。中国设计院 C 公司在 L 国和中国的各项税务影响同方案 1 一致。

（4）中国施工分包商 D 公司税务分析。中国施工分包商 D 公司在 L 国和中国的各项税务影响同方案 1 一致。

3. 方案 1 和方案 2 对比分析

通过上述分析，通过将工程总承包中永久机电设备采购部分业务单独签订设备采购合同的方式，避免了永久机电设备部分在 L 国境内缴纳企业所得税和增值税，大大降低了项目的整体税收负担。

在上述假设工程总承包合同 1 000 万美元的情况下，方案 1 整体税负为 211 万美元，经过税收筹划，即方案 2 整体税收负担为 151 万美元，税收负担减低 28.44%，税收筹划效果明显。

二、案例二：K 国际工程承包项目

本案例以 K 国为例，介绍工程承包项目的税务筹划方案及项目节税亮点。案例背景：国内某 A 公司拟在 K 国承包某项目，且采取 EPC 交钥匙合同方式，业主为 B 公司。

（一）项目税务策划方案

1. EPC 交钥匙合同业务分割

由于业主为 B 公司，合同为 EPC 交钥匙合同，业主不同意对工作内容按照 E，P，C 分开签订合同，因此在执行过程中，本着流转环节少以及简单化的理念，与业主沟通，遵循海外税务管理以税务遵从和风险控制为导向的原则，最终把 EPC 合同内容进行业务分割，EP 部分主要工作在中国，由 A 公司执行，主要的纳税环节在国内；EPC 合同的 C 部分主要工作在项目所在地，主要纳税环节在 K 国。

2. EPC 合同执行阶段国内的税收筹划

（1）开具中国税收居民身份证明。为避免双重征税，在合同签订后及时到企业所在地税务机关申请开具《中国税收居民身份证明》，然后向 K 国税务局提供，并申请享受双边税收协定规定的相关待遇。

（2）免抵退及减免税优惠备案。对于建筑安装部分（C 部分），根据原营业税条例关于境内企业在境外提供建筑劳务可免征营业税的规定，公司及时办理营业税减免备案手续。2016 年 5 月 1 日全面实行“营改增”后，根据《跨境应税行为适用增值税零税率和免税政策的规定》，工程项目在境外的建筑服务免交增值税。

（3）出口退税的办理及管理。出口退税对企业的利润及资金流都具有重要的意义，因此必须着重进行管理。首先要进行出口退税登记。根据规定，“走出去”企业应持对外贸易经济合作部或其授权部门签发的批准企业出口经营权的批件、工商营业执照、海关代码证书和税务登记证于批准之日起 30 日内向所在地主管退税业务的税务机关填写《出口企业退税登记表》，申请办理退税登记证；然后严格按照要求办理出口退税。

（4）避免双重征税，采用“分国不分项”的办法抵免限额。由于在境外开展 EPC 总包项目必然存在跨国所得，一定会产生双重征税问题。根据企业所得税法规定，在项目所在国已经纳税的所得，在计算我国境内应纳税款时，采用“分国不分项”的办法对其在境外的已纳税款进行抵免。需特别指出的是，如果企业在项目所在国享受的减税、免税额等优惠待遇，也可以依据税收饶让的规定，视同已按项目所在国税法纳税，从企业应纳税总额中限额抵免。

3. EPC 合同执行阶段 K 国项目现场的税务管理

（1）关于 VAT 的税务筹划。在 K 国当地的经济业务中，接触最多的就是 VAT，即增值税，当地实行的是消费型增值税，在进口、加工、生产、零售、贸易和提供服务环节均征收增值税。税率为 10%。K 国的税票有税务局统一的固定格式，只有在税务局注册并取得注册号的公司才能开具税票，税票上要有税票号，如交易金额为美元等外币，还要在税票上注明折算汇率。K 国的税票抵扣时间是 3 个月，超过期限的税票不能抵扣，所以收到税票后要在规定的时间内向税务局申报，以免错过期限，造成损失，同时为防止对方未完税，要求对方提供对应增值税的完税证明，以减少增值税抵扣失败而不能退税的风险。我方开具税票后要在下个月向税务局申报缴税。

（2）关于个人所得税的税务筹划。

1）K 国的个人所得税条款适用于居民纳税人和非居民纳税人。

2）个人纳税人的大部分收入按年以超额累进税率纳税。

3）税金由企业从支付给个人或雇员的工资、薪水、酬劳、养老金或其他类似支付中代扣。雇员收到的任何现金收益都需要缴税，但是在以计算企业所得税为目的时可扣除。交纳个人所得税的员工也要在税务局申请税号，才可以进行个人所得税的申报和缴纳。对于长期聘用的员工税前允许扣除额度有附加扣除标准。

4）非居民纳税人是指在 K 国居住一年中少于 183 天，并且不打算居住的个人。如果非居民纳税人在 K 国境内取得收入，税率为 20%。

（3）关于进口货物缴税的税务筹划。

1）K 国公司进口货物要在当地缴纳三种税：a. 进口关税；b. 增值税；c. 进口所得税。计算的顺序是 a，b，c。如果有免税清单，进口关税可以免税，其他税种不能免税。

2）相关税率如下：

- 进口关税要根据进口货物的品种而定，品种不同税率也不相同。
- 增值税税率为 10%。
- 进口所得税，如果进口公司是国有公司，税率为 1.5%；其他公司如果有进口准证，税率为 2.5%；没有进口准证的公司，税率为 7.5%。

（4）关于预扣税的税务筹划。K 国的税法注重从源头征税，即总承包商给下属分包商付款时要为分包商代扣代缴预扣税，同样，业主给总承包商付款时也要为总承包商代扣代缴预扣税。预扣税可以在年底计算企业所得税时扣除，根据税法规定，全年预扣税金额大于年底应交的企业所得税，不可以申请退税。

预扣税是 K 国政府的一项重要的税收来源，也是国内 A 公司在 K 国工作面临的最重要的一个税种。A 公司作为法定的扣缴义务人应按照分包商提供给我方的发票金额根据分包商的性质向税务部门代扣代缴预提所得税。之后将代扣代缴证明交还分包商，作为分包商完税的依据。

（5）关于分支机构企业所得税的税务筹划。纳税居民、组织机构、外资企业代表处付款给非纳税居民时需以分支机构或常设机构的税后利润为基础按照 20%的税率代扣预提税；当收款方所在国与 K 国签有税收协定时，其有可能享受优惠的预提税税率或者完全免税。中国与 K 国签有税收协定，规定税率为 10%。要获得优惠的税率，支付方需要向税务局出示收款方居民证明。

如无此证明，收款方无权享受税率优惠政策并需以 20%的税率代扣预提税款。

（6）境外税务处理方法。税务策划是一个系统性的工作，应避免出现“头痛医头，脚痛医脚”的被动局面。根据在税务审计时面临的问题和对 K

国税法的了解，A公司逐步解决了原来实际操作中无法确认成本的做法，建立了月度成本预警体系。主要做法如下：

● 对于永久设备，全部采取以业主的名义进口，列入免税清单，这样可以减免由于项目通过代理清关产生的10%的增值税（VAT）、5%的关税（视具体货物而定）、2.5%的代扣代缴进口所得税，同时免除业主按照P部分直接代扣代缴最终所得税。

● 合理规避外国人个人所得税。按照当地税法规定，外国人直接向K国境外汇付工资时应缴纳20%的个人所得税，如果在当地依法纳税后，可不再缴纳这部分税。因此，A公司采取依法管理人员的形式发放名义工资并在当地办理个人税号，按规定缴纳在当地所得税后，不仅可以依法相应地列入成本，同时也合理地规避了当地法律规定的工资汇付应缴的税费问题。

● 通过签订技术或咨询服务协议，合理进行费用分摊。中国境内费用如从国内转的折旧费、公司管理费、流动资金占用费、国内人工工资等，无法在K国确认为税前成本。解决的办法是，通过以提供技术服务的方式，把该部分费用纳入服务费用。尽管需要缴纳10%的增值税，但可减少25%的企业所得税和10%的分支机构企业所得税，而且10%的增值税也可在将来抵扣。

● 接受运输、劳务、生活、设备修理等服务，在缴纳预扣税并支付增值税后可计入成本。接受工程分包，根据建筑分包商的性质代扣代缴预提税并支付增值税。

● 通过分散采购的方式，合理规避K国税法规定。根据K国规定，从多个个人材料店采购的材料，在年采购额低于一定金额的情况下，是不需要缴纳增值税的。所以可以采取分散采购的方式达到合理避税。

● 增加现场的车辆租赁，如果从个人处租赁车辆，在缴纳预扣税后，既可以计入成本，而且还不需要正规的税务发票，如果租赁一般纳税人（公司）的车辆则需要缴纳10%的增值税。

（二）项目节税亮点

（1）在充分了解中国和K国的税法政策，研究双边避税协定及K国财税政策信息的基础上，定期对项目财税风险进行分析评估，拟订应对措施，根据新信息及时修正税收筹划方案。

（2）重视利用外部资源，一是寻求专业的咨询机构，利用其专业能力协助项目做避税方案，评估方案的风险等；二是利用中资企业商会的资源，了解和吸收其他中资公司在税务管理上的优秀经验，在共同的税务问题处理上形成合力。

（3）充分评估项目总体盈亏水平，通过对项目分包模式的合理策划，从而降低所得税负担和降低项目分包成本。

（4）合理平衡项目关税与利润税，在不增加利润税的前提下，通过永久机电设备方式进行清关，在不增加利润税的情况下，实现关税节税。

三、案例三：N 国国际工程承包项目

本案例以 N 国为例，详细介绍国内某公司在 N 国承包项目税收筹划方案。

（一）N 国某项目税务策划方案

1. N 国税收法规简介

N 国有比较完整的税法，并实行比较系统的税收征管体系，与其三级政府管理制度相对应，N 国的税收管理部门也是实行联邦政府、州政府和地方政府三级管理。项目期间，税收执行情况如下：

- 财政年度：每年的 1 月 1 日至 12 月 31 日。
- 税收种类：主要有企业所得税、资本所得税、扣除税、增值税、教育税和个人所得税。
- 税收立法：企业所得税。

（1）个人所得税。根据税法要求，企业应依法从企业雇用工作人员薪金中代为扣缴个人所得税，具体项目包括：月薪、周薪、津贴补助，以及其他收入和劳动所得等，只要是个人收入所得，都要依法纳税。

1）个人减免：2012 年颁布的新税法规定政府特许的最高个税应税收入扣除额为 2 000 000 当地币或个人收入的 1%，另外加上 20%的个人总收入可以税前抵扣。其他可以免税的项目有：政府住房公积金、政府健康保险计划缴款、人寿保险金、政府退休金、退职金和政府债券收入。

2）税率。表 2—4 中的税率适用于居民和非居民。

表 2—4　　个人所得税超额累进税率

应税所得（N 国当地币）	税率%	税额（N 国当地币）	累计税额（N 国当地币）
300 000	7	21 000	21 000
300 001～600 000	11	33 000	54 000
600 001～1 100 000	15	75 000	129 000
1 100 001～1 600 000	19	95 000	224 000
1 600 001～3 200 000	21	336 000	560 000
3 200 000 以上	24	—	—

即使扣除额达到最低应税额以下，也要适用1%的税率，即个税最低税率为总收入的1%。

年应纳税所得额为30 000 N国当地币或以下的个人免去提交纳税申报表的义务。

（2）企业所得税。按照N国法律规定，任何在N国的企业或公司，出现和得到的经营所得或利润，其中包括分红、利息、折扣、专利权税以及与服务有关的费用、应付款和津贴补助等都应交纳企业所得税。

1）企业所得税率。目前企业所得税税率为30%，对于年营业额不足500 000当地币，而且从事农业生产或固体矿产资源开发的企业，企业所得税税率为20%。制造业企业和出口企业年营业额不足1 000 000当地币的，其所得税税率也同样为20%。对于上述企业所得税的让步、优惠，只限于企业开办的前5年。同时，根据《1990年工业发展法》的规定，申请并得到认可的有先锋地位的企业将享有3～5年“税收假日”的优惠。根据2012年政府刺激经济新政，将税收优惠时间可以延长到5～7年。

在N国注册成立的公司为N国居民企业。拟在N国开展业务或经营的外国公司必须根据《公司及相关事务法》注册N国公司。

当地企业应就其来自全球的利润纳税。非当地企业仅应就其在N国的经营活动所得利润纳税。但是，如非当地企业履行的是勘测、交货、安装或施工合同，全部合同价格应在N国纳税，无论该等合同的一部分是否在N国境外履行。会计期间应计的来自所有来源的应税利润应合计计算纳税金额。应纳税总利润的计算方法为：从应税利润合计金额中减去资本免税额（税收折旧）。

2）企业所得税的免除。根据1990年N国政府颁布的企业所得税法，从事某些特定行业的企业，将享有免交所得税待遇，如法定的或注册的友好组织、具有公众性质的教会、慈善和教育社团以及根据《贸易联合会法》注册成立的贸易联合会。

（3）资本收益税。按照资本收益税法规定，所有企业、公司都必须交纳资本收益税。目前，资本收益税税率为10%，并按实际年度计算和征收。资本收益税是对企业资产处置中产生的收益征收的税收，不论资产是否在N国。然而，对非N国当地公司或是个人在境外产生的资本收益，收取多少取决于该企业或个人带入N国的数额。

（4）增值税。增值税是一种消费税，即在消费链的每个环节上进行征收，并由最终消费者承担。由商业采购环节支付的税收称为进项增值税，这部分税在企业销售环节中通过增值税（销项增值税）得到补偿。

● 增值税税率：增值税税率为 5%。

● 增值税的纳税人：一般为生产企业、批发商、进口商。增值税纳税人必须在公司运营后 6 个月内履行增值税注册。

● 免征增值税的商品和服务：其中包括所有的医药卫生产品、基本食品、书籍和教育材料、婴儿产品、医疗服务和出口产品与服务。

（5）预扣税。N 国税收法规定，如果一方与另一方存在支付关系，支付款必须要扣缴税款。支付一方应按实际扣缴税税率，从支付款中扣除应付税金，并将其在规定的期限内，最迟不迟于扣减税款后 30 天汇寄到相关的税收管理部门。预扣税实际是企业所得税的一种预缴征缴方式，即纳税年度税务评估申报公司税款时可以抵扣累计未被抵扣的代缴税款余额，按抵扣后的净应缴税款进行征缴申报，如果抵扣仍然有余额没有抵扣完的可以累计入下一年度继续抵扣，但不能向税务局申请退回，具体应缴纳扣缴税的商业活动和服务以及当前实际税率如表 2—5 所示。

表 2—5　　商业活动及服务实际税率

款项	法人企业税率	个人及合伙人税率
租金	10%	10%
分红	10%	10%
利息	10%	10%
专利、版权	10%	5%
代理费、佣金	10%	5%
咨询、技术费	10%	5%
土建费	5%	5%
协议供货	5%	5%
其他契约、合同	5%	5%

（6）石油利润税。从事石油经营的公司，一般指石油开采和运输经营。其石油经营收入应缴税率为 85%，但开始运营 5 年内的实际税率为 65.75%。以股份合作形式经营的石油经营公司，其石油利润税的实际税率应为 50%。但如石油经营公司利润来自非石油经营收入，那么将不按石油利润税收缴，而是按一般企业所得税收缴。

（7）教育税。所有在 N 国注册的企业和公司要交纳应征利润的 2%作为教育税。同时，规定非 N 国当地注册的企业和公司，可以不予缴纳教育税，但石油生产企业必须交纳教育税。

（8）关税。当地关税比例为0～30%，运输车辆为10%，电力材料、灯具为20%，其余大部分工程设备物资为5%，在设备物资进口过程中，还涉及检查监督附加税为主关税的7%、西共体附加税0.5%、进口增值税5%和CISS管理税1%，进口货物综合税负为12%～15%，因项目关税已经申请办理免税，但CISS管理税的1%是不能免除的。

（9）税法规定的申报时间。企业所得税年度申报表：新成立公司为注册后18个月或是第一个年度确认的会计年度后6个月以前必须申报；老公司为会计年度后6个月以前申报。

教育税：申报时间同企业所得税。

石油利润税：石油利润预估申报表在会计年度周期开始2个月后申报，最终申报在会计年度后5个月内申报。

个人所得税：个人申报的个人所得税清算申报表在次年的3月31日前；公司负责申报的雇员年度申报表在1月31日前申报，公司负责的个人所得税月度申报表应在次月的10日之前申报。

增值税：公司负责申报的月度申报表需要在次月的21日前申报。

预扣税：公司负责申报的月度申报表需要在次月的21日前申报。

2. 项目涉税分析

（1）合同涉税范围。本施工项目涉及的当地税主要有：关税、增值税、预扣税、个人所得税、资产收益税、企业所得税和教育税。

（2）合同涉税条款。项目合同涉税条款描述较简单，且存在表述冲突和理解分歧，签订的主合同正文中明确EPC合同承包总价包括一切税费，并注明特殊条款规定除外；而在特殊条款中关于专项免税条款，指出合同价格不包含在N国境内的所有税费，但在明细项目中只对进口设备物资免税的三种情况进行表述，也就是明细项目并没有注明免税项目范围还包括其他税种。这样特殊条款关于合同价款的界定与只关于进口货物关税的免税描述就存在冲突。

（3）外部涉税咨询、沟通信息分析。项目财务人员进场后首先展开了一系列的咨询分析工作，先后联系德勤、普华永道、毕马威三家国际会计师事务所和当地会计师事务所，通过洽谈提供服务时机广泛了解项目涉税和当地财务核算情况，另外走访了多家在当地经营多年的中资公司。在税收实践方面提供了宝贵的经验，具体包含：

1）中资企业普遍反映公司总体税负较轻，对增值税、预扣税、企业所得税执行比较严格，当地税务局对外资公司的个税稽查力度比较大。

2）税收征收管辖权问题，该国为联邦制，分三级管辖，个税属于地方管辖，其他税种属于联邦税务局征管，根据公司营业规模，年营业额超过 10 亿当地币的适用大型规模，在联邦中央税务局申报纳税，年营业额 2 亿～10 亿当地币适用中型规模，在联邦地方税务局申报纳税，年营业额在 2 亿当地币以内的适应小型规模，在地方税务局申报纳税。

3）公司经营活动当地财税事项总体内容为：一是注册公司税务登记。二是办理注册个人税务登记。三是申报基本月度增值税申报表。四是申报月度基本预扣税申报表。五是年度申报表主要有：a. 企业所得税年度申报表；b. 教育税申报表；c. 增值税申报表；d. 固定资产折旧计提和资本津贴计算；e. 计算所得税；f. 获取完税证明。六是月度支付预扣税和应交税金。

4）个人所得税。

新政策：2012 年更新的税法取消了原来的多项津贴扣除，目前只对当地人上缴政府性质的养老、健康、保险等基金性质保留扣除，统一实行 21%的扣除率，对实际工资水平低于起征点的按总收入的 1%扣缴。

临时雇员适用税率：对雇用职员工资扣税采取固定和临时分别对待，3 个月以内的临时雇员可以采取不注册税号和适用 1%的税率。

月度扣缴标准：个税适用税率是按年收入清缴，对月度代扣标准的计算方法是将月工资标准年化扣缴适用税率计算再折算回月度扣缴标准执行。

个人税号的申请：公司在 N 国雇用的外籍员工和当地员工都必须申请税号。需提交材料包括护照照片 1 张、注册公司营业执照复印件和人员身份证明文件副本（护照或当地身份证，最好为员工统一办理的员工牌）。

5）免税申请程序：咨询机构作出评估判断后向联邦政府财政部免税局去函申请，事务所协助沟通，获取财政部的免税证明，方可在免税证明范围规定内实行零申报。

6）财务年度为 1～12 月，税务评估报告规定需要到次年的 7 月前申报，特殊情况申请延迟不能再超过 2 个月，税务局根据需要可以抽查税务评估支撑依据，重新进行评审，一般情况 4 年以内会对公司进行一次税务例行检查。会计师事务所账务审计较严格，特别是“四大”会计师事务所，会对每笔凭证进行审查，对重大支出项目支撑依据进行审查，对银行记录进行普查。

7）N 国按照完工百分比法确定合同收入，实行建造合同准则。

8）对预扣税义务和追索责任把握的原则：原则是根据合同事项，履行代扣代缴义务，考虑代扣代缴确实有难度，据了解，对预扣税最终税务局追索责任为应纳税人，而非扣缴义务人。因此如果代扣代缴分包商和供应商为注册公司，有税务登记证，应该留下复印件，或相关地址在合同里面注明。如有税务纠纷，可以减轻或免除责任，最终税负由注册单位清算。

3. 项目涉税环境分析

涉税有利条件：

(1) N国项目部合同特殊条款中有价格不含N国境内税的条款；

(2) 首笔预付款支付实际业主没有代扣增值税和预扣税，即可以视同业主认可免税合同条款；

(3) N国推动经济刺激新政，对再生能源行业有税收优惠，项目有推动合同外适用本国经济优惠政策的可能；

(4) 政府优贷项目普遍免增值税和关税，个税和企业所得税明确免除的很少。因此尽量争取增值税和关税免税。

涉税不利条件：

项目公司已经注册，而当地注册公司税收征管系统完善，月度、年度税务申报严谨，注册公司法定税收清算责任和义务明确，增值税和所得税稽查严格。

4. 项目涉税综合分析

该项目综合涉税信息表明：N国税制健全，税收征管环境处于规范完善中。

作为国际大公司，且中标项目为该国巨型工程，税务监控会比较严格，且整个非洲兴起整顿、严格税收征管市场的浪潮，因此项目应采取规范严格的税收征管履行程序，按照规定及时申报，在风险可控的情况下加强税收筹划，在保证公司形象和社会责任之上，尽量增加节税效益，提高项目整体盈利水平，具体推进财税工作措施如下：

(1) 尽快启动个税注册和申报程序，在保证依法履行纳税申报外，逐步掌握税控风险，进一步调整和实施纳税筹划。

(2) 启动和推动合同免税程序，优先考虑增值税免税，再考虑其他税免税。

(3) 通过咨询机构进一步推动税收管理和当地财务核算工作。

(4) 制定税收筹划方案，并在执行过程中不断更新、完善，同时加强当地财务核算培训和学习，提高税收筹划实施效果控制力。

5. 项目税务策划

(1) 税收总原则和筹划总思路。税收筹划原则：本着维护公司形象和保障公司合法利益为前提，合理利用当地税收征管习惯和税收优惠政策，积极组织财税筹划，依法履行纳税义务，有效预防财税风险。

税收筹划思路：积极推进关税免税进程，极力争取增值税和预扣税免税政策，实现源头免税；积极履行分包商和供应商增值税和预扣税代扣代缴义务；积极筹划企业所得税方案，合理确认成本，争取所得税税负合理；适度进行个人所得税筹划，教育税和资产收益税实行辅助筹划。

（2）具体税种的筹划。

1）增值税筹划：争取最大限度免税，考虑结算款支付在国内账户，主合同支付销项税额业主代扣环节无法实施，另外合同有不含当地税的合同条款，免税目标计划分两步走：

第一步，积极申请免税申请，推动合法、官方的免税程序；

第二步，对增值税销项税额暂时采取按零税额主动进行月度申报，待明确增值税政策，再行调整。

对当地分包商、供应商代扣支付增值税进项税额，合理评估筹划后依法承担和支付部分增值税，同时正确收集外来发票、正确填开发票及扣税单，确保增值税进项抵扣依据和程序合规，以备不予免税条件下的增值税抵扣实现。如果免税申请成功，可再申请进项税额的退税并全面执行免税程序。

积极做好中国境内增值税出口退税工作。

2）预扣税。同属于业主直接代扣代缴的税种，不同之处在于预扣税可以作为企业所得税的抵扣项目，目前法定代扣义务为业主，而实际操作过程中业主比较难实现直接代扣义务，项目部不需申报对上结算环节的预扣税月度申报表，只需履行对下结算代扣分包商和供应商的预扣税的月度申报表，具体考虑因素如下：

因预扣税税负最终取决于所得税计算数额多少，预扣税为企业所得税抵减调整项，如果利润足够递扣，预扣税税负就不存在，只是上缴的时间提前而已，但如利润不够抵扣，多交部分不能退还，将会增加企业的税负，在主合同预扣税不预交的情况下，只考虑评估利润的合理性，节省企业的整体税负。

（3）企业所得税筹划分析。无法列入当地税前成本的支出主要包含：

- 上交管理费：上交经营管理费、基地建设基金、工资附加费等。
- 人工费：员工工资国内预发部分。
- 财务费用：国内履约和预付款保函费用、质保金保函等。
- 国内投标费，施工组织费以及前期国内办公、待岗工资、探亲等费用不能直接列入当地税前成本。

（4）公司所得税筹划。所得税获得免除的可能性较小，重点考虑做好当地财务核算和税务评估审计工作重点费用策划：国内管理费，标前费及国内执行施工组织设计、采购、职员社保等费用；固定资产折旧费用差异及应对措施；进口设备物资定价及成本税负平衡筹划问题；保函、利息等财务费用税前列支问题；内部分包成本税前列支策划问题。

1）筹划措施：所得税策划基于稳健性原则，执行建造合同准则，按年度、按工程完工进度合理确认工程收入、成本。具体筹划措施如下：

a. 合理确定进口物资采购金额。因为合同进口设备物资免税，特别是工程物资免税且不收保函，可以极大降低涉税成本。

b. 总部管理费分摊方案策划。总部管理费是一项重要的成本缺口，主要内容可以包括：总公司的日常开支和设计、技术支持、国内采购代理服务以及中方人力资源人员招募及保障服务代理，管理支持和软件服务等相关费用。对项目部而言，根据国际会计准则，主要考虑相关性和实际发生原则，需要请专业税务咨询机构进一步评审策划方案，根据以往经验，主要有两种方式解决：

第一种，通过总部管理费计提5%～8%的比例（一般公允比例），具体申请需要通过中介机构协助向税务局单项专题申请，并经过转移定价专项部门审批就可以实现，同时要考虑相关流转税涉及的税负问题；

第二种，如果当地税务局不予受理比例形式，可以以境外专项服务提供方式实现该项成本的弥补，单独签订服务合同，按服务合同进行核算，这种方式设计时候也要考虑两个问题：一个是关联方关系存在较严格的转移定价问题，二是提供服务牵涉的流转税负平衡问题。

2）收入拆分策划：

方法一，根据税收管辖权通用的税收准则按合同执行地对合同总收入进行划分策划，EPC总价承包合同金额巨大，涉及流转税税额也巨大，为合理降低项目成本，通常可以将合同拆分为在N国执行合同和在N国外执行合同。该项筹划因是合同签订后期筹划，需要中介机构做更多的筹划支撑和准备工作。该部分的筹划如果成功，效益非常明显，直接扣减收入，且金额巨大，可以直接抵减L国纳税申报收入和利润。

方法二，围绕当地注册公司身份和工作范围拆分合同收入：根据当地对居民和非居民公司就当地施工收入来源征税的法定征税范围之相关规定，非居民公司在境外完成的EPC合同部分可以不作为课税范围，这样可以将项目合同划分为两部分：执行国内部分合同额的为签约方公司，执行现场施工的是签约方公司委托给在当地注册的公司，而项目公司是在 N 国单独注册的私人公司，是独立法人，可签订委托协议，并按规定程序办理相关结算支撑依据完善相关手续，达到仅按资金汇入口径确定当地执行的施工部分产值，进一步确定为当地公司核算的合同总收入为筹划目的。

3）人工费筹划：由于 N 国个税全口径征收，600 元人民币以内按最低 1%扣税，最高达 24%，因此人工费策划仅限合理确定人工费水平。

4）固定资产折旧筹划：因为税务评估计算的是资本津贴（等同税务折旧），当地有专门的计提比例，选择合适设备分类对获得税务折旧的计提弥补率有直接关联，因此可以对专用设备进行合理分类。

5）分包成本：与分包商签订正式合同，并提供分包单位公司注册登记复印件留存归档，办理正式结算和正式发票，并履行预扣税的代扣代缴义务。

（5）关税及附加：因合同中该税种免税条款已经明确，应积极向电力部、财政部等进行免税申请，为保证货物的进口，前期采取如实申报交纳关税，该部分税款采取先交后退政策，等免税政策落实后启动退税工作，以确保货物到港及发运到现场。

（6）个人所得税：

● 依据企业所得税筹划高于个人所得税筹划的筹划原则，具体策划自行编制测算分析表进行评估。

● 当地员工，从录用之日起开始计扣个人所得税，履行代扣代缴义务，并按法定要求上报各种申报表，综合考虑入税成本和个税实际承担义务人。可尝试以当地劳务分包协议形式，规避意外管理风险和税务检查风险。

（7）教育税：为所得税附加税种，可以通过当地事务所寻求解决免税事宜，进一步落实程序和可行性。

6. 项目财税筹划方案落实组织

为配合税收筹划，各部门在工作中需要积极实施和配合相关事项。

（1）机电物资部。

● 配合做好当地大宗材料、设备物资采购发票、合同及公司注册资料的存档工作。严格、正确开具增值税扣税发票，确保增值税的申报和进项税的依法抵扣依据。

● 做好国内出口物资材料增值税退税工作，及时办理退税。

（2）商务部。做好与分包商的工程结算，同时做好分包合同管理，标注好当地分包商信息或收集当地分包商注册登记信息严格、正确开具结算扣税单，确保增值税进项税额依法抵扣支撑依据和明确代扣范围内预扣税扣缴信息。

（3）行政部。

● 做好当地员工纳税注册登记信息，做好当地劳工工资成本控制（考勤监管、工资计算、社保及个税扣缴），确保当地员工工资成本及时入账及月度个税及时申报。

● 确定中方员工（职工、劳务、局内分包单位员工）工资标准，并收集办理工作准证复印资料，满足工资成本合法入账和及时个税申报。

（4）财务部。

● 总体把握项目整体税务筹划方案实施。

● 指导、监管各部门涉及税务筹划工作的环节，确保筹划措施落实合法、有效。

7. 税务筹划涉及外账处理等应注意和规范的事项。

● 严格执行“一票一税单”原则。发票、扣税单填列准确、及时。

● 票据及时移交。及时入账，不可跨年。

● 按期（季度）认真检查、核对会计师机构做的账务及报表，确保业务全面、数据完整，有问题及时提出、反馈、修正。

● 关注当地财务报表审计、税务审计的问题，及时纠正、规范。

● 关注所得税上缴凭证的收集工作，并报备国内进行相关抵扣处理。

（二）项目节税亮点

（1）预扣税。预扣税在N国执行情况不甚理想，卖方普遍不愿意为买方履行代扣义务，致使税负转嫁买方，同时增加了买方税收风险。由于项目对上只涉及主合同，而对下结算、采购较多，无形中提高了项目施工成本。当地税务局审计重点放在检查分包、租赁及接受劳务等方面的预扣税上，而对于采购方面几乎没有提及，就此项目策划在分包结算中，将分包商使用材料部分单独分出，作为材料采购形式列账，降低税负转嫁成本。

（2）增值税。项目主合同写明不含税，但是项目施工性质不在N国税法明确的免增值税条款中，所以项目增值税涉税风险很大，存在以后与业主索赔的风险。项目策划通过业主要求财政部出具免增值税信函，由此可减少5%的增值税销项税，并可统计进项税至税务局申请退税。

（3）企业所得税。在以往的执行中发现，N国税务检查对于关联交易审查尤为严格，而由于项目涉及与本部管理费及部分国内发生费用，部分内部费用附件不受认可，导致项目税负提高，由此项目策划可把主合同拆分为N国执行和N国外执行部分，在N国内只申报国内执行部分合同，通过合理筹划、使用资金，达到降低税负的目的。

（4）个人所得税。规范项目个税申报。

（5）关税。通过多方努力，N国财政部签发免税函，前期已缴纳关税可以申请退税。

四、案例四：W国国际工程承包项目

本案例以W国为例，介绍国内A公司进入W国市场时税收筹划方案的形成过程及亮点。

（一）项目税收筹划方案

国内某A公司在W国正式签署某水电站EPC项目合同后，项目前期税收筹划小组赴W国进行实地调研，制定初步的税收筹划方案。此税收筹划方案本着遵守当地法律、依法纳税、合法经营的原则，旨在通过前期筹划工作，合理降低企业税负，防控税务风险，以使公司在W国市场得以持续发展。

1. W国税法及外汇管制情况简介

为做好项目的前期税收筹划工作，小组成员对W国税法资料进行了认真的翻译和深入的分析研究，并通过与“四大”会计师事务所及中资企业在W国分支机构进行会谈，初步掌握了W国税法的主要内容。现将与本项目相关的税种及其相关规定简单说明如下：

（1）企业所得税。建筑行业在W国适用的企业所得税税率为30%。居民企业应就从所有收入来源地获得的收入缴税，但是境外已缴纳的所得税可以抵免；非居民企业仅就其在W国境内获得的收入缴纳所得税。

W国的会计准则与国际会计准则趋同，但未执行建造合同准则，收入可根据业主批复的结算单确认，成本按照实际发生的成本确认。通常，年度亏损可以向以后年度无限期结转，但不允许向以前年度结转，除非是周期较长的建筑工程，在项目完工清算时，最终年度亏损可以向以前年度结转。

关于常见成本费用，当地税法的税前抵扣规定如下：

1）企业财务报表中确认的折旧不作为税前抵扣的依据，《所得税法案》允许纳税人按余额递减法扣除固定资产折旧，固定资产年折旧率为20%～40%不等。

2）预计负债不得进行税前抵扣。

3）向业余体育协会、公共性质的宗教或慈善机构、教育机构、工会和其他类似协会（已得到税务局书面认可的免税组织）的慈善捐款可以税前抵扣。抵扣额不得超过应纳税所得额的5%。

4）因违法向政府或其分支机构支付的罚金或类似罚款不能抵扣。

5）公司在经营过程中发生的与经营相关的利息费用可以税前抵扣。与经营无关的利息费用不可抵扣。如公司为受境外控制的公司，超出公司权益两倍的贷款发生的利息不允许抵扣。

6）仅金融机构和保险公司在满足一定条件的前提下可以抵扣坏账准备。其他企业计提的坏账准备不可抵扣，只能在确认无法收回时按实际损失金额抵扣。

7）任何属于家庭或私人性质的非经营性支出以及任何属于资本性质的支出不得进行税前抵扣。

8）中国境内发生的费用，需提供正规发票及其英文翻译件，税务机关认为所发生费用合理时，可以税前抵扣。

9）总部机构管理费在缴纳15%的预提税后可以税前抵扣。

10）对于无发票的小额支出，应进行逐笔登记，经当地税务机关认可的费用可以抵扣。

需要说明的是，最后三项费用税前抵扣规定是通过向会计师事务所咨询后得到的答复，在实际操作过程中需要被税务机关认可后才可进行抵扣。

（2）增值税。在W国境内从事经营活动时，提供商品和服务所取得的收入需缴纳增值税，增值税税率为18%。该国对进口商品在进口环节征收增值税。

基于W国政府对水电站建设项目的政策支持导向，该国的增值税税法中有一些针对水电站项目的优惠措施。其中《增值税法案》第三百四十九条明确规定："提供特种车辆、装置和机械；工程设计；可行性研究；咨询服务；以及与水电、路桥建造、水利工程、农业、教育和保健行业有关的土建工程可免缴增值税。"

此外，之前《增值税法案》中还规定对水电站的货物供应和相关服务免征增值税。但是2013年6月，政府对《增值税法案》进行了修订，其中第六条规定"将水电站的货物供应和相关服务免征增值税的规定从《增值税法案》中剔除"。

（3）关税。多数进口货物应缴纳关税，进口商品的关税税率范围为0%～60%。但特定的进口装置和机械可享受免税待遇。

（4）预提税。预提税是预提所得税的简称，是指源泉扣缴的所得税。W国政府机构及其授权的企业有代扣代缴预提税的义务。对于非居民企业和个人获得的源自W国的股息、利息、特许权使用费、租金、管理费、服务费等，均要征收预提税。对于非双边税收协定国家，预提税税率为15％。对于双边税收协定国家居民企业和个人获得的源自W国的服务费、租金、管理费等，按6％征收预提税。对于进口货物须在进口环节缴纳6％的预提税，但根据《所得税法案》第119（5）条规定：对于进口的装置和机械可免征进口预提税。

经与事务所确认，项目若取得W国境外分包商提供的劳务，须代扣15％的预提税，但取得当地分包商提供的劳务则只须代扣6％的预提税。

（5）个人所得税。个人所得税实行累进税率，居民纳税人个税起征点为年应税所得1 560 000当地币（约624美元），税率范围为0％～30％；非居民纳税人个税起征点为0，税率范围为10％～30％。居民纳税人就其全球收入来源缴纳个人所得税，非居民纳税人仅就W国境内取得的收入缴纳个人所得税。

根据W国税法规定，一个纳税年度内，在W国居住满183天（含183天），或者连续三个纳税年度内，平均每年度居住满122天的个人被视为W国的居民纳税人。

个人所得税应税收入包括工资、奖金、差旅费补助、通信费补助、伙食费补助、招待费、教育费补助、员工住房等。关于个人所得税税前抵扣规定如下：

1）不允许扣除任何个人性质的费用；

2）允许扣除供养的直系亲属的生活费，一般包括孩子、专职家务的妻子。

除个人所得税外，W国政府还强制征收社会保障基金。社会保障基金为员工工资的15％，其中公司承担10％，员工承担5％。但是对于在W国非经常性居住的外国人，如果在永久居住国已经缴纳了社会保障基金，经W国社保局同意，可以免征社会保障基金。由于在该项目工作的员工基本上均为居民纳税人，经向事务所咨询，很难申请免除缴纳社会保障基金。

（6）其他税收。

1）利润汇回税。对于非居民企业设在W国境内的分支机构，除按30％的税率征收企业所得税外，汇回总部的收入还应额外缴纳15％的税款。汇回总部的收入并非按实际资金汇回情况计算，而是按“年初净资产＋（当年净利润－当年的税费)－年末净资产”的公式计算。

2）印花税。印花税通常为契约总价的1%，包括雇用采购协议、和解契据、租赁、物业交换、让与、转让、认股权、礼品，以及与抵押所有权证书有关的协议。

3）财产税。财产税由地方税务局按年征收。地方税务局会根据评估的财产价值征收财产税。

4）环境税。进口已使用年限大于或等于8年的机动车辆，应按海关确定的车辆价值的20%缴纳机动车辆环境税。

2. 外汇管制情况

目前W国外汇交易市场完全自由，公司可以在W国境内自由收支外汇。此外，公司在获得税务局的批准后可以申报外币报表。

3. 双边协定情况

中国与W国已签订双边税收协定，但至今尚未生效。

4. 税收筹划面临的困难

税收筹划小组通过对当地税法和合同中的涉税条款进行深入研究，意识到该项目的前期税收筹划工作不确定因素多，税收筹划空间小，为筹划工作带来了较大的困难，主要体现在以下几个方面：

（1）W国税负较重，监管力度较大。W国曾是英属殖民地，现行多数法律法规都源自英国法典，相对来说财税制度健全，税法中对于资本弱化、利润转移等常见税收筹划手段均规定了限制性条款，大大压缩了税收筹划空间。

此外，由于税收是W国政府财政收入的重要来源，该国的整体税负较重，税收监管严密，纳税申报已使用了网络信息化管理。该水电站项目作为该国政府重点关注项目，将由中央税务机关直接管辖，税收监管力度大，也增加了本次税收筹划的难度。

（2）合同条款中税收优惠政策较少。该水电站项目在投标过程中竞争异常激烈，为避免出现其他变数，签订合同时谈判时间极短，因此其中的涉税条款使用该国合同的标准版本，明确规定合同价款中包含了所有税费，且包括一些对我方不利的条款。经后续谈判，新签订的会议纪要中争取到了对关税和增值税的免除，但存在一些限制性条件，如进口关税的免除只针对资本货物，而资本货物包括哪些范围未予明确，增值税方面只免除了水电站的货物供应和相关服务，未对与输变电线项目相关的物资和服务的增值税进行减免。

（3）相关免税条款是否被认可尚待沟通确认。会议纪要中虽然免除了水电站货物供应和相关服务的增值税，但这是基于原《增值税法案》中“水电站的货物供应和相关服务免征增值税”这一优惠政策签订的。然而 2013 年 6 月，政府对《增值税法案》进行了修订，其中第六条言明“将水电站的货物供应和相关服务免征增值税的规定从《增值税法案》中剔除”。由于该项规定从 2013 年 7 月 1 日开始实施，而水电站合同是在该规定实施之后签订的，按照法律效力大于合同效力原则，水电站的货物供应和相关服务很有可能不再免除增值税。因此，会议纪要中的免税条款是否能得到税务机关的认可有待进一步确认。

（4）人工成本压力较大。W 国对个人所得税的征收范围较大，且起征点极低，居民纳税人月收入达到约 164 美元就将适用最高一级税率 30%，基本上所有员工都将适用这一级税率。

此外，当地政府要求居民纳税人还需缴纳 15%的社保基金，而项目在中国境内为职工缴纳的社保费用还不一定可以得到 W 国税务机关的认可，允许税前扣除。因此，项目人工成本的税负非常重，压力较大。

（5）净利润还需缴纳额外税款。W 国税法规定，非居民企业设在 W 国的分支机构，除按 30%的税率缴纳所得税外，汇回总部的收入还应额外缴纳 15%的税款。这里所说的汇回总部的收入并非指项目将收入以货币资金形式汇回国内。根据税法中列出的计算公式，在项目的净资产只有未分配利润发生变动的情况下，计提该税款的基数其实是当年账面转回总部的利润减去当年缴纳的各项税费。也就是说不管是否有真实的资金流动，税务机关都认为项目将利润转移回了国内，即便 A 公司取得的工程款是直接由业主汇到国内，项目最终盈利不需以资金形式汇回，也必须缴纳这项税款。这无疑加大了项目实质上的企业所得税负担。

5. 税收筹划方案

经过对 W 国当地税收法律法规的分析，结合目前实际面临的税务风险，税收筹划小组初步制定了项目的前期税收筹划方案。

（1）W 国当地财务核算管理方案。在水电站项目之后，目前 A 公司又在 W 国中标了 C 项目，且后续市场前景良好。为维护公司统一品牌，防范税收风险，经税收筹划小组商议，具体实施方案初定如下：

- 当地财务核算由 A 公司 W 国分公司主导编制，将在 W 国市场以 A 公司名义中标的项目统一进行核算，统一进行纳税申报。
- 税收筹划小组经过对“四大”会计师事务所在 W 国分支机构的了解

与考察，拟选取 P 会计师事务所对当地财务核算进行指导，并提供税务咨询服务；选取 Q 会计师事务所提供税务审计服务，定期对当地财务账套进行审计，确保核算的合法性与合规性。

（2）合同层面税收筹划方案。由于主合同与会议纪要中的涉税条款不确定因素较多，合同层面的税收筹划尤其重要，可以说这是本次税收筹划工作中最重要的部分，也是最有可能规避税收风险，产生较大效益的一个方面。

1）会议纪要中规定："对于资本货物免征进口关税。"由于税法和会议纪要中对资本货物的界定没有明确说明，双方对资本货物的界定可能存在分歧。对此，筹划小组首先通过当地清关公司向税务局进行了咨询，税务局对于资本货物的界定需要 A 公司提交货物清单，由其认定的资本货物可以免除关税。

经税务局确认，资本货物不仅包括直接用于项目的永久机电设备，还包括进口的施工机械设备、交通工具等，只要用于项目的设备和物资均可被认定为资本货物，但对资本货物的认定需要 A 公司分批次地向税务局提交货物清单。如果施工机械和材料物资最终可以被认定为资本货物，可以免除关税，将减少税款支出 1 513 万美元，即便材料物资不被认定为资本货物，也可减少税款支出 975 万美元。

若在向税务局申请免税证明的过程中，税务局要求提供业主确认函，项目应在与业主的沟通过程中争取扩大进口关税的免税范围，把尽可能多的设备和材料物资包括进去，如营地建造等形成实物资产所需耗费的物资，争取尽快取得业主的确认函件。

2）会议纪要中规定："水电站的货物供应和相关服务免征增值税。"鉴于 2013 年 7 月 1 日实施的《增值税法案》修订文件中明确规定"将水电站的货物供应和相关服务免征增值税的规定从《增值税法案》中剔除"，而该水电站合同是在该法案修订之后签订的，按照法律效力大于合同效力的原则，A 公司能否免除该部分增值税存在争议。

经咨询，税务局认为 6 月份出台的修订文件只是针对 W 国某一特定水电站的特殊法令，其他水电站项目将继续适用对水电站的货物供应和相关服务免征增值税的优惠政策。这一说法与该文件的出台背景相吻合，成立的可能性比较大。

目前该项税收优惠申请尚未得到税务局的书面认可，若税务局最终不认可，或要求提供业主确认函，则应在下一步与业主的沟通过程中，努力争取由业主从政府的角度为本项目特批增值税的免除。

如果水电站的货物供应和相关服务免征增值税最终得到税务局的认可，并办理相关免税证明，可以免除水电站部分的增值税，将减少税款支出6 813万美元，大大降低公司的整体税负。

3）会议纪要中规定："征收输变电线项目相关的物资和服务增值税。根据具体情况，承包商可提交增值税减税和返还的详细材料。"这条规定较为模糊，未明确是否提交了增值税减税和返还的详细材料就能得到减税或返还，应就这条规定向业主争取扩大增值税的免税范围。可强调输变电线项目作为该水电站不可缺少的一部分，也应享受相关的税收优惠政策。如果输变电线路部分免征增值税可以得到业主的认可，并最终获得税务局的免税证明，可以减少增值税支出 1 701 万美元。

4）合同一般条款中规定："业主在支付工程款时将扣除预提税和其他相关税费，支付金额为扣除预提税和其他相关税费后的净额，并提供给承包商详细的扣款证明或者税务机关收据。"业主若按照条款规定在支付工程款时预扣所得税，按照 W 国税法规定，将按 6%的税率进行扣除，A 公司将缴纳 6 000 万美元的预提税，一方面将提前占用项目的大量资金，增加项目的资金成本；另一方面，根据税负测算结果，项目只需缴纳 5 002 万美元的企业所得税，预扣金额超过应缴纳的所得税 998 万美元，多缴纳的预提税是否能够顺利返还存在很大的不确定性，即便可以收回，也很可能会发生其他的税务成本。因此该条款存在较大风险，急需与业主进行沟通，争取免扣预提税或者降低预提税税率。

5）合同一般条款中规定："如承包商在项目所在国可享受任何税收减免和税收优惠，业主将最大限度地争取。争取到的税收减免和税收优惠归业主所有。"

该条款对 A 公司极为不利，之前明确了合同价款包含一切税费，此时又提出争取的税收优惠归业主所有，相当于变相减少了合同总额。针对该条款，建议与业主沟通，删除或进行修订，声明争取的税收优惠归承包商所有。

上述事项需与业主和税务局沟通明确，尽量争取更多的税收优惠政策。特别需要注意的是，在取得业主和税务局确认的免税函件时，应把免税范围列举清楚，还需明确分包商也同样享受对相关税收的减免优惠等事项。

（3）项目运营层面税收筹划方案。

1）企业所得税筹划方案。企业所得税的筹划主要从两个方面进行，一是收入；二是成本。

a. 收入的分解。A公司虽然在W国注册了分公司，但按当地税法规定，A公司属于非居民企业，仅须就W国境内取得的收入缴纳所得税。鉴于W国所得税税率为30%，高于中国25%的税率，拟考虑将EPC合同进行拆分，将设计和采购部分放在中国运营，在中国境内缴纳企业所得税，W国境内仅就施工部分取得的收入缴纳企业所得税。该方案是否能实施取决于业主在支付设计和采购部分工程款时是否代扣预提税。如果业主在支付设计和采购部分工程款时不征收预提税，建议采取该方案，这一方案的优点是设计和采购部分可以适用较低的税率，且国内发生的费用若不能在W国进行税前抵扣，可在国内作为成本费用列支，降低整体税负。

如果业主在支付设计和采购部分工程款时按15%的税率代扣预提税，则需要进一步分析设计和采购板块的利润率，当利润率超过50%时，采取该方案缴纳的所得税小于未采取该方案在W国缴纳的所得税，建议将该部分从EPC合同中拆分，放在中国运营，降低整体税负；反之，不建议将该板块从EPC合同中拆分。若预提税适用6%的税率，则当利润率超过20%时，进行拆分比较有利。

b. 人工成本筹划。鉴于W国个人所得税负担较重，人工成本税收筹划难度很大。

项目在中国为职工缴纳的社保，如果能提供合法凭证，可以在税前扣除。因此可以尝试取得中国社保管理部门签认的社保缴纳证明，争取使国内为职工缴纳的社保部分能得到W国税务局的认可，得以在税前扣除。这一方案需要注意：原始凭证要符合W国税务机关的要求，且与人工工资相对应，避免出现计缴比例与个人收入不匹配的情况。

c. 设备物资采购成本筹划。预计通过与业主和税务机关的沟通，很可能取得对项目进口的机械、设备等货物免征进口关税、增值税和预提税。

d. 固定资产折旧。鉴于W国税法规定固定资产的折旧方法可以采用余额递减法，建议采取余额递减法加速计提固定资产折旧，尽量使得成本前移，同时确保固定资产成本能够在工期内足额计提。

e. 上级管理费筹划方案。因交给国内总部的上级管理费在扣缴15%的预提税后，可以在税前抵扣，因此可以考虑增加总部管理费。虽然这一方案会增加预提税的支出，但计提的上级管理费一方面可以增加成本，降低企业所得税；另一方面也有利于降低利润汇回税。经测算，当管理费比例为10%时，可降低所得税税负1.5%，降低总体税负最多可达2.55%。

鉴于W国对于利润转移的管控力度逐渐加大，在实际操作中管理费是否确定可以税前抵扣需定期核实，避免因政策改变造成项目预提税已缴纳，但仍然不可在税前扣除的问题。此外，管理费的计提比例不宜过高，应控制在合理范围内，避免引起税务机关质疑。

f. 分包成本的筹划方案。根据 W 国税法规定，分包成本在扣缴预提税后可以在税前抵扣。鉴于预提税为代扣代缴性质，在签订分包合同时，项目应尽量争取让分包商承担预提税，从而降低公司的整体税负。

此外，未在 W 国当地注册的分包商，在缴纳预扣税后，税务局一般不会再追究其纳税义务，其提供的原始单据须为合法单据，且满足 A 公司税前扣除的要求。

g. 期间费用筹划方案。根据向事务所咨询的情况，中国境内发生的费用需提供正规发票及其英文翻译件，税务机关认为所发生费用合理时，可以税前抵扣。

中国与 W 国签订的双边协定中第七条三规定“在确定常设机构的利润时，应当允许扣除为常设机构营业目的发生的各项费用，包括行政和一般管理费用，不论其发生于该常设机构所在国还是其他地方”。因此，双边协定生效后，国内发生的行政和一般管理费用即可税前抵扣。

对于确实无法取得合规发票的支出，项目应制定无票据报销管理规定，并做好日常登记工作，尽量使相关费用能够得到税务机关的认可。

h. 盈亏筹划方案。根据税法规定：“年度亏损通常可以向以后年度无限期结转，但不允许向以前年度结转。除非是周期较长的建筑工程，在项目完工清算时，最终年度亏损可以向以前年度结转。”虽然对于建筑工程有可以最终统一清算的规定，但考虑到税法变动可能性和资金占用产生的资金成本，项目应考虑在前期不盈利或少盈利，用后期利润弥补前期亏损。

2）增值税筹划方案。增值税的筹划重点就在于向业主和税务机关争取相关免税条款。

合同一般条款中规定：“合同价款中包含的税费是按照提交标书前 28 天的税率确定的，如果在合同执行过程中，税率变动、税种增减或者其他任何税负发生变动，将相应调增或调减合同价款。”2013 年 6 月新修订的《增值税法案》对于水电站的货物供应和相关服务不再免征增值税的条款属于在提交标书后发生的税法变动。对这部分增值税的免除，如果经与业主和税务局沟通之后仍无法取得，也可以根据该条款，与业主进行谈判，调增合同价款。

此外，中国境内的物资采购应做好出口退税的相关管理工作，避免因管理不善造成的物资采购进项税无法取得退税。

3）预提税筹划方案。

a. 收入环节预提税筹划。如前所述，遵照现行 W 国所得税法规定，业主在支付工程款时将按 6%的税率代扣预提税。根据测算，A 公司将缴纳 6 000 万美元的预提税。这将占用项目大量资金，且预提税金额超过项目应缴纳的所得税，有可能无法退回多缴税款。考虑该水电站是中国政府优惠贷款项目，项目可积极与业主进行沟通，争取免扣预提税或者降低预提税税率。

根据规定，在 W 国注册并依法纳税满三年的企业可以申请免除业主代扣代缴预提税义务。企业每年有两次机会向税务局提交免征预提税的申请，经其认可的公司可以免征预提税。目前 A 公司拟聘请事务所，协助项目突破预扣年限限制，提前争取到免征预提税的优惠。

b. 采购及分包环节预提税筹划。根据 W 国税法规定，分公司有代扣代缴预提税的义务，即在支付采购款和分包款时须代扣代缴供应商和分包商的预提税。

在签订采购和分包合同时，应约定合同总价中包含预提税，避免由项目来承担代扣预提税。

由于接受境外分包商提供的劳务须缴纳 15%的预提税，接受当地分包商提供的劳务仅须缴纳 6%的预提税。项目应加大力度推行本土化经营战略，增加当地分包商的使用占比。

4）关税。关税的筹划重点在于向业主和税务机关明确资本货物的范围，向税务局提交货物清单，争取获得免税证明。

此外，对于需要缴纳进口关税的设备，需核实是否可通过提供关税保函的方式减少关税支出，若取得海关同意，对于这部分设备的管理需提前规划在项目完工后的处置问题。

5）个人所得税筹划方案。个人所得税的筹划要兼顾成本与风险，测算税负临界点，尽量实现企业整体税负最小化的同时有效控制风险。筹划的重点包括以下三个方面：

a. 实行本土化经营战略，节约人工成本，降低企业税负。

根据 W 国税法规定，项目绝大部分员工将被视为居民纳税人，须在 W 国合理申报个人所得税，由于 W 国居民企业的个税起征点较低，中方员工年收入均超过起征点，且适用 30%的税率，税负较高。所以应在保证项目质量的前提下，充分挖掘当地人力资源潜力，节约人工成本，降低个人所得税税负。

b. 全面细化工资申报方案，实现整体税负最小化。

制定工资申报方案要将长远的合理性与阶段的灵活性相结合。项目应结合本公司薪酬体系对中方员工按不同层级进行申报，对于各个层级薪资标准的设定，需测算税负平衡点，尽量保证企业综合税负最小化。

c. 争取免除中方员工在当地缴纳社会保险的义务。

由于W国政府强制征收社会保障基金，大幅增加了中方员工人工成本，提高了企业整体税负。A公司应积极向W国社会保险基金会提交相关证明材料，争取免除中方员工在当地缴纳社会保障基金的义务。

6）利润汇回税。根据利润汇回税的基数计算公式“汇回总部的收入＝年初净资产＋(当年净利润－当年的税费)－年末净资产”来看，W国鼓励在当地缴纳税款，汇回总部的收入可以扣除当年的税费。为享受这一鼓励政策，项目应按年向公司上移利润，充分利用当年可扣减的税费，避免项目完工后一次转回时，只能扣减最后一年缴纳的税费。当然，亏损年度可以暂时不上移，用于冲抵以后年度的盈利。

6. 注意事项

(1) 纳税申报管理。纳税申报是税收管理的一个重要方面，如果不能按所在国要求进行申报和缴纳税款，则有可能会给项目带来额外的税务损失。

1）企业所得税。企业在纳税年度内须两次临时申报纳税。在纳税年度开始6个月内提交第一次临时所得税申报表，并预缴所得税；在纳税年度的第12个月第二次临时申报，并预缴所得税。最终的所得税申报表须在纳税年度结束后6个月内提交，同时补交剩余所得税。所有纳税申报表均可以电子方式提交。

需要特别注意的是企业最终申报缴纳的所得税额，若超出两次临时申报表预缴所得税之和的10％时，将被处以罚款。

2）增值税。增值税的纳税周期为一个月，必须在纳税期结束后的第15天提交申报，付款期也在同一天。如果纳税人在此期间没有提供任何的应税商品和服务或者进项税额超过了销项税额，当期没有应交的增值税，也必须提交增值税“零”申报。

如果正常申请日期为公众假期或周末，则增值税申报必须在该日期前的最后一个工作日提交。

未按期申报或纳税的将被处以相应罚款。

3）个人所得税。雇员个人所得税由雇主代扣代缴。个人所得税的纳税周期为一个月，必须在纳税期结束后的第15天提交申报，并支付个人所得税款。

（2）捐赠管理。发生捐赠业务时应注意在当地应尽量通过业余体育协会、公共性质的宗教或慈善机构、教育机构、工会和其他类似协会（已得到税务局书面认可的免税组织）进行捐赠，这样所捐款项可以在应纳税所得额的5%范围内税前抵扣，否则不能税前抵扣。

（二）项目节税亮点

W国该水电站项目非常重视税收策划工作，项目筹建初期就启动成立项目税收筹划小组进驻现场，收集了大量的涉税相关法律法规和市场调查信息，并编制出了第一版纳税筹划管理报告，为项目的纳税管理打下了良好基础，并在项目运行过程中取得可观的节税效益。

（1）该项目的合同招标书明确合同报价是包含当地所有税费，但在合同谈判过程中，利用合同影响和谈判技巧删除了该条款，争取到水电站工程资本性货物的增值税和关税的免税条件，并经过执行阶段的与税务局的不断交涉和澄清，实现了增值税的全部免税，进口货物除个人使用的生活物资外全部免税，节税效益显著。

（2）利用在当地的影响和政府支持及时获得了在W国境内居民公司收支的预扣税6%免税资格，直接免除预扣税资金预先交付金额，节税效益非常显著。

（3）利用当地税收征管水平和市场纳税习惯，对项目的个人所得税、印花税和非居民企业来源地收入的15%预扣税进行合理筹划，达到可观的节税效益。

五、案例五：南部非洲国际工程承包项目

本案例以南部非洲国家为例，介绍国内公司在承包工程项目时，可以选择的税收筹划方式及节税效果。

（一）运用纳税主体差别的筹划

由于南部非洲各国对子公司、分公司和项目公司的税收法律政策各有不同，这就要求国内X公司必须全面掌握工程所在国对子公司、分公司和项目公司的相关法律规定，结合自身的战略发展，设立适合公司发展的筹划纳税主体。

A国对外国公司在该国设立子公司、分公司和项目公司的相关规定基本

如下：（1）设立子公司即成为该国独立的法人主体，按照该国公司法承担相应的纳税义务和享有相应的公司权利，以注册资本为限承担有限责任；公司的经营亏损可用以后 10 年的经营积累进行弥补；公司的经营积累在正常缴纳所得税后，如向股东进行股利分配，需另行缴纳 10%的股利税等；（2）外国公司在该国设立的分公司，由于是非独立法人，不能取得税务注册；增值税的销项税由付款方代扣代缴，进项税由分公司以实际发生数进行申报，主管税务机关在通过查证票据后在 3 个月内退还；同时由于不具有纳税资格，要求工程款的付款方在付款时按照收入额的 15%预扣企业所得税，无论盈亏；（3）如果成立项目公司，可以仅就工程项目在主管税务部门进行临时登记，比照所在国公司进行管理，工程项目结束后申请注销。

A 国近年来在不断加大对涉及该国的国计民生的基础设施的投资，同时考虑保护本国的建筑企业的发展，许多中小型工程项目在招标阶段即对外国公司进行了限制。X 公司在着手准备对 A 国 H 大坝工程项目的投标期间，通过对该国相关税收法律的了解和研究，在对成立以上三种纳税主体综合比较后，同时考虑在该国的长远发展和承建更多的工程项目，最终选择了采用使用子公司这种纳税主体的模式。

以下是 2009—2013 年五年期间 X 公司在 A 国工程项目运用分公司、项目公司和子公司不同纳税主体应缴纳企业所得税的对比（见表 2—6 至表 2—8）：

表 2—6　　运用分公司为纳税主体　　单位：万美元

收入、税率及税	2009 年	2010 年	2011 年	2012 年	2013 年	合计
营业收入	10 000.00	15 000.00	18 000.00	20 000.00	17 000.00	80 000.00
企业所得税税率	15%	15%	15%	15%	15%	15%
应缴纳企业所得税	1 500.00	2 250.00	2 700.00	3 000.00	2 550.00	12 000.00

表 2—7　　运用项目公司为纳税主体　　单位：万美元

税额、税率及税	2009 年	2010 年	2011 年	2012 年	2013 年	合计
企业所得税税率	25%	25%	25%	22%	22%	
H 项目应纳税所得额	1 500.00	2 500.00	2 800.00	2 000.00	1 200.00	10 000.00
H 项目应缴企业所得税	375	625	700	440	264	2 404.00

续前表

税额、税率及税	2009 年	2010 年	2011 年	2012 年	2013 年	合计
I 项目应纳税所得额		−600	−500	−900		−2 000.00
I 项目应缴企业所得税		0	0	0		0
J 项目应纳税所得额				1 000	800	1 800.00
J 项目应缴企业所得税				220	176	396.00
缴纳企业所得税合计	375	625	700	660	440	2 800.00
综合企业所得税税率	28%（2 800.00/10 000.00）					

表 2—8　　运用子公司为纳税主体　　单位：万美元

税额、税率及税	2009 年	2010 年	2011 年	2012 年	2013 年	合计
应纳税所得额	1 500.00	1 900.00	2 300.00	2 100.00	2 000.00	9 800.00
企业所得税税率	25%	25%	25%	22%	22%	
应缴纳企业所得税	375	475	575	462	440	2 327.00
综合企业所得税税率	24%（2 327.00/9 800.00）					

通过对表 2—6 至表 2—8 运用分公司作为纳税主体、运用项目公司作为纳税主体和运用子公司作为纳税主体的对比中可以看到，运用子公司为纳税主体的税收方案为最优。和运用项目公司作为纳税主体相比较，运用子公司为纳税主体，一旦出现项目投资失败后各个工程项目之间的盈亏可以相互抵消，以各个项目合并后的应纳税所得额作为基数进行企业所得税的计算缴纳，2009—2013 年期间综合所得税税率由 28%降至 24%，节约税款 473 万美元；如果运用分公司为纳税主体，X 公司在该国 2009—2013 年期间所承建的项目将会亏损 1 800 万美元。

（二）运用税率差别的筹划

税率是国际工程税收筹划所要考虑的重要因素之一。在 X 公司所涉及的南部非洲工程中，各国现行企业所得税税率 A 国为 22%（2012 年之前为 25%），B 国为 35%，C 国为 35%，D 国为 32%，E 国为 25.75%，F 国则高达 40%，全部执行比例税率。关税税率也各有差异，但需要注意的是，由于工程所在国基本上都处于南部非洲发展共同体中，在共同体内设备之间的转移是免关税的。同时由于这些国家在早期基本上都是欧洲列强的殖民地，目前它们之间经济也紧密联系，产生的一些税收方面的互免协定也是值得注意和规避的，A 国和英联邦国家内的技术服务方面的税收协定规定，预扣税率为 0%～7%，比正常的税率 15%要低许多。根据资本逐利的规律，资金总是从税负高的地区流向税负低的地区，正是由于各国不同税种的税率差异，为 X 公司的国际工程税收筹划创造了条件。

企业所得税方面，通用的做法是通过跨国转移定价法，即在工程项目收入一定的情况下，增大所得税税率高的国家的工程项目的成本，通过降低这些项目的利润从而减少所得税税额的缴纳。

X 公司通过对比南部非洲工程项目所在国的企业所得税税率，在综合考虑各个工程项目的实际盈利水平的基础上，制定整套税收筹划方案，同时在工程的实施期内根据实际情况实时进行调整。

通过在中国境内采购物资、设备和永久机电设备等增加工程成本：工程实施过程中，X 公司通过转移定价法提高永久设备的价格，将利润转移到总部。表 2—9 是 K 工程项目在实施转移定价法前后需缴纳的所得税的对比：

表 2—9　　K 工程在实施转移定价法前后所得税对比　　单位：万美元

	永久机电设备价格	B 国所得税税率	中国所得税税率	所得税降低额
转移定价前	20 000	35%	25%	1 000
转移定价后	30 000			

计算过程：(30 000－20 000)×(35%－25%)＝1 000

说明：因合同规定永久机电设备的进口清关手续及费用由工程业主方负责负担，表中未考虑关税因素。

通过表 2—9 可以看出，K 工程采用转移定价法，所得税税率降低 10%，所得税额降低 1 000 万美元。

关税方面：(1) 对比不同进口货物的关税税率，合理改变报关进口方式，如通过对 B 国的关税政策研究发现，该国海关对从境外进口的工程设备的关税税率普遍高于施工配件，X 公司便将一些设备进行拆零分批出口，在 B 国海关通过进口工程机械配件的方式进行报关，这样就大大降低了关税税额；(2) 根据所在国工程项目的盈利水平，结合公司在所在国的发展规划，合理利用关税保函来替代关税的缴纳。

关税的税收筹划最终还是要服务于企业所得税的整体筹划，在筹划过程中，要对关税税率和企业所得税税率进行对比，如果关税税率高于所在国的企业所得税税率，关税的税收筹划就会失去意义。

（三）运用税基差别的筹划

运用不同国家的税基差别是X公司进行税收筹划时不可忽视的因素，在税率既定的条件下，税基的大小决定着税负的高低。企业所得税的筹划是贯穿X公司国际工程税收筹划的主线。企业所得税的税基是应纳税所得额，但是南部非洲各国对其各种扣除项目的规定存在较大差异，这样就能够在税基上找到不同国家存在的差异，以利于筹划不同国家之间工程项目的税务。

B国国家税法规定的企业所得税税率为35%，但在成本列支中对福利费的开支并无明确规定。K工程项目地处偏远山区，X公司的工程项目部必须为雇员提供住宿、伙食和交通。X公司在工程开工前就福利费开支问题发函至税务部门，回复“有充分证据所发生的成本和工程项目有直接关系的，税务部门予以认可”。福利费列支无上限规定为税收筹划提供了空间，使得工程项目的实际税率明显降低。

F国由于受西方殖民时间较长，经济十分落后，国家财政收入90%以上来源于各项税收，企业所得税税率高达34%。2010年X公司进入该国市场后，通过当地的会计师事务所了解和查阅相关资料，从该国的社会保险相关规定中找到了突破口。F国对公司雇员的社会保险相关条款规定如下：“在该国公司任职的外籍高级雇员，可以选择在F国缴纳社会保险，社会保险允许在税前列支，缴纳社会保险的雇员在F国工作满三年以上，在离职返回居住国前，凭相关材料到社保管理机构领取已缴纳的社会保险……”公司据此调整税收筹划方案：成立F子公司，通过母公司提供担保的方式将工程合同转让给子公司执行，重新调整参与工程项目的中方人员结构，使其满足高级雇员的认定标准；非F国籍员工全员参加当地的社会保险缴纳；制定相关的薪酬管理制度，提高社会保险的缴纳金额，同时适当降低雇员的薪酬水平，明确离职后领取的社会保险归个人所有；通过劳动合同的方式来约束在该国的工作期限等。

（四）运用税收优惠措施差别的筹划

出于各种经济或政治目的，南部非洲各国在税收上都有一些特定优惠政策，如直接给予税前扣除，或者允许扣除基于公平交易下的利息、管理费等税收减免优惠。由于纳税扣除和减免的存在，使实际税率大大低于名义税率，这也为纳税人创造了减轻和消除税负的良机。

目前，我国对对外承包工程企业实施出口退税政策，允许出口的货物包括设备、原材料、零部件、散件等实施的出口退税政策即为税收优惠措施的一种。

A 国所得税法中对支付境外公司的咨询费有明确规定："对于境外公司向境内公司提供的咨询技术服务，境内公司在付款时必须履行按照付款金额15%的预扣所得税的义务，但以下国家执行规定的税率……"（见表 2—10）。

表 2—10　　预扣所得税税率表

国家	税率	国家	税率	国家	税率
A	3%	E	5%	I	5%
B	5%	F	5%	J	6%
C	7%	G	7%	K	7%
D	7%	H	7%	L	0%

由表 2—10 可知，在含税报价中，由于 L 国公司享受该国的税收优惠政策，其咨询费用的报价占竞争优势，双方最终选择了 L 国公司。

（五）运用避免国际双重征税方法差别的筹划

两个或两个以上的国家，对跨国纳税人的同一项跨国所得同时进行征税，就是国际双重征税。按照国际税收规范，国与国之间税收管辖权发生冲突时，在税收权益的分配上，地域管辖权优先。为了解决双重征税现象，各国通常采取如下三种方法：

（1）抵免法时，

应纳税额＝(国内所得＋国外所得)×本国税率－国外已纳税额

（2）扣除法时，

应纳税额＝(国内所得＋国外所得－国外已纳税收)×本国税率

（3）豁免法时，

应纳税额＝(国内所得＋国外所得－已纳外国税收的所得)×本国税率

我国现行的税法对所得实行避免双重征税，依照国际惯例做出了相应规定。主要内容包括：一是对于纳税人来源于中国境外的所得，如果纳税人已经在中国境外缴纳了所得税款，允许其在应纳税额中扣除，但扣除金额不得超过该纳税人在境外的所得按中国税法规定计算出的应纳税额；二是对于纳税人来源于境外的所得，如果在境外实际缴纳的所得税款低于按中国税法规定计算的扣除限额的，允许从应纳税额中据实进行扣除，但超过扣除限额的部分不得在本年度应纳税额中扣除，但可以在以后年度税额扣除的余额中进行补扣，补扣的最长期限不得超过5年；三是对纳税人在境外已缴税款的抵扣，采用“分国不分项”的办法抵扣境外已经缴纳的税款，其抵扣额为：“境内境外所得按中国税法计算的应纳税额×(来源于某国或地区的所得/境内境外所得总额)”。

2010年7月，中国政府与B国政府签订《对所得避免双重征税和防止偷漏税的协定》(以下简称“税收协定”)，双方约定该协议于2011年6月30日生效，自2012年1月1日起开始执行。税收协定第五条“常设机构”第三款中对建筑工地的认定如下：“建筑工地，建筑、装配或安装工程，或者与其有关的监督管理活动，但仅以该工地、工程或连续活动超过9个月的为限。”X公司2012年签署的B国L工程合同正是在研究税收协定的基础上，在合同中设置开工日期限制条款，最终将工期定为9个月，避免了常设机构的认定，最终将该项目的企业所得税划归在中国境内缴纳，成功地避免了执行B国高达35%的企业所得税税率。

（六）运用会计方法多样性的筹划

会计准则和会计制度等一系列会计法规，一方面起到了规范公司会计行为的作用，另一方面也为公司提供了可供选择的不同的会计处理方法，为公司在这些框架和各项规则中自由选择创造了机会。财务人员要熟悉项目所在国及国际通用的各种会计制度和税务规定，并巧妙地使用各种会计处理方法，以减轻税负或延缓纳税。

C国M工程为典型的EPC工程项目，永久机电设备的采购和制造几乎贯穿施工总工期，为缓解承包商对永久机电设备采购的垫资压力，合同约定工程款的支付有别于按照完成工程量计量支付，具体如下：

合同签订完毕，在提供履约保函7日内，发包方支付总工程价款的15%；在合同建设期内40个月中按月逐笔支付合同总价2%的工程款，剩余5%留作质量保证金，工程竣工验收1年后予以返还，同时对工程拖期的罚款做出了详细规定。

南部非洲各国目前对建筑业营业收入的确认普遍采用以业主批复的工程结算账单和施工方提供的发票为依据。依据该种方式确认收入和利润，势必造成X公司在该工程项目实施过程中出现前盈后亏的局面。C国的所得税法相关条款对公司出现亏损弥补规定：“矿产业可以无限期弥补，其他企业亏损可以在连续6年内弥补。”而一旦出现前盈后亏的情况，则无法用前期的盈利去弥补后期的亏损，这就意味着无形中将加大该项目的所得税税负。

《国际会计准则第 11 号——建筑合同》第 25 条规定如下：

根据合同的完工进度确认收入和费用，通常称为完工百分比法。

采用完工百分比法，需要将合同收入与达到这一完工进度所发生的合同成本相配比，从而导致按完工比率报告收入、费用和利润。该种方法为本期施工活动的范围和成果提供了有用的信息。X 公司在 2013 年通过向 C 国税务局多次沟通，要求该工程项目收入的确认按照《国际会计准则第 11 号——建筑合同》的完工百分比法进行收入的确认，最终以书面函件的方式得到了该国税务机关的确认。

以下是 X 公司 C 国 M 工程利用两种会计核算方法对最终缴纳的企业所得税的预测对比表（见表 2—11）：

表 2—11　　利用两种会计核算方法对最终缴纳的企业所得税的预测对比表

单位：万美元

年度	按工程量账单法确认的应纳税所得额	按工程量账单法需缴纳的企业所得税	按完工百分比法确认的应纳税所得额	按完工百分比法需缴纳的企业所得税
2013	13 180.00	3 393.85	900.00	231.75
2014	540.00	139.05	2 600.00	669.50
2015	－3 500.00	0.00	3 000.00	772.50
2016	－5 400.00	0.00	3 200.00	824.00
2017	180.00	0.00	300.00	77.25
2018	5 000.00	0.00	0.00	0.00
合计	10 000.00	3 532.90	10 000.00	2 575.00

通过表 2—11 的数据可以看出，使用完工百分比法这种会计处理方法，可降低企业所得税款 957.90 美元。

该方法不仅适用于按节点支付工程款的项目，在当今国际工程中为减少承包商资金压力和规避汇率风险而采用的“前高后低”不平衡报价法的国际工程承包项目尤为适用。

（七）运用合同拆分分割税基的筹划

一个大型工程项目往往包括多个分部分项工程，由于采用的承包方式不同，对应的税法条款也不同。以 EPC 工程项目为例，若是把工程分割为采购、设计、工程施工、咨询服务等不同部分分别实施，在税务处理上将会是另外一个结果。由于实施地点的不同可能会造成纳税主体不同，它们所对应的税法条款、税率也不尽相同，这在实质上就是对税基进行了分割。

N 工程项目是 D 国为举办某赛事专门修建的工程。前任承包商因各种原因迟迟没有动工，X 公司在 D 国采用 EPC 总价承包的方式接手该项目，此时距离赛事不足 20 个月。

根据工程工期紧，D 国受多年内战战乱影响导致物资匮乏等实际情况，X 公司计划将工程中的 E（设计）和 P（采购）部分后移至中国，交由总部执行，在和建设方多轮谈判沟通后，在工程总价款不变的情况下成功将该工程分立为采购、施工和设计三个合同分别签署。

工程合同签署完毕后，X 公司将施工合同授予前方的子公司执行；X 公司总部执行采购合同和设计合同。

以下是 X 公司 N 工程合同分离前后应缴纳的企业所得税的对比（见表 2—12 和表 2—13）：

表 2—12　　合同分立前应缴纳的企业所得税　　单位：万美元

	E（设计）部分	P（采购）部分	C（施工）部分	合计
最终应纳税所得额	500	8 500	1 000	10 000
企业所得税税率	35%	35%	35%	35%
应缴纳所得税	175	2 975	350	3 500

表 2—13　　合同分立后应缴纳的企业所得税　　单位：万美元

	E（设计）部分	P（采购）部分	C（施工）部分	合计
最终应纳税所得额	500	8 500	1 000	10 000
企业所得税税率	25%	25%	35%	
应缴纳所得税	125	2 125	350	2 600

通过表 2—12 和表 2—13 的对比可知，通过该种方式，X 公司成功地分割了工程税基，在中国执行的设计和采购合同执行中国的税收法律制度，在 D 国的施工合同执行 D 国的相关税收法律制度。由于采用不同的纳税主体，共为 X 公司降低所得税 900 万美元。

（八）聘用当地会计师事务所或税务咨询机构参与公司税收筹划

由于工程项目所在国的税法决定了纳税主体、征税客体及纳税方式，在承包商刚进入工程项目所在国，对当地相关税收法规不了解的情形下，有必要通过当地会计师事务所咨询所在国对工程相关的税收法律制度，聘请当地会计师事务所代理公司（项目）的外账记账；通过当地会计师审核或编制的财务报表，由于其专业性、权威性和影响力，普遍能获得当地税务部门的认可和审查通过。

同时委托税务咨询公司参与公司的税收筹划工作，利用它们在当地的人脉关系，聘请其代理公司（项目）的纳税申报、办理各项减免税和完税证明等工作，同时就工程项目在中国境内的相关涉税事宜向公司总部准备支持性材料等。

通过会计师事务所和税务咨询公司的帮助，是逐步提高公司管理水平的有效途径之一。但对于税务咨询机构和会计师事务所代公司（项目）财务进行的财务代理、纳税申报、办理各项免税、完税证明等相关工作时，公司（项目）要加强监管工作，控制风险。

C 国 M 工程项目是 X 公司在 C 国的第一个工程项目，工程于 2013 年 10 月开工，C 国的财政年度为每年的 1 月 1 日至 12 月 31 日，税务申报截止次年的 4 月 30 日。合同中约定的工程款支付条款如下：合同签订完毕，在提供履约保函 7 日内，发包方支付总工程价款的 15%；在合同建设期内 40 个月中按月逐笔支付合同总价 2%的工程款，剩余 5%留作质量保证金，工程竣工验收 1 年后予以返还，每笔付款前需要承包方向业主提供发票。承包方已经于 2013 年 9 月收到业主的首笔付款，在面对独特的付款方式和 2013 年的税务年度即将结束，而工程在 2013 年实际发生的成本屈指可数的情况下，税收筹划问题已经成为开工后当务之急的事情。为此 X 公司高度重视，就问题重点和普华永道、安永、德勤和毕马威等四大国际知名会计师事务所咨询，最终采纳了安永会计师事务所采用《国际会计准则 11 号——建筑合同》中有关完工百分比法确认收入和利润的会计处理办法。

通过该会计处理方法确认的收入和利润，能否获得 C 国国家税务局的认可是本次税收筹划目标能否实现的关键。X 公司联合安永会计师事务所中的负责税务处理的经理，通过多次向主管税务部门讲解工程项目的执行特点、执行该会计准则的原因等，最终以函件的方式获得 C 国国家税务局的书面确认。

2014 年，项目顺利取得 2013 年的完税证明，为项目带来可观的节税收益。

第七节　国际工程承包税收筹划案例启示

一、实例应用

（一）案例一

1. 基本情况

2009 年，某公司参加 A 国某电站项目土建安装及调试施工招标。招标文件规定投标报价必须为含税价格，由于结算在A国当地具体实施，因此招标文件还规定在A国当地的结算必须满足当地税制的相关要求。

进场后，该公司发现按照当地税制，含税价格中应当包括增值税款。导致实际合同价格较最初预计减少10%，项目发生亏损。

2. 启示

在项目开发阶段，详细了解项目所在地税制，才能够准确估算税务成本，准确报价。

（二）案例二

1. 基本情况

2010年，某公司开始执行B国某电站项目。合同约定，在B国境内发生的一切费用由项目业主承担，合同报价中未考虑相关项目所在地税费成本。项目生效后，该公司根据合同安排政策进行工程款项结算，所结算款项均为税后净额。

当年末，该公司在国内进行汇算清缴时，由于无法取得国内税法所要求的完税凭证，该公司在境外实际承担的税务成本无法在国内办理所得税抵扣，导致项目收入在国内需重新计算并缴纳所得税，给项目增加大量税务成本。

2. 启示

我国税法消除重复征税的方法是抵免法，必须及时取得完税证明方可避免重复纳税。

即使是境外免税项目，也应当及时获取相关证明，以获取合法的税收利益。

（三）案例三

1. 基本情况

2009年，某公司开始执行C国某电站项目。按照当地税法规定，外国常设机构在汇算清缴时，在税后利润的基础之上，计缴分支机构利润税。

根据当地税法规定，分支机构利润税的基本税率为20%。但是按照两国双边税收协定，实际适用税率为10%。项目执行开始后，该公司在后续的汇算清缴中均按10%的税率计算并缴纳了分支机构利润税。

2013年，税务检查发现，该公司并未提供中国纳税人身份证明，因此要求该公司补交分支机构利润税及滞纳金。

2. 启示

中国纳税人身份证明是享受协定利益的前提，必须及时按规定办理。

（四）案例四

1. 基本情况

2009年，D国税法中针对建筑服务类业务收入的所得税政策进行重大调整，由原来的“平时预提，年末汇算”改为依据项目结算金额按照核定税率直接扣缴，年末不再进行汇算清缴。

核定税率具体分为：

建筑服务类收入依据资质类型，适用税率为2%，3%或4%。

建筑设计管理类收入依据资质类型，适用税率为4%，5%或6%。

其中，税法所认可资质是指D国建筑服务发展委员会（非政府机构）根据承包商的经营业绩和管理水平，经过审核评估后颁发的施工资质。

政策出台后，外资建筑企业均着手办理相关资质申请。但是，依据该委员会的内部政策规定，暂不接受外国机构办理相关资质的申请，导致各公司均无法获得上述资质。

针对此种情况，D国政府机关认为，只要外国公司在D国取得了合法的营业执照，均可适用较低税率，其中，建筑服务收入为3%，设计管理类收入适用4%。

但是，D国税务总局认为，基于各外国公司均未取得合规资质的法律事实，应当适用较高税率。其中，建筑服务收入为4%，设计管理类收入适用5%。

2. 启示

发展中国家的税务政策存在较大的模糊性和易变性，承包商应注意相关政策变化的可能性。

在项目报价中应对税负成本进行合理预计，不应过分乐观。在对外合同中，要预留索赔空间，转嫁成本。

（五）案例五

1. 基本情况

2007年3月，某公司开始在E国执行电站项目建设工作。同月，根据合同要求该公司向税务局申请办理增值税税务登记，当月税务机关系统显示该公司已办理完成增值税税务登记。4月，该公司按照合同约定办理项目预付款结算，同时对外开出增值税发票。

2009年，在税务稽查过程中，税务人员通过文件比对发现，该公司实际取得税务登记证的时间为2007年5月，因此认定该公司2007年4月开出的增值税发票属于非法出票，按照应税收入的2%处以罚款。

2. 启示

在境外税务管理过程中，必须高度重视税务文件的收集整理工作，及时取得书面证据，规避税务风险。

（六）案例六

某公司在F国为开拓国际市场，前期承建的项目尽管短期看起来亏损了一些，但该公司在该国市场站稳脚跟后，继续承揽同类型的项目，把前期项目的设备转移至下个项目继续使用，有效节省了资金投入，扭亏为盈，最终取得了战略性的胜利。

（七）案例七

1. 基本情况

某公司将G国项目的设备转移至其集团内部的项目，集团内部之间进行设备的买卖。此种设备转移属于关联企业之间的内部交易。从财务角度，如何确定设备转移价格、使用年限，将直接影响到设备折旧、工程施工成本的确定，影响利润和所得税。随着国际业务的不断拓展，内部交易将会越来越大，因而可通过不同国家的税收差异，借助转移价格实现利润的转移，以减轻公司的总体税负，从而保证整个公司获得最大利润。

2. 启示

在境外工程项目实施过程中，在一个国家之内，可以充分利用公司内或集团内设备内部转移，合理确定内部交易价格，实现公司或集体利益最大化。

二、项目税务筹划和管理案例

（一）项目背景

项目为某国交钥匙工程（EPC项目），包括相关的设计、供货、施工、安装、测试、试运营和技术服务各环节，合同总额为1亿美元。

（二）税务筹划与管理

1. 对项目所在国的税法进行详细了解

在项目前期，对项目所在国与EPC项目有关的各种税法进行了充分的了解，并整理出税务调查报告。经过了解，该国税法规定大致如下：

（1）增值税（IVA）。增值税税率为13%。是对所有商品和服务收入中的增值部分所征收的一种流转税。增值税是一种间接税，每月月底支付，依据税号日期，在 15 天期限之内履行纳税义务。

（2）交易税（IT）。交易税税率为 3%。交易税是以商品和服务销售收入作为计征依据的税收，交易税是直接税，没有扣除额。它的支付期限和增值税一样。

（3）特殊消费税（ICE）。即奢侈品税，其税率依据商品的类型而具体确定。

（4）公司利润税。即所得税（IUE）税率为 25%。其征税对象是法人或自然人，包括国有企业、私人企业和个体经营者，以其经营所得的净利润为计征依据。这个税是可扣除的，如“员工在某种规定范围内的消费”，此外，所交付的交易税款也可计入公司利润税的付款，IUE（25%）－扣除－IT（3%）。

（5）个人所得税（RC－IVA）。税率约为 13%，其纳税人为国有企业和私营公司工作的员工，以其工资和奖金收入为计税依据进行纳税。但纳税人可以向税务部门提供消费票据申请减免部分个人所得税。

（6）金融买卖税（ITF）。是指公司和自然人从银行存取美元现金所收取的，税率为 0.6%和 0.15%，与此同时，对于存取当地币免税。

（7）税收优惠，当地政府为鼓励外国投资并促进工厂实现现代化，提高其机械设备水平和增加出口采取了一系列税收优惠措施：包括税收优惠政策；出口退税政策；临时免税政策（RITEX）；特定的免税区域；进出口优惠协定（国家之间）等。

2. 与项目组就税务问题进行充分的沟通

提前与项目组就税务问题沟通非常重要。项目组与财务一样都有税务筹划的动力，但是，双方必须步调一致，协同行动，充分交换彼此掌握的信息，充分了解彼此在后续工作中的需求，才能保证在项目各个目标都不受影响的情况下实现税务筹划目标。税务筹划很重要的一点，就是合同中商务条款的订立。充分考虑税务筹划的商务条款，会为整个项目的税务筹划打下非常好的基础。

在该项目的初期，财务人员与项目组进行了充分的沟通，介绍了公司在各个国家进行税务筹划的经验，项目组也对项目的背景和开发情况进行了详细的介绍。

3. 与项目组共同确定合同商务条款

合同商务条款拟订时，财务与项目组从税务筹划角度，共同对商务条款进行讨论和把关，使商务条款在不影响其他目标实现的情况下，充分考虑税务筹划的目标，实现税务筹划的目的。

拟订商务条款时，应充分考虑项目所在国的法律法规及我国和项目所在国的双边避税协定（如果有）等，还要考虑业主的要求。在业主预算不够的时候，可以和业主一起商量如何订立商务合同条款能减轻项目税负，也是减轻业主的负担。

比如该项目，该国法律要求总承包商必须在当地设立机构进行项目的执行，并要求当地注册机构和业主签订合同。在此情况下，该项目在确定商务条款的时候，就较好地体现了税务筹划的需要。

首先，对合同的报价结构进行了调整，加大了设备部分的报价。最终的报价情况如下：(1) 土建、运行、安装及监理、设计，2 000 万美元；(2) 设备进口，8 000 万美元。

另外还在合同中规定，设备部分由业主向中国母公司直接进口。

根据之前了解的该国的税收优惠政策，该国对业主直接进口的机械设备全部免税，根据这一规定，上述 8 000 万美元的设备进口不用在该国缴纳任何与进口相关的税费。这一规定也为后续的所得税筹划创造了条件。

4. 根据项目实施计划进行具体的税务测算与方案调整

税务筹划问题必须早发现，早解决。因此，早期的测算与调整非常重要。当项目商务合同和实施方案确定后，要及时对项目预计的纳税情况进行测算，并根据测算结果调整项目组的实施方案。

(1) 根据最终的商务合同与项目的进度计划以及分包合同，与项目组共同进行项目的具体的税务测算。具体包括，项目存续期内，每年需要在当地确认的量单收入。每年能取得的有效发票和所得税前有效成本列支。根据开立和收取发票的情况预计每年需要交纳的流转税如增值税等各种税费。通过预测确定项目在当地缴纳的税费是否在预算范围内。

(2) 根据测算结果，与项目组共同对项目执行中的细节进行优化调整，如提交业主量单的时间，分包商提交量单发票的时间等，并调整测算结果，直到得出最满意的测算结果。

(3) 和项目组共同落实上述优化调整。具体到本项目，在做完初步的税务测算后发现，项目在当地能拿到的分包合同的发票较少，有 1 000 多万美元的缺口，导致需要缴纳很高的企业所得税。就此问题，财务与项目组多次商讨，寻找解决方案，并从项目执行开始就向分包商施压，使得分包商时时注意应提交我方的分包发票的数量和质量。

同时，通过最初的测算，我方还发现：(1) 由于增值税进项和销项不匹配，可能导致增值税纳税过多。(2) 项目持续期间有亏有盈，所得税缴纳不均衡。(3) 在交易税抵扣所得税的时候，并不能完全将所得税抵扣，这样就实质上增加了我方的整体税负。

经过与项目组一起对每年在当地应确认的收入和成本计划的微调，上述问题逐一得到解决。

5. 严格落实税务筹划方案，加强过程管理

税务筹划方案确定以后，一定要从财务和业务角度共同把关，严格落实。

本项目的执行过程中，就出现了分包商不能及时提供承诺的发票，以及分包商提供了不符合税法规定的发票等问题。针对上述问题，项目组财务首先严格把关，对不符合规定的发票坚决退回。另外对提供发票不及时的问题反复与项目组和分包商沟通，对分包合同对应发票的数量和质量、提交时间等都提出了明确要求，并约定了惩罚措施。尽一切办法保证税务筹划方案的落实，保证税务筹划目标的实现。

6. 充分运用当地税法注重日常节税与避税

除了整体的税务筹划方案与落实，日常工作中应充分利用当地税法的具体规定，加强节税与避税。

比如本项目，在实际执行中，对于一些小额不能取得发票的费用，如果计入不可抵扣费用进行纳税调整，将缴纳25%的所得税。但是根据当地税法如果缴纳8%（购买类：5%所得税+3%交易税）和15.5%（服务类：3%交易税+12.5%所得税）的滞留税金后就可所得税前进行列支。考虑我方分包发票不足的实际情况，我方日常工作中对这类费用都进行了补交滞留税的处理，从整体上节省了税负。我方还根据国内新的所得税抵扣政策对这一方法进行优化。

另外，该国规定向国外支付收益和分红及服务性质的款项时，需要缴纳12.5%的滞留税，根据这一规定，对项目从国外接受服务在当地列支成本的方法进行了咨询与研究，并制定了相应的方法，以确保当地缴纳税费控制在能承受的范围内。

7. 加强日常纳税管理

(1) 严格按照规定时间申报缴纳日常税费。同其他国家一样，该项目所在国对各种税费的申报时间也有严格规定，项目财务在日常工作中不断督促项目组严格按照规定时间提供发票，并组织财务按照时间规定进行纳税申报。

（2）严格按照规定方法计算缴纳税费。在日常纳税过程中，项目财务严格按照税法规定的方法对各种税费进行计算。为保证纳税正确，在项目初期，聘请第三方税务师事务所，对拟申报缴纳的大额税费进行审核，以避免错误。

（3）注重税务检查，注重汇算清缴。为防止纳税错误，项目日常纳税工作除当地员工检查外，中方财务要对每一笔纳税进行复核，必要时请第三方中介机构进行把关。对于每年的汇算清缴工作，由第三方机构和公司财务共同进行，保证税务缴纳准确合理。

Chapter Three

第3章

海外投资业务的税收筹划

第一节　海外投资业务简介

一、概念

海外投资是指在我国依法设立的企业通过新设、并购等方式在境外设立非金融企业或取得既有非金融企业的所有权、控制权、经营管理权等权益的行为。

二、海外投资的意义

1. 政治意义

通过参与海外投资和运营，增强自身对国际事务的参与性，逐步提升国际影响力。在外交及地缘政治方面，我国企业投资的所在国大部分为发展中国家，经济相对落后，我国企业可以充分发挥自身技术先进、价格适中和资金充足的优势，进一步提升中国对广大发展中国家的影响力，在国际政治舞台上获得更多的支持。

2. 经济意义

从宏观经济方面讲，自金融危机以来，国际经济格局发生了深刻的变化。欧洲国家主权债务危机持续发酵、高失业率以及过低的储蓄等会长期困扰发达国家。紧缩财政背景下，新兴国家经济体大量招商引资。在这样的经济环境下，中国毫无疑问应该抓住这一良好的历史机遇，在发达国家发展趋缓的时候快速发展自己，缩小与发达国家的差距。

3. 企业发展的意义

目前走出国门参与境外基础设施项目的中国企业主要是大型国企，这些企业在国内获得高速发展与其享受政府较多支持分不开，因此没有足够的外力激励这些企业改革自身存在的弊端。一旦走出国门，这些企业不得不努力在各个方面与国际先进管理机制接轨。尤其是海外投资，作为业主，对管理水平的要求比国际工程总承包商更高，一旦学会了境外生存的技能，中国企业就会获得一次新生，中国拥有这样一批企业，就会带动国内企业发生机制转变，提高国内企业的国际化层次，获取新的发展动力。

4. 对人民币国际化的意义

经济学理论告诉我们，一个国家的货币成为国际货币，需要具备几个必要条件，其中一个就是使用这一货币在国际范围交易的规模必须足够大。但是，目前全球经济活动中人民币计价结算的比例还远不如美元、欧元等国际货币。由于海外投资涉及的资金量通常是巨大的，总投资几亿美元的项目只能算中等规模，如果中国在海外投资中对接收以人民币作为投资货币的所在国给予某些优惠支持，就可以利用对外直接投资（FDI）促进人民币国际化，显著提升人民币在国际货币中的地位。

总之，在当前的国际政治经济环境下，中国面临前所未有的历史机遇期，中国企业进行海外投资的战略意义重大而深远，其将为中国的国际政治、外交、经济发展提供有力支撑；将为中国经济提供巨大的市场空间；将为中国产业转型和升级提供良好渠道；将为中国企业改善自身机制、培养国际竞争能力创造良好的时间机会；将为中国缓解目前发展遇到的诸多问题提供很好的突破口，最终为中国的和平崛起注入强劲动力。

三、我国企业海外投资的现状

改革开放以来，中国企业海外投资大致经历了以下几个阶段。

1. 尝试起步阶段

最初是中央和地方的贸易公司在国外设立贸易公司，在海外设立代表处和中小型生产企业，投资大多集中在餐饮、建筑工程、咨询服务等行业，主要起着对外窗口的作用。

2. 20 世纪 80 年代中后期的慢步发展阶段

这一阶段一些国内大中型企业、中央和地方的国际信托投资公司及综合经营类企业，甚至民营企业也加入了海外投资的行列。海外投资的地域分布扩大，由45个国家和地区扩大到100多个国家和地区，海外投资的行业也由服务业向资源开发、加工装配、交通运输、医疗卫生等行业延伸。

3. 加入WTO以后

由于政策的进一步放开，中国企业海外投资进入快速发展阶段，投资的产业领域也从初期集中在贸易方面，发展到资源开发、工业生产加工、交通运输、工程承包、旅游餐饮、研究开发、咨询服务、农业及农业产品综合开发等诸多领域，海外投资数量和规模快速增长。

到2012年，中国已经成为全球对外直接投资规模最大的发展中国家。据中国对外承包工程商会2013年3月21日发布的一项报告显示，尽管受到全球经济放缓的影响，中国对外承包工程在2012年新签合同额达到1 565亿美元，同比增长10%。全年对外承包工程业务完成营业额1 166亿美元，比上年增长11.3%。由《国家统计年鉴》数据可知近六年企业对外承包工程合同金额以及完成营业额情况如图3—1所示。

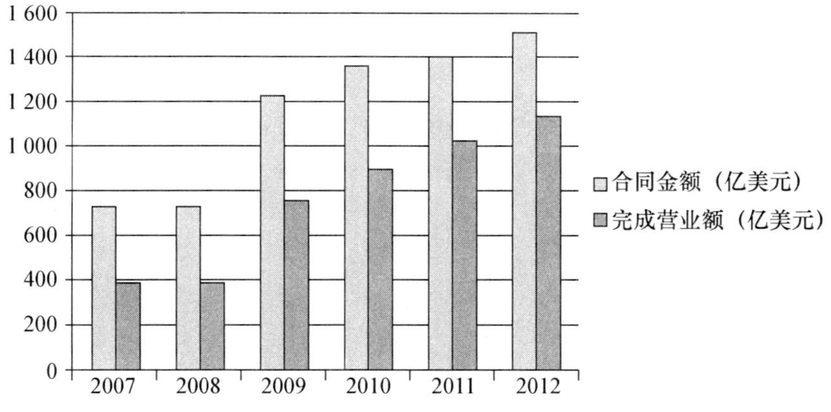

图3—1　2007—2012年企业海外承包工程业务情况

由图3—1可以看到随着改革开放的进一步加深，我国企业海外投资呈现出快速发展的趋势。

另一方面，如图3—2所示，根据《国家统计年鉴》显示的2011年数据，企业海外投资承包工程2011年按地区显示完成营业额如下：亚洲510.217 2亿美元，非洲361.218 7亿美元，拉丁美洲79.166 9亿美元，欧洲46.004 2亿美元，大洋洲及太平洋岛屿23.226 5亿美元，北美洲14.223 2亿美元，其他1 881万美元。

由此可见中国海外投资主要集中在亚洲、非洲和拉丁美洲，随着全球经济不景气及通货膨胀的压力，这些国家的政治动荡风险明显加大，而且大部

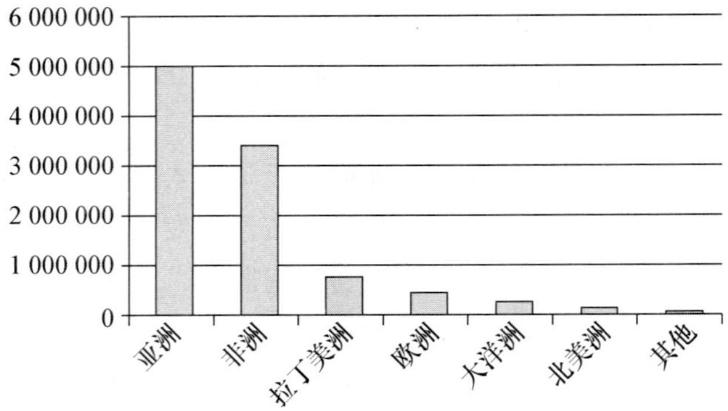

图 3—2　2011 年企业海外投资承包工程按地区完成营业额（单位：万美元）

分中国企业对海外投资所在国法律制度缺乏足够认识，导致法律风险加剧。这些都是我国企业在海外投资中所应重视的问题。

近几年来，海外投资日益成为承包企业转型的热点。我国企业“走出去”之初，主要依靠承揽国际工程承包业务，发展到一定阶段之后，国际工程承包业务的竞争日趋激烈，国外业主越来越欢迎中国企业参与投资，而不是简单地带资承包。

毋庸置疑，当前是我国企业从事海外投资的良机，尤其是从事资源类投资，再由投资带动工程承包，既规避了激烈的国际竞争，又可以在未来产生稳定的收益。但是如前面所述，我国企业必须有 30%的自有资本金才能从事海外投资，而现实中，企业的现金流不一定能完全满足需要，这就需要充分利用海外资本市场的融资便利，以及国际顶尖服务团队的经验等。

如今中国的企业触角已经伸至世界五大洲；承包工程、劳务合作、机电和光伏、农业开发……业务范围进一步拓宽。在“一带一路”战略的引领下，全国迎来了新一轮海外投资热潮，也迅速走向了世界经济的大舞台，在国际竞争中强筋健骨，发展壮大。

2014 年，我国境内投资者共对全球 156 个国家和地区的 6 128 家境外企业进行了直接投资，实现投资 1 029 亿美元。其中股本投资和其他投资 860.9 亿美元，占 83.7%；利润再投资 168 亿美元，占 16.3%。截至 2014 年底，我国累计非金融类对外直接投资 6 463 亿美元。

四、海外投资的形式

随着这些年的不断发展，海外投资呈现出多种多样的形式，其操作过程也日趋完善。

国际工程承包企业境外投资业务的分类可以从不同的角度进行。从是否新建企业的角度，可分为“绿地”投资（即直接投资建设新的项目设施）与并购投资（即通过兼并收购获得股权的方式，取得目标项目公司的所有权和经营管理权为目的投资）；从行业类型的角度，可分为基础设施建设、资源开发和房地产投资等；从投资所在国给予特定的经营权，可分为特许经营型投资和非特许经营型投资。

（一）特许经营型投资

特许经营型投资项目是指由项目所在地中央或地方政府（所在国政府）将基础设施等项目的投资和经营权，通过法定的程序，有偿或无偿地交给选定的投资人投资经营。典型的特许经营方式有 BOT、PPP 和 PFI 等。因为国际工程承包企业参与的特许经营项目大部分为公共设施项目，所以在运营阶段结束后，一般都会移交给当地政府或公共机构，国际工程承包企业不承担永久运营。但由于项目投资运营期一般长达 20～30 年，项目期限上与一般的工程承包项目截然不同，更接近长期投资的性质。

1. 建造—经营—移交

建造—经营—移交（build-operate-transfer，BOT）项目是特许经营项目的一种主要组织形式，指项目所在国政府通过特许权协议授权外商或私营商作为项目主办人（或联合其他公司/股东）为该项目成立专门的项目公司，负责该项目的融资、投资、设计、建造、运营和维护，在规定的特许期内向该项目产品或服务的使用者收取规定的费用（如电厂项目由项目公司与所在国的国家电力公司签订照付不议购电协议等形式的包销合同），由此回收项目的投资（资本金和贷款息）、经营和维护等成本，并获得合理的投资回报；特许期满后，项目公司将项目（一般是免费）移交给所在国政府。

该投资形式主要目的之一是解决项目所在国政府加快本国基础设施建设、促进经济发展和技术进步的发展要求与不足以支撑这种大规模投资的有限政府财政能力之间的矛盾，适用于投资规模较大、建设周期较长而且运营收益可期的项目，项目领域包括基础设施项目和自然资源开发项目，如电厂、港口码头、机场、收费公路、隧道、电信、供水和污水处理设施、矿山开采等项目。在组织和运作形式上，BOT 适合于政府主动发包及采购项目，所以在我国也称为法人招标或特许经营招标。

BOT 型投资可演变为 BOOT，BOO，BT，TOT 等多种形式。BOT 型投资，项目公司没有项目所有权，只有特许期内的项目建设和经营权；BOOT（build-own-operate-transfer，建造—拥有—经营—移交）型投资，项目公司既有经营权又有所有权，项目的产品/服务价格较低，特许期较长；BOO（build-own-operate，建造—拥有—经营）型投资，即不移交，项目产品/服务价格更低。BOT还可演变为BT（build-transfer，建造—移交），承包企业投资建成后出售给政府，政府采取一次或分期付款的事后付款；也可演变为TOT（transfer-operate-transfer，移交—经营—移交），国际工程承包企业投资购买某项项目资产（一般是公益性资产）的产权和经营权，在约定的时间内通过经营该资产收回全部投资和取得合理的投资回报后，再将该资产无偿移交给原所有人。

2. 公私合营

公私（政企）合伙或公私合营（public-private partnership，PPP）指国际工程承包企业与项目所在国政府机构签订长期合同协议，按照一定股份比例共同投资组建项目公司，授权该项目公司代替政府机构建设和管理公共基础设施，并按照服务合同规定利用基础设施向社会公众提供公共服务，而国际工程承包企业通过项目公司的运营活动获得投资回报。这种模式最早于1992年提出，反映更为广义的公私合营长期关系（如共享收益、共担风险和社会责任），在基础设施和公共服务（如医院、养老院、监狱、学校等）方面应用较为广泛。我国许多国际工程承包企业在积极探索和跟踪该模式的境外工程项目。

3. 私营主动融资

私营主动融资（private finance initiative，PFI）项目投资强调国际工程承包企业在项目融资、投资活动中的主动性和主导性，由政府通过特许权协议授权给国际工程承包企业，而国际工程承包企业主动发起投资、建设和运营管理公共项目为公共部门提供服务，并按照服务合同的规定收取服务费用从而回收项目的投资、经营和维护等成本，并获得合理的回报。国际工程承包的PFI投资领域包括社会福利性质的公共服务设施建设，如教育和文体建筑、医院、养老院、监狱等；项目可能仅靠自身运营不能完全收回投资，而需要政府财政拨款补贴甚至完全由政府支付。目前这种以提供服务为核心的境外PFI投资，具有社会福利性质、运营期较长、政府支付能力和信用十分重要的特征，我国国际工程承包企业对境外PFI项目还处于市场跟踪和探索阶段。

（二）非特许经营型投资

非特许经营型投资是指国际工程承包企业在所在国独资或合资投资兴建工业生产制造设施，并通过该设施的商业运营获取投资收益的商业行为，是一种境外产业投资。与上述BOT，PPP，PFI等项目不同，非特许经营型投资项目一般没有移交（T）过程，是一种企业长期的属地化生产经营方式；与BOO的形式不同，BOO项目投资是在所在国政府的特许协议或执行协议基础上开展的，而非特许经营型投资项目是在特设法人机构营业执照规定基础上开展的。国际工程承包企业通常以工程为先导，利用在当地实施工程项目过程中积累起来的市场资源，进行非特许经营型的投资。投资领域往往与工程业务相关，如能源开发、建材生产、设备加工和维护、工程管理服务，以及相关的农牧业、商业物流、房地产开发与经营等。

五、海外投资业务融资方式

按照我国现行的规定，海外投资主体的资本金部分（通常为30％）须为投资企业的自有资金，不能采用银行借款进行投资，换言之，企业不能完全依赖贷款进行海外投资。余下的70％投资额允许贷款。

1．资本金（30％）部分的来源

（1）企业的自有资金。包括注册资本、历史利润沉淀的现金流等。

（2）引入战略投资人。如投资银行与企业共同参与海外投资，前期帮助企业分担资本金的出资压力，后期帮助企业运作上市，投行与企业各自发挥优势。

（3）IPO、定向增发。

2．项目融资（70％）部分的来源

（1）向银行申请境外投资贷款。

（2）项目公司发行债券。

（3）境内、境外发行人民币债券，分为公开发行和非公开定向发行两种。

（4）境外发行美元债券。

（5）内保外贷，即由企业内部的总公司给银行提供担保，银行在外部给企业解决贷款问题的一种融资方式。

六、税务筹划对海外投资业务的重要性

项目投资方案的优劣性最重要的指标为项目内部收益率（IRR）。内部收益率是指使投资项目的净现值等于零的折现率，即项目净现金流出现值＝净现金流入现值。项目投资决策原则是投资项目的内部收益率必须大于资金成本，内部收益率大于资金成本越多，项目效益越好。

项目各阶段的税收均会影响项目不同时点的现金流入或流出，从而对IRR产生影响。从内部收益率的计算方面来分析，税收发生的多少和税收发生的时间均会对IRR产生影响。因此海外投资税收筹划目的是减少收税或推迟纳税时间，或者两者同时使用；如果减少税收与推迟纳税时间存在此消彼长情况时，需要针对不同方案测算最优IRR方案。

第二节　海外投资税收筹划方法

海外投资业务比国际工程承包业务更为复杂，国际工程承包业务只需要站在总承包商的角度，做好EPC三个环节的税收筹划即可。而海外投资业务不仅仅要考虑总承包商的EPC筹划，还要站在投资人（开发商）、项目公司，以及贷款银行的角度分别进行税收筹划。

海外投资业务涉及的税种与国际工程承包大致相同，相关内容已经在第2章做了详细阐述，这里就不一一赘述了。下面对海外投资重点考虑的税务筹划进行阐述。

一、中国涉外税收研究

（一）企业所得税

企业所得税是海外投资税收筹划的主要税种，与涉外企业税收筹划相关的法条主要包括：

《企业所得税法》第二条规定，居民企业是指依法在中国境内成立，或者依照外国（地区）法律成立但实际管理机构在中国境内的企业。该条明确实际管理机构在中国境内的企业属于中国居民企业，要按照中国企业所得税法缴纳所得税。

《企业所得税法》和《特别纳税调整实施办法（试行）》均对受控外国企业进行规定，由居民企业控制的设立在实际税负低于所得税法税率水平50%的国家（地区），并非出于合理经营需要对利润不作分配或减少分配的外国企业，利润中应归属于该居民企业的部分，应当计入该居民企业的当期收入。

《企业所得税法》第二十三条规定，企业取得的下列所得已在境外缴纳的所得税税额，可以从其当期应纳税额中抵免，抵免限额为该项所得依照本法规定计算的应纳税额；超过抵免限额的部分，可以在以后五个年度内，用每年度抵免限额抵免当年应抵税额后的余额进行抵补：居民企业来源于中国境外的应税所得。第二十四条规定，居民企业从其直接或者间接控制的外国企业分得的来源于中国境外的股息、红利等权益性投资收益，外国企业在境外实际缴纳的所得税税额中属于该项所得负担的部分，可以作为该居民企业的可抵免境外所得税税额，并按照第二十三条规定的抵免限额内抵免。

《企业所得税法实施条例》第七十七条至八十一条，均对已在境外缴纳的所得税税额明确了抵免税额计算方法。其中第八十条规定，第二十四条所称直接控制，是指居民企业直接持有外国企业20%以上股份；第二十四条所称间接控制，是指居民企业以间接持股方式持有外国企业20%以上股份，具体认定办法由国务院财政、税务主管部门另行制定。

（二）营业税

在海外投资的建设阶段，一般会伴随营业税问题，因此营业税税收筹划也是重要组成部分，现阶段我国营业税中与涉外业务相关的规定如下：

《中华人民共和国营业税暂行条例》第一条规定，在中华人民共和国境内提供本条例规定的劳务、转让无形资产或者销售不动产的单位和个人，为营业税的纳税人，应当依照本条例缴纳营业税。《中华人民共和国营业税暂行条例实施细则》第四条规定，条例第一条所称在中华人民共和国境内（以下简称“境内”）提供条例规定的劳务、转让无形资产或者销售不动产，是指：提供或者接受条例规定劳务的单位或者个人在境内。由此可见对于中国企业一般发生在境外的劳务要按照中国营业税相关规定缴纳营业税。

根据财税［2009］111号文《关于个人金融商品买卖等营业税若干免税政策的通知》规定，境外建筑业劳务暂不缴纳营业税。根据《营业税税目注释》，建筑业是指建筑安装工程作业，包括“建筑、安装、修缮、装饰、其他工程作业”，不包含设计服务费，因此设计服务根据税法规定需按5%税率缴纳中国营业税。

目前正在进行全国全行业的营改增工作，待营改增完成后，营业税相应的法律法规将失效。

（三）增值税

《中华人民共和国增值税暂行条例》第二条规定，增值税税率：纳税人出口货物，税率为零，但是，国务院另有规定的除外；第二十五条规定，纳税人出口货物适用退（免）税规定的，应当向海关办理出口手续，凭出口报关单等有关凭证，在规定的出口退（免）税申报期内按月向主管税务机关申报办理该项出口货物的退（免）税。

《出口货物劳务增值税和消费税管理办法》及执行该办法的问题公告，对涉外业务中的出口退税做了明确规定，出口不同物资享受不同退税率。

（四）个人所得税

与海外投资相关的个人所得税主要是工资、薪金所得税，我国税费在该方面主要有以下规定：

《中华人民共和国个人所得税法》对工资、薪金所得适用税率表进行了明确规定，实行3%～45%的超额累计制计算法；第一条规定，在中国境内有住所，或者无住所而在境内居住满一年的个人，从中国境内和境外取得的所得，依照本法规定缴纳个人所得税；第七条规定，纳税义务人从中国境外取得的所得，准予其在应纳税额中扣除已在境外缴纳的个人所得税税额。但扣除额不得超过该纳税义务人境外所得依照本法规定计算的应纳税额。

《中华人民共和国个人所得税法实施条例》第二十七条规定，税法第六条第三款所说的附加减除费用，是指每月在减除 3 500 元费用的基础上，再减除本条例第二十九条规定数额的费用；第二十八条规定，税法第六条第三款所说的附加减除费用适用的范围，是指：在中国境内有住所而在中国境外任职或者受雇取得工资、薪金所得的个人；第二十九条规定，税法第六条第三款所说的附加减除费用标准为 1 300 元。

由此可见，中国居民在境外取得工资、薪金所得要按照中国个人所得税法计算缴纳所得税，在费用扣除上附加扣除 1 300 元。在税收筹划过程中要考虑人工工资、薪金列支地区对个人所得税的影响，以及考虑该人工工资的列支对不同地区主体间企业所得税的影响。

其他小税种略。

二、项目所在国投资政策、外汇政策及税收研究

对于海外投资，项目所在国或地区的税收法律研究尤为重要，直接决定海外投资项目未来现金流的多少。举例说明几个国家涉及的税收法律及税率情况，在其他国家或地区投资时，同样需要研究涉及的税收法律。

（一）安哥拉投资政策及税收税率

为吸引外国投资，安哥拉政府努力改善投资环境。2003 年 4 月 2 日经国民议会审议通过《私人投资基本法》《私人投资促进法》和《私人投资税收

和关税鼓励法》。根据这些法律，安哥拉政府给予外国投资者国民待遇，政府保证外国投资者对投资的所有权和自由支配权，并享受给予本国投资者同等的税收鼓励政策和必要便利。

1. 鼓励投资行业

根据安哥拉《私人投资税收和关税鼓励法》的规定，安哥拉政府鼓励外商在以下领域开展投资：农牧业；加工工业，特别是包装生产，机械、设备、工具和配件的生产，材料回收，纺织、服装生产和制鞋，木材及副产品生产，食品和建材生产，信息和通信；铁路、公路、港口、机场、能源和水等基础设施；电信业；捕鱼及其加工，包括造船和织网；水电力；住宅建设；卫生和教育；大型载物和载客设备生产制造；旅游。

根据 2011 年生效的新《私人投资基本法》，安哥拉政府要求外商投资企业的最低投资额为 100 万美元，没有上限。

2. 地区鼓励政策

根据法律规定，安哥拉政府给予外国投资者国民待遇，并在多项税收和进口关税方面给予减免、鼓励，简化投资手续。除确定了优先投资领域外，同时在全国各地设立了 A，B，C 三类开发区。根据投资优先部门、开发区类别、投资年限等因素，在进口设备、原材料等方面分别给予关税减让和免除。投资所得利润在不同开发区免缴 8～15 年工业税（所得税）。安哥拉政府还准备设立经济特区，对其投资界定和鼓励措施将制定专门法律确定。

国家鼓励在以下开发区开展投资，并享受相应的投资鼓励：

A 区：罗安达省、本格拉省、威拉省和卡宾达省的省会城市和洛比托市；

B 区：本格拉省、卡宾达省和威拉省的其他各市以及南宽扎省、本戈省、威热省、北宽扎省、北隆达省和南隆达省；

C 区：万博省、比耶省、莫希科省、宽多—库邦戈省、库内内省、纳米贝省、马兰热省和扎伊尔省。

对于 A 区、B 区、C 区有不同的关税减免。

3. 外汇政策

安哥拉实行外汇管制。在当地注册的外资企业，经批准可开设银行账户（包括外汇账户）；外汇进入不受限制，外汇汇出需提交相关的文件。利润汇出控制较严，除需缴纳 30%股息税外，还有配额限制。

4. 税种及税率

（1）工业税（所得税），税基为应税年度利润总额，税率为 30%；

（2）预缴所得税，以业主支付款项为基数，税率为 6.5%；

(3) 股息、分红税，安哥拉境内税率10%（持股25%以上投资超过一年的可减免)，支付境外税率为30%（视为企业所得税缴纳)；

(4) 资本利得税，股份转让利得的10%；

(5) 消费税，应税消费品消费额的5%或10%；

(6) 不动产租赁税，租金收入的15%；

(7) 不动产交易税，交易价格的2%；

(8) 印花税，订立契约等合同额的1%，向金融机构借款合同额的0.2%，向非金融机构借款合同额的0.5%；

(9) 审计税，仅财政支出的项目合同额的1%；

(10) 个人工资、薪金所得税，起征点35 000宽扎，从5%～17%的超额累进税率；

(11) 进口关税，根据不同的货物从2%～50%不等。

（二）埃塞俄比亚投资政策及税收税率

1. 外资投资政策

埃塞俄比亚没有对外国投资的优惠政策，但政府不断放宽投资政策和改善投资环境，鼓励外国投资者在埃塞俄比亚投资。如投资制造业、农业、工业、信息和通信技术开发，符合埃塞俄比亚投资委员会投资指导方向的，产品或服务的50%用于出口的，或者产品的75%作为产品或服务提供给出口商时，可享受5年所得税优惠政策，在特定情况下可向埃塞俄比亚投资委员会申请，享受7年所得税优惠政策；对于外国投资者投资项目资本设备等货物及对应的15%的配件给予免征进口关税优惠；对于生产出口产品用的进口原材料对应的进口关税，可申请返回原进口材料时的关税。

埃塞俄比亚对于农业及农产品加工业、制造业、采矿业、服务业等予以政策鼓励；埃塞俄比亚为实现各民族各地区均衡发展，鼓励外商投资于少数民族聚集地区、边远地区和不发达地区。根据在落后地区投资产业和规模，联邦政府投资局和埃塞俄比亚投资委员会将给予更长的所得税免税期，地方政府在土地价格方面也给予优惠。

2. 外汇政策

埃塞俄比亚属于外汇管制国家，外资企业可在当地银行开立外币结算账户，外币可自由汇入埃塞俄比亚，但是不能提取外币现金，外币汇出埃塞俄比亚要进行审批。作为资本金汇入埃塞俄比亚，需到埃塞俄比亚国家银行备案，在企业利润和分红进行报批后可汇出。

对于利润、红利、偿还外部贷款本息、与技术转让有关的付款，外国投资者在埃塞俄比亚出售、清盘或向埃塞俄比亚当地投资者转让股份等，在经过审批后，可购买外汇汇出埃塞俄比亚且免税。

3. 税种及税率

（1）企业所得税，按企业所得总额的 30%征收；

（2）营业税，埃塞俄比亚市场商品销售和国内建筑、谷物加工、拖拉机租赁及农业收割服务税率为 2%，其他税率为 10%；

（3）消费税，按照应税消费品类别不同征收 10%～100%不等的税；

（4）进口关税，根据不同类别的货物税率从 0%～35%；

（5）个人所得税，按月征收，起征点为 150 比尔，10%～35%的超额累进税率；

（6）增值税，年营业额超过 500 000 比尔，征收 15%的增值税；

（7）进口商品预扣税，企业按进口商品的 CIF 价的 3%交预扣税，如为政府等组织按 2%交预扣税；

（8）股息所得税，按分配给股东的股息收入的 10%征收。

（三）印度尼西亚投资政策及税收税率

1. 外资投资政策

对一些优先发展行业或符合国家出口优先政策的行业或对偏远地区的发展起促进作用的公司，政府将提供所得税税收优惠。

对于外资新投资产业，无论内外销，可享受下列优惠待遇：主要生产设备进口税全免；辅助生产设备就现有进口税减半；设备进口价值 5%以内的配件进口税免；外国进口或向印度尼西亚本地采购的机器设备等固定资产，其增值税及奢侈品税可申请缓缴，如果上述资产未移作他用或出售，则直到资产折旧完毕亦不必支付增值税和奢侈品税，反之需补缴增值税和奢侈品税；原料自己进口，自己加工再出口者，可向财政部申请免进口关税、增值税及奢侈品税。

同时，印度尼西亚政府颁布了“投资负面表”，规定了限制投资的行业：禁止外商独资投资的产业有海港、电力、通信、海运、空运、饮用水、铁路、原子能；禁止外商参与的有伐木业、赌博业、海绵养殖；其他禁止性行业见“投资负面表”。

2. 外汇政策

基本不存在外汇管制，可自由兑换，国外公司的利润等可以自由汇出。

3. 税种及税率

（1）公司税，利润总额 2 500 万印尼盾以下，税率 10%；利润总 2 500

万～5 000 万印尼盾，税率 15%；利润总额 5 000 万印尼盾以上，税率 30%。

(2) 增值税，税率 10%。

(3) 奢侈品税，应税奢侈品的 10%，20%及 35%。

(4) 贫困税，税后年所得超过 1 亿印尼盾的公司及个人需缴纳 2%的贫困税作为社会福利。

(5) 外籍人士基金，凡在印度尼西亚工作的外籍人士每月需缴 100 美元作为职业训练基金。

(6) 个人所得税，实行 5%～30%的超额累进制税率。

(四) 柬埔寨投资政策及税收税率

1. 外资投资政策

柬埔寨无专门的外商投资法，对于外资与内资基本是同等待遇，柬埔寨鼓励的投资领域包括：创新和高科技产业；创造就业机会；出口导向型；旅游业；农业及农业加工业；基础设施及能源；农村发展；环境保护，以及依法设立在经济特区的投资，可享受税收优惠政策。

对于享受税收优惠政策，需要向柬埔寨发展理事会申请并获得批准后方可享受。经柬埔寨发展理事会批准的优惠投资，免征投资生产企业的设备、建材、配件及原料的进口关税；企业投资后可享受 3～8 年的免利润税（经济特区最长可达 9 年），免税期后可享受 9%的利润税优惠税率；利润用于再投资或分红均不征税；投资企业生产产品用于出口，免征出口税。

2. 外汇政策

柬埔寨属外汇管制国家，但管制比较宽松，只要是在柬埔寨商业主管部门注册成立的企业均可开立外汇账户。政府允许投资者从银行系统购买外汇汇往国外，用以清算其与投资活动有关的债务，包括：支付产品进口及将贷款本息一起汇往国外，支付各种开支、税务及管理服务费用，利润分配，以及将投资资本汇到国外。

3. 税种及税率

(1) 利润税，一般为 20%，可根据投资申请免税期及免税期后 9%的优惠税率；自然资源和油气资源类税率为 30%。

(2) 增值税，应税供应品价值的 10%。

(3) 工资税，起征点为 50 万瑞尔，超过部分从 5%～20%不等的超额累进制。

(4) 进口关税，进口关税根据进口商品种类不同税率分别为 7%，15%，35%，50%。

（5）最低税，该税与利润税是不同的独立税种，当企业年度除增值税以外的其他全部税负小于营业额的1%时，应缴纳最低税；当超过1%时，企业只需缴纳利润税。

上文仅罗列安哥拉、埃塞俄比亚、印度尼西亚、柬埔寨的投资政策、外汇政策及税种税率，投资项目不在上述国家的，需要收集、研究项目所在国的相应投资政策及税收法规。

三、国际税收双边或多边协定

截至2015年5月底，我国已与日本、美国等国正式签署100个避免双重征税协定，其中97个协定已生效，和香港、澳门两个特别行政区签署了税收安排。

我国与日本、美国、马来西亚等国签订的协定中，规定了间接抵免的方法；在少数双边协定，比如，中国和新西兰签订的双边协定中，在中国方面未列入间接抵免的规定；在另外一些双边协定中，则是对方国家不列入间接抵免的协定，主要是韩国、匈牙利和印度等。当今大型企业或集团公司的跨国投资，普遍做法是在境外设立子公司，以有利于获得注册地国家的法律保护和负有限责任以减少投资风险。

2013年8月中国加入《多边税收征管互助公约》，该公约有58个签约方，签署《多边税收征管互助公约》是一项旨在通过开展国际税收征管协作，打击跨境逃避税行为，维护公平税收秩序的多边条约。

在海外投资业务税收筹划过程中，要考虑项目所在国与中国签订的双边协定或税收安排，同时要考虑项目所在国是不是《多边税收征管互助公约》成员国，根据协定或公约事项对海外投资进行税务筹划。

四、投资架构选择

随着公司海外投资业务的不断发展，投资业务涉及的项目越来越多，项目遍布的国家也越来越广泛。如何有效利用各国税收政策差异，合理设定业务模式，通过积极进行税收筹划，有效降低公司税收负担越来越受到重视。在开展投资业务之初，最先面临的就是投资架构的选择，下面将针对投资架构确立中如何有效降低税收负担、规避税务风险进行探讨。

（一）海外投资架构的主要方式

对外投资有直接投资和间接投资两种方式，直接投资即为母公司直接在项目所在国设立项目公司进行投资，间接投资为母公司通过在项目所在国设立投资项目公司之间设立中间控股公司进行间接投资。具体模式如图 3—3 所示：

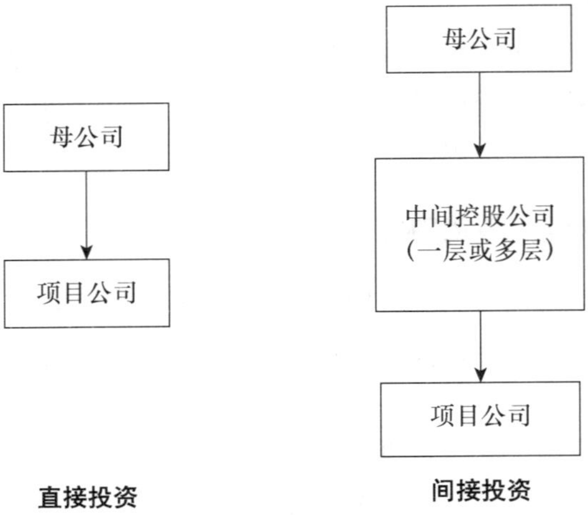

图 3—3　直接投资与间接投资

（二）确立海外投资架构主要考虑的税务因素

1. 海外投资架构中涉及的主要税种

分析海外投资架构中涉及的税务因素，需要综合考虑中国、项目所在国、中间控股公司所在国所涉及各税务事项。

（1）中国相关税务事项。作为中国企业对外进行投资，主要涉及以下事项：企业所得税和境外所得税收抵免政策。

根据我国企业所得税法，从境外取得的利息、股息、红利、资产转让所得要纳入企业所得税征税范围进行缴税，此外对境外所得，中国企业所得税实行“分国不分项”的境外所得税抵免制度，即来源于同一国家的所得，不区分项目统一进行汇总缴纳，境外实际缴纳的企业所得税可以在按照中国企业所得税法应缴纳的企业所得税限额内进行抵免。

因此，需要综合考虑投资项目在境外综合企业所得税率，对比中国企业所得税税率来判断是否需要在中国境内进行所得税抵免或补缴，中国涉外税收部分可见本节“一、中国涉外税收研究”。

（2）项目所在国相关税务事项。项目所在国涉及的税务事项主要包含企业所得税、汇出股息利息特许权费等需要承担的预提所得税；资本利得税，即投资者在退出投资时进行股权转让是否需要缴纳资本利得税，项目所在国相关税收可参考见本节“二、项目所在国投资政策、外汇政策及税收研究”。

（3）中间控股公司所在国相关税务事项。中间控股公司既作为投资单位又作为被投资单位，需要同时关注作为投资者以及被投资者所涉及的各项税收。主要包含收到利息、股息、红利时是否需要缴纳企业所得税，支付股东利息、股息、红利时是否缴纳预提所得税，股权转让时是否需要缴纳资本利得税。

2. 控股层级的选择

根据中国的企业所得税法规定，境外所得可以在国内进行纳税抵免。在计算抵免限额时应该采用分国不分项的原则，但只有当居民企业直接或者间接持有外国企业20%以上股份时，才可适用股息、红利收入境外税款间接抵免的制度，且间接抵免层级限于控股三层以内的外国企业。因此，从中国企业所得税税收抵免的角度考虑，控股层级应控制在三层以内。

多层中间控股公司架构在引入其他投资者和股权转让方面更具灵活性。未来引入其他投资者或退出时可以通过转让其中一个中间控股公司的股权，将股权转让收益保留在境外上一层的中间控股公司，在满足一定条件的情况下可以递延中国税的纳税义务。同时，相关的股权变动不会造成项目公司直接股东的变化，有利于降低公司股东变更带来的投资所在国的相关税收及政府审批上的不确定性。

在设计海外间接投资架构时，需要综合考虑税务、审批程序及经营管理等因素确定单层或双层中间控股公司投资架构。双层中间控股公司架构的设立、运营和管理成本相对较高。

3. 中间控股公司地点的选择

所谓控股公司，通常是一家企业集团的母公司，直接或间接拥有其他公司股权。控股公司本身可以从事经营活动，但在通常情况下，只充当集团其他企业股份所有者的角色。在实际操作中，控股公司通常是为了控制的目的，而不是为了投资的目的，持有其他公司股份。中间控股公司地点的选择需要综合考虑中间控股公司与项目公司和投资母公司之间的税收协定、中间控股公司本身的税收规定，此外还要结合中间控股公司所在国的外汇管理情况、金融商务条件、管理成本等多方面因素进行考虑。

控股公司设置的理想地点应具备以下几个条件或部分条件：免除外汇管制；对非本国居民支付股息、利息或特许权使用费免征或只课征低税率的预提税；对于来源于境内的股息、利息或特许权使用费免征或只课征低税率的所得税；资本利得免予课税；对外缔结税收协定含有减征预提税的条款；政府法规对控股公司的业务不加限制等。

下面介绍在不同中间国或地区设立中间控股公司的税收政策情况：

（1）香港投资政策及税收体系。

1）投资政策。中国香港拥有公平的投资环境、制度和经济体系，对境内外投资者一视同仁，没有优惠或歧视政策。对于投资者，只要不违反香港法律，均可从事正常经营活动。

2）外汇政策。香港对于外汇无任何管制，可以自由兑换和汇出，汇入汇出无限制。

3）税收体系。在香港投资设立的企业，税种比较少。香港税制简明，税负非常低，采用地域来源征税的原则，源自香港以外的收入是无须缴纳任何税费的。与中国内地等地区相比香港没有如营业税、增值税等流转税，也没有股息红利税、遗产税等，香港只有三种直接税：利得税、薪俸税、物业税。利得税也就是企业所得税，香港利得税只对各行各业取自或来自香港的利润征收利得税，税率为16.5%，对于从香港之外取得的收入产生的利润不征收利得税；薪俸税也就是个人所得税，对于在香港受雇取得的收入包括工资、薪金、补贴等均需缴纳薪俸税，香港薪俸税实行全年超额累计制，针对不同纳税人有不同的税前抵扣额，税率从2%到17%不等，但对于每一名纳税人全年税率不超过收入总额的15%，对于内地居民在香港纳税年度累计不超过183天，在香港取得的薪酬等免交薪俸税；物业税，香港物业税按照收取的租金扣除维修和保养费免税额20%后，按照15%税率征收，如果企业为租金缴纳了利得税，则无须缴纳物业税。

中国内地与香港签署有《内地和香港特别行政区关于对所得避免双重征税的安排》，并且香港与三十多个国家签署有避免双重征收协定，在香港设立中间投资控股公司可与相应国家或地区按照双边协定或安排进行税收抵免。香港的投资政策、外汇政策、税收体系为在香港设立中间层投资公司提供了非常好的环境。

（2）BVI投资政策及税收体系。英属维尔京群岛（British Virgin Islands，BVI），是世界上发展最快的海外离岸投资中心之一。

1）投资政策。BVI对境外投资者专门颁布《国际商业公司法》，允许对BVI之外企业和个人提供公司注册业务。对在BVI设立的境外公司管理非常宽松，在BVI设立的公司可以不对外披露任何信息，除非涉及黑社会贩毒洗钱，每年可以不必向注册管理机构报送经审计的财务报表，故成为国际著名的避税天堂。

2）外汇政策。在BVI设立的离岸公司，可在香港等无外汇管制的地区开立银行账户，BVI也无外汇管制，公司也可在BVI的银行开立银行账户。

3）税收体系。BVI对按照《国际商业公司法》设立的离岸公司，发生在BVI之外的营收活动免除所有税金，公司只需要每年缴纳少量的登记管理费即可。对于发生在BVI的业务，征收所得税，税率为15%；对于发生在BVI的业务支付雇员工资时代扣代缴0%～20%的个人所得税；另外发生在BVI的业务还有房屋税、土地税、关税、印花税、财产税，但无资本利得税、资本转移税、股息红利税及其他流转税。

由此可见，在BVI设立中间控股离岸公司，不仅可以享受发生在BVI之外的免税政策，还可以不披露公司任何信息。

（3）开曼投资政策及税收体系。

开曼即开曼群岛，是英国在西加勒比群岛的一块海外属地，由于开曼群岛与BVI均属英属群岛，在境外投资政策基本一致，也是离岸公司避税天堂，具体投资、外汇、税收政策基本与BVI政策一致，具体参见BVI投资政策及税收体系。

（4）迪拜投资政策及税收体系。

1）投资政策。在阿联酋投资，51%以上的股份必须由阿联酋籍公民持有，但自由贸易区内的外资企业国外股东可100%持有。为鼓励外国投资，阿联酋设有许多自由贸易区，其中迪拜最多，大约有30个自由贸易区，在自由贸易区的企业无最低注册资本限制和持股比例限制。

2）外汇政策。迪拜属于阿联酋金融中心，无外汇管制，只要不违反阿联酋的反洗钱规定，外汇可自由汇入和汇出，外资企业资本金和利润的汇出无税且无任何限制。

3）税收体系。阿联酋是低税负国家，境内无企业所得税、无个人所得税、无增值税等，税收由酋长国自己制定，其中迪拜酋长国仅对自由贸易区以外的石油、石化行业和房屋租赁等征收税金，并且只对年净利润超过100万迪拉姆的企业征收。

在迪拜自由贸易区的企业无企业所得税，无个人所得税，无流转税，无资本利得税，资本金、股息、红利可自由汇出。

由此可见迪拜自由贸易区也是非常理想的中间控股公司设立地。

【例3—1】 A国甲跨国公司，在避税地BVI设立了一个子公司。甲公司向B国出售一批货物，销售收入为2 000万美元，销售成本为800万美元，A国所得税税率为30%。甲公司将此笔交易获得的收入转到BVI公司的账上。因BVI没有所得税，此项收入无须纳税。

按照正常交易原则，甲公司在A国应纳公司所得税为：(2 000－800)×30%＝360（万元）。而甲公司通过在避税地设立子公司，并未将此笔交易表现在本公司A国的账面上。BVI的子公司虽有收入，也无须缴税，若该子公司利用这笔账面收入投资，获得收益也可免缴资本所得税；若该子公司将此笔收入赠与其他公司、企业，还可不缴纳赠与税。这就是避税地的好处。

从上述分析的香港、BVI、开曼、迪拜的投资政策、外汇政策、税收体系可以看出，该四个地区均是设立中间控股公司的理想选择。在实际选择时应同时考虑其他因素，比如，如果控股公司及股东信息保密程度要求高，可选在BVI或开曼；如投资项目所在国在欧洲或非洲，迪拜是中国到投资项目所在国的航空中转中心，考虑未来管理的便利性，可选择迪拜自由贸易区；如果投资项目在亚太地区，可选择在香港或BVI设立中间控股公司。

五、国际税收避税方法

通过设立不同层级投资架构，在国际税收筹划过程中降低集团公司整体税负的方法通常包括转移定价、利用信托、资本弱化、以租代购等方法。

1. 转移定价

转移定价是指关联企业之间在销售货物、提供劳务、转让无形资产、支付技术权使用费时等制定的价格；或者通过商品销售来转移应分配的股息红利。在跨国经济活动中，利用关联企业之间的转移定价进行避税，已成为一种常见的税收筹划的重要方法。其一般做法是：高税率国家企业向其低税国关联企业销售货物、提供劳务、转让无形资产、支付技术使用费时制定低价；低税率国家企业向其高税国关联企业销售货物、提供劳务、转让无形资产、支付技术使用费时制定高价。这样，利润就从高税率国转移到低税率国，从而达到最大限度减轻其税负的目的。

【例3—2】A国的总公司甲在B国承揽某海外投资项目并设立全资子公司乙，同时在C国承揽某海外投资项目并设立全资子公司丙。乙公司当年盈利2 000万元，按5%的投资回报应汇回A国的总公司甲100万元；丙公司当年盈利1 000万元，按4%的投资回报率应汇回A国的总公司甲40万元。年终按照20%的所得税率，乙、丙分别应缴纳预提税20万元和8万元。为规避这部分税收，乙公司、丙公司将市场价值300万元和200万元的商品分别以200万元、160万元卖给了甲公司，以代替投资回报。

从上述案例可以分析出正常支付投资回报时的税负：

乙公司应纳税额＝100×20％＝20（万元）

丙公司应纳预提税税额＝40×20％＝8（万元）

共应纳预提税税额＝20＋8＝28（万元）

以商品代替股息支付时的税负：乙、丙公司将商品以低价售给甲公司，甲公司从中获得等值回报，乙丙公司因支付方式改变，且无盈利，既可避免所得税，又不必缴纳预提税。

2. 利用信托

信托是指一个公司（信托人）把资产或权利（信托财产）移交给另一公司实体（受托人），让受托人成为财产的独立所有者，并负责用受托人自己的名义管理和使用这笔财产，以利于受益人。受益人可以是信托人指定的第三者，也可以是信托人本人。

在跨国业务中，处于高税率国家的纳税人，可以采用信托的方式在低税率国家投资，这样委托人既不用真正迁出高税国，也不用虚假迁出高税国，而是仍然留在高税国，只是信托人在某个低税国管理其资产和所得，以创造机会避税。这样，造成法律形式上原所有人的所得或财产与其本人分离，在最终所有人的居住国避免就这部分所得或财产缴纳所得税或继承税和赠与税，是国际税收筹划过程中典型的避税方法之一。

【例3—3】如N国甲公司为躲避本国过高的所得税，通过信托协议将其年度利润的70％转移到开曼群岛的某一信托公司，由于开曼群岛是世界著名的避税港，对于发生在开曼境外的业务无任何税收，因此，甲公司每年可以有效躲避N国1 000万美元以上的税收。

在实际避税活动中，还有企业与银行之前签订类似于信托协议方式，如委托贷款、委托收款等，形成跨国纳税人与银行之间的契约性关系。由于其涉及国家之间的双边税收协定，可能降低中间环节的税收。如一国纳税义务人与某一银行签订信托合约，该银行受托替该纳税人收取利息。当该受托银行所在国与支付利息者所在国签订有双边税收条约时，按此条约规定，利息扣款税率享有优惠待遇，则该纳税人即可获得减免税好处。

【例3—4】日本与美国签有互惠双边税收协定，日本银行从美国居民手中获取利息可以减付利息税50％（美国规定利息税率为20％，日本银行可以按10％支付）。当中国甲公司需要向美国乙公司借款时，乙公司便可委托日本银行向甲公司提供贷款，这样从整体上甲公司向乙公司支付利息实际税负是10％，从而减少了税金。

3. 资本弱化

资本弱化是指企业通过加大借贷款而减少股份资本比例的方式增加税前扣除，以降低企业税负的一种行为。借贷款支付的利息作为财务费用一般可以税前扣除，而为股份资本支付的股息一般不得税前扣除，因此，有些企业为了加大税前扣除而减少应纳税所得额，在筹资时多采用借贷款而不是股本投入的方式，以此来达到避税的目的。该方式是海外投资税收筹划的重要方法，要综合考虑项目所在国对股本要求的相关法律和国际借贷相关法律。

由于各国对股息和利息的税收政策不同，当纳税人筹资时，会在贷款或股本投入两者中进行选择，以达到减轻税收负担的目的。部分国家对企业间贷款和股东贷款利息支付又有特殊规定，比如，不允许在企业所得税前支付或支付利息时税率不同等，这样可以结合利用信托方法，将企业间贷款或股东贷款转化为企业从银行间贷款来实现。

【例 3—5】 A 国税收法律规定，所得税税率 30%，支付分红需要代扣代缴资本利得税 10%，支付境外金融机构利息需要代扣 10%利息税。假如，对于 A 国的甲公司，在 A 国投资需要 100 万美元资金，年可实现营业利润 10 万美元。对于甲公司需要通过股权投资 100 万美元或借款 100 万美元。如果甲公司的境外股东乙通过股权投资 100 万美元，当甲公司实现盈利时，将全部利润支付乙公司，甲公司先支付了 10×30%＝3 万美元的所得税，分红时又支付了 7×10%＝0.7 万美元的资本利得税，总体税负是 3.7 万美元；如果甲公司通过向银行借款 100 万美元，假如年利率 10%，这样甲公司每年支付 100×10%＝10 万美元利息，所得税前将无利润，这样只需支付 10×10%＝1 万美元的利息税。由此可见，通过借贷关系可以大大降低企业税负。

4. 以租代购

以租代购指对于投资项目所需要的机器设备以租赁的方式代替直接购买的方式，达到投资项目使用特定设备的目的。国际业务税收筹划过程中的租赁是一种非常重要的税收筹划方式，由于不同国家对资产的折旧方法和租赁费用的列支及优惠政策不同，造成资产购置和租赁对投资项目产生的现金流不同。国际投资中租赁是指由设在一国的关联公司购买某一机器设备，然后再租赁给在另一个国家的关联公司。

一般国际上惯用的通过租赁避税手段是高税率国的一个公司购置一项资产，以尽可能低的价格租赁给低税率国的关联企业，低税率国的关联企业以尽量高的价格租赁给投资项目所在国的企业。如果投资项目所在国对租赁设备有优惠政策，则对于投资项目公司可以将租赁费用税前列支，还可以享受相应优惠政策。

以租代购的方法在租赁环节通常与转移支付相结合使用，能够非常有效地将高税率国家的利润转移到低税率国家。

【例 3—6】 A 国投资项目需要一套 100 万美元的设备满足生产需要，A 国所得税税率为 30%，A 国税法允许折旧年限为 20 年，租赁设备缴纳 10% 消费税。假设在不考虑设备折旧情况下所得税前每年利润为 10 万美元，每年租赁费 10 万美元。

第一种方法，通过购买设备方式：

第 1 年至第 20 年所得税税负为（10－100/20）×30%＝5×30%＝1.5（万美元）；利润分配给股东缴纳资本利得税（5－1.5）×10%＝0.35（万美元）；每年税负合计为 1.5＋0.35＝1.85（万美元）。

第 21 年以后每年所得税＝10×0.3＝3（万美元）；利润分配给股东缴纳资本利得税（10－3）×10%＝0.7（万美元）；每年税负合计为 3＋0.7＝3.7（万美元）。

第二种方法，通过从免税地区香港关联企业租赁该设备：

每年多发生租赁 10 万美元，所得税前利润为 0，投资项目将无利润和利润分红，这样每年税费为租赁设备的消费税 10×10%＝1（万美元）。

由上述例 3—6 可以看出以租代购能大大降低投资项目税负，将利润转移到集团关联企业。在以租代购方式上，要测算最低租金的临界点，当租金低于临界点时，以租代购税费将会增加，不同国家因税种和税率不同临界点将不同。

六、海外投资架构税收风险管理

随着经济全球化的不断发展，税务管理全球化的趋势越来越明显。在各跨国公司纷纷采用各种税收筹划方式降低甚至避免缴纳所得税的形势下，国际税收管理从避免双重征税逐步转向避免双重不征税。各个国家不断加强反避税措施，国与国之间逐步建立和发展内容广泛、形式多样和实质有效的国际税务合作和协助关系。因此，在确立海外投资架构以及后续的投资管理过程中，要随时关注可能存在的税务风险，及时规避。主要需关注以下几个方面：

1. 中国居民纳税人风险

根据国税发［2009］82 号文件《关于境外注册中资控股企业依据实际管理机构标准认定为居民企业有关问题的通知》相关规定，“境外中资企业”

即由中国境内的企业或集团作为主要控股投资者，在境外依据外国（地区）法律注册成立的企业，境外中资企业同时符合以下条件的，应判定其为实际管理机构在中国境内的居民企业，并就其来源于中国境内、境外的所得征收企业所得税：

企业负责实施日常生产经营管理运作的高层管理人员及其高层管理部门履行职责的场所主要位于中国境内；

企业的财务和人事决策由位于中国境内的机构或人员决定，或需要得到位于中国境内的机构或人员批准；

企业的主要财产、会计账簿、公司印章、董事会和股东会议纪要档案等位于或存放于中国境内；

企业 1/2（含 1/2）以上有投票权的董事或高层管理人员经常居住于中国境内。

中国税务机关在判断境外企业的居民身份时会遵循“实质重于形式”的原则。因此，为避免中间控股公司被认定为中国居民纳税人，公司除了在流程、制度和控制程序的建立上规避相关因素外，还需要注意从实质上避免在中国境内对境外企业进行管理和控制，增加中间控股公司的实质性工作内容。

2. 受控外国公司风险

为防止中国公司通过在低税率地区或避税地设立公司，将利润滞留于境外，从而减少、递延或规避中国纳税义务，中国《企业所得税法》及其实施条例等后续法规引入了“受控外国公司”概念，规定由居民企业，或者由居民企业和中国居民控制的设立在实际税负明显低于 12.5%的国家（地区）的企业，并非由于合理的经营需要而对利润不作分配或者减少分配的，上述利润中应归属于该居民企业的部分，应当计入该居民企业的当期收入。

为避免中间控股公司被认定为受控外国公司，中间控股公司应承担一定的职能和风险，从事一定的经营活动，此外如果中间控股公司留存大量利润不作分配，应准备适当的书面材料，以证明其留存利润具有合理的商业需要（例如用于境外并购、业务扩张、再投资等），从而降低被税务机关认定为受控外国公司的风险。

3. 非受益所有人风险

根据我国国税函［2009］601 号文规定，受益所有人是指对所得或所得据以产生的权利或财产具有所有权和支配权的人。601 号文进一步提到，受益所有人一般从事实质性的经营活动，可以是个人、公司或其他任何团体，代理人或导管公司不属于受益所有人，因此不得享受税收协定待遇。其中导管公司是指通常以逃避或减少税收、转移或累积利润等为目的而设立的公司。另外，这类公司仅在所在国登记注册，以满足法律所要求的组织形式，而不从事制造、经销、管理等实质性经营活动。

参照国税函［2009］601 号文相关规定，为避免中间控股公司被投资所在国认定为非受益所有人不得享受税收协定优惠待遇，中间控股公司应从事实质性的经营活动。

七、以 BOT 为例分析海外投资不同环节税务筹划

BOT 类型的海外投资业务阶段大致分为项目前期、筹资环节、投资环节、建设运营阶段、退出阶段等环节，涉及的税务主体有开发商、承包商、项目公司、贷款银行。下面就不同阶段各主体可能涉及的税务进行分析介绍。

（一）项目前期税务筹划

在项目前期筹划阶段主要考虑开发商、开发商成立的项目公司、承包商、贷款方可能涉及的税种、税率及优惠政策。

1. 开发商及其成立的项目公司

（1）涉及税种。

所得税 ：BOT 时间长，开发商作为业主，无论是否在项目当地设立公司实体，通常都会在项目所在地构成常设机构，需就项目未来经营所得及项目转让所得缴纳所得税。这就是海外投资与国际工程承包业务的区别。在这一点上，海外投资业务的开发商通常不会像国际工程承包商那样，可以选择设立子公司还是分公司，海外投资业务的开发商没有选择的余地。

增值税和关税：开发商在运营期间进口设备需缴纳的税种。

流转税：销售产品与提供服务的收入。

财产税：房产税、土地税、固定资产税等。

预提税 ：项目所在地可能针对对外支付的服务收入、股息、利息及特许权使用费征收预提税。

（2）开发商的税务筹划。

开发商要关注项目所在国是否给开发商税务优惠 ，如果 BOT 项目属于政府援助项目、重大基础设施、国际金融组织贷款、政府贷款项目，通常可申请企业所得税、股息、利息预提税的减免或其他优惠。此外，如果建设项目可为当地提供大量就业机会，从而可申请当地企业所得税优惠或财政补

贴等。

开发商在成立项目公司时要关注以下涉税内容：第一，进口原材料和机械设备有无关税优惠；第二，项目运营收入有无优惠。上述内容都是在开发商与项目所在国签署投资协议时积极争取的因素。每个投资项目的优惠政策各不相同，主要取决于项目所在国对于国外业主投资的该项目的迫切性，以及项目所在国招商引资的优惠政策。在实务中，许多开发商往往在投资协议中忽略了这些内容，尤其是对于项目公司的税收优惠内容。由于项目公司是开发商全资或控股的企业，因此，对于项目公司的税收优惠等于间接优惠给了开发商。

2. 承包商

(1) 涉及税种。

所得税 ：如果外国承包商不在当地设立项目公司以项目部出现，大多数国家会按照外国承包商是否在当地构成常设机构来判断其公司所得税的纳税义务。某些国家可能采用简化做法直接对外国承包商按工程总额的一定百分比征收一笔税款作为项目所得在当地的税负。

流转税：主要是指增值税、销售税、服务税、营业税等。承包商需就建设期间所进口材料与设备承担进口关税和增值税，但部分国家允许临时进口设备免征关税及增值税；此外，承包商需就其提供的建筑服务收入缴纳相应的流转税。

个人所得税：若承包商的雇员在当地停留时间超过相关税收协定规定的免税期限，雇员需就其派遣期间的收入在项目所在地缴纳个人所得税。

预提税：项目业主或总包商通常需就支付给外国承包商或其他分包商的服务费代扣缴一定比例的预提税。承包商若在当地构成常设机构，其项目利润汇出项目所在国时也需缴纳预提税或汇出税。

印花税：承包商在当地所签订的工程项目的总分包合同通常需缴纳印花税，但一般税率较低。

(2) 承包商税收筹划。

总承包收入能否享受优惠？帮助承包商申请项目所在地的税收优惠政策，可减低承包商向开发商转嫁税负的金额，从而间接降低开发商整体税负。

此外，在现行的一些大型集团公司的实务操作中，分包企业不单独出现也是税务筹划的一种方法。由于这些大型集团公司集平台公司、设计、施工、运营为一体，它们的平台公司对外签署国际工程承包的总包合同，而后分包给集团内的设计、施工单位。这些承包商在项目所在国如果以平台公司的子公司形式出现，即不在项目所在国注册公司，这样就可以与平台公司合并成一家企业纳税，从而起到减轻税负的效果。

3. 贷款方

（1）涉及税种。

预提税：贷款方通常需对从项目所在地取得的利息性质的收入，承担相应的预提税负。但是在实际操作过程中，贷款银行通常把这部分税负转嫁到投资企业上。

印花税：贷款方与开发商、承包商当地所签订借款合同，需缴纳当地印花税。

（2）贷款方税收筹划。

首先，要考虑政府融资机构的流转税、预提税能否有优惠。由于BOT项目需进行大量的融资安排，而外部融资机构可能将其相关的流转税及预提税转嫁给开发商，同时内部融资安排可能产生的关联方利息所得将构成开发商的成本，因此建议在招标阶段即对融资活动进行筹划。

其次，争取融资利息支出在当地项目公司的扣除，对需资本化的融资利息及融资费用应争取加速折旧或利息在支出当年扣除。

此外，BOT项目贷款利息预提所得税的优惠有以下几种方式：

A. 项目本身为当地急需或鼓励的大型基建项目；

B. 通过税收协定享受优惠；

C. 通过与政府谈判，争取特殊优惠。

（二）筹资环节税务筹划

筹集资金是企业开展经营活动的先决条件，企业可以从多种渠道以不同方式筹集所需的资金，这就需要进行筹资决策。在筹资决策中进行税收筹划，有助于企业降低资金成本，优化资金结构，增加所有者收益。

对于海外投资来说，筹集资金不但要考虑股权性筹集资金还是债权性筹集资金；还要考虑筹集资金的地点，是在中国筹集资金、在中间控股公司所在地筹集资金，还是在投资项目所在国进行筹资。

1. 股权性筹资和债权性筹资的选择

一般来讲，企业进行外部资金筹措有发行股票和借债两种方式，从不同角度看，这两种形式各有利弊。就企业税收筹划来讲，债券性的筹资比发行股票更为有利。这是因为，债权所发生的手续费及利息支出，可计入财务费用。财务费用作为抵税项目可在税前列支，企业也就可以少纳所得税。

根据本节“五、国际税收避税方法”的分析，利用资本弱化理论，同样可说明债权性筹资在避税方面的优势，但实际筹资过程中，企业还要结合未来还款压力和资产结构来综合考虑筹资方式。

2. 筹资地点的选择

对于中国企业海外投资业务来说，筹资地点一般有三种选择：中国、中间控股公司所在地、投资项目所在地。对于筹集资金地点的选择，首先，考虑各种方式筹集资金成本的高低，如一般非洲国家筹资成本非常高，而香港等中间控股公司所在地筹资成本非常低。其次，考虑未来利润转移避税。按照资本弱化理论和转移支付理论，一般选择在中间控股公司进行债务性筹资，筹资成本和未来税务负担均较低。

（三）投资环节税务筹划

投资环节税收筹划主要还是考虑中间控股公司设立的地点和架构，具体见本节“四、投资架构选择”。

以在香港设立中间控股公司为例，香港平台还有一个在税收方面的优势，就是根据香港的税法规定，凡是不来源于本地的利润，其所得税为零。这也就意味着，如果某个投资项目由中国内地直接投到A国，未来收取投资收益时，由A国直接汇回中国内地，该收益将在中国内地缴纳25%的所得税。但是，如果在香港设立一个由中国内地100%控股的子公司，投资路径由中国内地投到香港子公司，再由香港子公司投到A国，未来的投资收益将由A国返还到香港子公司，而该笔利润并非在香港本地取得，所以根据香港的税法，其所得税是零。当然，这种投资路径要在香港设立实实在在的公司，而并非只是在香港过一道手，否则将面临税务风险。

投资环节税负轻重，将对企业投资决策产生重大的影响。在投资决策中的税收筹划，主要从投资方向、投资地点、投资形式及投资伙伴的选择等方面综合考虑，进行优化选择。

（四）项目建设期税务筹划

在这一阶段的主要筹划方法是分拆EPC合同。

（1）设计合同：总承包商在中国境内承担设计工作，所对应的收入有可能不需要在项目所在地缴纳所得税和增值税，或适用较低的所得税税率。

（2）采购合同：可能视为业主直接进口材料和设备，总承包商在采购环节的利润通常不需要在项目所在地缴纳所得税，也不涉及中国营业税。

（3）施工合同：如符合海外建筑业劳务的条件则可免征中国营业税，选择整体税务较优的合同签订方、合同签署方式、总分包安排。总包、分包合同由谁签订，会对税负产生重大影响。签约方通常可为中国公司，项目地分公司、子公司与中间控股公司等，决定因素有双方国家税制、合同的利润构成等。

如由境外子公司签订总包、分包合同，工程项目利润在取得时无须缴纳中国企业所得税；如签订合同的公司所在地与工程项目所在地存在优惠税收协定，可能降低承包商在工程项目所在地常设机构的风险；如由境外子公司签订总包、分包合同，且不将合同带入中国境内使用，可降低中国印花税负担。

对于建设环节税收筹划可见第2章详述。

（五）项目运营期税务筹划

在运营阶段，开发商如派出管理团队对项目公司进行管理，可向项目公司收取管理服务费用，以增加项目公司税前列支额，减低公司当地税负。

（1）通过转移定价将利润安排在自身税负低、利润汇出税负低且外汇管制宽松的国家，如由迪拜或香港等地中间控股公司签订合同，可将合理利润保留在当地，并通过转移定价降低税负。

（2）境外子公司的税后利润在未来作为股息分配回中国母公司时才产生中国企业所得税的纳税义务，并且允许抵免已缴纳的外国所得税。

（3）通过资本弱化，将利润以利息的方式转移到中间控股公司。

（4）通过租赁方式，将税前利润转移到中间控股公司。在一些BOT项目中，设备并不包含在工程中，而是采用租赁的方式使用，开发商可以考虑在低税负国家或地区如中国香港、比利时等设立设备租赁中心，与项目公司之间进行融资租赁，如果融资租赁公司所在国与项目所在国对租金的预提所得税有较为优惠的税收协定待遇，加之其本国通常对满足条件的公司的企业所得税税率较低，则不仅可以利用此种安排达到为项目公司融资的目的，又可以节省企业所得税和预提税，还可实现资金的提前回收。设备租赁中心的税后利润暂不汇回中国，可以用于其他境外项目，从而递延中国企业所得税。且项目公司支付的租金将大于其直接购买设备而计提的折旧，使得其税前扣除额较大，从而降低了当地税负。

（5）对于项目所在国个人所得税政策与中国所得税政策差异，可以将部分管理人员的工资在项目所在国或中国列支，根据两个国家个人所得税税率和企业所得税税率权衡确定。

（六）项目退出期税务筹划

这一阶段指的是运营期满，将项目移交给项目所在国政府，即 BOT 中的 T 部分（transfer）。虽然通常项目移交发生在几十年之后，但是为了确保整个投资项目的整体税负最低，需要在投资之初就将相关税负安排妥当。具体来讲，要注意以下几个方面：

第一，税前扣除问题以及转让收入的所得税、资本利得税、预提税；

第二，当地的资产转让税或其他流转税、印花税；

第三，中间控股公司对转让股权产生的资本利得税；

第四，中国所得税、资本利得税、印花税；

第五，境外已缴税款的性质以及税款的抵免。

八、收购海外公司的税收筹划

收购海外公司是集团公司扩大海外业务规模、提高市场占有率最快的方式，又称海外并购。海外收购税收筹划与直接投资设立海外公司考虑税收基本一致，考虑中国税收政策、中间控股层公司所在地税收政策、被收购公司所在地的税收政策，对于本节已经分析过的税收政策不再赘述，直接引用。在海外并购过程中特有的税收筹划主要是考虑并购层级公司及架构选择、并购资金的税收筹划、并购方式的筹划。

1. 海外收购层级及架构选择

海外并购层级选择及架构设置与直接投资设立海外公司类似，主要考虑中国与被并购公司所在国的避免双重征税的税收协定（或安排），中间控股公司所在地与被并购公司所在国的避免双重征税的税收协定，以及中国与中间控股公司所在地的避免双重征税的税收协定。

通过税收协定或安排分析是否设立中间控股公司，以及中间控股公司设立地点，该部分与直接投资海外项目公司类似确定投资层级和架构。

2. 海外收购资金的税收筹划

海外收购总是需要收购资金支付被并购公司原股东，收购资金的来源是海外收购资金税收筹划的重点。任何一个国家，企业一般向海外支付利息均需要代扣代缴预提税，按照海外投资中资本弱化理论，利用借贷资金一般税负较低。

在收购海外公司时，通常建议在集团公司的担保下，从当地银行获取公司所在国货币贷款。此举首先是按照资本弱化理论，可以减少利息部分的所得税；其次，为了减轻因汇率变化可能带来的损失，避免汇率风险；最后，对于有些国家，还可以避免汇率差产生的税金。收购公司可由设立在当地的控股公司来进行，由它来签订合同和筹集资金，收购的费用和贷款利息的支付可由所购公司以后的利润来补偿，完成收购的一切手续后，该公司就被纳入跨国公司的内部组织体系之中。在收购公司前，应该按照海外投资税收研究方法仔细研究被收购公司所在国税收法律对相关业务的规定，以及有无相应的税收减免或优惠，以确定最优的收购资金来源方案。

3. 海外收购方式的筹划

企业并购分为吸收合并和控股合并，吸收合并和控股合并对集团公司总体税负影响差异比较大，是海外并购过程中重点考虑的因素。

海外收购是采用吸收合并还是控股合并，首先要分析被收购公司的盈利情况，当被收购企业是连年亏损企业，吸收合并对于集团公司较有利，吸收合并后被投资企业亏损可以递减收购企业的盈利，这样会减少集团整体所得税税负。如果要实现吸收合并，需要集团公司在被收购公司所在地有相应的经营主体，如果达到被吸收合并企业亏损抵免盈利企业所得税，还需要收购主体实现盈利才能起到减少所得税的作用。其次要考虑被投资企业所在地对公司所有人变更税收规定，来决定吸收合并还是控股合并。另外，如果采用控股合并方式，要按照前述理论考虑用哪个层级中间控股公司控股合并。

九、国际税收筹划过程中考虑的其他事项

在国际税收筹划过程中除了考虑上述各国税收政策、投资架构、税收筹划方法外，还需要考虑以下事项。

（一）偷税、漏税、避税

偷税是行为人以偷逃国家税款为目的的故意行为；漏税是纳税人并非故意未缴或少缴应纳税款，属于无意识而发生的过失行为。避税是在纳税义务发生前采取各种符合法律规定的方法，有意减轻或者免除税收负担的行为，大多数情况下是符合立法意图的，如利用经济特区的税收优惠政策在经济特区投资，有些则是钻税法不够完善的空子；偷税是发生纳税义务后，采用非法的手段减少或者不履行纳税义务，在任何情况下，偷税都是国家法律所不允许的。对于钻法律空子的避税，只能通过不断完善税收法律的方法来防止；对于偷税，则依法追究刑事责任，加强打击是减少偷税犯罪的重要手段。

因此，在国际税收筹划过程中需要做到合理避税。

（二）税收筹划中合理避税

（1）税收筹划不能违反各国税收法律规定。集团公司在进行国际税收筹划时，有一条界限不可逾越，即不能违反税法，必须坚决杜绝那种抱侥幸心理进行非法逃、偷税或瞒税的冒险行为，以免得不偿失，给集团公司的声誉、利益带来损失，并影响到海外投资业务的拓展以及国际市场的开拓。

（2）税收筹划要树立全局观念。跨国公司要在全球范围内进行税收筹划，追求的是全球规模的纳税负担最小化，而不是某个子公司的税负最小化。另外成功的税收筹划应有助于跨国公司的整体发展目标的实现，而不能仅局限于税负的减轻。也就是说，跨国公司进行税收筹划使得税负降低的同时，也要有助于企业总体目标的实现，不能顾此失彼。因此，跨国公司应站在宏观看问题，从全局出发安排税收筹划问题。

（3）税收筹划要树立长远观念。以 BOT 为例，海外投资业务进入到移交这个阶段有可能是几十年后的事情，有的开发商就只顾眼前利益，忽视了在这方面的税收筹划，殊不知这些税收筹划的内容一定要在初始投资时筹划好，几十年后必须按照最初的投资协议执行，届时再考虑税收筹划就木已成舟为时已晚了。此外，税务筹划应具有前瞻性，不能杀鸡取卵，为追求眼前利益而忽略长远利益。有的税收筹划方案可能会使纳税人在某一时期税负最低，但不利于其长远的发展。因此，在进行税收筹划方案选择时，不能把眼光盯在某一时期纳税最少的方案上，而是要考虑企业的发展目标，选择有助于企业发展，能增加企业整体收益的税收筹划方案。

（4）税收筹划要遵循成本效益原则。任何一项税收筹划方案都有其两面性，纳税人在取得部分收益的同时，必然会为该筹划方案的实施付出额外的费用。集团公司在进行国际税收筹划时，必须遵循成本效益原则，只有当筹划方案的所得大于支出时，才是成功的筹划。

（三）在筹划过程中考虑组织机构的设立模式

当一个跨国集团公司作为投资者，决定采用常设机构的形式在境外投资，一般会设分公司或者子公司。随着境外常设机构的建立，该投资者就成为总机构，于是就产生了如何在总机构与国外各常设机构之间划分企业的全部经营成果（包括盈利和亏损两个方面）的问题。在实践中，这类问题主要体现在总机构与分支机构，以及分支机构之间的利润分配上。由于分公司和子公司在法律地位、经济责任、税收负担上有诸多的不同，要在成立之时就进行税收筹划。

1. 分公司

分公司是与总公司或总机构相对应的一个概念。许多大型企业的业务分布于许多国家，直接从事这些业务的是公司所设置的分支机构或附属机构，这些分支机构或附属机构就是所谓的分公司。分公司与总公司的关系虽然同子公司与母公司的关系有些类似。但分公司的法律地位与子公司完全不同，它没有独立的法律地位，不独立承担民事责任。

从税收筹划的角度分析，分公司都只是公司的一部分。总公司对该分支机构拥有所有权和绝对的控制权。分公司以总公司的名义从事生产和经营，而财务结算也包括在总公司的账户中。对于一个分公司来讲，没有最低资本金要求，无须缴纳资本税、印花税或预提税（个别国家税收规定适用分支机构）。分公司和总公司之间的资产或资金往来一般都不征税。对于外国分公司在外国支付的税金，总公司通常在本国有权享受税收抵免。而且，分公司具有与总公司相同的税收居住地，有权享受税收协定优惠。作为非居民机构，分支机构不享有所在国的税收协定优惠。部分国家，如果公司是由外国分支机构进行管理和控制，则该分支机构所在国决定公司的税收居住地。

由此可见，分公司在税收上的特点主要有：(1) 便于经营，财务会计制度要求也比较简单，承担的成本费用相对于子公司来说比较节省；(2) 总公司拥有分公司的资本，在所在国通常不必缴纳资本税和印花税；(3) 分公司缴纳给总公司的利润通常不必缴纳预提税；(4) 在经营期间，境外分公司的亏损可能冲抵总公司的利润，减轻税收负担；(5) 分公司与总公司之间的资本转移，因不涉及所有权变动，因而不必负担税收。

2. 子公司

子公司是与母公司相对应的法律概念。母公司是指拥有另一公司一定比例以上的股份或通过协议方式能够对另一公司实施实际控制的公司。子公司是指一定比例以上的股份被另一公司所拥有或通过协议方式受到另一公司实际控制的公司。子公司具有独立法人资格，可以独立承担民事责任，这是子公司与分公司的重要区别。

子公司受母公司的实际控制。所谓实际控制是指母公司对子公司的一切重大事项拥有实际上的决定权，其中尤为重要的是能够决定子公司董事会的组成。在未经他人同意的情况下，母公司自己就可以通过行使权力而任命董事会的多名董事。某些信托机构虽然拥有公司的大量股份，但并不参与对公司事务的实际控制，因而不属于母公司。

母公司、子公司各为独立的法人。虽然子公司处于受母公司实际控制的地位，许多方面都要受到母公司的管理，有的甚至类似母公司的分支机构，但法律上，子公司仍是具有法人地位的独立公司企业，它有自己的公司名称和公司章程，并以自己的名义进行经营活动，其财产与母公司的财产彼此独立，各有自己的资产负债表。在财产责任上，子公司和母公司也各以自己所有财产为限承担各自的财产责任，互不连带。

从税收方面考虑，子公司在通常情况下不会按照非居民常设机构予以征税，在许多税收协定国子公司可享有与所在国给予其居民公司同等的税收优惠待遇。它的地位是独立的法人实体，从而可以延迟向母公司居住国纳税，这相当于母公司的投资所得可以留在子公司，也可以选择税负较轻时汇回，得到额外的税收优惠。其公平交易性质以及向母公司支付消极收入所得如特许权使用费、利息等也更容易得到税务局认可。母公司转售境外子公司的股票增益通常可享有免税照顾，而出售分公司资产取得的资本增益要被征税，许多国家甚至对子公司向母公司支付的股息，规定减征或免征预提税。

3. 分公司与子公司税收筹划比较

与分公司相比，子公司更为灵活。它意味着公司将在该国开展长期业务，承担有限责任。正常情况下，它有资格通过上市或者贷款在当地融资，它还可以享受政府提供给当地公司的某些优惠政策。

总的来说，就税收而言，子公司通常具有以下优点：（1）在所在国同样只负有有限的债务责任（有时需要母公司担保）；（2）子公司向母公司报告企业成果只限于生产经营活动方面，而分公司则要向总公司报告全面情况；（3）子公司是独立法人，其所得税计征独立进行；（4）子公司可享受所在国给其居民公司提供的包括免税期在内的税收优惠待遇，而分公司由于是作为企业的组成部分之一派驻国外，所在国大多不愿为其提供更多的优惠；（5）子公司所在国运用税率低于居住国时，子公司的累积利润可得到递延纳税的好处；（6）子公司利润汇回母公司要比分公司灵活得多，这等于母公司的投资所得，资本利得可以留在子公司，或者可选择税负较轻的时候汇回，得到额外的税收利益。

例如，某跨国公司集团的利润为 1 000 万美元，其中，母公司的国内利润为 800 万美元，所得税税率为 30%；国外投资公司利润为 200 万美元。假如采用设立分公司的形式，利润所得将汇总到总公司缴纳税款，故该跨国公司需交所得税 1 000×30%＝300（万美元）。

【例 3—7】国外投资为子公司形式，再将子公司在所在国的税负分为两种情况进行比较：一种是子公司所在国所得税税率比母国低，为10%，应缴税收为200×10%=20（万美元），加上母公司的800×30%=240（万美元），合计应缴所得税260万美元；另一种情况是子公司所在国所得税税率比母国高，为40%，应缴税收为200×40%=80（万美元），加上母公司的240万美元，合计应缴所得税320万美元。

由此可以看出，在第二种情况下，与在国外设立分公司相比，整个集团多缴纳了20万美元的所得税。由此可见，如果投资目标国的税率低于母公司所在国，为了得到更多的税收利益，可以采用子公司的形式。而如果投资目标国的税率高于母公司所在国，分公司应该是一个不错的选择。

海外投资税收筹划是一个非常复杂的体系工程，结合上述方法和考虑因素，将税收筹划应用于海外投资过程中，将会给企业海外投资带来可观的现金流。

第三节　海外投资税务筹划案例分析

一、M国投资项目税务筹划投资架构选择分析

这里以M国投资为例，介绍海外投资架构税收筹划的基本思路，通过不同投资架构的对比分析，选择适合的税收筹划方案。

对于在M国进行项目投资，投资是采用直接投资还是间接投资，是采用一层中间控股公司投资架构还是多层控股架构，思路按照本章第二节“四、投资架构选择”确定，举例分析见下文；中国对海外投资相关税费研究参照本章第二节“一、中国涉外税收研究”；下面通过对M国税收政策分析和在中间层控股公司所在地税收政策分析，比较分析选择在M国较合适的税收筹划方案。

（一）M国税收政策分析

由于选择投资架构时考虑的税种主要为企业所得税、股息预提税、资本利得税，因此主要对上述税种进行分析。

1. 企业所得税

（1）征税对象。居民企业需要就来源于M国境内外的所得缴纳企业所得税。

（2）企业所得税税率。目前M国企业所得税税率为24%。

（3）应税所得。应税利润是企业各类经营活动的净利润，包括实现的资

本利得、利息收入、租金收入、特许权使用费收入以及开展融资或投资活动（包括不动产投资活动）获得的收入。

在计算应税利润时，应根据法律规定对会计利润进行调整。一般而言，纳税人在纳税年度中为开展经营活动而支付或发生的费用可以在税前扣除。

根据税法规定，与非正常管理活动相关的费用、为满足个人需求而支出的费用、奢侈性消费的费用均不能在所得税前扣除。

2. 股息预提税

M 国居民企业向境外居民企业支付股息时需要交纳股息预提税，股息预提税税率为 10%。但是根据 M 国与其他国家的双边税收协定，股息预提税有可能进行调整，如根据中国和 M 国双边税收协定，M 国居民企业支付中国居民公司股东股息预提税税率为 5%，根据 M 国和卢森堡、马来西亚、新加坡的双边税收协定，M 国居民企业支付上述国家股东股息同样适用 5%的股息预提税优惠税率。

3. 资本利得税

境外企业转让 M 国境内资产需根据资产类型不同缴纳资本利得税，其中转让不动产所得需缴纳 15%的资本利得税，转让动产所得需缴纳 10%的资本利得税，转让无形资产（如专利、版权、商标等）需缴纳 5%的资本利得税。资本利得税采用预提税的方式，由支付方在支付股权转让所得时予以预扣。

境外企业转让 M 国境内股权需缴纳 10%的资本利得税。

（二）中间层控股公司税收政策分析

考虑投资架构时，中间层控股公司涉及的税种也主要是企业所得税、资本利得税、股息预提税。根据 M 国双边税收协定签订情况，考虑设立中间层控股公司的地点，即中国香港、马来西亚、新加坡几个国家或地区的税制，简要分析如下。

1. 中国香港

（1）利得税。

居民纳税人：公司若在香港注册成立或在香港实施管理和控制，则其是香港的居民纳税人。

征税原则：通常只有来源于香港的所得会被征收利得税。

应税所得：对在香港开展商业活动，且取得来源于香港的利润会被征收利得税。判断利润的来源地时，香港一般采用经营测试法，该测试确定产生利润最重要的活动，以及活动在何处开展。

税率：对在香港开展商业活动，且取得来源于香港的利润适用的利得税税率为16.5%。

根据上述原则，香港公司收到的境外股息红利，不属于来源于香港的所得，不需要缴纳利得税。

（2）股息预提税。香港对支付境外股息无预提税。

（3）资本利得税。香港公司转让境外子公司股权的资本利得通常无须缴纳利得税。

2. 新加坡

（1）企业所得税。新加坡按照属地原则征税，发生于或来源于新加坡的收入，以及汇回新加坡的海外收入，均需要在新加坡缴纳所得税。

对来源于新加坡境外的股息收入，如果在汇回或视同汇回新加坡当年在境外已经纳税，且境外纳税地点的所得税税率不低于15%，则无须在新加坡缴纳所得税。

（2）股息预提税。新加坡对股息不征收预提所得税。

（3）资本利得税。新加坡不对资本利得征税。

3. 马来西亚

（1）企业所得税。马来西亚居民企业仅需要就来源于马来西亚境内的收入缴纳企业所得税，对股息红利不征收企业所得税。

（2）股息预提税。马来西亚对股息分配不征税。

（3）资本利得税。马来西亚对来源于境外的资本利得不征收所得税。

（三）不同投资架构对比分析

假设中国居民企业A公司将在M国投资设立B公司进行实质性生产经营运作，假设B公司股息分配额为100万美元，对B公司股权进行转让所得总额为1 000万美元。现在假设直接投资、一层中间层控股公司、二层中间层控股公司三个不同投资架构。

1. 方案1：直接投资

A公司直接在M国投资B公司，即如图3—4所示的投资结构。

（1）股息分配的税收负担。根据中国和M国双边税收协定，M国B公司在向A公司支付股息时，需缴纳5%的股息预提税。M国B公司在M国境内缴纳24%的企业所得税，税后支付A公司股息时，需缴纳5%的股息预提税，所得税整体税负为27.8%，高于中国25%的企业所得税税率，超出抵免限额的境外所得税及股息预提税部分无法在中国获得抵免。

股息分配的税收负担为：100×5%＝5（万美元）

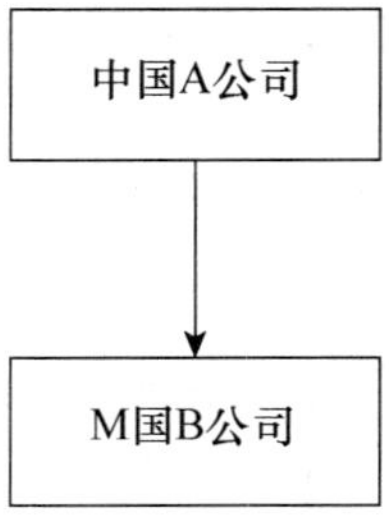

图 3—4　直接投资结构

(2) 股权转让的税收负担。如果 A 公司要转让 B 公司的股权，需在 M 国缴纳 10%的预提资本利得税；A 公司转让 B 公司股权所得应纳入企业所得税缴纳范围，境外已缴纳所得税可以进行抵免，低于 25%企业所得税部分需要在国内进行补缴。

股权转让的税收负担：1 000×25%＝250(万美元)

2. 方案 2：一层中间层控股公司

A 公司设立中间层控股公司 C 公司，C 公司再投资 B 公司，即如图 3—5 所示的投资结构。

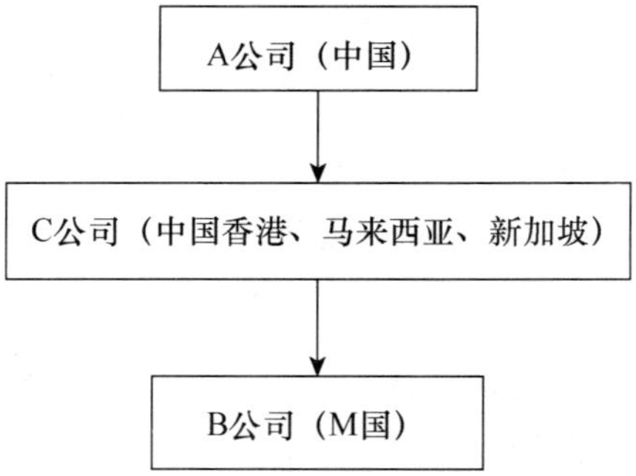

图 3—5　一层中间层控股公司投资结构

在上述投资架构下，中间控股公司 C 公司设立地点的选择需要考虑项目公司的企业所得税，股息汇出的预提所得税，对资本利得的所得税或预提所得税，税收协定网络，以及中间控股公司的当地所得税、资本利得税、向境外汇出股息的预提所得税等因素。考虑选择在中国香港、马来西亚、新加坡设立中间控股公司。

(1) 在中国香港设立中间控股公司，即 C（香港）公司。

1) 股息分配的税收负担。

- B 公司向 C（香港）公司分配股息：根据 M 国税法规定，向香港公司汇出的股息需要缴纳10%的股息预提所得税。

● C（香港）公司收到股息的利得税：香港对于境外股息不征税，因此C（香港）公司对从M国收到的股息无须缴纳利得税。

● C（香港）公司向A公司分配股息：根据香港税法规定，分配股息无须缴纳预提所得税。

● A公司收到股息：M国B公司在M国境内缴纳24%的企业所得税，税后支付C公司股息时，需缴纳10%的股息预提税，整体税收负担高于中国25%的企业所得税，在中国无须缴纳企业所得税，但是超出抵免限额的境外所得税及股息预提税部分无法在中国获得抵免。

股息分配的税收负担为：100×10%=10(万美元)

2）股权转让的税收负担。在存在中间控股公司的情况下，股权转让可以分为直接转让和间接转让两种方式，直接转让即C（香港）公司转让B公司股权，间接转让即通过转让C（香港）公司股权实现间接转让B公司股权。

● 直接转让股权。

M国资本利得税：按照M国国内税法的规定，C（香港）公司就该笔股权转让缴纳10%的M国资本利得税。

香港资本利得税：香港对符合条件的资本利得通常不征收利得税。

股权转让税收负担：1 000×10%=100(万美元)

（在C（香港）公司股权转让所得未分配回A公司之前，该部分所得不需要缴纳中国企业所得税，但是一旦以分红形式分配回中国，则需要在25%企业所得税限额内补缴税款。）

● 间接转让股权。

M国资本利得税：一般情况下，M国对间接股权转让不征收资本利得税。

中国企业所得税：A公司转让B公司股权所得应纳入企业所得税缴纳范围，境外已缴纳所得税可以进行抵免，低于25%企业所得税部分需要在国内进行补缴。

股权转让税收负担：1 000×25%=250(万美元)

（2）在马来西亚设立中间控股公司，即C（马来西亚）公司。

1）股息分配的税收负担。

● B公司向C（马来西亚）公司分配股息：根据M国与马来西亚签订的双边税收协定，在马来西亚控股公司直接持有M国公司超过10%股权的情况下，该股息分配可适用5%的股息预提税优惠税率。

● C（马来西亚）公司收到股息的利得税：马来西亚居民企业仅需要就来源于马来西亚境内的收入缴纳企业所得税，因此C（马来西亚）公司来源于M国的股息收入不需要在马来西亚缴纳企业所得税。

● C（马来西亚）公司向A公司分配股息：马来西亚对股息分配不征税，因此C（马来西亚）公司向A公司分配股息不需要缴纳马来西亚股息预提税。

● A公司收到股息：M国B公司在M国境内缴纳24%的企业所得税，税后支付C公司股息时，须缴纳5%的股息预提税，整体税收负担高于中国25%的企业所得税，在中国无须缴纳企业所得税，但是超出抵免限额的境外所得税及股息预提税部分无法在中国获得抵免。

股息分配的税收负担为：100×5%=5(万美元)

2）股权转让的税收负担。

● 直接转让股权。

M国资本利得税：M国与马来西亚签订的双边税收协定对股权转让的税负未进行约定，因此应按照M国国内税法的规定，就该笔股权转让C（马来西亚）公司缴纳10%的M国资本利得税。

马来西亚资本利得税：马来西亚对来源于境外的资本利得不征收所得税，因此该笔股权转让交易不需要在马来西亚缴纳资本利得税。

股权转让税收负担：1 000×10%=100(万美元)

（在C（马来西亚）公司股权转让所得未分配回A公司之前，该部分所得不需要缴纳中国企业所得税，但是一旦以分红形式分配回中国，则需要在25%企业所得税限额内补缴税款。）

● 间接转让股权。

M国资本利得税：一般情况下，M国对间接股权转让不征收资本利得税。

中国企业所得税：A公司转让B公司股权所得应纳入企业所得税缴纳范围，境外已缴纳所得税可以进行抵免，低于25%企业所得税部分需要在国内进行补缴。

股权转让税收负担：1 000×25%=250(万美元)

(3）在新加坡设立设立中间控股公司，即C（新加坡）公司。

1）股息分配的税收负担。

● B公司向C（新加坡）公司分配股息：根据M国与新加坡签订的双边

税收协定，在新加坡控股公司直接持有M国公司超过10%股权的情况下，该股息分配可适用5%的股息预提税优惠税率。

● C（新加坡）公司收到股息的所得税：新加坡公司收到的股息已经在境外缴纳了超过15%的所得税，且属于来源国的应税收入，则不需要在新加坡缴纳企业所得税。因M国所得税率超过15%，因此C（新加坡）公司收到股息无须在新加坡缴纳所得税。

● C（新加坡）公司向A公司分配股息：新加坡对股息分配不征税，因此C（新加坡）公司向A公司分配股息不需要缴纳新加坡股息预提税。

● A公司收到股息：M国B公司在M国境内缴纳24%的企业所得税，税后支付C公司股息时，须缴纳5%的股息预提税，整体税收负担高于中国25%的企业所得税，在中国无须缴纳企业所得税，但是超出抵免限额的境外所得税及股息预提税部分无法在中国获得抵免。

股息分配的税收负担为：100×5%=5(万美元)

2）股权转让的税收负担。

● 直接转让股权。

M国资本利得税：根据M国与新加坡签订的税收协定，新加坡公司转让M国公司股权，不需要在M国缴纳资本利得税。

新加坡资本利得税：新加坡对来源于境外的资本利得不征收所得税，因此该笔股权转让交易不需要在新加坡缴纳资本利得税。

股权转让税收负担：0。

（在C（新加坡）公司股权转让所得未分配回A公司之前，该部分所得不需要缴纳中国企业所得税，但是一旦以分红形式分配回中国，则需要在25%企业所得税限额内补缴税款。）

● 间接转让股权。

M国资本利得税：一般情况下，M国对间接股权转让不征收资本利得税。

中国企业所得税：A公司转让B公司股权所得应纳入企业所得税缴纳范围，境外已缴纳所得税可以进行抵免，低于25%企业所得税部分需要在国内进行补缴。

股权转让税收负担：1 000×25%=250(万美元)

综合方案1和方案2，对比分析如表3—1所示：

表 3—1 方案 1vs. 方案 2

事项		方案 1	方案 2		
			通过香港投资	通过马来西亚投资	通过新加坡投资
股息分配税收负担		5	10	5	5
股权转让税收负担	直接转让	250	100	100	0
	间接转让	—	250	250	250

通过表 3—1 可以看出，通过设立中间控股公司，充分利用投资所在国 M 国与相关国家之间的税收协定，可以有效降低税收负担。尤其在直接转让股权的情况下，通过新加坡进行投资，不仅股息分配时可以按照双边税收协定的优惠税率 5%进行缴纳，而且股权转让所得既不需要在 M 国缴纳所得税也不需要在新加坡缴纳所得税，税收负担最轻。

二、A 国 M 项目投资税务筹划综合案例分析

在"一带一路"战略构想下，"走出去"的中国企业也会越来越多，有的企业开展国际贸易，有的企业开展国际工程承包（最常见的是 EPC 业务），有的企业进行海外投资（包括 BOT，PPP 等形式）。由于中国在国际市场上具有商品价格和劳动力的优势，中国企业参与海外投资的项目一般均包含项目建设，本部分主要对海外 BOT 项目的税务筹划进行分析，其他各种海外投资项目的税务筹划有相同相通之处。

对于跨国公司，税务筹划是从集团公司整体角度考虑，在税务风险可知可控的情况下，集团整体税负最小的税务方案，因此税务筹划是实现企业价值最大化目标的重要组成部分。税务筹划是在各国法律法规范围内进行节税或合理避税，非逃税和漏税。本文以 A 国为投资项目所在国，进行税务筹划案例分析。

（一）投资项目基本情况介绍

A 国是一个制造业水平非常落后的发展中国家，在经济发展过程中需要大量 M 产品，甲公司在 A 国投资一条生产 M 产品的生产线（以下简称"M 生产线/M 项目"），生产 M 产品原材料及配件均从中国进口，总投资额约 2 亿美元，从 2010 年开始建设，2011 年底建设完毕，2012 年投产 M 产品。

由于 A 国提供了 M 生产线的土地，根据投资协议，甲公司在 M 生产线运营 10 年后，即 2021 年底要将生产线无偿转让给提供土地的管理委员会（以下简称"管理委员会"）进行运营管理。

图3—6为M项目的最终投资架构，后述对甲公司投资M项目进行税务筹划分析。

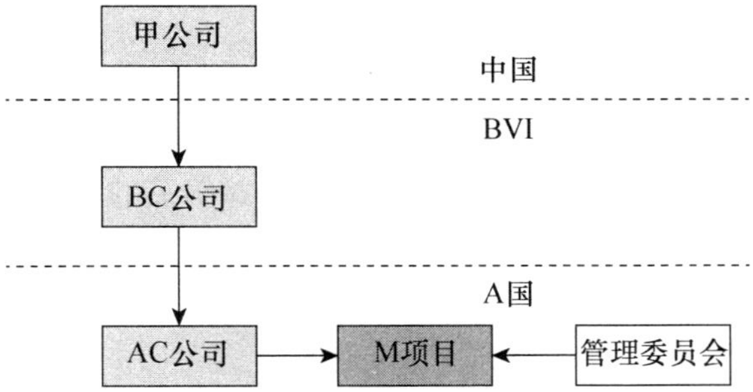

图3—6　M项目的最终投资架构

（二）项目投资前的税务尽职调查

在项目投资前甲公司需要组织专业团队完成项目可行性分析，其中项目经济效益和税务方案是可研报告的重要组成部分。税务尽职调查包括投资项目所在国、中国、其他可能涉及的地区税收法律法规，可以借助这些国家或地区的会计师事务所完成税务尽职调查。在M项目投资之前，甲公司进行了以下几方面的税务调查和研究。

1. 投资项目所在国税收法律调查

经过与设立在A国的国际知名会计师事务所签订税务咨询协议，借助事务所的力量和经验，很快了解到A国基本法律架构和税务体系。A国是相对比较落后的国家，税收法律体系不是很健全，有税收基本法律，对于税收法律的细则规定非常少。这样的税收法律环境，为通过转移定价、成本分摊、资本弱化等进行税收筹划提供了非常大的空间。A国主要涉及企业所得税、个人所得税、关税、资本利得税等税收，这些税费也是筹划的主要税种。

（1）A国的企业所得税税率为35%，对于A国的不同地区可以申请一定期间的免税或者享受低税率优惠。对于工程建设、装饰装修、固定资产修理服务类的业务，在支付款项时应当由业主代扣代缴3.5%的预缴所得税；对于其他服务类业务，在支付款项时由业主方代扣代缴5.25%的预缴所得税。

（2）个人所得税与中国类似，实行12级超额累进税率，最高税率为17%；另外，对于外国居民，在外国已经缴纳社会保险的，可以不缴纳A国的社会保险。

（3）关税针对不同的商品有不同的税率，除免税物资外，其他物资进口关税税率从2%～50%不等，差别较大。

（4）A国的资本利得及利息收入税率10%，但股东间的利息不得在所得税前列支。

2. 中国涉外税收法律研究

对中国涉外税收法律进行了研究，中国未与A国签订任何税收协定，在2010年前与涉外相关的法律法规主要包括以下几方面：

（1）在企业所得税方面，涉外企业税收筹划相关的法条主要是：《企业所得税法》规定所得税税率为25%，其中对居民企业与非居民企业进行了严格定义，在企业对境外投资时需要考虑境外投资的企业是不是中国居民企业；《企业所得税法》和《特别纳税调整实施办法（试行）》均对受控外国企业进行规定，由居民企业控制的设立在实际税负低于所得税法税率水平50%的国家（地区），并非出于合理经营需要对利润不作分配或减少分配的外国企业，利润中应归属于该居民企业的部分，应当计入该居民企业的当期收入；《企业所得税法》和《企业所得税法实施条例》对已在境外缴纳的所得税税额有明确的抵免税额计算方法。

（2）个人工资薪酬所得税方面，中国实行七级超额累进税率，从3%～45%不等的税率，对于中国居民海外工薪收入加计扣除1 300元。

（3）营业税方面，根据财税［2009］111号文《关于个人金融商品买卖等营业税若干免税政策的通知》规定，境外建筑业劳务暂不缴纳营业税。根据《营业税税目注释》，建筑业是指建筑安装工程作业，包括“建筑、安装、修缮、装饰、其他工程作业”；设计服务根据税法规定需按5%税率缴纳中国营业税。

（4）增值税方面，主要是增值税暂行条例和实施细则，对涉外业务中的出口退税做了明确规定，出口不同物资享受不同退税率。

3. 中间国或地区税收法律调查

对于中国企业在海外投资，一般分为直接投资和间接投资两种。直接投资是指中国企业直接投资项目所在国项目公司；间接投资是指在低税负的国家或地区设立中间投资公司，通过中间投资公司再投资项目所在项目公司的方式。对于间接投资，会考虑在中国香港、BVI、迪拜、开曼等地设立中间公司。

对于中间公司一般无在当地发生实体业务，只需考虑所得税、股息收入税收、股权转让方面税收。所得税方面，中国香港、BVI、迪拜、开曼四个地方只有中国香港有16.5%的所得税税率，但中国香港对离岸业务规定无须缴纳所得税；在股息收入和股权转让方面，四个地方均无税收。因此如果要设立中间投资公司，从税收方面考虑这四个地方均有天然避税优势。

（三）设计项目投资架构，确定税务方案

在项目投资前对项目投资国税收法律、中间地区税收法律调查和中国税收法律研究后，结合投资项目特点设定投资及项目运行架构，确定比较优越的税务方案。对于M项目投资，A国所得税税率较高，与中国无双重征收协定，税收法律实施细则较少，税务筹划尤为重要，基于以下几方面的考虑，确定了投资架构和税务方案。

1. 考虑中国企业所得税法对居民企业的认定和A国税收减免，确定在A国设立实质性管理机构

在税务尽职调查阶段，甲企业在A国工业园投资设立M生产线，可享受运营期3年免交企业所得税的优惠。中国企业所得税法对按照境外法律设立，实际管理机构在中国境内的企业，认定为居民企业，依中国居民企业的税收规定缴纳企业所得税。

另外，根据A国法律规定，在A国实施超过1年的项目，需要由当地机构完成。这样对于M项目的建设和运营均需要在A国注册公司实施（M项目在A国注册了AC公司）。由于中国与A国无税收协定，避免在A国给予免税运营期三年里，中国认定甲公司在A国投资设立的公司为中国居民企业，每年按照中国居民企业缴纳25%的所得税，需要在A国设立AC公司的管理机构。

2. 考虑未来退出机制和相应税收筹划，在BVI设立投资公司

在税收调查阶段分析的四个中间国或地区设立投资公司，避免认定为中国居民企业，管理可以由A国AC管理机构完成，这样按照中国企业所得税法不会认定为中国居民企业。但是非常容易被中国税务机关按照《特别纳税调整实施办法（试行）》中受控外国企业进行纳税调整。

考虑甲公司投资M项目未来退出机制，以及AC公司每年利润分配及未来退出AC公司如何处置的问题。计划在未来通过转让AC公司来完成转移M项目，这样对于管理委员会有成熟的项目运营公司，甲公司退出M生产线和AC公司也较容易。另外，考虑在上述四个地区设立中间投资公司对投资方信息披露、投资模式的保护程度，选择在BVI设立中间投资公司BC公司，这样未来转移M生产线和AC公司时，直接变更BC公司股权关系，避免了退出A国时涉及AC公司所得税汇算清缴烦琐程序和股权转让收益税收问题。

对于AC公司是否按照中国《特别纳税调整实施办法（试行）》中受控

外国企业进行纳税调整，需要合理安排 BC 公司与 AC 公司的商业行为及文件，尽量避免认定 BC 公司为受控外国企业从而缴纳中国企业所得税。如果被中国税务机关认定受控外国企业的规定进行纳税调整，因为 BC 公司的主要利润是来源于 A 国，A 国所得税税率高于中国，按照抵免税算法可能会不缴纳中国企业所得税；即使计算缴纳 BC 公司应在中国的所得税，可合理安排 AC 公司分配给 BC 公司的利润。

3. 投资 M 项目考虑资本弱化方案进行税务筹划

投资 M 生产线总共投资需要 2 亿美元。第一种方案，用 2 亿美元现金注册 AC 公司，然后 AC 公司用自有资金从中国购买设备及建设厂房；第二种方案，以现金＋设备及厂房作为注册资本注册 AC 公司；第三种方案，以部分现金注册公司，以借款方式筹集资金从中国购买设备及建设厂房。

由于 AC 公司是 A 国的企业，是新成立的公司，融资能力非常有限，三种方案对于投资 2 亿美元基本是需要实际控股股东甲公司提供（或者利用甲公司在金融机构的授信额度为 AC 公司进行融资），并按照 A 国的会计准则核算和税收规定计算缴纳各种税费。

第一种、第二种方案，甲公司收回全部投资需要 AC 公司的税后利润分配，AC 公司分配利润给 BC 公司需要代扣代缴 10%的资本利得税。第三种方案，除了税后利润分配股东外，还要归还借款并支付借款利息，A 国规定股东借款利息不可以所得税前列支，但非关联企业间借款或金融机构的借款利息支出可税前列支，在支付境外利息时要代扣代缴 10%的利息税。这样第三种方案，甲公司可以利用银行授信或委托贷款的方式为 AC 公司提供融资。第三种方案，可以减少利息部分 35%的所得税，由于 A 国处于发展中，融资利率较高，可以通过提高借款利息的方式来尽量多地让甲公司获益，该方案实质是缴纳了利息部分 25%的中国所得税，减少了 A 国 35%的所得税，该方案即资本弱化税务筹划方案。

最终甲公司在 M 项目上选择 A 国最低注册资本 10 万美元的方式通过 BC 公司投资注册 AC 公司。利用甲公司的银行授信为 AC 公司提供购买设备和建设厂房的资金（在甲公司资金充足时，通过委托贷款方式向 AC 公司贷款）。通过与管理委员会签订在 10 年运营期结束后的转让协议，管理委员会支付甲公司 AC 公司除 M 生产线以外资产减负债对价后获得 BC 公司的全部股权。

（四）按照制定好的投资架构实施和运行项目，落实税务方案

根据制定好的投资 M 项目的税收筹划方案，在不同地区设立公司。各公司分别建立财务制度和设立会计核算账套，签署不同环节合同或协议，记

录各种经营活动，按照各自所在地区的要求进行税务申报和纳税。

1. 设立投资公司和项目公司

本案中，甲公司在BVI设立投资公司BC公司，在A国设立项目公司AC公司，依照中国海外投资相关规定需要商务部及外管局进行相应的审批手续；在BVI设立BC公司，需要按照BVI的要求提供相应材料；AC公司的设立及税收优惠政策，需要按照A国相关法律审批后进行注册设立。

2. 根据业务开展情况完善各类商业文件，在不同主体间进行财务核算

本案中各种税收筹划方案主要是少缴了A国税收，所以各种商业文件均要按照A国的规定执行，使得该税务筹划方案下的业务活动具有真实商业目的，如借款合同需要在A国央行进行备案、各种合同和商业文书要缴纳A国印花税、人员工资成本在A国需要有缴纳个税或社保记录、各种费用列支取得合法合规票据。对于这些文件及记录要进行专门归档和保管，以备A国相关部门检查。

对于不同主体要建立健全财务制度，对于发生的业务活动需要按照各自主体的财务管理制度进行审批，作为会计记账依据，以满足各公司的年度审计和税务审计要求。

综合上述，税务方案的落实是集团公司不同主体分别依据什么材料，在各公司间列支哪些收入，列支哪些成本、费用的过程。

（五）跟踪评估各环节税收法律环境的变化，不断调整和完善税务方案

在海外投资项目长期运行过程中，中国、投资项目所在国、中间地区的法律环境及税收法律法规可能发生变化，甲公司要时时关注、调整完善税务方案。

1. 中国反避税管理办法的制定和实施

2014年11月16日，国家主席习近平在澳大利亚二十国集团峰会上指出："加强全球税收合作，打击国际逃避税，帮助发展中国家和低收入国家提高税收征管能力。"随后国家税务总局制定《一般反避税管理办法（试行)》，从2015年2月1日起开始实施，进一步规范和明确税务机关采取一般反避税措施的适用范围、判断标准、调整方法、工作程序、争议处理等相关问题。由于上述方案中M项目投资税收筹划主要是合法合理规避A国税收，对中国税收影响不明显，在一定程度上增加了中国税收，所以《一般反避税管理办法（试行)》的颁布对该投资方案影响不大。

2. 关注中国与A国税收法律协定推进进程

目前中国与A国无税收法律协定，但是经了解国家税务总局正积极推进

中国与A国签署避免双重征税和防止偷漏税的协定。如果该协定签署，甲公司要对原税收筹划方案进行全面评估，适时予以调整。

3. 关注中国及A国加入《多边税收征管互助公约》进程

2013年中国正式签署《多边税收征管互助公约》（以下简称“公约”），成为该公约第56个缔约方，公约旨在通过国际税收征管协作打击跨境逃避税行为，维护公平税收秩序。随着全球化步伐的加快，加入该公约的成员越来越多，目前已经达到58个，当A国加入该公约时，中国要与A国自动提供与该投资相关的利息、股息、工资薪金、经营收入等相关数据，这样甲公司在制定转移定价方案时，价格要尽量合理且具有合理商业目的，必要时聘请中介机构完成税收筹划方案中转移定价方案。

4. A国税收法律的重大改革

从2010年甲公司投资M项目开始，A国将税收相关法律进行了重大修订和完善。

2013年颁布了《关于发票与同等文件的法律制度》，对于发票、免开发票、等同于发票的文件等进行了详细规定，AC公司在成本、费用列支时必须符合该制度，否则票据不被税务机关认可，该部分成本不能列支，将会多缴纳A国所得税。

2014年通过税务调整特别法案，赦免2013年以前的企业所得税、个人所得税、印花税、投资税及城市房地产税，这样对于2013年以前未缴纳或延迟缴纳的该五种税金将无税务风险。

2014年新修订的《企业所得税法》，从2014年起企业所得税税率从35%降低为30%，从2015年起预缴所得税由原来的工程3.5%和非工程服务5.25%统一调整为6.5%，该法律的调整AC公司要关注转移定价关税价格临界点，同时尽量少发生A国境外服务。另外A国还限制部分物资进口并调整了部分进口物资的关税税率，调整了个人所得税起征点等。

近几年A国税收法律的颁布和完善，说明A国在对税收管理力度加强，甲公司要及时评估变化对投资M公司税收的影响，必要时调整税务方案。

从上述案例分析来看，海外投资税务筹划需要在集团公司统领下，综合中国、中间控股公司所在地及投资项目所在国法律、税务、外汇等综合因素，制定出项目投资执行方案，时时评估集团公司各业务环节所处的税收法律环境的变化，在合法的前提下不断调整和完善特定海外投资项目税收筹划方案。

Chapter Four

第 4 章 国际工程承包与海外投资税收筹划的风险

第一节 国际税收筹划过程中的风险

所谓税收筹划的风险，通俗地讲就是税收的筹划活动由于各种原因失败而付出的代价。在企业中，各种税收筹划的具体方案是在纳税行为发生之前作出的决策，在实施的过程中，由于税收法律法规的可能变化以及企业错综复杂的内外部经营环境因素，使得税收筹划具有不确定性，蕴含着一定的风险。尤其是对于国际工程承包与海外投资企业来说，它的生产和经营分布在全世界，不同投资地区税收政策的变化、不同部门筹划措施的选择都会将企业暴露在风险之下。为此，企业，特别是国际工程承包与海外投资企业，在进行税收筹划时应对相关的风险因素给予充分考虑。

1. 政策风险

政策风险是指在企业进行税收筹划的设计以及具体筹划措施的实施过程中，由于税收政策变化而面临的风险，具体地说，就是税收政策不稳定导致的风险。

2. 税收法律风险

我国海外工程承包市场主要集中在亚、非、拉等发展中国家，国别众多，各国的法律法规各不相同，且执行中规范程度也千差万别，如果不了解项目所在国的税收法律法规，在执行中将面临很大的风险。比如在菲律宾，向设备分包商支付设备款应当代扣代缴所得税和增值税，而在委内瑞拉只需要代扣代缴增值税，如果未按规定代扣代缴，不仅不能列支成本，还会遭到巨额罚款。

3. 操作风险

由于国际税收筹划经常是在税收法规规定性的边缘操作，来帮助跨国公司降低企业的整体税负，实现利益最大化，加上不同国家税收立法体制层次繁多，立法技术参差不齐，许多法规内容存在模糊之处，这就为跨国公司进行税收筹划带来了很大的操作风险：（1）对税收政策不了解导致的风险；（2）项目选择不当导致的风险；（3）片面理解税收筹划导致的风险；（4）筹划方案不严谨导致的风险。

4. 税务执法风险

税务执法风险主要指由于税务执法人员的主观认识或理解出现偏差而导致纳税筹划方案的失败。严格意义上的税收筹划应当是合法的，符合立法者的意图，但这种合法性还需要税务行政执法部门的确认。各个国家在制定税收制度时，都留有一定的自由裁量权，税收执法人员在具体的执行过程中都拥有一定程度的决策权，再加上税务执法人员主观判断、自身素质的差异，可能导致税法、税收政策的执行偏差，使原本合法的税收筹划方案变为一纸空文，甚至会被认定为偷税、漏税等违法行为而遭到处罚。这时，跨国纳税人不仅得不到少纳税的好处，甚至有可能被课以重税，最终导致跨国税收筹划的失败。

5. 关联企业间股权转让的公允价值风险

近年来，跨境股权重组交易活跃，以不合理低价转让境内企业股权的情况时有发生。按照我国国内法有关规定，如股权转让行为不符合特殊性税务处理条件，则应按公允价值转让，通过特定税收安排规避股权转让收益，将面临税务机关调查调整的风险。

【例 4—1】 A 公司是境内居民企业，盈利状况极佳，由位于英属维尔京群岛的 B 公司 100％控股。2008 年 B 公司以 1 美元的价格将其持有的 A 公司 100％的股权转让给位于中国香港的关联公司 C。因股权转让价格远低于股权取得成本，转让方 B 公司未向我国缴纳非居民企业所得税。经查，该项股权转让行为不符合特殊性税务处理的条件，其股权转让价格 1 美元远低于市场公允价格，严重低估了 A 公司的股权价值。税务机关根据企业所得税法及相关规定，对其进行转让定价调整，参照市场公允价值，综合运用股权估值方法中的收益法和市场法重新核定股权转让价格，补征非居民企业所得税 1.1 亿元。

6. 集团信誉风险

集团信誉风险是指跨国公司在国际税收筹划实施过程中失败而导致的企

业遭受信用危机和名誉损失的一种可能。从事国际工程承包与海外投资的跨国公司是一个具有稳定性、长期性的集团式企业，其要长期稳定发展，必须立足国际市场，而在全球范围内开展经营活动，需要建立一个良好的国际形象，同时也应与各国的政府部门建立友好的长期往来关系。如果跨国公司在进行国际税收筹划时因操作不当引起税务机关的注意，从而被认定为重点户而给予“特殊待遇”的话，就会招致税务机关的严格检查，甚至会对其实施更加严格的其他限制措施。税收筹划行为一旦被税务机关认定为违法行为而被公布，将严重影响集团信誉和形象。

7. 中国居民纳税人风险

根据国税发［2009］82 号文件《关于境外注册中资控股企业依据实际管理机构标准认定为居民企业有关问题的通知》相关规定，“境外中资企业”指由中国境内的企业或集团作为主要控股投资者，在境外依据外国（地区）法律注册成立的企业。境外中资企业同时符合以下条件的，应判定其为实际管理机构在中国境内的居民企业，并就其来源于中国境内、境外的所得征收企业所得税：

（1）企业负责实施日常生产经营管理运作的高层管理人员及其高层管理部门履行职责的场所主要位于中国境内；

（2）企业的财务决策（如借款、放款、融资、财务风险管理等）和人事决策（如任命、解聘和薪酬等）由位于中国境内的机构或人员决定，或需要得到位于中国境内的机构或人员批准；

（3）企业的主要财产、会计账簿、公司印章、董事会和股东会会议纪要档案等位于或存放于中国境内；

（4）企业 1/2 以上（含 1/2）有投票权的董事或高层管理人员经常居住于中国境内。

中国税务机关在判断境外企业的居民身份时会遵循“实质重于形式”的原则。因此，为避免中间控股公司被认定为中国居民纳税人，公司除了在流程、制度和控制程序的建立上规避相关因素外，还需要注意从实质上避免在中国境内对境外企业进行管理和控制，增加中间控股公司的实质性工作内容。

为防止中国公司通过在低税率地区或避税地设立公司，将利润滞留于境外，从而减少、递延或规避中国纳税义务，中国《企业所得税法》及其实施条例等后续法规引入了“受控外国公司”概念，规定由居民企业，或者由居民企业和中国居民控制的设立在实际税负明显低于 12.5%的国家（地区）的企业，并非由于合理的经营需要而对利润不作分配或者减少分配的，上述利润中应归属于该居民企业的部分，应当计入该居民企业的当期收入。

为避免中间控股公司被认定为受控外国公司，中间控股公司应承担一定的职能和风险，从事一定的经营活动。此外，如果中间控股公司留存大量利润不作分配，应准备适当的书面材料，以证明其留存利润具有合理的商业需要（例如用于境外并购、业务扩张、再投资等），从而降低被税务机关认定为受控外国公司的风险。

由此可见，如果中间架构的设置仅仅是走个形式，将会面临被税务机关合并纳税的风险。因此，中间架构的设置一定要做实，严格按照文件的要求，避免中间控股公司被认定为中国居民纳税人。

8. 非受益所有人风险

根据我国国税函［2009］601 号文规定，受益所有人是指对所得或所得据以产生的权利或财产具有所有权和支配权的人。601 号文进一步提到，受益所有人一般从事实质性的经营活动，可以是个人、公司或其他任何团体，代理人或导管公司不属于受益所有人，因此不得享受税收协定待遇。其中导管公司是指通常以逃避或减少税收、转移或累积利润等为目的而设立的公司。另外，这类公司仅在所在国登记注册，以满足法律所要求的组织形式，而不从事制造、经销、管理等实质性经营活动。

第二节　国际工程承包业务中的税务风险

下面分别对国际工程承包业务（EPC）和海外投资业务（BOT）中的税务风险进行分析。

1. 工程合同风险

工程合同是项目纳税的基础，是辨别和划分征税范围的重要依据。各国的征税机关均会从工程合同中分析和判断项目涉及的税种、纳税义务人、征税基础以及税率等。工程合同中工程范围、价格和税务条款是最重要的条款，条款不清晰或者不利于承包商都可能产生额外的税务负担。工程合同一般包括勘察设计、设备供货和土建安装等内容，合同中应当明确各部分的分项价格，以此作为确认来源地收入的依据。然而，有些工程合同只列总额，无法区分设备、土建、设计等对应的价格，进而无法确认哪些收入来源于项目所在国，这种情况下，当地征税机关就很有可能判断项目所有收入来源于当地，征收巨额的增值税（或营业税）和所得税。

2. 机构设立风险

由于工程项目工期较长，也有来源于当地的收入，因此各国税法往往都规定了应当在当地注册机构的要求。如果未按规定注册机构，风险是很大的，有些国家甚至会推出一些惩罚措施，如 2011 年安哥拉政府对未正式注册公司的境外工程承包企业采取了冻结账户的措施。另外，各国对不同机构的资质、纳税义务范围和股东要求是不同的，执行项目的组织机构设立不适当也会出现项目执行无资质或者增大税务成本的情况。

3. 项目报价风险

工程项目与贸易项目不同，既有来源于本国的收入，也有来源于其他国家的收入，因此项目报价时应当充分考虑项目税务成本。很多项目进入执行期税务风险频频出现，往往都是因为报价阶段忽视了税务成本。为了实现目标利润，企业千方百计地规避纳税义务，心存侥幸，结果触犯了税法的规定，最终产生了税务损失。还有的项目在合同中规定由业主承担税负，因此不考虑税务成本，或虽然考虑了税负成本，但成本考虑不足，结果按照当地税法的规定，其税负应由承包商承担。由于税法的法律效力高于商务合同，所以承包商千万不能大意，以为商务合同规定不由自己承担的税费就不纳入成本，结果最终导致项目亏损。正确的做法是请当地的会计师事务所或税务师事务所出具相关文件，落实实际的可操作性，确认商务合同的约定与税法不发生冲突。

4. 不能享受税收协定优惠的风险

享受税收协定优惠应具备受益所有人身份。随着国际经济交往的密切，越来越多的非居民企业申请享受税收协定优惠。需要注意的是，只有符合受益所有人身份，非居民企业才能享受到协定优惠。例如，根据我国税法相关规定，非居民企业如果仅是在协定国登记注册，以满足法律所要求的组织形式，而不从事研发、生产、销售、管理等实质性经营活动，就很有可能被判定为为税收利益而设立的“壳公司”，不符合受益所有人身份，不能享受税收协定优惠。

5. 集团内劳务支付的真实合法性风险

近年来，跨国集团内劳务贸易增多，一些集团公司利用境外劳务收入无须在中国纳税的规定，通过模糊各个层级公司的功能定位，混淆收费依据，对境内公司实施多头管理和重复收费，造成境内企业分摊集团公司不真实、不合理甚至不合法的费用，最终将境内公司的利润输送给母公司和投资公司。此种行为将面临税务机关调查调整风险。

例如，某公司关联销售和关联采购比例都不足10%，且关联采购金额和比例逐年下降，但集团内关联劳务支付项目和金额越来越多，包括咨询费、管理费、服务费、佣金等众多名目。该公司申请对外支付时声明，各项支付全部为境外劳务，无须在中国缴纳税收。税务机关详细审查了境外公司出具的收费明细、收费标准，与签订合同、境内公司受益情况进行比对分析，最终查实虚构境外劳务240万元，重复收费项目209万元，不应负担的母公司费用项目107万元，不得税前扣除，并予相应行政处罚；另有670万元关联交易项目的合理性存在质疑，转入下一步反避税调查环节。

6. 合同备案风险

按照我国税法相关规定，居民企业与非居民企业签订承包工程作业、劳务、贷款、技术转让、财产转让、租赁等合同后，应在规定的时间内到主管税务机关进行合同备案。如未履行备案义务，会面临相关行政处罚风险。对于年度关联购销金额2亿元以上或者其他关联业务往来金额4 000万元以上的企业，应按规定准备、保存并经要求及时提供同期资料。未履行上述义务的企业，会面临行政处罚、反避税调查、增加罚息等风险。

例如，A企业于2010年1月与境外S公司签订承包工程劳务合同，未按要求到税务机关备案。当A企业6月对外支付费用到税务机关开具税务证明时，税务机关对其未履行备案义务进行了处罚。税务机关2010年4月对A企业进行转让定价调查时，发现该企业没有按规定就其关联业务往来准备同期资料，最终该企业补征税款计算利息时，除按同期人民币贷款基准利率计算外，还要额外加收5个百分点的罚息。

7. 免税项目业主没能拿到免税批复的风险

在签订EPC商务合同时，业主承诺该项目为免税项目，承包商可以不缴纳相关税费，并把相关内容写进合同，有的国际工程承包商就以此将税务成本略去。但在实际操作时，由于种种原因，业主未能拿到免税的批复，导致承包商最终还是要缴纳相关税费。这种案例也是国际工程承包企业项目最终亏损的原因之一。正确的做法是，免税项目应在合同条款中加上由业主取得免税文件，并写明在业主未能取得免税文件的情况下的补偿方法。

8. 项目执行时未进行纳税申报的风险

由于调查不充分造成少交税，外聘会计师漏报，而项目组未能及时了解情况造成漏报，有的国际工程承包商认为这是外聘的该国会计师的责任。但事实是，无论责任如何划分，最终纳税人和承担罚款的主体是国际工程承包商。这样的案例在实务中也是屡见不鲜。正确的做法是国际工程承包企业要有专门人员对外聘会计编制的纳税报表进行检查，看是否有漏项，是否有多报税。

9. 分包商的税负管理风险

由于总承包商通常会在当地设立项目公司，进行税务登记，而海外分包商往往不在当地设立机构，因此某些国家税法规定由总承包商为分包商扣缴税款。分包商在当地执行分包合同，本身在达到一定期限后也属于常设机构，具有纳税义务。因此，在签订分包合同时，需要明确可能涉及什么税款，以及该税款是否包含在合同价款之内。如果总承包商没有履行税款的扣缴义务，会带来很大的税务风险。

总之，由于各国税收政策差异较大，国际工程承包企业应充分了解相关税收规定，在合同签订之前重视合同中有关的纳税条款，结合项目情况做好税务规划，分析项目的每个环节涉及的税种，计算税负金额，以避免遭受经济损失和法律风险。此外，即使聘请了专业中介机构，企业也应指派专人负责与机构沟通联系，一方面深入了解当地税收法律规定，另一方面对专业机构提出的税务方案进行检查。

第三节　海外投资业务中的税务风险

一、项目前期

1. 税收优惠风险

在项目前期阶段，开发商应充分了解项目所在国对于开发商享受税收优惠的前提条件，注意利用设备暂时进口（在当地短期使用后复出口）或租赁，申请减免进口关税和增值税，利用优惠的区域贸易协定或根据不同货物原产地的选择，申请适用较低的关税税率。此外，要关注税收优惠的优惠期，这一点尤为重要，直接影响项目投资回报。

2. 利润汇回风险

在投资合同签署前，开发商要对项目利润汇回国内的时间、汇回方式等进行安排和筹划，从而降低或递延所得税。如果没有提前安排，待利润汇回时，开发商必须按照当初签署的投资协议执行，届时再做税收筹划已毫无意义。

3. 中间平台公司的运用——非受益所有人风险

参照国税函［2009］601 号文相关规定，为避免中间控股公司被投资所在国认定为非受益所有人不得享受税收协定优惠待遇，中间控股公司应从事实质性的经营活动。在实践中，越来越多的公司采用一层或多层中间控股公司的方式确立海外投资架构，虽然有效地降低了税收负担，但同时需要不断关注并加强税务风险的管控，真正实现税收筹划的目标。

二、运营阶段

1. 法律风险

各国的法律不尽相同，尤其是在一些重债穷国，法制不健全，当地法律可能规定必须由当地法人实体或者外国开发商必须和当地公司组成联合体或合资公司，才能签订项目投资合同。此外，当地政府可能会要求外国开发商具有一定的资质，营业收入和资产规模要达到一定的金额，要有类似项目的投资经验，当地政府还可能会对项目公司的设立地点、组织形式、股东结构等方面提出要求。这样，成立中间公司进行税务筹划就存在很大困难。

2. 银行风险

提供融资的银行可能会对合同签订方有一定要求，如利用中国政策性银行的买方信贷等方式进行融资，可能会要求只能由中国公司作为总包方签约。在实际操作中，银行在项目所在国缴纳的税款通常是转嫁到接受贷款的一方承担，但对于与中国有税收协定的国家是可以减免的。

3. 按期缴纳税款风险

所得税通常按月、季度申报缴纳，年末可能需要汇算清缴；增值税通常按月、季度或年度申报缴纳；关税通常在货物和设备进口时申报缴纳；个人所得税通常按月申报缴纳，且每个员工均需申报缴纳。项目公司申报并交纳上述企业所得税和个人所得税后，可就所取得的完税凭证抵扣中国企业所得税和个人所得税。无论是外聘会计师漏报，还是投资方未能及时了解情况造成漏报，最终都要承担追缴税款和罚款的责任。

4. 与当地政府、税务机关的沟通风险

对于投资方和项目公司来说，需要随时与当地政府和税务机关沟通交流，优惠政策的申请等环节离不开当地政府和税务机关的支持。此外，也要及时掌握当地税务政策的变更，涉及本企业的相关利益要积极争取，或早做准备，必要时聘请相关的专业机构协助进行。

5. 档案管理风险

这类风险是最容易被忽视的。项目所在地的财务人员必须针对每一项交易取得相应的合同、发票、海关单据等原始文件，准备完善的税务档案，随时备查。否则，依照某些国家的相关规定，将会受到处罚。因此，项目公司的财务人员要深入了解税务登记、纳税申报和税款缴纳的规定，制定税务管理工作流程并严格遵循。

6. 开发商项目所在地税务管理风险

此类风险主要指的是预提所得税，是指源泉扣除的所得税，征税对象包括：

股息：外国开发商在项目所在地设立的子公司，将税后利润汇回到境外母公司，通常需要缴纳股息预提税。

利息：外国开发商在项目所在地设立的子公司，从母公司或境外其他企业取得贷款而支付的利息通常需要缴纳利息预提税。

特许权使用费：外国开发商在项目所在地设立的子公司，从母公司或境外其他企业取得技术许可而支付的特许权使用费通常需要缴纳特许权使用费预提税。

服务费：外国开发商在项目所在地设立的子公司，向母公司或境外其他企业支付服务费，在某些国家也需要缴纳预提税（例如阿尔及利亚是 24%）。

租金：外国开发商在项目所在地设立的子公司，向母公司或境外其他企业租入设备并支付租金，在某些国家也需要缴纳预提税（例如阿尔及利亚是 9.6%）。

7. 利润及其他收益汇回管理风险

参照我国《特别纳税调整实施办法（试行）》第八十四条规定，中国居民企业股东只要能够提供资料证明其控制的外国企业满足一定条件，即可免于将外国企业不作分配或减少分配的利润视同股息分配额，计入中国居民企业股东的当期所得。设定的条件是：（1）设立在国家税务总局指定的非低税率国家（地区）；（2）主要取得积极经营活动所得；（3）年度利润总额低于 500 万元人民币。因此，如果将利润留在国外，应避免海外公司一次性取得大量利润（例如海外公司的子公司每年均匀分配股息，避免将多年留存的利润一次性分配到海外公司），使海外公司的年度利润总额保持在 500 万元人民币以下。

如果海外公司留存大量利润不作分配，应准备适当的书面材料，以证明海外公司留存利润具有合理的商业需要（例如用于境外并购、业务扩张、再投资等），从而在面临税务机关可能的检查或质疑时从容应对。

8. 开发商中间控股公司税务管理——居民企业风险

根据国税发［2009］82 号文件规定，境外注册中资控股企业由于实际管理机构在中国境内而被认定为中国居民后，在企业所得税上就和其他在中国境内注册的居民企业享受相同的税收待遇。82 号文件特别强调，对于实际管理机构的判断，应当遵循“实质重于形式”的原则。虽然 82 号文件及后续的 45 号公告针对的是境外注册中资控股企业，但是针对具体特定企业的适用，仍依赖于主管税务机关及其上级机关的判断。无论如何，境外公司是否会被认定为中国居民企业，将是海外投资企业需要长期关注的重要税务事项之一。

第四节 易触发税务稽查的信息

如企业存在以下情况，则很容易成为税务机关的稽查对象：

（1）营业额大，但长期亏损或微利；

（2）长期亏损，但经营规模不断增大；

（3）长期不做盘盈盘亏处理；

（4）有直接长期股权投资或其他关联关系但不进行关联往来申报；

（5）税收优惠期间利润高，优惠期满后利润率下降较大；

（6）施工类企业营业额高但应收账款不符合正常比例；

（7）预收、预付账款余额大；

（8）向境外大额支付管理服务费等非实质性劳务支出；

（9）关联交易迹象明显。

第五节 如何规避税收筹划风险

境外工程项目税务风险已经得到越来越多“走出去”企业的重视，一些公司也投入了大量的人力物力，根本目的是既要做到控制好税务成本，确保项目利润目标的实现，又要合法纳税，确保市场可持续发展。为此，应当做好以下几个方面的工作：

1. 正确认识税收筹划，牢固树立风险意识，建立风险控制机制和税务管理体系

公司应以完善的治理结构、权责设置和制衡机制作为内控建设和税收风险防控的基础。无论是从事税收筹划的专业人员，还是接受筹划的纳税人，都要正视风险的存在，在企业生产经营过程和涉税事务中应始终保持对筹划风险的警惕性。由于税收筹划只能在一定的政策条件下、一定的范围内发生

作用，因此不能对其要求过高。从事税收筹划的专业人员在接受委托时，应向委托人和接受筹划的纳税人说明税收筹划潜在风险，并在委托合同中就有关风险问题签署具体条款，从而对或有风险有一个事先的约定，减少可能发生的经济纠纷；在进行税收筹划的过程中，要注意税收及相关政策的综合运用，从多方位、多角度对所筹划的项目的合法性、合理性和企业的综合效益进行充分论证，随时随地注意税收筹划风险的防范；在既定的税收筹划方案的规划与指导下，各级管理、业务、财务人员都应该严格照章办事、规范操作，使各项行动朝着同一个目标前进；有条件的企业还应当利用现代先进的网络设备，建立一套科学、快捷的税收筹划的预警系统，对税收筹划过程中存在的潜在风险进行实时监控，一旦发现风险，立即向筹划者或经营者示警，规避风险的发生。境外工程承包和海外投资企业应高度重视境外税务管理工作，在内部控制规范上建立税务管理的流程和制度。对新市场、新业务做好税务前期调研，明确调研内容和程度；对调研信息进行汇总、整理和分析，建立国别税务信息档案；建立税务管理机制，不同阶段的税务工作责任到人，逐步完善税务管理多层次管理架构，从而不断完善税务管理体系。

2. 开展税法研究，做好前期税务规划

如前所述，工程项目税务既有来源于本国的收入，也有来源于其他国家的收入，还存在各国税收管辖权的交叉，因此工程企业进入新市场前应当做好前期的税务规划，加强税收政策的学习，准确把握税收法律法规政策。如果不懂法律，任何涉税行为都是充满风险的。由于存在法律条文过多、语言不通和理解不一致等诸多问题，所以建议企业要充分借助境外中介机构的力量，如国际知名的会计师事务所、税务师事务所等，以确保研究的效率和效果。

此外，企业应重视对新市场税务工作建立整体规划，主要是对工程项目涉及哪些税，税务成本构成以及设立机构类型等做好安排，为商务谈判和签署工程合同做好前期准备。

3. 签好工程合同，完成机构设立

工程合同一般包括勘察设计、设备供货和土建安装等内容，由于货物和劳务的发生地、提供方国别不同，纳税责任界定很复杂，很多国家税法都没有针对外国企业承揽工程项目作出固定的纳税规定，而往往只明确纳税的基本原则，如对发生在本国的行为和来源于本国的所得纳税。因此，工程合同若将发生或来源于项目所在国和发生或来源于其他国家的行为或所得区分开，无疑为企业合理合法纳税提供了很好的依据，也有利于税务成本的控制。在委内瑞拉，可以将工程合同分成土建安装、设备供货和勘察设计三个部分与业主签署工程合同，由于只有土建安装合同来源于当地，后两个合同不涉及当地所得税和增值税，这样就可以大大降低企业税负。也有一些项目特别是有政府背景的项目，无法实现工程合同拆分，但可以落实分项价格，这也是确认纳税范围的有效依据。

如果无法实现上述合同上的安排，降低税负的工作就会更多依赖于项目执行中的税务筹划，比如运用转让价格的方式，将利润在项目所在国、国内和第三国进行分割，即在项目当地成立子公司，通过关联合同，将合理的利润留在项目当地，大部分利润转移到中国或第三国。

这就又涉及纳税主体设立的问题，很多工程企业往往忽视注册机构的比较，盲目选择，忽视与税务筹划的统一性，从而增加了税务成本。境外机构的形式通常有：分公司、子公司、驻外代表处等。

（1）分公司本质上与母公司是同一法人，分公司也就成为工程主合同的签约方，因此税务筹划的余地最小，但可以利用母公司的资质，因此比较适合大型项目的开发或执行利润率较低的项目，也适合一些被业主直接预扣所得税的项目，预扣所得税作为已纳税款抵减项目未来的应纳税款。

（2）子公司是独立法人，非工程主合同的签约方，纳税义务通过与母公司的关联合同界定，因此可以运用价格转让等方式进行税务筹划，适合利润率较高的项目。

（3）驻外代表处的形式在有些国家是没有的，如委内瑞拉、厄瓜多尔等；在有些国家有驻外代表处的形式，但是存在执行工程项目的法律限制，如安哥拉、菲律宾等；也有些国家没有这方面限制，如白俄罗斯等，但是从本质上具有分公司的性质，纳税义务与分公司一样。

针对注册机构的设立，不同的国家规定不同，工程承包企业应结合税务规划，借助当地律师，做好注册机构的研究工作，为项目的开发和执行保驾护航。

4. 研究国际税收协定，控制税务成本

由于各国税收管辖权存在差异，在一定程度上就造成了相互之间的冲突，引起国家之间税收分配关系的矛盾，因此存在重复征税和国际逃税的可能性，为此我国政府与世界上多个国家签署了国际税收协定。据国家税务总局网站公布，截至2015年5月底，我国已对外正式签署100个避免双重征税协定，其中97个协定已生效。

国际税收协定是高于国别税收法律法规的，国际工程承包和海外投资企业应当研究中国与其他国家的国际税收协定，有助于税务成本的控制。

以委内瑞拉为例，《中委避免双重征税协定》（以下简称“协定”）第七条（一）规定：“缔约国一方企业的利润应仅在该缔约国征税，但该企业通过设在缔约国另一方的常设机构在该缔约国另一方进行营业的除外。如果该企业通过设在该缔约国另一方的常设机构在该缔约国另一方进行营业，其利润可以在该缔约国另一方征税，但应仅以属于该常设机构的利润为限。”协定第五条（三）规定：“建筑工地，建筑、装配或安装工程，或者与其有关的监督管理活动，仅以该工地、工程或活动连续超过九个月的为常设机构。”协定第二十四条（二）规定：“中国居民从委内瑞拉取得的所得，按照本协定规定在委内瑞拉缴纳的税额，可以在对该居民征收的中国税收中抵免。但是，抵免额不应超过对该项所得按照中国税法和规章计算的中国税收数额。”

因此，在委内瑞拉承建的超过九个月的工程项目形成常设机构，并应就该工程当地常设机构运营产生的利润纳税，即当地土建安装需要在委内瑞拉缴纳所得税，但是该税款可以在中国获得抵免，抵免该部分利润在中国应缴纳的所得税。需要注意的是，要及时收集和保存国外纳税凭证，确保在国内汇算清缴期限内进行税收抵免，过期是无法抵免的。

5. 拟订税务筹划方案，落实执行

工程合同签署后，应当拟订详细的税务筹划方案，将税务规划落实到项目执行工作中。在具体工作中，应当系统性地组织和安排税务工作，从工程量的确认、发票开具到境外机构的日常报税均应围绕税务筹划的主旨，确定各个细节，特别是对来源于不同国家收入的划分，以避免前后不一致导致的税务风险。

在具体执行中，应当建立多层次的管理架构：管理层应重视对税务管理体系运行的效率和效果的评价；财税部门应做好税务工作的具体安排，包括各市场税务筹划方案的可行性研究和监控执行；各项目现场财务税务管理团队应做好税务筹划方案的具体分工和落实；各项目还需要聘用当地税务管理人员负责具体税务工作。通过该架构的有效运行，实现对税务风险的有效控制。

需要提醒的是，企业要重视对东道国常用的反避税条款的研究，通常包含有：关联方之间进行的交易应该与独立各方之间进行的交易相类似；所有费用必须是全部而且无一例外地为取得应税收入而产生的，从而阻止不恰当的转移定价或者是无法律依据的税前扣除；通过实质重于形式和判定商业目的，确定交易是否违反税法。因此，了解东道国的反避税条款有重要的现实意义。

6. 保持税收筹划方案适度的灵活性

由于企业所处的经济环境千差万别，加上税收政策和税收筹划的主客观条件时刻处于变化之中，这就要求在进行税收筹划时，要根据企业的实际情况，制定税收筹划方案，并保持适度的灵活性，以便随着国家税制、税法和相关政策的改变以及预期经济活动的变化随时调整项目投资，对税收筹划的方案重新进行审查和评估，及时调整或更新筹划的内容，采取措施分散风险，保证税收筹划目标的实现。另外，还应把握税收筹划的时机，要在纳税义务发生之前通过对企业筹资、投资、经营活动的周密筹划来达到节税的目的，而不能在纳税义务发生之后采取所谓的补救措施来推迟或逃避纳税义务。事实上，全面准确地把握税收政策的规定性是规避税收筹划风险的关键。在现实生活中，税收筹划没有固定的模式和套路，手段与形式也是多样的。因此，在税收筹划过程中，应把握具体问题具体分析的原则，选择最合适的税收筹划方案。

跨国公司的投资经营活动往往具有连续、长期的特点，这就决定了税务筹划必然以对各国投资环境，包括经济形势、税法和税制改革的充分了解和研究为前提，对企业投资战略和经营活动进行有前瞻性的长远规划，致力于企业的长远发展。国际工程承包和海外投资企业在税务筹划中应牢记合法性是税务筹划的本质，不能简单地进行风险与收益的权衡，而必须首先对纳税义务的适当履行进行筹划，规避法律风险，才能使企业健康快速地发展。

7. 及时掌握税收法律变化，正确理解税收政策精神

纳税人进行税收筹划以合法为前提，必须具备必要的法律知识和财务知识，了解并熟练掌握税法规定。在进行税收筹划时，不仅要了解各种决策因素适用已有法律的不同而产生的不同的法律效果或安全程度，还必须注意税法的变动，适时调整税收筹划方案，使税收筹划不断适应新的税收政策要求，以达到预期效果。这就要求税收筹划者在正确理解税收政策的规定性、巧妙运用会计技术手段的同时，加强与当地税务机关联系，处理好与税务机关的关系，随时关注当地主管税务机关的税务管理的特点和具体的方法，及时获取相关信息，这也是规避和防范税收筹划风险的必要手段之一。事实上，如果不能适应主管税务机关的管理特点，或税收筹划的方案得不到当地税务机关的认可，就难以达到预期的效果，失去其应有的收益。

8. 重视税务管理人才的内部培养

税务管理工作的专业性、政策性较强，优秀的税务管理人员既要掌握相关国家的税收法律法规，又要熟悉企业的业务流程，具备扎实的理论知识和丰富的实践经验。企业税务管理多归口至财务部门，因此，企业应当重视财务部门的内部人才培养。企业财务部门应重视并鼓励学习，加强风险教育，组织内外部交流，使财务人员保持对所从事专业工作领域的敏锐度；培养财务人员的高度责任心，提倡爱岗敬业，为企业建立一支有较高职业道德水平和专业素质的、德才兼备的财务队伍。

总之，大量“走出去”企业在跨国税务处理中走了弯路，甚至失去了市场，这些问题引发了企业家和企业财务人员对项目税务风险的高度重视和重新思考。企业应当在进入新市场时，规划好税务管理工作，在法律法规的研究、机构的设置、合同的签署以及执行、日常税务工作处理等各个方面做好税务筹划和安排，建立全面的税务管理体系，以控制风险，提高竞争力。同时，建议利用好项目当地的资源，做好属地化经营和管理，将筹划方案的各项措施落实到位。

第六节　BEPS 行动计划下的税务合规性风险

税基侵蚀与利润转移（base erosion and profit shifting，BEPS）通常指跨国经营的企业利用国际税收规则存在的不足，以及不同国家和地区的税制差异和征管漏洞，人为地将利润由高税率地区向低税率地区转移，从而最大限度地避税，甚至达到双重不缴税的效果，造成对各国税基的侵蚀。BEPS 主要涉及三个国家或地区：收入来源国、中间控股国（通常设立在低税负国家或地区）和税收居民国。跨国企业通常通过转让定价等方式，尽可能地减少收入来源国所得税税基，并利用双边税收协定等税收政策优惠在汇出利润时少缴或不缴预提税，将更多的利润留存在中间控股国，并减少中间控股国对税收居民国的分红，以实现降低集团整体税负的目的。据统计，全球每年有 4%～10%的企业所得税因跨境逃避税流失，每年税收损失约为1 000 亿～2 400 亿美元。

2013 年，为改变各国国际税收管理各自为政、各国设立的账户等信息不透明的状态，打击国际逃避税，加强税收信息交换，二十国集团（G20）同意通过国际合作应对国际避税问题，并委托经济合作与发展组织（OECD）推进 BEPS 项目，在 G20 框架下各国携手打击国际逃税避税，共同建立有利于全球经济增长的国际税收规则体系和合作机制。BEPS 项目由 34 个 OECD 成员、8 个非 OECD 的 G20 成员和 19 个其他发展中国家和地区共计 61 个国家和地区共同参与，力图通过重塑国际税收体系，使其适应世界经济发展，提高税收透明性和跨国企业利润分配的合理性。

BEPS 项目以“利润在经济活动发生地和价值创造地征税”为总原则，共计出台 15 项行动计划，根据约束性强弱可将其大致分为最低标准、共同方法和最佳实践三大类。其中，最低标准约束性最强，包括第 5 项行动计划——有害税收实践、第 6 项行动计划——协定滥用、第 7 项行动计划——常设机构、第 8 项行动计划——无形资产转让定价指引、第 9 项行动计划——风险与资本、第 10 项行动计划——其他高风险交易、第 13 项行动计划——国别报告、第 14 项行动计划——争议解决；共同方法未来可能发展成为最低标准规则，但目前相关条件尚未成熟，包括第 2 项行动计划——混合错配安排和第 4 项行动计划——利息费用限制；最佳实践是推荐使用的、约束性较低的规则，包括第 3 项行动计划——受控外国公司规则和第 12 项行动计划——强制披露控制。除以上行动计划外，BEPS 行动计划还包括第 1 项行动计划——数字经济、第 11 项行动计划——衡量和监控 BEPS 和第 15 项行动计划——多边工具。BEPS 行动计划成果的出台，标志着国际税收体系取得了根本性的变革，为国际税收领域通过多边合作应对共同挑战提供了良好范例。在未来几年中，世界主要经济体将在共同政治意愿的推动下，将 BEPS 行动计划各项成果逐步在国内法上进行转化和落地，并吸纳更多发展中国家参与其中。

近年来，中国税务机关力图通过加强国际税收合作、积极参与国际税收法规的制定，促使国际税收规则朝更均衡合理的方向发展。2016 年 5 月 12 日，中国国家税务总局局长与加拿大、印度、以色列和新西兰税务局长一起签署了《转让定价国别报告多边主管当局间协议》，根据该协议，签署国承诺将自动交换跨国企业集团按照各国国内法要求编制的转让定价国别报告。2016 年 6 月 29 日，为实现 BEPS 行动计划第 13 项在中国的落地，国家税务总局发布了《关于完善关联申报和同期资料管理有关事项的公告》（国家税务总局公告 2016 年第 42 号），在参考 BEPS 行动计划的同时，结合中国税务机关近些年在转让定价领域的税务实践及相关技术立场，对关联申报及同期资料文档提出的更高要求，全方位提高了跨国企业信息披露程度，包括在所附的《企业年度关联业务往来报告表》中增加了国别报告申报表，同时提出了同期资料报告应该包括主体文档、本地文档和特殊事项文档三类文档结构等变化。具体来说，在信息披露层面的重大变化主要包括：

（1）在关联交易申报表中新增了国别报告。国别报告包括所得、税收和业务活动国别分布表、跨国企业集团成员实体名单和附加说明表三个部分，分别用中英文填写。其中，所得、税收和业务活动国别分布表中包含企业收入（区分关联收入和非关联收入）、利润、已缴纳所得税、留存收益等财务信息，跨国企业集团成员实体名单主要是对各子企业注册地和从事的主要业务活动进行职能风险定位，二者的比照分析可以反映跨国集团各子企业留存的利润是否与其承担的职能相匹配。国别报告主要是为了解决跨国集团全球经营的税收信息在各国税务机关间存在的信息不对称问题，防止和打击跨国企业利用税收信息不对称进行不当税收筹划造成国际逃税避税行为。

（2）同期资料结构在原本的本地文档的基础上，加入了主体文档和特殊事项文档，从内容上的变化来看，强化了披露信息的深度和广度，具体体现在：

1）在主体文档中披露关联劳务、无形资产和融资安排。第一，第 42 号公告要求企业在主体文档中披露研发以外的重要关联劳务安排及简要说明，说明内容包括主要劳务提供方提供劳务的胜任能力、分配劳务成本以及确定关联劳务价格的转让定价政策，结合原本在本地文档中要求披露的劳务内容、定价原则、各方受益情况等信息，关联劳务各环节信息将披露得更加完整；第二，第 42 号公告在主体文档中增加了企业集团开发应用无形资产及确定无形资产所有权归属的整体战略、企业集团对转让定价安排有显著影响的无形资产或无形资产组合及对应的无形资产所有权人、企业集团内各成员实体与其关联方的无形资产重要协议清单、与研发活动及无形资产相关的转让定价政策、无形资产所有权和使用权的关联转让情况等无形资产相关信息披露，从而方便税务机关了解跨国企业内各参与无形资产收益分成的子企业是否承担了与其收益相匹配的功能和风险；第三，主体文档中要求披露融资安排情况、融资安排转让定价政策、提供集中融资功能的成员实体情况等信息，以便税务机关了解跨国集团及其各子企业有无通过不合理的融资安排转移利润的情形。

2）在原有本地文档中增加价值链分析、地域特殊因素分析等内容。价值链分析要求披露关于企业集团内业务流、物流、资金流及集团利润在全球价值链条中的分配原则及分配结果，以及各环节参与方最近会计年度的财务报表。地域特殊因素应从劳动力成本、环境成本、市场规模、市场竞争程度、消费者购买力、商品或者劳务的可替代性、政府管制等方面进行分析，地域特殊因素对企业创造价值贡献的计量及其归属。跨国企业应重新从价值链的角度出发审视自身的经营活动和转让定价安排，各交易环节留存的利润应与其价值贡献相匹配。

第 42 号公告中细致全面的关联交易信息及同期资料披露要求，使税务机关可以更广泛深入地掌握跨国企业关联交易信息，对于致力于海外投资的“走出去”企业将会产生重大影响。“走出去”企业通常缺乏跨境交易的转让定价管理或缺少集团内统一的转让定价政策，第 42 号公告的发布带来的价值贡献因素、集团价值链、集团利润分配等敏感信息的披露和 BEPS 行动计划中“利润应在经济活动发生地和价值创造地征税”的总原则，将会使“走出去”企业原本的关联交易转让定价方法体系遭到前所未有的质疑和挑战，从而导致“走出去”企业税务合规性风险陡增，税务风险管理压力进一步增大。

另外，“走出去”企业通常选择在低税负国家或地区设立平台公司，提高对外投资的灵活性，合理降低集团整体税负。BEPS 行动计划带来的税务合规性风险很可能引致境外平台公司的“受控外国企业”风险，集团利用境外平台公司进行税收筹划的格局、境外平台公司的分红政策等将面临重新梳理和规划。“走出去”企业应如何应对 BEPS 行动计划带来的新变化和风险，在满足合规性要求的同时实现控制税务风险和降低整体税负的平衡，将是“走出去”企业在未来一段时间面对的重要课题。

Appendix

附 录

各国（地区）税制简介

亚洲

巴基斯坦

一、巴基斯坦税收结构（税制）

税种：综合税收

颁布日期：2014 年 9 月 26 日

税收制度

正如世界上绝大多数的税收制度一样，巴基斯坦的联邦税收分为两大类，即直接税和间接税。现对有关这些税收管理性质的广泛描述说明如下。

直接税

直接税主要包括个人所得税，作为财富税的补充之用。为了征收税款和计算总收入，所有收入应按下列名目进行划分：

1. 薪金；
2. 证券利息；
3. 产权收益；
4. 业务收入或职业收入；
5. 资本利得；
6. 其他来源的收入。

个人税

所有的个人、未注册企业、协会等都须纳税，税率从 10%～35%之间不等。

公司税

在巴基斯坦注册成立的所有上市公司（除银行公司）均应进行纳税评估，并按 39%的公司税率纳税。但是，有效税率可能会因行业、所在地、出口货物等相关津贴及豁免而有所不同。

跨公司股息税

一家上市公司从一家巴基斯坦公司获得的分红应按 5%的税率纳税，而外国公司获得的分红则应按 15%的税率纳税。由发电公司发放或分配的跨公司股息享受 7.5%的优惠税率，其他公司的适用税率为 20%。由公司支付给所有非公司股东的股息须缴纳 10%的预提税，且该预提税可视为就这一收入来源的完全和最终纳税义务。

股息收入处理

下列情况所获得的股息收入可享受免税，前提是金额不得超过 10 000 巴基斯坦卢比。

1. 由非本地居民从巴基斯坦投资公司设立的国有企业共同基金中获得的股息。

2. 由国内公司从海外获得的分红收益，前提是该企业只向国外专门提供中央收入委员会批准协议中的技术服务。

单方税额减免

居住在巴基斯坦的人有权享受其国外所得收入的税收减免，前提是这些收入已在国外纳税。对于此类收入，可允许按巴基斯坦或国外的平均税率进行适当减免，以较低者为准。

避免双重征税协议

巴基斯坦政府迄今已与 39 个国家签订了避免双重征税协议，包括世界上几乎所有的发达国家。这些协议针对在巴基斯坦发生的不同类型收入设置了税率上限，同样也对不能单方面修改的征税设置了一些基本原则。与巴基斯坦签订税收协定的国家名单如下：

奥地利	比利时	孟加拉国	加拿大
中国	丹麦	埃及	法国
芬兰	德国	希腊	印度
印度尼西亚	伊朗	爱尔兰	意大利
日本	韩国	黎巴嫩	利比亚
马耳他	毛里求斯	沙特阿拉伯	新加坡

波兰	罗马尼亚	瑞士	泰国
斯里兰卡	瑞典	土库曼斯坦	英国
土耳其	突尼斯	哈萨克斯坦	阿拉伯联合酋长国
美国	约旦	摩洛哥	

海关

巴基斯坦进口和出口的商品应按照《巴基斯坦海关关税》中规定的税率缴纳海关关税。以进口关税和出口关税形成的海关税约占总税收收入的37%。关税税率结构是由大量的社会经济因素决定的。不过，总体方案对奢侈品以及非必需品设置了更高的税率。进口关税的工业偏差体现在，保持对工业厂房、机器及原料按较低税率征税。

中央消费税

对在巴基斯坦生产或制造的数量有限的商品以及提供的服务征收中央消费税。对于大多数项目，中央消费税是根据价值或零售价征收的，有些项目是根据重量或数量征税的。按照用于世界各地的统一商品名称及编码系统进行商品分类。所有出口品均免征中央消费税。

营业税

在经济活动的各个阶段，对所有进口到巴基斯坦的货物按15%的税率征收营业税，由进口商承担应付税费；对于在进行任何业务的过程中在巴基斯坦取得的所有供给品，由注册人按15%的税率缴纳营业税。要有进项税调整的内置系统，并且注册人可对其早期阶段所纳税款进行调整，用以抵减其供给应纳的税款。如此一来，在任何阶段缴纳的税款都不超过供给品总销售价格的15%。

二、中华人民共和国政府和巴基斯坦伊斯兰共和国政府关于对所得避免双重征税和防止偷漏税的协定第二议定书

税种：税收协定

颁布日期：2007年4月17日

颁布部门：国家税务总局

实施日期：2007年4月17日

中华人民共和国政府和巴基斯坦伊斯兰共和国政府，愿意缔结关于修订1989年11月15日在伊斯兰堡签订的《中华人民共和国政府和巴基斯坦伊斯兰共和国政府关于对所得避免双重征税和防止偷漏税的协定》（以下简称“协定”）第二议定书，达成协议如下：

第一条

取消协定第十一条第三款第（三）项的规定，用下列规定代替：

（三）缔约国双方主管当局随时同意的缔约国另一方地方当局、金融机构和部门。第（二）项中所说的“国家银行”，在中国是指中国人民银行、中国银行、中国进出口银行、中国农业发展银行和国家开发银行，在巴基斯坦是指巴基斯坦国家银行。

第二条

本议定书自签字之日起生效。

下列代表，经两国政府正式授权，已在本议定书上签字为证。本议定书于 2007 年 4 月 17 日在北京签订，一式两份，每份都用中文和英文写成，两种文本具有同等效力。

中华人民共和国政府代表
国家税务总局局长：谢旭人

巴基斯坦伊斯兰共和国政府代表
总理财政顾问：萨尔曼·沙

柬埔寨

《柬埔寨王国税法》

税种： 综合税收

颁布日期： 1997 年 5 月 14 日

第一章　营业税条款

总则

第一条　税收征管

1993 年 12 月 28 日颁布的《Kram 02NS 号财政法案 1994》，1994 年 11 月 30 日颁布的《Kram 08NS 号财政法案 1994 的修正案》，1994 年 11 月 3 日颁布的《Kram 11NS94 号财政法案 1995》和 1995 年 9 月 1 日颁布的《第 CS/RKM/0995/01 号财政法案的修正案》的营业税法条，为国家财政预算收益做如下修改。

第二条　征税对象

营业税是居民来源于柬埔寨的收入和来源于外国的收入以及非居民来源于柬埔寨的收入应承担的责任。

第三条　定义

税务条款中所称的：

“居民纳税人”只指：

1. 在柬埔寨王国定居或有主要的住所，或者在一个自然年度居留在柬埔寨王国超过 182 天的任何自然人；

2. 在柬埔寨王国直通组织或管理的或者在柬埔寨王国有主要经营场所的任何法人或穿透企业。常设机构只按照其来源于柬埔寨的收入被视作居民法人。

“非居民”是指不是柬埔寨的居民。

“法人”是指任何从事经营的企业或组织，无论其是否得到王国政府主管机构的官方认可。“法人”包括任何政府机构、宗教机构、慈善机构或非营利机构。对于非居民来说，“法人”是指任何在柬埔寨王国的常设机构。“法人”不包括穿透企业或私营独资企业。

“常设机构”是指在柬埔寨王国的固定经营场所、外国公司的分支机构，或非居民从事经营通过的其在柬埔寨王国的居民代理人。“常设机构”也包括非居民在柬埔寨王国从事经济行为通过的任何其他社团或连接组织。

“穿透企业”是指不超过10个居民个人合伙人的普通合伙企业，其合伙人的资本、利润和亏损项目的分摊比例达到将由二级法令确定的标准。在这个定义中，穿透企业不能是另一个合伙企业的成员，不包括公司、常设机构或私营独资企业。

“私营独资企业”是指由一个自然人百分之百拥有所有权的经营企业。在这个定义中，夫妻双方和他们所抚养的子女视作同一个自然人。

“经营”是指一个人的经济行为的目的是通过生产和销售商品、提供服务、租赁、财产的出租和销售或其他行为获得收入。

“股利”是指法人根据股东的股权利益分配给股东的任何金钱和财产，除了已完成清算的公司的股票股利和分配。确定一项分配是不是股利，在前面所示的条件下不考虑法人有当前或累计收入、利润或收益。

“股东”是指在法人中拥有股权利益的任何人。本法所称的法人，如果不是企业将被视作一个企业，对于任何人持有股权利益或作为法人的一个参与者可能获得收入或利润的应被视作该法人的股东。

“投资企业”是指一个企业由柬埔寨发展委员会承认其为投资企业并且在税务管理处注册。

“关联人”是指：

1. 纳税人的家庭成员。

2. 纳税人控制或被控制的，或是出于其一般控制下的企业。“控制”是指价值51%或以上的所有权或企业股权利益的投票权。确定纳税人作为一个自然人的控制程度，要考虑纳税人拥有的所有股权利益和纳税人配偶直接或间接拥有的那些。

第四条　税收制度

税收制度如下所示：

营业税的评估应根据实际制度、简化制度或税务评估制度系统来确定。

上述三个制度之一中关于纳税人分配的条例和程序将由二级法令来确定，根据其经营形式、经营行为类型和营业额水平。

应税利润和税率

第五条　纳税年度

纳税年度的确定如下所示：

税收制度体系中营业税的计算根据之前纳税年度已实现的资产负债表结果。

如果任何一年中没有资产负债表期末数，为下年支付的税金应按照最后的应纳税期的过去期间产生的利润估计。对于新公司，计算日期应从业务运行开始至多到计算税金当年的 11 月 30 日。

如果多数连续的资产负债表是在同年制定的，这些资产负债表的结果加起来成为支付税金的基础。

简化的和预计税收制度体系中营业税应根据上一自然年度收付实现制来计算。

终止经营企业在自然年度中的重组或出售或转让，其最终申报表的上报和提交应由财经部法令确定。

第六条　会计准则

会计准则的确定如下所示：

对于在简化的税收制度体系下使用收付实现制的纳税人，当年报告的收入为实际已收到的现金或其他资产甚至与其他年度有关的支付，和当年已发生的费用或扣减额为除了预付费用和备抵折旧的实际已支付的费用或其他项目。

对于在实际税收制度体系下使用一般会计科目表方法的纳税人，当年报告的收入为无论是否已经支付的所获收入。当确定纳税人债务的所有事实已发生，与该项目相关的经济行为的结果已发生并且纳税人债务数额可以被实际确定时，一项费用可以作为扣减额。

对于实际管理体制的纳税人，与简化税收制度体系下的相关人士的已发生费用不允许作为实际支付前的扣减额。

国内银行和储蓄机构允许为确定应税利润建立坏账准备。扣减额的条例和程序由二级法令规定。

第七条　应税利润

应税利润为来自企业实现的所有类型业务的所有业绩的净利润，包括来自运营中或业务结束后的资产的各个部分的出售所得的资本收益，以及财务或投资业务收入、利息和特许权使用费收入。

第八条　应税利润的确定

应税利润由总产出和以取得和保留利润为目的产生的支出之间的差额组成。

第九条　免税收入

免税收入如下所示：

1. 除了相悖条款和在本法第二十二条下规定的应纳税收入，营业税不适用于：

（1）皇室政府和皇室政府机构的收入；

（2）以下任何组织的收入：

● 专门为宗教、慈善、科学、文学或教育目的组织和运营的。

● 没有任何资产和收益的部分用于私人利益的。

● 任何劳工组织，或任何商业、工业或农业的联合会，如果这些组织的收入不用于任何股东或自然人的个人利益。

● 非处于实际税收管理制度体系纳税人自产的农产品的销售利润，无论产品是在初始状态或是在习惯性农业行为的转化后销售。工业方法的操作包括转化、保存和商业包装都不被视为习惯性农业行为。

2. 免税、亏损免税的申请、纳税申报和登记的程序由财经部法令规定。

第十条　穿透企业收入的确定

穿透企业收入的确定如下所示：

对于穿透企业，每一方在纳税年度确定其收入时应单独考虑其收入、收益、损失、抵扣、信贷和慈善捐赠当年的分配额。出于此目的，每个项目应当保留其特性，无论是否已实际分配都应在纳税年度视为分配。项目分配后再确定结转的亏损。

扣减额

第十一条　准许扣减额

准许扣减额如下所示：

除本法律规定的第十二条至第十八条，允许作为扣除额的费用包括纳税人为经营业务在本纳税年度已经支付或发生的费用。

向一个企业的职员或董事、合伙人，穿透企业的成员，纳税人家庭成员或其他关联人支付的任何租金、利息、报酬或费用，有证据表明其是为履行服务所用并且是在合理的支付程度内。

为新建筑物和其他有形资产，永久改进和修缮的支付额，包括任何施工和购买期间的利息和税金。这些款项记录在相关的资产账户，根据本法律第十三条所规定的作为折旧进行扣除。

第十二条　利息费用

纳税人为持续经营在纳税年度已支付或发生的利息费用可以作为扣除额，但是不能超过等同于纳税人在纳税年度的利息收入和净非利息收入的50％之和的数额。

“净非利息收入”是除了利息收入的总收入，再减去除了利息费用的可抵扣费用。

上述提及的扣除项中的任何利息费用应被视为下一纳税年度的利息费用，并根据该条款内容计算扣除额。

第十三条　有形资产折旧

有形资产折旧情况如下所示：

使用直线法或余额递减法计算备抵折旧。应计折旧的有形资产是那些在经营中使用的由于使用或报废有可能失去价值的有形资产。土地不属于应折旧资产。

所有的有形资产应分为四类：

第一类应包括建筑物及其基本组件。此类中每项资产应按照5%的年折旧率使用直线法计提折旧。

第二类包括有至多4年使用寿命的资产，每项资产的折旧率为25%，使用直线法计提折旧。

第三类包括有4～8年使用寿命的资产，每项资产的折旧率为12.5%，使用直线法计提折旧。

第四类包括其他有形资产，每项资产的折旧率为10%，使用直线法计提折旧。

纳税人推选余额递减法计提折旧，使用的折旧率应当等于直线折旧法折旧率的200%，并且应用于每一类别的所有资产的累计未计提折旧的价值。余额递减法只允许适用于第二、三、四类资产。

企业在投资法下应对所有类别使用直线法。

建立资产类型的过程，在一个类别中增添一项新资产，在一个类别中处置一项资产以及维修处理和各种费用应由二级法令确定。

1997年1月1日之前营业税的纳税人必须选择不可变更的折旧方式，通过直线法或余额递减法对未折旧剩余价值进行折旧直至1997年12月31日。对于新纳税人，选择必须在登记当年的12月31日前进行。

第十四条　无形资产折旧

对于包括专利、版权、图样、模型和特许经营权在内的无形资产有有限寿命的，折旧率应根据每项财产的寿命按照直线折旧法来计算。如果无形资产的寿命无法确定，那么年折旧扣除额应为无形资产价值的10%。

第十五条　自然资源的折耗

自然资源折耗的确定如下所示：

任何自然资源包括任何石油和天然气折耗的扣减额的确定如下所示。

所有的勘探和开发成本包括分摊到这些成本中的利息应当添加到资源的资产账户中。

每项自然资源的折耗可在纳税年度扣减的数额应为自然资源账户余额乘以该年从自然资源中的生产数量除以预计总产出的比值。

预计总产出的确定程序应由二级法令规定。

第十六条　慈善捐赠

根据本法第九条规定的对一个组织的慈善捐赠可以允许作为扣除额。但是不能超过扣除慈善捐赠后确定的应税利润的5%。

慈善捐赠的标准应当由二级法令确定。

第十七条　亏损的结转

对于任何一个纳税年度的亏损，这些亏损被认为下一纳税年度的费用并且应从下年实现的利润中扣除。如果这些利润不足清算，剩下亏损的部分应当在下一纳税年度继续结转直至第五个纳税年度。

当出现亏损超过一年，根据本条规定按照其产生的顺序结转亏损。

第十八条　纳税人收入分配和扣除额

对于两个或以上的企业在共同所有权下，无论在柬埔寨王国内部还是外部合并或组织，对这些企业或其所有人的分配、总收入、扣减额或其他福利皆需税务管理用以防止规避或逃避税收，或清楚地反映其公司或其所有人的收入。

本条所称的，如果一人拥有每个企业20%或以上的价值或股权利益，那么两个或以上企业处于共同所有权下。

第十九条　不允许抵扣额

根据营业税规定，不允许作为扣减额的费用如下所示：

1. 一般被视作消遣、休闲或娱乐，或使用任何方法结合这种行为的任何行为的费用；

2. 个人生活或家庭支出，除了根据工资税法条所规定的受制于代扣所得税现金或实物福利；

3. 任何营业税规定征收的税收或工资税规定征收的预提税；

4. 直接或间接与关联人进行财产出售或交换的亏损；

5. 任何费用，除了已发生费用，和纳税人可以确立费用数额并且是以二级法令规定的方式出于商业目的的费用。

税率和应付税款

第二十条　应付税款的确定

年营业税率如下所示：

1. 法人所实现利润的 20%；

2. 在石油或天然气生产共享合同下和开采自然资源包括木材、矿石、黄金与宝石所实现的利润的 30%；

3. 免税期后的投资公司为 9%；

4. 免税期内的投资公司为 0%。

下表列示了自然人实现的利润和分配给不属于法人类别的转手企业每一成员的分配额的营业税率，根据部分累进税率征收。

年应税利润（万瑞尔）	税率
0～600	0%
600～1 500	5%
1 500～10 200	10%
10 200～10 500	15%
超过 10 500	20%

第二十一条　保险公司税收

保险公司税金的确定如下所示：

在生命、财产或其他风险保险或再保险方面有主要业务的企业，其营业税的确定如下所示：

在柬埔寨王国于纳税年度中收到对风险保险或再保险的总保险费的 5%；

非保险或再保险的其他行为根据本法第二十条规定的税率。

保险公司营业税支付的条例和程序由财经部法令确定。

第二十二条　营业外业务营业税收

对于营业外业务营业税收的确定如下所示：

营业税为本法第九条所规定的固定为企业营业外收入的应税收入的 20%。

营业税所称的“营业外应税收入”是指企业定期进行的营业外行为实现的总收入减去与营业税法条允许的业务行为直接相关的扣减额。

第二十三条　股利分配的累进税

股利分配的累进税如下所示：

如果企业在纳税年度向其国内和国外股东分配股利，则应预提并支付税收数额等于股利数额乘以适当的年税率，根据本法第二十条所述。

上述预提税应成为股利分配公司在预提发生的纳税年度的营业税的税收抵免。如果税收抵免超过营业税，超过部分应当结转并且成为下年的税收抵免。在本法第二十一条规定下应税保险公司的股利分配的预提税不能被用于税收抵免。

一个企业（以下简称“第一企业”）拥有第二企业20%或以上股权价值应当建立一个股利账户。当第一企业收到第二企业已经支付税金的股利，股利数额应当记录在其股利账户中。当第一企业随后向其股东分配股利，从股利账户提取的分配数额不应缴纳本条第一段所述的预提税。

一个自然人或企业收到来自需要预提该条第一段所述税金的企业的股利或股利来自本条第三段所述的股利账户，不应包括在这样的股利收入中。

其他税收

第二十四条　最低税

对实际管理制度体系下的纳税人征收最低税。最低税是单独的、与营业税不同的税收。该税对实际税收管理制度体系下的纳税人征收，即使纳税人取得投资企业地位。最低税按照包含所有税收在内的年营业额的1%征收，并且在营业税年度清算时支付。

按照本法第三十七、第三十八、第三十九条所述条例实际支付的年营业税，最低税可以降低。

预提税和营业税的支付

第二十五条　一般预提税

一般预提税的确定如下所示：

任何居民付款人向居民所作的任何现金或实物的支付应当预提并且支付税金，其数额根据以下所述的税率适用于预提税款之前支付的数额：

15%的税率适用于：

1. 一个自然人收到的收入，包括管理、咨询和相关服务的收入。

2. 对无形资产和矿产、石油或天然气利益的特许使用权，支付给一个自然人或一个企业的利息，不包括支付给国内银行或储蓄机构的利息。

3. 10%的税率适用于来自动产和不动产的租金收入。

4. 5%的税率适用于由国内银行或储蓄机构向一个有无固定储蓄期限储蓄账户的居民自然人支付的利息。

本条中的预提税不应用于本法第九条所述的免税收入的支付。

本法本条和第二十六条中所称的“居民付款人”是指：

1. 任何居民企业或转手企业；

2. 任何自然人，但是只与那些在柬埔寨王国从事经营业务的自然人所作支付相关。

第二十六条　外国人员薪资的扣缴税款

居民付款人对来源于柬埔寨的收入向非居民人员所作的任何支付应当预提并且支付税款的金额等于扣缴税款前支付的15%。

第二十七条　预提税作为最终税

在本法第二十三条规定下对分配额的预提税，在本法第二十五条规定下对给居民自然人的支付，在本法第二十六条规定下对非居民人员的支付，这些应被视作对这些法条所述的支付或分配接受者的最终税。

第二十八条　营业税的预付款

根据实际纳税管理制度体系的应付营业税的企业包括按照9%的税率应付营业税的投资公司，有义务每月预付营业税金，税率为上月实现的包含所有税金在内的营业额的1%。

纳税人义务

第二十九条　实际或简化管理制度体系下纳税人的一般义务

实际或简化管理制度体系下纳税人的义务如下所示：

根据实际或简化管理制度体系必须支付税款的所有应付营业税的纳税人应每年向税务管理部门提交上年已实现利润的申报表。该申报表必须在纳税年度结束后的三个月内完成登记。

实际管理制度体系下纳税人必须向税务管理部门提交纳税申报表，附带资产负债表，经营结果账目，补充资料附录。

简化管理制度体系下纳税人必须向税务管理部门提交纳税申报表，附带税务管理部门所提供表格中的材料。

有亏损的企业必须以相同的方式在相同时段内提交纳税申报表。

第三十条　预计管理制度体系下纳税人的义务

预计管理制度体系纳税人的义务如下所示：

预计税收管理制度体系下的纳税人必须在每年10月31日之前向税务管理表单所指定的税务管理部门提交纳税申报表。

预计利润的数额由税务管理部门查证并且与商人或其代表协商后确定。该预计利润根据利润率来计算，利润率需考虑应由财经部法令确定的企业经营类型和行为。

预计利润的税收水平应在3个月、6个月或一年的一段时期内保持不变。

在预计税收管理制度体系下的营业税纳税人应当每月在税务管理部门规定的固定日期支付税款。

第三十一条　扣缴义务人的义务

预提税人员或指定付款人应在预提月的下一月 15 日前向税务管理表单中指定的税务管理部门扣缴税款。

第三十二条　需要对利润税支付预付款人员的义务

需要对利润税预付税款的人员应当提交纳税申报单并且在责任发生月的下一月的 15 日前向税务管理表单中所指定的税务管理部门支付利润税预付款。

收入来源

第三十三条　柬埔寨来源的收入

除了本法中相悖规定外，以下收入应被视为来源于柬埔寨王国：

1. 由柬埔寨王国的居民企业、居民穿透企业或政府机构支付的利息；
2. 由柬埔寨王国的居民企业分配的股利；
3. 在柬埔寨王国从事服务获得的收入；
4. 在柬埔寨王国有偿使用动产或不动产的租金收入；
5. 在柬埔寨王国有偿使用或有权使用无形资产的特许权使用费；
6. 出售位于柬埔寨王国的不动产所获收益或转让位于柬埔寨王国的不动产所获得任何利益；
7. 出售非存货的动产所获得收益，并且卖方为柬埔寨王国居民；
8. 在柬埔寨王国风险的保险或再保险的保险费。

第三十四条　外国来源的收入

本法第三十三条所述的收入的定义中用“非柬埔寨王国的其他国家”代替“柬埔寨王国”所得的就是外国来源的收入的定义。

第三十五条　来源的确定

如果没有足够资料来确定收入的来源或到目前为止设立的规定不能清楚反映收入来自任何来源，那么由税务管理部门来决定收入的来源。

年应纳税金的计算

第三十六条　外国税收抵免

居民纳税人收到来源于外国的收入并且根据外国税法已经缴纳税金，可以获得从柬埔寨王国支付的营业税中纳税抵免的扣减额，前提条件是要有确认国外税金支付的详情陈述材料。

为了计算在扣减税收抵免之前的柬埔寨王国税收支付的金额，来源于柬埔寨和来源于外国的总收入数额都应考虑在内。

柬埔寨居民在每一外国已付税金的税收抵免应单独确定。但是在纳税年度允许扣减的税收抵免是以下中较小者：

1. 本法第二十五条和第二十六条在外国实际支付的税金或本法第二十三条下股利的预提税应当提交纳税申报表并且支付税款。

2. 根据本法第二十条中的税率计算的同一时期所有来源的营业税总额乘以从该国收到的收入与所有来源总收入的比值所得到的数额。

纳税人只有遵守税务管理部门指定的程序和提交各种文件，尤其是来自国外纳税人和国外税务管理部门的认证后，才可以获得外国税收抵免。

在税收抵免超过应付税款的情况下，超过的数额可以结转下年使用，从税收抵免产生的下一年开始最多至第五年。如果有超过一年的税收抵免额，那么必须根据其产生的顺序使用。

第三十七条　营业税应付税款的确定

营业税应付税款的确定如下所示：

根据本法第二十条来计算总应付税款；

减去第三十六条规定的任何外国税收抵免，但是不超过本条第一段所示的应付税款；

减去本法第二十三条规定的纳税人已经支付的任何关于股利分配的税收，但是不超过第二段所示的任何应付税款减去外国税收抵免。

第三十八条　纳税年度中应纳税金或税收抵免的确定

纳税年度中应纳税金或税收抵免的确定如下所示：

如果本法第三十七条计算的结果大于本法第二十五条规定的以纳税人为利益代扣的任何预提税加上本法第二十八条规定的纳税人在纳税年度缴纳的营业税的预付款的总额，那么纳税人应向税务管理部门支付差额。

如果本法第三十七条计算的结果小于本法第二十五条规定的以纳税人为利益代扣的任何预提税加上本法第二十八条规定的纳税人在纳税年度缴纳的营业税的预付款的总额，那么纳税人可以在适当的计算任何最低税应付税款之后申请将差额退款或者将差额结转用作下一年的预付款。

在支付第一段所示的款项或申请第二段所示的差额退款之前，纳税人必须首先确定最低税的任何应付税款，根据本法第三十九条所规定的程序。

第三十九条　纳税年度中最低税和应纳税金或税收抵免的确定

纳税年度中最低税和应纳税金或税收抵免的确定如下所示：

纳税人必须在营业税清算时支付最低税。最低税应纳税金可以根据本法第二十条规定的同一年度的营业税应付税款有所减少。

如果营业税应付税款超过最低税应付税款：

纳税人应当在提交纳税清算时支付本法第三十七条规定的任何应纳税金；

如果本法第二十五条和第二十八条中的预提税超过最低税应付税款，那么纳税人可以申请纳税抵免；

如有本条第二段所示的情形，纳税人则无须缴纳最低税税款。

如果营业税应付税款小于最低税应付税款：

纳税人在本法第三十八条第二段规定的税收抵免可以将差额扣除；

遵照以上所减少的税收抵免的数额应视为纳税年度最低税的预付款。

第二章　工资税条款

总则

第四十条　税收征管

1994 年 11 月 3 日颁布的《Kram 11NS94 号财政法案 1995》所规定的工资税法条，为国家财政预算收益作如下修改。

第四十一条　应税对象

工资税是对在实现雇佣行为框架下的已经收到的工资征收的月度税收。

居住在柬埔寨王国的自然人应对来源于柬埔寨的工资和来源于外国的工资缴纳工资税。

非居民自然人对来源于柬埔寨的工资缴纳工资税。

第四十二条　定义

工资税条款所称的：

“居民”当用作雇员、纳税人或自然人时，是指定居或主要住所在柬埔寨王国或在自然年度中在柬埔寨居留的时间超过 182 天。

“非居民”是指不是居民。

除了相悖的条款，任何与雇员、纳税人和自然人相关的关于居民和非居民的术语都如本条所定义。

“雇主”包括任何政府机构，任何居民法人，任何居民穿透企业，任何在柬埔寨的常驻机构，任何非营利机构，任何从事经营的居民自然人。

“雇员”是指从雇用行为收到工资的任何自然人，包括任何政府官员、任何民选官员以及一个企业的官员或董事。

“来源于柬埔寨的工资”是指在柬埔寨王国实现雇佣行为架构下收到的工资。对于提供技术援助的非居民收到的工资，其应视作来源于收入付款者所居住的国家。

“外国”是指：

当用作与一个自然人有关时是指非居民；

当确定收入来源时是指柬埔寨王国范围之外。

“工资”是指支付给员工的报酬、工资、奖金和加班收入、补偿和附加福利，或为实现雇佣行为支付给员工的直接或间接的利益。

免税工资

第四十三条　外交和其他外国官员的工资

外交和其他外国官员工资的免税情况如下所示：

1. 外国政府的外交或领事使团的官员和雇员，并且持有该政府的外交或公务护照，在柬埔寨王国实现其官方作用架构下收到的工资。

2. 国际组织和其他政府技术合作机构的外交代表、政府官员和雇员，在柬埔寨王国实现其官方作用架构下收到的工资。

本条中任何免税额应基于政府间的互惠原则。

第四十四条　雇员的免税收入

1. 雇员在任务中或为雇主利益所产生的专业费用并且满足以下三个条件可以实际获得退款：

（1）为企业谋得直接和专属利益；

（2）非夸大也非过度；

（3）提供已支付的详细发票并且写明实际费用退款的收款人姓名。

2. 在劳动法规定的范围内对解雇的赔偿。

3. 劳动法规定的社会性质的额外的报酬。

4. 提供免费或低于采购成本的特殊制服或专业设备。

5. 派遣定额津贴和差旅费。该津贴不能与该条规定的实际费用退款重复。

月税基、月应税工资和月度税金的确定

第四十五条　月税基

除了本法第四十八条规定的应税附加福利，居民的月税基是扣减后应税收入。

扣缴义务是遵循劳动法的结果，为了建立退休金和维护社会福利。

允许免税的薪资如本法第四十四条所示。

第四十六条　月应税工资

月应税工资的确定如下所示：

居民雇员的月应税工资包括：

1. 获得的来源于柬埔寨的工资；

2. 获得的来源于外国的工资；

3. 雇主对雇员的预付款、贷款或分期付款，应添加到其支付的月应税工资中，并且从雇员支付的任何还款的月工资中扣除。

根据家庭情况证明，居民雇员：

有受抚养的未成年子女，在支付税款时允许每个孩子每月在税基中扣减75 000瑞尔的扣减额；

有以家庭主妇为职业的配偶，在支付税款时允许每人每月在税基中扣减75 000瑞尔的扣减额。

对于非居民纳税人，应税工资根据本章的规定包括来源于柬埔寨的工资。

第四十七条　雇员每月纳税的确定

对于居民雇员，应付税金必须由每月应税工资确定并且必须由雇主扣缴，根据以下所示的税率计算：

月工资应税部分（瑞尔）	税率
0～500 000	0%
500 001～1 250 000	5%
1 250 001～8 500 000	10%
8 500 001～12 500 000	15%
超过 12 500 000	20%

第四十八条　附加福利税的确定

对于附加福利税，每个月雇主应当扣缴并且在指定日期支付，税率为给所有员工的附加福利的价值的20%。附加福利税的价值是包括所有税收在内的公允市场价值。

第四十九条　非居民纳税人的工资税的确定

除了本法第四十八条规定的征收附加福利税，对于非居民纳税人，税收应当由付款人扣缴，税率为本法第三十六条第三段规定的每笔支付的应税工资的15%。对于收到工资的非居民，预提税是工资的最终税。

第五十条　外国税收抵免

居民纳税人收到来源于外国的工资并且根据外国税法已经缴纳税金，可以获得从柬埔寨王国支付的工资税中纳税抵免的扣减额，前提条件是要有确认在国外支付的详情陈述材料。

为了计算在扣减税收抵免之前的柬埔寨王国税收支付的金额，来源于柬埔寨和来源于外国的总工资数额都应考虑在内。

柬埔寨居民在每一外国已付税金的税收抵免应单独确定。但是在国外支付的工资税允许的税收抵免是以下中较小者：

- 在外国实际支付的税金；
- 根据本法第四十七条中按累进税率表格计算的同一时期所有来源的工资税总额乘以从该国收到的工资与所有来源总工资的比值所得到的数额。

纳税人只有遵守税务管理部门指定的程序和提交各种文件，尤其是来自雇主和国外雇佣所在地的税务管理部门的认证后，才可以获得外国税收抵免。

雇主和雇员的义务

第五十一条　应付税款的税因

应付税款的税因是薪酬。

第五十二条　欠税和扣缴义务

欠税和扣缴义务如下所示：

该税收是收到薪资的自然人的债务，包括外国自然人，除了国际协定所规定的相反条款。

工资税通过雇主每次支付工资时的按月扣缴程序进行征收。

如果雇主居住在国外，雇主在柬埔寨王国任命的财务代表负责在支付给员工工资前扣缴税款，并且将税收转交给国家。

雇主或外国雇主在柬埔寨王国的居民代表和雇员应当共同负责支付在柬埔寨王国的工资税，无论工资在柬埔寨王国还是国外支付。在没有扣缴工资税的情况下，本法规定由雇主对其负责，即使税金已经由雇员支付。

第五十三条　预提税的支付

任何一月的与工资支付相关的预提税应当在下月的15日前，向预提税代扣人居住或主要场所所在区域的税务管理部门支付。

第五十四条　扣缴、记录和报告的要求

所有对应税薪资代扣代缴的雇主应当负责：

1. 在工资支付前预提税款；

2. 向税务管理部门和雇员报告税款预提情况；

3. 按照财经部法令规定保存和保管日记簿和账簿。

第三章　增值税条款

总则

第五十五条　税收征管（见 1998 年 1 月 9 日颁布的《财政法案 1998》第十三条的进一步修订）

自 1998 年 1 月 1 日起，为国家财政预算收益征收应税物资增值税。

第五十六条　定义

增值税条款中所称的：

“商品”是指非土地或金钱的有形资产。

“服务”是指规定的非商品、土地或金钱的有价值的东西。

“商品供应”是指所有者对一件商品使用权或处置权的转让，无论是否对价。附带服务供应的商品供应应视为商品供应。

“服务供应”是指非商品或土地或金钱的供应并且对价所得。附带商品供应的服务供应应视为服务供应。

“个体”是指从事经营的任何个体或群体以及与个体相关的任何其他个体。

与个体相关中的“相关”是指：

1. 拥有 20％或以上股权利益价值或投票权的个体；

2. 与个体有共同管理或董事；

3. 个体的家庭成员或配偶或配偶的家庭成员；

4. 在任何连续三个月期间内购买个体总产量的 30％或以上。

本章节中“税收”是指增值税。

第五十七条　非应税供应

- 公共邮递服务。
- 医院、诊所、医疗和牙科服务以及为执行这类服务所附带的医疗或牙科商品的销售。
- 全资国有公共交通系统的客运服务。
- 保险服务。
- 由财经部法令确定的主要的金融服务。
- 个人使用的进口商品，由财经部法令确定其免除关税和所在价值层级。

● 已由财经部认可的符合公共利益的非营利行为。

第五十八条 外交使团和国际组织的非应税供应

外交使团和国际组织的非应税供应如下所示：

外国领事馆、国际组织和其他政府的技术合作机构用作行使其公务的进口商品应被视为非应税供应。非应税供应只能由使团长官向税务部门出具认证，证明进口的货物是用作以上目的才被允许。

领事馆和本条第一段所示的组织的官员个人使用的进口商品只在用作财经部法令确定的列表中所列的项目时，才被视为非应税供应。

本条中的非应税供应基于政府间的互惠原则。

增值税一般原则

第五十九条 应纳税人

应纳税人是在实际税收管理制度体系下提供如本法第六十条所规定的应税供应的任何人。

按简化税制纳税的纳税人可以申请为缴纳增值税的应纳税人。该申请的条件和程序应由财经部法令确定。

该章节所称的雇员不应被视为增值税的应纳税人。

第六十条 应税供应

除了该章节中的相悖条款，“应税供应”是指：

1. 在柬埔寨王国的应纳税人的商品或服务供应；
2. 应纳税人自用的专用的商品；
3. 应纳税人提供的馈赠和按实价提供的商品或服务供应；
4. 进入柬埔寨王国海关领土的进口商品。

该条应用的条例和程序由二级法令规定。

第六十一条 应税价值

应税价值的确定如下所示：

任何供应的应税价值应为卖方向买方收取的商品或服务的价格。应税价值包括运输的任何费用和向卖方支付的有关供应的其他项目，包括特定商品和服务的任何特别税，但是不包括增值税。供应时和供应后应税价值的调整程序由二级法令来确定。

当应税供应支付时涉及任何非金钱的与卖方直接或间接利益的对价时，该对价应包括在其公允市场价值的应税价值中。

任何进口商品的应税价值应为海关完税价值，包括保险、运费、关税和特定商品或服务的任何特别税。如果没有这种调整海关完税价值应当使用市场公允价值。

如果商品或服务的应税价值不能反映其真实价值，税务管理部门可以为这类商品或服务确定一个价值，并且该价值应假定为已经被确认的正确价值或满足税务管理部门的要求。

应纳税人从转卖的消费者处定期购买或为了其他人利益买卖的二手商品，其应税价值为出售价格和购买价格的差额或是出售这些商品的佣金。

第六十二条　供应时间

供应时间的确定如下所示：

在供应货物时应规定增值税并予以缴纳。

如果发票在销售者应出具发票之前已经开具，商品和服务的供应时间应为卖方应开具发票或卖方已开具发票的时间。

增值税发票必须在货物装船或提供服务后七天内出具，如果付款时间发生在货物装船或提供服务之前则在支付后出具。如果装运不伴随发票，那么应当附带已在航运日志中被正确记录的装运单据。

对于连续的或涉及多个支付的商品或服务的供应，供应时间应由财经部法令确定。

对于进口货物，供应时间应为进口商根据现行条例向海关管理部门报关的时间。

第六十三条　供应地点

供应地点的确定如下所示：

如果商品在柬埔寨王国交付，无论其是否为使用权或处置权转让的交付，则商品供应发生在柬埔寨王国。在供应必须包含运输的情况下，如果运输开始时商品在柬埔寨王国，则供应发生在柬埔寨王国。

如果服务在柬埔寨王国执行，则服务供应发生在柬埔寨王国，以下情况除外：

1. 与不动产相关的服务的供应被认为发生在不动产的所在地。

2. 与运输相关的服务的供应被认为发生在运输的发生地。

如果商品进入柬埔寨王国的海关领域，则商品为进口到柬埔寨王国。

税率和税金的计算

第六十四条　税率

税率如下所示：

对于在柬埔寨王国的每一应税供应，增值税应按照其应税价值的10%征收。

对于从柬埔寨王国出口的每一应税商品供应和按本法第六十三条规定的

在柬埔寨王国外提供的应税服务供应，应按照其应税价值的 0%征收。

税务管理部门可能会审查多数文件以证明出口实际发生，包括海关出口证明、进口国家的进口单证、执行信用证和国内银行付款证明。

第六十五条 进口税收抵免和非应税物资

进口税收抵免和非应税物资的确定如下所示：

应纳税人对由另一应纳税人供应的用于经营用途的商品和服务所支付的税金，以及应纳税人作为进口商为其经营所进口的商品和服务所支付的税金，可以作为进项税收抵免来抵扣销项税额。

如果购买的商品和服务一部分为应税供应，另一部分为非应税供应，那么被允许的税收抵免只是作为应税供应的部分。

第六十六条 税金的确定

纳税金额的确定如下所示：

在本法第六十四条下缴纳的税金在供应时将成为对国家的债务。

对国家支付的税金等于根据本法第六十四条规定的税率计算的总销项税额减去同一月份被允许的进项税收抵免额。

第六十七条 营业中停止使用的资本资产

如果已收到本法第六十五条所规定的税收抵免的一项资本资产在应纳税人经营中停止使用的，该资产应视为销售并且根据其停止使用时的市场公允价值缴纳税金。

第六十八条 申请税收抵免的必要文件

进项税收抵免申请应附带：

1. 根据本法第七十八条制定的增值税发票；

2. 海关当局认证的海关进口报关单，必须写明作为收货人或进口商的应纳税人的姓名和进口时已支付的税收金额。

第六十九条 不允许作为税收抵免的进项税

不允许作为税收抵免的进项税包括应纳税人对娱乐、休闲、消遣费用以及购买车辆或购买某些石油产品支付的税金。

税金支付

第七十条 按月提交增值税申报表

任何月份的增值税申报表应于下月的 20 日或之前向税务部门提交，并且根据申报表填写时申报的金额支付税金。

第七十一条 超额抵免额的处理

如果应纳税人根据本法第六十四条已支付的进项税额超过向其征收的任

何月份的销项税额，那么：

超额部分可以用作税收抵免来抵扣此人在以前月份关于增值税的任何未清偿欠税；

剩下的超额部分应作为本法第六十五条规定的以后月份的进项税收抵免。

第七十二条　出口商退税

以出口作为主要行为的应纳税人，如果出示适当的出口证明并且正确地履行其记录义务，税务管理部门可以根据应纳税人的申请按月将超额的进项税收抵免退税。

第七十三条　持续三个月或以上的超额抵免退税

如果应纳税人有三个月或以上的超额进项税收抵免，则可以在第三个月月末或其后月份申请退税。为使在任何月份都有执行价值，申请必须在该月结束后存档20天。

第七十四条　外交使团和国际组织的金额退还

外国领事馆、国际组织和其他政府技术合作机构可以对当地购买的商品申请退税，此类商品的列表应由财经部法令确定。

只有使馆长官向税务管理部门证明购买商品的用途是用作相关单位公务时，退税才被准予。

第七十五条　征收责任和税金支付

征收责任和税金支付如下所示：

应纳税人或进口商有义务支付本法第六十四条规定征收的与应纳税人或进口商从事的每项应税供应相关的税金。

除了雇员之外为了所有者利益提供商品和服务供应并且对供应有控制力的任何个人应被视为与该供应相关的应纳税人。

管理规定

第七十六条　税务登记

本法第五十九条所述的应纳税人必须在个人成为应纳税人的30天期限内完成增值税登记。登记的条款和程序由二级法令确定。

需要登记但未能登记的个人，税务管理部门可以从此人应当登记的日期开始替其登记。如此登记的个人应对自应当登记的日期以来本法第六十四条中所有税收承担义务。

当应纳税人按照本条款规定登记，预期当年和随后年度不会被归类为应纳税人，此类个人应申请注销。

对于两个或以上的关联人团体，如果这些人中一个或一个以上不是应纳税人，税务管理部门可以指定某一纳税人进行登记，以便开展所有或部分相关经济活动。如果关联人都不是应纳税人，税务管理部门可以对团体中的一人或多人登记，以便开展所有或部分相关经济活动。

以登记为目的并经税务管理部门批准，对于如本法第五十六条中定义相关联的应纳税人团体，团体不同成员的行为可以视为某一指定成员的行为。在任何此类情况下，团体中每一成员必须承担连带责任以遵守本章节条款的规定。

第七十七条　增值税发票

任何提供供应的应纳税人应向买方提供有连续编号的增值税发票。

本条第一段中与任何供应相关的所需发票应有“增值税发票”的标题，并且应当包含以下内容：

1. 卖方的姓名和注册号；
2. 开具发票的日期；
3. 买方或者买方雇员或代理人的姓名；
4. 商品或服务的数量，产品说明和销售价格；
5. 不包括特定商品和服务的特别税和增值税的总价值；
6. 与 5 中数额不一致的总价值；
7. 应交税金的金额；
8. 商品和服务的供应时间，如果与开具发票的日期不一致。

个人不能开具任何发票或其他显示任何商品或服务供应征税金额的资料，除非此人是如本法第七十七条规定中登记的应纳税人并且提供的商品或服务为应税商品或服务。

在不妨碍任何其他处罚下，如果任何发票冒充增值税发票并且显示应付税金的金额，开具此类发票的个人应在开具发票日期的七天之内向税务管理部门支付发票所示的任何金额，无论该税金是否恰当支付。

在零售的情况下，若大部分销售不是应纳税人所进行的，如果卖方提供详细的收款机收据或由二级法令确定的其他资料，应视为符合本条第一段中的所需发票要求。

正确填写并且包含支付税金证明的海关报关单应作为控制文件，用以取得税收抵免资格。

第七十八条　未能出具增值税发票

如未能开具增值税发票，则受到以下处罚：

在不妨碍任何其他处罚下，如果税务管理部门第二次发现应纳税人的机构未能出具所需发票，则税务管理部门可以在规定期间查封该机构但不超过七天。

如本条上一段所示已经查封的任何机构如果再一次违法，则该机构可再次被查封，但不超过七天。

第七十九条　日记账、账簿和资料

本章节的条款中所指的应纳税人应保留所有开具的发票和所有收到的发票的副本。

应纳税人应当正确记录和保存与某一账户关联的每项交易的日记账和账簿，该账户记录了销售征收的税金和购买支付的税金，以及按照税务管理部门规定的方式对销售价值或税金所作的任何调整。

本条第二段所指的这项工作应保持每天记录并且在每个月月底汇总并结账。应纳税人应按照税务管理部门规定的方式每月准备一份增值税明细表。

与税收相关的发票、账簿和任何其他资料应按时间顺序保存，按照税务管理部门规定的方式和地点在其最后相关交易完成后保存期限至少 10 年。

本条中所需保存的所有资料、账簿和任何其他资料以及与个人经营相关的账簿应按照税务管理部门的要求提供，以供检查。

第八十条　进口特别法

本章节有关进口的条款将由海关部门以二级法令规定的方式负责管理。

第八十一条　停业

应纳税人应在停止经营业务 10 天内登记，个人应向税务管理部门提交规定格式的申报表，并附带自上次纳税申报以来的销售和购买的详细资料，提供没有支付税金或已收到税收抵免所有存货的详情并且支付任何应付税金。

停业、注销的条例和程序以及法人代表的责任由二级法令确定。

第八十二条　业务转让

一项业务从一个人向另一个人的转让按照二级法令规定的条件，不应征收增值税。转让通知信函的条例和程序、个人收购业务的注册、个人转让业务的责任、个人收购业务的责任，这些由二级法令确定。

第八十三条　税收生效日期前订立合同

本法第五十五条中所征税款应适用于在税收生效日期前订立合同的应税供应，如果该供应在此日期或之后发生。

至于本条第一段中所示的任何应税供应，任何合同外增值税账簿应被视为所购买的商品或服务的额外对价以及买方对卖方的法律义务。

第八十四条　货物仓储的税收抵免

货物仓储税收抵免的确定如下所示：

如果新注册的个人在注册日期有增值税或之前已付营业税的存金，在税务管理部门已核实那些商品的任何发票或报关单副本正确无误后，此人可以向税务管理部门申请允许将已付税金的存金作为税收抵免。

如果这些资料正确无误，税务管理部门可以在注册之日或本法生效之日前 60 天内批准这些供应的税收抵免。该税收抵免可以在一个或一个以上税务管理部门可能征收的税收的申报表中使用。

《财政法修正案 1994》和《财政法修正案 1995》法条将“特定商品的特别税”替换为“特定商品和服务的特别税”。

第八十五条　自本法颁布日起，1995 年 9 月 1 日颁布的《Kram CS/RKM/0995/01 号财政法案 1995 修正案》中的“特定商品的特别税”替换为“特定商品和服务的特别税”并且多数条款按照本章节规定修改。

上述法律第十八条应作如下修改：

在协调关税分类下开头为 8703 的发动机排气量超过 2 000 cc 的汽车和此类汽车的备用配件，税率为 30%；

石油产品以及在协调关税分类下开头为 8703 的发动机排气量不超过 2 000 cc 的汽车和此类汽车的备用配件，税率为 20%；

所有种类的酒水和烟草产品、酒店和其他娱乐服务以及在协调关税分类下开头为 8702，8704.21～8704.90，8706，8708，8714 和 8711 的发动机排气量在 125 cc 以上的所有种类的机动车辆和备用配件，税率为 10%；

国内销售的从柬埔寨境内到境外的航空客运的机票以及从柬埔寨境内到境外的电信服务，税率为 2%。

上述法律第二十一条第二段中的“发票记录的销售价格”应替换为“发票记录的出厂价”。

在上述法律第二十一条增加以下一段：

对于在柬埔寨王国提供服务，提供服务的发票价格。

上述法律第二十二条第二段中“关于商品生产”替换为“关于商品生产和服务提供”。

在上述法律第二十三条增加以下一段：

在柬埔寨王国提供服务的供应商。

在上述法律第二十四条增加以下一段：

对于柬埔寨王国的电信和运输服务，单独注册记录包括从柬埔寨王国境内地点到柬埔寨王国境外地点提供服务的时间和价值。

营业税条款的变化

第八十六条（见 1998 年 1 月 9 日颁布的《财政法案 1998》第十三条的进一步修订）

1993 年 12 月 28 日颁布的《Kram 08NS 财政法案 1994 的修正案》中对营业税的规定作如下修改。

删除上述法律第三十九条第二段。

上述法律第四十六条中的“不含关税价值”替换为“包含关税和特定商品和服务的特别税的价值”。

在上述法律第四十七条中增加以下段落：

税务部门可以征收消费税，并且对在柬埔寨境内出售但不能提供足够资料证明在进口时已支付消费税的任何商品实施处罚。

在上述法律第四十九条中增加以下段落：

自 1997 年 7 月 1 日起，所有纳税人应：

使用本法增值税条款第六十二条所规定的供应时间条例来确定纳税人税金成为对国家责任的日期。

根据本法增值税条款第六十三条所规定的条款和程序开具发票。

在违反第四十九条第五段规定的情况下，被认为妨碍税务条款实施的，根据本法第一百三十三条进行处罚。

对于《财政法修正案 1995》，第三十三条增加一段：

自 1998 年 1 月 1 日起：

在实际税收管理制度体系下的纳税人无须缴纳营业税；

在其他税收管理制度体系下的纳税人应按照 2%税率缴纳营业税。

《财政法修正案 1994》的第四十四条、第四十五条、第四十六条、第四十七条和第四十八条以及《财政法修正案 1995》的第三十七条废止。

第五章　税收条例和程序条款

总则

第八十七条　对象

本章节条款规定了纳税人和税务管理部门的权利和义务、税金支付的审查程序、解决纠纷的程序以及税务处罚。

本章节条款应用于所有税收，除非有另行规定的特别税。

第八十八条　定义

本章节所称的：

“税收”是指任何直接税或间接税。

“个人”是指自然人或法人。

“纳税人”是指有义务支付税款的个人。

“税务管理部门”是指税务机关的组织。

“纳税申报表”是指税务条款要求纳税人或扣缴义务人在本法规定的条件下填写的材料。

“扣缴义务人”是指税务条款要求扣缴并且以第三方利益向财政预算支付税款的个人。

“经济行为”是指个人无论是否在供应中获利或以盈利为目的的意图向其他人提供商品或服务的定期或连续或偶尔的行为。

第八十九条　国际协定

由国民议会批准的与税收相关的国际协定条款应优先于本法条款。

第九十条　纳税申报表和税务资料的语言使用

所有纳税申报表和资料以及税收评估、征税和税收执法或在确定税金中涉及的其他程序应使用高棉语。

权利和义务

第九十一条　纳税人的权利和义务

纳税人的权利和义务如下所示：

纳税人的权利为：

1. 根据本法第九十四条的规定，向税务管理部门提供的关于纳税人行为的所有信息是保密的并且仅用作税务条款指定的用途；

2. 根据本法第九十六条和第一百一十八条中的规定，定期收到关于税收制度的进程和税收评估的程序的信息；

3. 根据本法第一百一十八条和第一百二十二条的规定，收到关于其自身权利，包括上诉权的情况；

4. 根据本法第一百一十八条和第一百二十二条的规定，对税务管理部门如本法所规定所作的每项决定提出上诉；

5. 根据本法第一百零七条的规定，不支付多于税务条款所要求的税金。

纳税人的义务为：

1. 根据本法第一百零一条的规定，在税务管理部门注册；

2. 根据本法第九十八条和第一百零四条的规定，提交纳税申报表并且提供税务条款所要求的信息；

3. 根据税务条款规定的时间表支付税金；

4. 根据税务条款和本法第九十八条的规定，保管账簿、辅助文件和其他文件，并且提供给税务管理部门查阅；

5. 根据本法第九十九条的规定，根据税务管理部门书面通知信函规定的时间出席到场；

6. 根据税务条款和本法第一百零七条、第一百三十条、第一百三十一条和第一百三十二条的规定，按照税务条款规定的时间或税务管理部门书面通知信函，支付税务管理部门确定的各种税金、附加税以及利息。

第九十二条　税务管理部门的权利和义务

税务管理部门的权利包括以下：

1. 根据本法第一百一十六条和第一百一十七条的规定，评估纳税人或扣缴义务人的税基；

2. 根据本法第九十九条的规定，要求纳税人或扣缴义务人出席；

3. 根据本法第九十八条和第一百条的规定，确定纳税人或扣缴义务人必须保存并且向税务管理部门提供的必要的账簿、资料和辅助资料；

4. 根据本法第九十九条的规定，要求纳税人或第三方提供与纳税人或扣缴义务人相关的信息；

5. 根据本法第一百一十六条的规定，进入纳税人、扣缴义务人或第三方的住所或经营场所，以获得与纳税人或扣缴义务人相关的信息；

6. 根据本法第一百一十六条的规定，从政府机构收到关于纳税人或扣缴义务人的信息；

7. 根据本法第一百零九条到一百一十五条的规定，当个人未能如本法所要求支付各类税金、附加税和利息时，对纳税人或扣缴义务人使用强硬措施；

8. 根据税务条款规定，重新确定相关纳税人之间的交易。

税务管理部门的义务包括以下：

1. 根据本法第九十三条的规定，征收税款、附加税和利息；

2. 根据本法第九十四条、第一百二十八条和第一百三十八条的规定，对纳税人或第三方已提供的信息保密并且仅将该信息传递给税务条款规定的人；

3. 根据本法第九十六条的规定，向纳税人或扣缴义务人提供信息以确保税务条款恰当实施；

4. 根据税务条款规定对溢征税款退还或抵免；

5. 根据本法第一百一十六条和第一百一十八条的规定，为纳税人或扣缴义务人的征税估值提供书面通知信函。

税务管理

第九十三条　税务管理部门的职责

为税务条款的管理负有责任的机构如下所示：

- 财经部税务部门；
- 税务条款中特许的皇家政府的其他机构。
- 税收管理部门有征收税款和根据税务条款的确定进行处罚并且在违反法律的情况下向法院上诉的义务。

第九十四条　税务信息的保密

税务管理部门以及税务管理部门现任或过去公务人员和代理人的每个人必须对在执行公务中获得的有关纳税人的信息予以保密，并且仅对本条中允许的人提供信息。

税务管理部门的公务人员和代理人仅在以下情况下提供与纳税人相关的信息：

1. 税务管理部门的公务人员和其他代理人根据税务条款履行公职时；

2. 对税务违规进行控诉的司法机关；

3. 法院在判决阶段为评估纳税人必须支付的税金或违反税务条款的责任时；

4. 根据国际协定的另一国家的税务机关；

5. 个人如果从其他已获准提供本条第二段中所列信息之人处获得信息，必须保证该信息在本条中所规定的保密性，如遇确有必要提供该信息的情况除外；

6. 与纳税人相关的信息可以向他人提供，如果该人与纳税人有书面协议。

第九十五条　纳税人的信息传递

税务管理部门提供给纳税人的书信或通知，只有在书信或通知采取书面形式并且交付给纳税人时，税务人才对税务管理部门负有义务。

当税务条款要求税务管理部门书面通知个人，只有信件直接发送给该人或以挂号信形式寄到该人的法定地址才被视为书面通知信函正确交付。

通知信函或其他资料的日期是直接交付给纳税人的日期。在以挂号信邮寄通知信函的情况下，通知信函的日期为挂号信上纳税人接受挂号信的邮局邮戳的时间。

如果符合本条第二段所述情况，通知信函即被视为正确交付并接受，即使被通知的该人拒接或接受挂号信。

当个人的地址已经变换且未能通知税收管理部门该变换，通知信函如发送到上个所知地址则视为正确交付和接受。

第九十六条　税法的宣传和说明

税务管理部门必须准备关于每项税收重要内容的简短说明手册。

税务管理部门对于确定一项可取的税收进行说明和指导，当地税务官员必须组织纳税人培训以了解其权利和义务。

第九十七条　有效和高效征税的激励措施

财经部应当对税收管理部门的公务人员和代理人建立一种激励机制。激励机制运作的程序由二级法令确定。

第九十八条　财务和其他辅助文件的保管

纳税人必须保管税务条款中规定的账簿、辅助文件和其他财务文件，当税务管理部门要求时必须提交这些账簿和资料以供检查。

对于没有义务保管柬埔寨王国通用会计科目表的账簿的纳税人，必须按照与业务相关的所有收入和费用的时间顺序以符合税务管理部门规定的形式记分类账。

税务管理部门或其他条款规定的必须保管账簿、资料或分类账的个人，必须自纳税年度末开始保管这些账簿或资料 10 年。

纳税人和其他人之间的每项交易都应开具发票。发票的规则和内容由二级法令确定。

纳税人应在分类账账户中正确记录发票的详情。

第九十九条　接受信息的权利

为确定任何人必须支付的税金或为征收税款，税务管理部门可以对纳税人或第三方出具通知信函：

1. 提供通知信函所示与纳税人相关的信息，如供应商、客户或银行账户的信息；

2. 为显示或提供个人持有并且在通知信函中明确所示的信息、资料或数据在通知信函指定的时间和地点出席。

除了本条第一段所示要求的信息之外，通知信函必须包含纳税人的姓名和身份证号码（如果可用）以及出具通知信函的纳税管理部门的署名。

第一百条　调查的权利（未出示事前通知信函）

持任务公函执行调查的税务管理部门有权进入营业机构、被认为是营业机构的场所、向公众开放的场所或其他场所，以评估任何人必须支付的税金或征税：

1. 在营业时间内；

2. 任意时间，按照法官出具的搜查令提供的条件和原因。

税务管理部门按本条第一段合法进入场所可以：

1. 汇集或复制该场所的文件；

2. 没收文件或其他可以成为评估个人必须支付税金的证据；

3. 安置各种控制手段或查封货物，如果它们与任何税务事务有关。

税务管理部门可以要求柬埔寨王国的银行机构来提供关于纳税人银行账户的信息。

当进行调查时，税务管理部门必须实施适当的行为，并且避免对纳税人荣誉或业务造成任何可能的损害。总之，现场调查不应有多余不必要的行为。

第一百零一条　注册的要求

个人必须在个人开始经济行为后的 15 日内到税务管理部门注册。

关于地址、形式、姓名或经营对象、业务转让或停业、企业主管或负责税务事项有关人员的任何变更，个人应在 15 日内通知税务管理部门。

第一百零二条　注册证书和税务识别号码

注册完成时，税务管理部门应出具一个注册认证，其中包括个人税务标识号。

财经部下属的各个部门应使用本条所示的标识号。为规范起见，所有与政府机构的合同必须带有税务标识号。

第一百零三条　税务管理部门对纳税人注册的权力

纳税管理部门有权对法律要求其注册或未能注册的个人进行注册。

在这种情况下，税务管理部门可以确定注册的生效日期。

纳税申报

第一百零四条　准备和提交纳税申报表

纳税人或扣缴义务人必须向税务管理部门提交纳税申报表，根据税务管理部门规定的格式、时间和地点。

第一百零五条　准备和提交声明与其他文件

任何人向他人进行支付必须向税务管理部门提交一份信息声明，按照税务管理部门规定的方式进行支付。

第一百零六条　纳税人的代理人

作为纳税人的代理人必须代表纳税人的利益，有权：

1. 提交纳税申报表；

2. 呈示报告和各种来往函件；

3. 按照税务条款规定支付税金；

4. 提出抗议和申诉；

5. 履行在税务条款下纳税人承担的所有的义务。

纳税人可以对他人以书面形式进行权力移交，其代表纳税人利益来执行本条第一段中规定的关于税务事务的权力和义务的行为。纳税人可以对权力移交设定权限。

税务管理部门可以要求在权力移交基础上代表纳税人利益的个人提交权力移交书面形式的证明。

纳税人应当对合法代表纳税人或从纳税人处收到权力移交的个人的每项行为负直接责任，直到税务管理部门收到关于取消权力移交的书面形式的确认书为止。

代表纳税人的个人应在代理关系建立日期的15日内到税务管理部门注册该代理关系。

税收征管

第一百零七条　税金的支付

税金的支付如下所示：

- 税金在税务条款规定的关于纳税申报表提交要求的期间内到期应付。
- 所欠税款应在税收征管通知信函下达30日之内到期应付。
- 所欠税款在本法第一百一十六条第四段中规定的税收征管通知信函下达3日之内到期应付。

财经部应根据二级法令条例和程序：

- 安排税款征收以避免非计收损失的风险；
- 将所欠税款视为非计收税。

第一百零八条　董事、负责人或所有者的责任

如果一个企业的董事、负责人或所有者知道或故意导致企业违反税务条款未申报、少申报或未向税务管理部门支付扣缴税款，那么该董事、负责人或所有者对应付税款承担个人责任。

税务管理人员征税的权力

第一百零九条　对纳税人财产的权力

有义务按照税务条款要求支付税金的任何人，若其在收到由税务管理部门正确交付的征税提醒通知信函后疏忽或拒不支付税金，税务管理部门根据个人所欠税款对其财产有留置权。

在按照本法第九十五条规定的征税提醒通知信函正确交付给纳税人之时，对纳税人财产的留置权即产生。

如果符合本条所有的条件，第一段中所示的对财产的留置权应有效并优先于其他所有现有以及该纳税人财产留置权之前或之后的留置权。

任何人可以对税务管理部门提出抗议，以错误实施该权力为理由要求撤销本法第一段所示的对自己财产的留置权。

如果税务管理部门已确定错误实施了对该财产的留置权，税务管理部门必须在确定错误并出具错误实施留置权的声明书后 10 日内出具证明书，以确认财产留置权的撤销。

第一百一十条　征税提醒通知信函

纳税管理部门必须在进行任何回收措施至少 15 日前对纳税人派送征税提醒通知信函。

第一百一十一条　没收

对纳税人财产没收如下所示：

如果纳税人在收到征税提醒通知信函后 15 日内未能支付所欠税款，税务管理部门可以没收纳税人的财产以确保所欠税款和征税费用的支付。本法中的“没收”是指税务管理部门没法拍卖纳税人财产，但是没收的财产不能超过所欠税款和征收所欠税款的费用。

持有或管理本条第一段中税务管理部门没收的纳税人财产的个人，不能将该财产退回给纳税人或使用该财产进行各种支付，税收管理部门允许的支付除外。

税务管理部门在通知持有或管理财产的个人后 15 日可以没收由他人持有或管理的纳税人财产。

持有或管理这类没收财产的个人必须交出该财产或向税务管理部门支付税金、附加税、利息和征税费用，该类财产在经营活动清算程序下的一部分除外。

未按本条第四段规定交出财产的个人，对该财产价值的金额但不超过没收对象的金额负有责任。

符合本条第二段和第四段要求的个人，无须对纳税人或与财产、税金相关的第三人承担任何责任，或对税务管理部门应尽的其他义务的责任。

如果税务管理部门有理由认为税款可以缴纳，税务管理部门可以要求纳税人即刻支付税款，如果纳税人不遵守该要求可以即刻没收纳税人的财产。

免除没收的该类个人财产由二级法令确定。

对没收财产的出售必须进行拍卖。出售造成的费用向纳税人收取。

第一百一十二条　对纳税人保护

本法规定没收的财产必须只能由税务管理部门没收、持有和占有。其他政府机构自身不适用本法没收或持有该财产。如果根据本法对没收财产进行拍卖，超过本法规定纳税人所欠税款的金额必须退回给该财产的所有者。

第一百一十三条　银行账户冻结

本法第一百一十一条中的没收也可以包括纳税人银行账户的冻结，在税务管理部门向银行派送通知书后即刻生效。

收到冻结银行账户的通知，银行不能对该纳税人重开账户，不能从该账户支付，税务管理部门规定的应付税金、利息和其他附加税除外。

冻结账户只在收到税务管理部门通知书时才能恢复使用。

不遵照本条第一段所述通知信函要求的银行，应根据纳税人在通知信函派送之时账户中金额的范围对税务管理部门负有责任。

第一百一十四条　停止进出口业务

本法第一百一十一条中的没收包括停止进出口业务。停止进出口业务是指海关部门将纳税人进口货物和纳税人出口货物扣押，税务管理部门通知信函交付给海关部门时即刻生效。

根据本法第一百一十一条的规定，税务管理部门可以没收并出售由海关部门扣押的纳税人的货物。

停止进出口业务的解除应按照税务管理部门通知信函执行。

海关部门扣押的不属于纳税人的货物应得到税务管理部门批准后解扣。

第一百一十五条　取消许可和特许证的命令

本法第一百一十一条中的没收包括税务管理部门对主管机关出具通知信函要求取消纳税人执行某项行为的许可和特许证。

税额评定

第一百一十六条　税额的评定

在纳税人通过预提方法支付税金和纳税人没有义务纳税申报的情况下，纳税人的税额评定应根据自然年度预提的税额。

纳税人或扣缴义务人有义务提交纳税申报表而未提交、未妥善保管账簿或其他所需资料，或是未向税务管理部门提供必需的信息以合理确定税金，在以上情况下纳税人或扣缴义务人的税额估值应由税务管理部门单边执行并派送给个人。单边税额估值应基于以下信息：

1. 各种纳税申报表或纳税人向税务管理部门提交的其他资料中提及的信息；

2. 信息披露中提及的信息；

3. 税务管理部门收到的其他信息。

如果有证据表明征税有阻力，税务管理部门可以随时对纳税人进行税款评估。

第一百一十七条　税金重估和税金重估期间

在基于本法第一百一十六条第一段中税金估值的情况下，税务管理部门可以于自然年度后 3 年内在预提发生地对税金重估。

在基于本法第一百一十六条第二段和第三段中税金估值的情况下，税务管理部门可以在以下任一期间内对税金重估：

1. 纳税申报表提交之后 3 年之内；

2. 如果有证据表明妨碍税务条款的实施，则在所需纳税申报表提交之后 10 年之内；

3. 纳税人书面同意的任何时间。

在本法第一百一十六条第二段中纳税人报表提交日期后 3 年内，基于纳税人原始纳税申报表的错误或疏漏，纳税人或扣缴义务人可以要求修改纳税申报表。如果修改纳税申报表造成退税或税收抵免，税务管理部门在既定税务核查程序下有权进行核定。

在税务管理部门重估税金后 3 年之内，基于纳税人或税务管理部门在重估税金时无法使用的附加信息，纳税人或扣缴义务人可以要求税务管理部门对重估税金进行修改。

当纳税人或扣缴义务人修改其纳税申报表或要求税务管理部门修改重估税金时，本条第一段和第二段中重估税金的时间限制为自纳税申报表提交日起或自税务管理部门修改重估税金日起。

第一百一十八条　税金重估的程序

税金重估应按照以下程序进行：

税务管理部门应向纳税人提供重估税金的通知信函。

纳税人有 30 天时间对税务部门负责税金评估的办公室进行回复。在此期间，纳税人可以接受或拒绝税金重估。如果纳税人未答复则视为已接受税金重估。

如果对税金评估有异议，纳税人可以根据本法第一百二十条规定的程序向税务部门主管提出抗议。

在出具税务重估通知信函后 30 日内，税务部门负责税金重估的办公室应将税金重估结果转发给税务征收办公室。

第一百一十九条　举证责任

当纳税人未保管足够资料或未提供足够信息时，税务管理部门有权在其掌握的任何可用的准确信息基础上对纳税人税金进行评估。对于税务管理部门确定的不正确的税金，纳税人承担举证责任。

当纳税人上报的收入或应税收入同纳税人购买的动产或其他物品有明显差距时，税务管理部门有权在估计收入的基础上评估税金，该估计收入应与纳税人购买的动产或其他物品的金额相匹配。

对于税务管理部门确定的不正确的税金，纳税人承担举证责任。

对纳税人抗议的处理

第一百二十条　行政抗议的规则

不满意税务管理部门重估税金或所作其他决定的纳税人可以向税务部门主管提出抗议。抗议必须限于税金重估或其他决定、税金重估程序中的事实或其他信息。

行政抗议必须按照本法第一百二十一条要求以书面形式提出，并且必须在纳税人收到税务管理部门的税收征管通知信函后 30 日内向税务管理部门提交。

行政抗议不解除纳税人按照税收征管通知信函规定的支付各种税金、附加税和利息的任何义务。

第一百二十一条　纳税人行政抗诉的内容

申诉书有以下内容，行政抗诉才能被接受：

1. 书写申诉书的纳税人的身份证号；
2. 针对申诉对象的评估、决议或结果的内容；
3. 申诉对象的事实或行为；
4. 申诉原因；
5. 日期和纳税人签名以及纳税人授权代理人的签名。

第一百二十二条　税务管理部门的决定

税务管理部门必须在收到申诉书 60 日内做出新决定，指出纳税人对全部或部分税金估值或决定所做申诉的正确或不正确之处，并说明理由。

如果纳税人不接受税务管理部门的新决定，则可在 30 日内向税务仲裁委员会申诉。

第一百二十三条　税务仲裁委员会

税务仲裁委员会的组织和功能由二级法令基于财经部的建议来确定。

第一百二十四条　向法院提出上诉

纳税人有权要求对税收仲裁委员会的决定在收到该决定 30 日内向主管法院提出上诉。

纳税人在向法院申请上诉之前必须在国库存放保证金，数额等同于处在争议中由税务管理部门评估的税金、附加税和利息的金额。

违反税务条款

第一百二十五条　过失

如果纳税人或扣缴义务人已付税金数额少于税务条款确定的税金数额不超过 10%，则被视为过失。

如果纳税人或扣缴义务人未能提交纳税申报表或按照法律要求的日期支付税金，则被视为过失。

第一百二十六条　严重过失

如果纳税人或扣缴义务人已付税金数额少于税务条款确定的税金数额超过 10%，则被视为严重过失。

第一百二十七条　逃税

逃税是明知却故意而为或系统化地反复违反税法条款的行为，其目的是为减少或逃避税收条款中所要求支付的税款。

存在本法第一百二十六条中所示的任何严重过失也被视为逃税，如下所示：

1. 在三个自然年度期间中有两次严重过失；
2. 在任何一段期间内有三次或以上严重过失。

第一百二十八条　妨碍税法实施

妨碍税法条款实施包括：

对于个人：

1. 未能保管账簿和其他材料，或在交易时未出具发票；
2. 未向税务管理部门出示账簿或其他材料；
3. 未在税务管理部门注册；
4. 未按照本法规定向税务管理部门通知注册的任何变更；

5. 制造或提供虚假账簿、文件、报告或其他信息；

6. 隐匿或故意破坏会计记录、账簿、文件、报告或其他信息；

7. 意图妨碍税金评估和征收；

8. 未在本法要求日期的 30 日内提交零税申报表；

9. 有意支持任何上述行为。

对于政府官员：

1. 未经授权泄露机密信息；

2. 意图妨碍税金评估和征收；

3. 有意支持任何上述行为。

第一百二十九条　违反税法

在不妨碍其他行政处罚下，根据本法第一百二十七条规定存在逃税行为，或根据本法第一百二十八条规定妨碍税收制度管理的个人为违反税收条款犯罪。

附加税

第一百三十条　附加税

附加税必须应用在违反税收条款中。

对未足额支付税金或逾期支付的附加税和对妨碍税收条款实施的附加税必须分开单独计算。

在税款缴纳不足的情况下，附加税和利息应以与漏交税金数额相同的方式到期支付。

在任何情况下，附加税的实施不能影响违反税收条款处罚的实施。

第一百三十一条　税款缴纳不足的附加税

对于存在过失的个人，附加税应为漏交税金数额的 10%加上每月或不足一月的未支付的漏交税金数额 2%的利息。

对于存在严重过失的个人，附加税应为漏交税金数额的 25%加上每月或不足一月的未支付的漏交税金数额 2%的利息。

对于单边税金评估，附加税应为漏交税金数额的 40%加上每月或不足一月的未支付的漏交税金数额 2%的利息。

利息不适用在本法第一百一十八条规定的税金重估期间内或在征税通知信函交付后 30 日内。

第一百三十二条　逾期支付税金的附加税

对于未能在到期日支付税金的个人，附加税应为逾期支付税金数额的 10%加上每月或不足一月的未支付的漏交税金数额 2%的利息。

对于未能在收到征税提醒通知信函后 15 日内支付税金的个人，附加税应为逾期支付税金数额的 25%加上每月或不足一月的未支付的逾期支付税金数额 2%的利息。

在对未提交纳税申报表进行单边税金估计的情况下，附加税应为估计税金数额的 40%加上每月或不足一月的未支付的估计税金数额 2%的利息。

逾期利息应从必须支付税金月份的下月第一天开始计算。对于营业税，逾期利息应从提交已过期的年度经营结果申报表的下月第一天开始计算。

对于运输工具逾期支付税金的附加税应为必须支付税金的 100%。

第一百三十三条　妨碍税法实施的附加税

对于妨碍税收条款实施的每一行为征收如下的附加税：

1. 对于处在实际税收管理制度下的个人或纳税人或扣缴义务人或政府机构为 200 万瑞尔；

2. 对于处在简化或估计税收管理制度下的纳税人或扣缴义务人为 50 万瑞尔。

违法犯罪

第一百三十四条　刑事指控的控告权

除了本法第一百三十九条和第一百四十条中所规定的违法行为，由税务部门主管采取法律行动对违反税务条款犯罪起诉并得到财经部批准。

第一百三十五条　逃税

在不妨碍其他行政处罚下，一个企业的董事、负责人、所有者或对一个企业有委托责任的个人如有本法第一百二十七条中所示的逃税行为，则处以 1 000 万～2 000 万瑞尔的罚款和 1～5 年的监禁或并处。

第一百三十六条　妨碍税收的执行

在不妨碍其他行政处罚下，犯有如本法第一百二十八条所示的阻碍税务条款实施行为的任何人，处以 500 万～1 000 万瑞尔的罚款和 1 个月至 1 年的监禁或并处。

第一百三十七条　协助或教唆

故意协助或教唆他人违法犯罪的，或故意建议或诱使他人违法的任何人为刑事违法，并且处以与本人违法相同的处罚。

第一百三十八条　泄密

在不妨碍任何其他处罚的情况下，违反本法第九十四条的任何人都是违法犯罪，并且处以 500 万～1 000 万瑞尔的罚款和 1 个月至 1 年的监禁或并处。

第一百三十九条　税务人员违规行为

执行税务条款公务并故意犯有下列行为的任何人是违法犯罪，并且处以500万～1 000万瑞尔的罚款和1个月至1年的监禁或并处。

1. 扣缴税款为自己或非税务条款规定的其他人所用；

2. 提交征收或收到税额的错误报告；

3. 利用税务官员职务从纳税人或他人处获得金钱或其他利益；

4. 擅自征收或意图征收税款。

执行税务条款公务并要求多于法律允许税金的任何人，将根据现行刑法受到违法处罚。

执行税务条款公务并故意要求和接受贿赂的任何人，将根据现行刑法受到对于收受贿赂的处罚。行贿之人根据现行刑法受到对于行贿的处罚。

第一百四十条　对处理不当或错误的赔偿

如果纳税人认为由于纳税管理部门的不当或非法行为使其遭受经济损失或个人伤害，纳税人可以在最近造成经济损失或个人伤害日期的3年之内对造成这些损失或伤害的不当行为向法院提起上诉。

第六章　最终条款

第一百四十一条　所有与本法相悖的条款均废止。

第一百四十二条　本法应尽快公布。

印度尼西亚

《印度尼西亚税收指南 2011》

税种： 综合税收

颁布日期： 2012 年 6 月 29 日

一、应付税项

联邦税收及费用

企业税

如一企业在印度尼西亚存在且在此从事经营活动，该企业将被认为应在印度尼西亚纳税。此问题依据实体在印度尼西亚是否有常设机构来决定。该词组的定义广泛，包括管理所在地、分支机构、代表处、办公楼、代理人、工厂或车间、构建物或矿区。如此实际存在的常设机构需为其全球来源的所得纳税。若在印度尼西亚有类似该常驻机构所营业务的业务经营，则必须注意确保“引力”原则不会导致经营所得在此常驻机构中被征税。

企业税应按月缴纳。利息、使用费、租金及股息、专业服务费、技术及管理服务费、构建服务费、安装服务费、修理及维护服务费通过预提税的方式收缴税费。若接收者为印度尼西亚的纳税居民，则预提的税费应在确认企业的最终纳税义务时考虑在内（除银行利息和空间租金的税费被视作最后税款）。若接收者不是居民，预提税款意味着是最后税款。根据 2009 年 1 月 1 日起生效的 2008 年所得税法第 36 号，企业按 28％的单一税率纳税并将于 2010 年减至 25％。年总收入不超过 500 亿印尼盾的企业，来自于其未超过 48 亿印尼盾的部分总收入的应税所得，可以享受标准税率 50％的税收折扣。

对于上市企业，在满足下列条件后可得到 5％的企业税扣除：

1. 最低上市要求为 40％；

2. 最低公众持股人数为 300 人，且个人所持有股份量需少于实收股份的 5％；

3. 以上两个条件在一个纳税年度中必须至少达到 6 个月（183 天）的时间。

资产利得税

资产利得及亏损基本上都包含在普通所得中并相应地进行纳税，在印度尼西亚证券交易所上市的证券和私有房产的交易除外。忽略该类利得/亏损而按其交易价格征税如下：

证券	交易价格的 0.1%	最后税款，其中创始人售出的创始人股份=交易价格的 0.5%
私有房产：		
土地及建筑	交易价格的 5%	个人和基金会为最后税款 企业为非最后税款

分支机构利润税

分支机构利润的纳税税率等同于企业利润纳税税率。然而，根据双重税收协定的保护措施，最高预提的 20%的分支机构利润税应在企业税后所得的基础上额外缴纳。无论利润是否汇回都需缴纳该附加税。不同于上述税率的税率需参照下文预提税部分。

可以向将其净利润再投资于印度尼西亚的常设机构给予预提税免税额。

奢侈品销售税

无论是进口的还是国产的奢侈品都要征收最低 10%、最高 75%（从 2010 年 4 月 1 日起为 200%）的销售关税。但对于商品的出口，即使商品被划分至奢侈品类别也将按 0%的关税税率来征税。税费的征收需在生产/进口环节进行。销售税需在下月的第 15 日缴付且需在下月的第 20 日提交有关申报单。

应缴销售税的奢侈品	税率（%）
香料类	20
化妆品、护肤及护发产品	10
指定家用豪华电力、电池或燃气设备	10
摄影及电影摄像设备、录像机、数码相机	10
电子及非电子乐器	20
发射机和接收机	10，20
豪华别墅、公寓、公寓套间、联排别墅	20
不属于 10%类别下的家庭及消遣用豪华电力、电池或燃气设备	20
指定体育用品及游戏	10，30，50
指定皮革服装及商品	40
进口价格在 500 000 印尼盾以上的衣箱、公事箱包、钱包	40
手表、时钟	40
特定材料制成的地毯	40，50
含酒精饮料、发酵调味饮品	40，75
船舶、船只和游艇	30，40，75

续前表

应缴销售税的奢侈品	税率（%）
飞机	50
枪支、空气及毒气武器，国家使用的除外	40，50
水晶、大理石或花岗岩制品	40，75
宝石、珍珠、钻石制品	75
载客量为 10～15 人的机动车辆	10
载客量少于 10 人、马力在 1 500～2 500cc 的机动车辆	20
马力不超过 1 500cc 的轿车或旅行车	30
除轿车或旅行车之外马力在 2 500cc～3 000cc 的机动车辆	40
马力在 1 500cc～3 000cc 的四轮驱动机动车辆	40
高尔夫球场专用机动车辆	50
气缸排量在 250cc～500cc 的摩托车	60
雪地、沙滩、山地及类似环境的专用机动车辆	60
排量大于 3 000cc 的轿车及旅行车	75
排量大于 2 500cc 的柴油轿车及旅行车	75
排量大于 500cc 的摩托车	75
家庭及露营用的拖挂式房车或半挂拖车	75

增值税

向进口商、生产商、批发商及零售商以及大部分的服务提供商按 10%的一般税率征收增值税。同时，增值税法准许单项税率的修正，现有非 10%税率产品为香烟及二手车辆。诸如包裹快递及旅游中介这类服务按 1%的税率征税，而代理经营则是按所收佣金的 5%来征税。出口贸易因其所适用的零税率事实上已排除在增值税纳税对象之外。

根据 2010 年 4 月 1 日起生效的 2009 年增值税法第 42 号，服务业的出口所适用的增值税率为 0%。然而财政部的法规进一步规定了零税率增值税只适用于下列服务：

1. 某些条件下的合同分包服务：

● 应税服务的买家或接收者在关税区以外且为非居民纳税人，并且没有如所得税法中所指定的常设机构；

● 由应税服务的买家或接收者提供规格规范以及材料；

● 材料被定义为原材料、在产品和/或用于进一步加工已完成应税商品的辅助材料；

● 已完成商品的所有权在应税服务的买家或接收者手中；

● 分包合同商按应税服务买家或接收者的要求将产品递送至关税区外。

2. 位于关税区以外包括施工计划、施工工程和施工监理在内的建筑服务。

3. 隶属于关税区外所用流动资产相关服务的修缮及维护服务。

增值税需在有关交易发生次月的月度纳税申报单提交截止日之前缴纳。在由非印度尼西亚居民提供某些服务，如使用无形应税商品及/或离岸服务的情况下，这些服务的接收者有义务通过自我估税的方式在次月 15 日缴付进口增值税并对此进行报告。排除在增值税征税范畴外的商品有：

- 日用品；
- 从自然资源开采出的矿产；
- 宾馆及餐馆所供应的食物（不包括餐饮服务）；
- 货币、黄金及证券。

排除在增值税征税范畴外的服务有：

- 医疗、社会及宗教服务；
- 邮政及转账服务；
- 银行业、保险业及非银行业金融租赁；
- 教育服务；
- 金融租赁；
- 艺术及娱乐服务；
- 广播及电视播送服务，除广告以外；
- 公共运输服务，即陆地、海洋及国内航空运输（自 2010 年 4 月 1 日起生效）；
- 人力及招募服务；
- 宾馆及寄宿服务；
- 由政府提供的有关公共管理及礼仪要求服务：

停车服务（自 2010 年 4 月 1 日起生效）；

公用电话（投币式）服务（自 2010 年 4 月 1 日起生效）；

食物及餐饮服务（自 2010 年 4 月 1 日起生效）。

增值税递延

- 为产品制造所进口机器的增值税可无限期递延。
- 指定产业（如宾馆业、运输业）所进口设备的增值税可递延 18 个月。

附加福利税/实物福利

由雇员接收的包括折扣或免费住宿在内的实物福利，不会为此向其征税，且福利提供者/雇主不可对其进行扣除。这也同样适用于在工作单位提供给雇员的食物及饮料，以及工作所需的员工福利如防护衣与制服、来往工作地点的交通费用、船员及类似人员的住宿，并且还适用于由财政部批准的偏远地区内的住宅。企业提供给雇员的车辆及手机，其成本的50%可以通过在资产使用年限（8年和4年）内对其计提折旧的方式进行扣除。可以将手机的充值收据和修理费用的50%算作可扣除额。

地方税

省级税一般按10%的税率征收，即宾馆和餐厅服务、停车服务。

其他税项

单据印花税

印花税为6 000印尼盾或3 000印尼盾的账面额。应付印花税的单据类型包括：

- 为证明民事性质的行为、事实或情况而准备的协定书等；
- 国家行为等；
- 所有承载一定量的金钱的单据，包括承诺支付函、证券或支票。

土地权转让的印花税

自1998年1月1日起生效，土地权的转让需要按购置价格的5%来缴纳印花税。

土地及建筑税

土地、建筑和永久构造需要每年缴纳土地及建筑税，实际税率通常仅为房产价值的0.5%。

进口税

进口税应按下列税率缴纳：

组别	商品	税率（%）
机动车辆	客运及商用车辆	15～55
电子产品		15
鞋类		20～25
酒精及酒精饮料	酒精、啤酒、（葡萄）酒、烈酒	40～150
农产品	动物及蔬菜产品	10～15
其他	化学制品、药品、橡胶等	5～15

二、应税所得的确认

应税所得需根据一般会计原则计算后按特定税务法规进行调整。所有因获得、接收和维持应税所得而发生的支出和费用准予进行扣除。

与下列项目有关的费用不得进行扣除：

● 实物福利如免费住宅等（参看上文“附加福利税/实物福利”）；

● 所得税付款（包括处罚金）；

● 资本开支（见下文“折旧”）；

● 个人费用；

● 非营利的礼品、援助和捐款，不包括其他政府批准的强制性宗教捐款；

● 雇主为人身、医疗和意外保险支付的供款，以及向未批准养老基金支付的供款，除非此供款被视为雇员的应税所得；

● 准备金（金融机构除外）；

● 股息。

投资鼓励

投资于特定商业部门和/或特定区域/位置的纳税人可以享受下列形式的税收优惠：

● 最高可减少投资总额所实现净所得的30%（6年中每年5%）；

● 加速折旧和摊销；

● 税损可以长期递延但不得超过10年；

● 股息预提税可减低10%，除非根据有关税收协定有更低的适用税率。

折旧

当固定资产（无论有形或无形）的有效年限大于一年时，可通过折旧来实现对其取得成本的税收减免。适用的折旧率如下：

有效年限	直线法（%）	余额递减法（%）
A. 非建筑：		
1～4年	25	50
4～8年	12.5	25
8～16年	6.25	12.5
16～20年	5	10
B. 建筑：		
永久	5	—
非永久	10	—

（注意，财产折旧的计提开始于取得该财产的月份而非年份，也就意味着第一年的折旧是按比例计提的，同时其账面净值根据其剩余有效年限来计

提折旧，除非该财产在其有效期限内退役或售出。）

存货

纳税人可用先进先出法或平均成本法来对存货进行估值。无论选用何种方法，都必须不间断持续使用。

资产利得及亏损

在印度尼西亚资本项目的利得和亏损都应纳税，这类项目无特别待遇，上市公司股票证书的销售和之前提及的土地和建筑的销售产生的利得和亏损除外。

股息

在特定情况下，在印度尼西亚成立的企业所收到的股息的付款人为印度尼西亚企业时，可以得到减免。在没有税收协定的情况下，向非居民支付的股息按20%的税率征收预提税。详情应参阅预提税部分以及个别协定。

利息扣除

虽然财政部受权规定外国企业的要求负债权益比，但到目前为止尚未设置任何限制。然而鉴于该权力的存在，应注意确保负债不会带来权益不准许的相关利息和借款成本。

亏损

虽然亏损不得向前退结，但可最多向后结转5年。亏损可以向后结转的期间可以由财政部的裁定延长。

三、外国税收优惠

若印度尼西亚居民企业有外国分支机构（或赚取其他外国来源所得），这些分支机构的所得都应在印度尼西亚纳税。如果该所得已经缴纳了外国税，将根据有关所得最高应付的印度尼西亚税来给予税收抵免。

四、企业集团

不准许进行联合纳税申报。

五、关联方交易

税务局将会驳回与关联方之间的过量/非公平交易相关的扣除。

六、预提税

一般而言，居民应为所有应付或可偿还的余额缴纳15%的可抵免预提税，非居民需缴纳20%的最终预提税。预提税在应税交易发生或款项应付之时收取。预提税税率如下：

	居民①（%）	非居民①（%）
股息②	15	20
利息	15	20
使用费	15	20
奖项及奖励	15	20
租金和其他与房产适用有关的所得，除了土地/空间租金	2	20
技术、管理、咨询、和其他服务	2	20

注：①所有百分比率都是以总金额为基础，除非另有说明。

②付给印度尼西亚企业股东的股息的预提税只可在达到以下条件时予以免除：

a. 股息来源于留存收益；

b. 接收者持有支付者25%或以上的股份。

说明：①对除非税务居民以外的没有税标识号的个人或企业，在适用税率之外额外征收100%的预提税。

②从2009年1月1日起，向个人居民纳税人派发的股息需要缴纳最高税率为10%的最终税。

最终预提税

下列交易需要计提最终预提税。这些税项适用于居民以及非居民的常驻机构。

● 销售上市股份	总收益的0.1%
● 由创办股东销售的创办人上市股份所应缴的附加税①	首次公开募股价格的0.5%
● 销售土地或建筑①	销售价格的5%（对个人、基金会及企业都为最终税款）。购买者需为土地和/或建筑的取得权额外支付5%的印花税
● 政府信用证和储蓄存款的利息或贴现以及债券的利息或贴现②	20%（银行及经认可的养老金和共同基金，以及简易房屋的贷款利息除外）
● 税务机关批准的资产重估	资产账面价值与重估金额之间差值的10%（除非有税损可最先同重估差值相抵销）
● 彩票奖金	总收入的25%
● 土地和/或建筑租金（包括服务费用）	总收入的10%

注：①以上税率同样适用于非居民（视双重税收协定的适用而定）。

②本金金额不超过7 500 000印尼盾的储蓄、存款或政府信用证，无须支付预提税。

由于2008年7月20日第51号政府法规的发布，建筑服务需按下列税率缴纳最终税：

a. 授权小企业所提供的建筑施工服务的税率为2%；

b. 未授权企业所提供的建筑施工服务的税率为4%；

c. 除上文a和b中提及的企业以外的企业所提供的建筑施工服务的税率为3%；

d. 授权企业所提供的施工方案及监管服务的税率为4%；

e. 未授权企业所提供的施工方案及监管服务的税率为6%。

（要注意上述政府法规的生效日期回溯至2008年1月1日。）

预提税第 22 条

预提税第 22 条通常适用于下列情况：

1. 商品进口。有进口许可证的进口商需缴 2.5%的可抵免预提税，未持有适当进口许可证的进口商需按 7.5%的税率缴税。

2. 向政府销售商品并要从中央财政、国家预算总局或某些国有企业处收取付款的这类交易，适用的税率为其销售价格的 1.5%。

3. 卖/买钢铁、汽车、水泥和纸制品的购置税率分别为销售价格的 0.3%（钢铁）、0.45%（汽车产品）、0.25%（水泥），以及 0.1%（纸制品）。

4. 销售国家石油公司的产品，以及除国家石油公司以外的其他在汽油产业中通过向其经销商和/或代理商提供预混汽油和燃气的方式经营的商业机构，产品的销售价格由其所属类别决定，并在此基础上按 0.25%或 0.3%的税率征税。

5. 高价奢侈品的销售/购置需缴纳 5%的税费。

6. 有关经营林业、种植业、农业和渔业的企业及出口商，从收集商处购置其工业和出口所需的商品，其适用税率为购买价格的 0.25%（不包括增值税）。

对于除非纳税居民以外未持有纳税标识号的个人或企业，额外征收 100%的预提税。

七、外汇管制

虽然资金的进口是相对开放的，但外国投资必须要得到批准。同样，虽然外币基本上可以自由进行转移，但也要求进行简略报告。

重要的是，除了销售现有股票所导致的资金回流之外，其他以印度尼西亚居民为对象的资金回流在投资者享有任何免税期的期间内都是禁止的。

八、个人税

印度尼西亚居民需为其全球的所得纳税。非居民仅需为其来源于印度尼西亚的所得纳税。如果个人一年内在印度尼西亚的时间超过 183 天，或在一个会计年度期间定居于印度尼西亚且打算留在印度尼西亚的，该个人即为印度尼西亚居民。某些税收协定会对上述规定作出更改。

个人应税所得按下列税率进行累进征税：

应税所得（印尼盾）	税率（印尼盾）
0～50 000 000	0 ＋超出额度的 5%
50 000 001～250 000 000	2 500 000 ＋超出额度的 15%
250 000 001～500 000 000	32 500 000 ＋超出额度的 25%
500 000 000 以上	95 000 000 ＋超出额度的 30%

向除非纳税居民以外的个人征收 20%的附加税，如果其未持有纳税标识号。

可扣除项

在确认一个人的年应税所得时，下列项目可从其总收入中扣除：

项目	（印尼盾）
职业支持：总收入的 5%，最高可达	6 000 000
养老金：总收入的 5%，最高可达	2 400 000
非应税部分所得（自 2009 年 1 月 1 日起生效）	
纳税人	15 840 000
已婚纳税人的额外扣除	1 320 000
由血缘、婚姻所联系起来的直系家庭成员，最多可享有 3 名完全受抚养人的额外扣除额	每人 1 320 000

已婚女性雇员只可享有其个人的非应税部分所得的扣除额，如果她有地方当局出具的其丈夫的失业证明。

当非居民个人所收的付款为其在印度尼西亚的工作报酬，则无论支付地为何处都按 20%的税率缴纳最终税。

付给居民个人的养老金一次性总付款以及付给居民个人的补偿金，需在其总金额的基础上按下列税率缴纳最终税：

1. 养老金一次性总付款

应税所得（印尼盾）	
0～50 000 000	免税/非应税部分所得
50 000 000 以上	5%

2. 补偿金

应税所得（印尼盾）	
0～50 000 000	免税/非应税部分所得
50 000 001～100 000 000	5%
100 000 001～500 000 000	2 500 000 ＋超出数额的 15%
500 000 000 以上	62 500 000 ＋超出数额的 25%

不过，向非居民个人支付的养老金付款需依所得税法按 20%的税率在其金额总数的基础上征税。

若探亲假或教育费用已经报销，则所报销的金额应全部由雇员来为其纳税。

注：由雇主在工作场所向雇员提供的食物和饮料不需缴税，但对雇主而言是可扣除的。

九、协定及非协定预提税率

企业和个人、居民和非居民的应缴预提税按下表征收：

	股息		利息（%）	使用费（%）
	投资组合（%）	持有股票（%）		
居民企业	0	0	15	15
居民个人	15	15	15	15
非居民企业和非协定国家居民	20	20	20	20
协定国家（地区）：				
阿尔及利亚	15	15	15/0	15
澳大利亚	15	15	10/0	15/10
奥地利	15	10	10/0	10
孟加拉国	15	10	10	10
比利时	15	10	10/0	10
文莱达鲁萨兰国	15	15	15/0	15
保加利亚	15	15	10/0	10
加拿大	15	10	10/0	10
中国大陆	10	10	10/0	10
捷克共和国	15	10	12.5/0	—
丹麦	20	10	10/0	—

续前表

	股息		利息（%）	使用费（%）
	投资组合（%）	持有股票（%）		
埃及	15	15	15/0	15
芬兰	15	10	10/0	15/10
法国	15	10	15/10/0	10
德国	15	10	10/0	15/10
匈牙利	15	15	15/0	15
印度	15	10	10/0	15
伊朗	7	7	10/0	12
意大利	15	10	10/0	15/10
日本	15	10	10/0	10
约旦	10	10	10/0	10
韩国	15	10	10/0	15
朝鲜	10	10	10/0	10
科威特	10	10	5/0	20
卢森堡	15	10	10/0	12.5
马来西亚	15	15	15/0	15
墨西哥	10	10	10/0	10
蒙古国	10	10	10/0	10
荷兰	10	10	10/0	10
新西兰	15	15	10/0	15
挪威	15	15	10/0	15/10
巴基斯坦	15	10	15/0	15
巴布亚新几内亚	20	15	15/10/0	15
菲律宾	20	15	15/10/0	15
波兰	15	10	10/0	15
葡萄牙	10	10	10/0	15
卡塔尔	10	10	10	5
罗马尼亚	15	12.5	12.5/0	15/12.5
俄罗斯	15	15	15/0	15
塞舌尔	10	10	10/0	10
新加坡	15	10	10/0	15
斯洛伐克共和国	10	10	10/0	15/10
南非	15	10	10/0	10
西班牙	15	10	10/0	10
斯里兰卡	15	15	15/0	15
苏丹	10	10	15/0	10
瑞典	15	10	10/0	15/10
瑞士	15	10	10/0	12.5

续前表

	股息		利息（%）	使用费（%）
	投资组合（%）	持有股票（%）		
叙利亚	10	10	10	20/15
中国台湾	10	10	10/0	10
泰国	20	15	15	15
突尼斯	12	12	12/0	15
土耳其	15	10	10/0	10
乌克兰	15	10	10/0	10
阿拉伯联合酋长国	10	10	5/0	5
英国	15	10	10/0	15/10
美国	15	10	10/0	10/0
乌兹别克斯坦	10	10	10/0	10/0
委内瑞拉	15	10	10/0	20/10
越南	15	15	15/0	15

上述税率仅做指南，有必要参阅个别协定和法规。

老挝

税种：综合税收

颁布日期：2013 年 3 月 28 日

一般制度

根据政府承诺，为了吸引外来投资，1994 年的《外国投资法》为外国投资者简化了税收体系。这项法律已经根据一些总统法令进行了更新。

《外国投资法》废除了一项已经建立的关于外商直接投资项目的税收激励制度。然而，当投资很大或对于国家十分重要时，税收会减少。在这种情况下免税或投资促进区域得以建立。自然资源和能源发电项目受到优待。

税法中描述的几大税收的分类如下：

- 营业税；
- 税收；
- 个人所得税（PIT）；
- 利润税（也称企业所得税）；
- 社会保障税（逐步实施）；
- 最低税；
- 费用和服务费用；
- 其他税收。

1998 年，总理办公室发布了修改营业税、消费税、最低税和租赁所得税的法令。

企业根据下列两种税收中的较高税收申报交纳税金：

- 最低税，统一税率为总利润的 1%。
- 利润税，基于净利润。税法规定所有老挝企业税率为 35%；在《外国投资法》下，所有外国企业税率为 20%，受益于外国货币的合资企业需要与 FIMC 协商。

大多数进口关税设定在 5%或 10%。实行进口税率的完整商品列表见 1998 年 9 月 28 日总理办公室的第一修正案法令。

管理费用根据机器和材料计价，税率为 5%。

营业税

营业税的征税对象为进口和销售一般进口或国产商品的个人或实体。此外，一般服务、为他人提供劳动力作为服务费补偿也需缴纳营业税。目前相关的立法为：

- 1999 年 1 月 4 日财政部法令 1；
- 1998 年 9 月 28 日老挝人民民主共和国总统法令第四条；
- 老挝人民民主共和国税法 01 号。

这些立法的条款规定了哪些商品和服务适用 5%的税率，哪些适用 10%的税率，哪些免征营业税。

税款向相关税务机关按月支付，日期为次月 10 日前。如果进口商在入境口岸已经支付了税款，可以从月营业税中减掉。根据需要已付税款可以结转到下个月。经营者提供的商品或服务，无论进口还是国产均适用营业税。

货物向第三国再出口的进口商、出口导向的生产者或服务提供者，如果在入境口岸缴纳了营业税，那么在下次进口商品和原材料时可以从应付税款中减去这些已付税款。

应用于外国投资者的项目或其生产企业中的进口设备、生产设备、备件和其他材料，统一税率为进口价值的 1%。以加工再出口为目的进口的原材料和中间组件可以免缴进口关税。

消费税

消费税是对某些类型的商品征收的一种间接税。这些商品包括燃料（5%～23%）、酒精产品（50%～60%）、烟草产品（50%）和化妆品（20%）。1998 年 12 月 25 日颁布的老挝人民民主共和国总理法令第四条第 241 号/PM 规定了缴纳消费税货物的完整列表和税率。对于进口货物，应缴消费税在进口时支付，税收必须在产品离开海关之前全额支付。对于国内生产，生产者必须按月支付消费税，支付时间为下月的 15 日之前。

个人所得税

这是对在老挝境内获得的收入征收的直接税。应税收入包括：

- 薪金收入，如工资、奖金、职位奖金和其他福利，包括实物福利；
- 来自可移动资产的收入，如公司股东的股息或其他利益、贷款利息和担保费用或其他抵押留置权；
- 租赁资产收入；
- 来自专利或其他权利（包括租赁权、生产配方、商标和版权）的收入。

某些类型的收入是免税的，比如在老挝执行项目者的社会保险和外国专家的工资。

外国员工收入的工资税按照统一税率即总收入的10%来征收，包括大多数实物福利。支付方式为按月预提。当外国员工在一个给定的纳税年度驻留在老挝超过180天，那么其接受的国外工资也要支付个人所得税。

薪金按照累进税率征收，高达老挝员工总收入的40%。

薪金和工资收入者在计算应纳税额时有权从总收入中扣除20万基普的生活成本费用津贴。

2001年7月1日税法修正案规定老挝员工最高的税率为45%。它还对之前被视为企业来缴纳利润税和最低税的个体营业者规定了与累进税率类似的税率。

利润税

税法规定所有的老挝商业企业都按照净利润的35%缴纳利润税，《外国投资法》规定外国商业企业按照净利润的20%缴税。应税利润包括：

- 来自农业、林业、工业、手工艺生产、自然资源的开发、进出口、批发或零售贸易和一般服务的利润所得；
- 自营职业者的利润所得。

在确定年利润时可以扣除的费用有：

- 商业活动的一般费用，包括公共设施费用、旅游和娱乐、广告、工资、租赁成本和保险；
- 旅游和娱乐的费用，扣除上限为营业额的0.2%；
- 礼品、津贴、赠品和奖品的费用，扣除上限为营业额的0.15%；
- 折旧可以使用直线法和余额递减法；
- 与存货或应收账款等项目相关的或有费用和风险准备。

利润税、薪金所得税、支付给合作中合伙人的工资、奢侈费用和支付给股东的利息都属于不可抵减费用。

个人从企业利润中获得的收入可以享受每年120万基普的抵减额。

税收根据估计利润或上年度利润按季度征收。在每季度结束后的下月15日之前向税务机关进行纳税申报。平均利润或最低应税额应在下年4月15日之前支付。如果季度利润税多支付了，不退现金，但可以在计算未来利润税时扣除。税金也可以一次性支付。

社会保障税

社会保障法令于2001年6月开始生效，并逐步引入。它将适用于：

- 国有企业、私有企业和合资企业的员工；
- 拥有10名或以上员工的企业；

- 员工不足 10 名的大企业的分公司。

如果一个企业适用社会保障法令，但后来员工减少不满足法令的员工最低数量要求，也必须继续适用社会保障法令。

社会保障法令不适用于：

- 公务员、军人和警察；
- 大使馆、老挝人民民主共和国认可的执行外交使命或国际机构的员工；
- 在老挝成立的不超过 12 个月的跨国公司的外国工作人员；
- 跨国公司的老挝员工，但是被派到国外工作 12 个月或以上；
- 小学、高中和大学学生，医学专业实习生和其他没有从雇主处取得工资的培训生。

该法令要求工资总额中的扣除额如下：

- 5.0%由雇主支付；
- 4.5%由雇员支付。

但是政府设定了社会保障税的上限，其扣除额将会终止使用。工资每月超过 100 万基普的不适用社会保障税。因此，最高费用额将是每月来自雇主的 5 万基普和来自雇员的 4.5 万基普。没有迹象表明这个上限是不是临时的。雇主有责任确保社会保障税的支付，支付方式为从员工的工资中预提。

社会保障法令中包括的福利有：

- 丧葬福利；
- 医疗福利；
- 疾病福利；
- 产妇福利；
- 工伤或职业病福利；
- 残疾/永久伤残福利；
- 退休金；
- 遇难家庭福利；
- 儿童津贴；
- 失业救济金。

但是没有详细的指南规定这些福利如何分配或评估。

最低税

商人和自营职业者有缴纳最低税的义务。

外国和国内投资者在任何所得税免税期内可以免除此义务。

最低税税率为年收入总额的 1%。商人根据其年收入扣除营业税来计算最低税。

亏损结转

经税务机关认定的遭受损失的商人和自营职业者可以在未来三年结转亏损。三年之后，未利用的损失也不可用。

企业在启动阶段的初始亏损可以资本化并且作为前期经营成本。一旦开始经营就要贬价这些费用超过两年。

如果一个公司有免税期，只能结转此期间最后一年的亏损。这些亏损可以结转三年。

税收激励

政府为鼓励投资者在老挝再投资提供税收激励。一个投资者在老挝进行再投资的利润可能不需要缴纳任何税。

如果在最初两到四年的免税期内亏损，那么可能会准许结转亏损。亏损额可以在第二年从利润税中扣除，或是在最多五年内平均分摊。

费用和服务费

税法规定，政府可以通过发放财政牌照、营业执照、许可证、签证、广告牌、广播权和其他服务进行收费。这些费用和手续费的收费标准定期由总统令规定。

其他税收

其他税收包括：

- 股息税为公开总股息的 10%；
- 文件注册费根据所注册的法律文件实行从价税率；
- 年税务注册费根据营业额或估计营业额实行可变税率；
- 土地税根据持有或使用的土地实行可变税率；
- 资源开发税根据来自老挝的木材和建筑材料的立方米数实行可变税率；
- 年公路税根据在老挝适用的所有车辆实行可变税率；
- 房屋租赁税，如果承租人是老挝人，税率为 25%～30%；如果出租人是外国人，税率设定为租金的 30%，最高达每月 2000 美元。

泰　国

《泰国税收指南 2012》

税种：综合税收

颁布日期：2013 年 2 月 20 日

一、应纳税项

企业所得税

企业所得税是一种直接税，这种税的征收对象是按照泰国法律或外国法律设立，并且在泰国从事经营活动，或是有来源于泰国境内的特定种类收入的法人。

此处“法人”是指在泰国境内经营的法人企业或合伙企业（以下简称“企业”）。该术语还涵盖由某一外国政府或其代理机构，或由根据某一外国法律组成的法律主体所运作的任何合资企业、贸易活动或逐利行为。

在泰国境内组建的企业应在每一会计年度（12 个月）末，就来源于国内和国外机构的全球净利润缴纳企业所得税。税务申报的会计年度即到 12 月 31 日终止的日历年。但是如果经过税务厅厅长批准，企业纳税人也可以选择一个替代的核算期用于确定应纳税所得。

“外国企业”是指按照外国法律组建的企业。一般来说，如果一个外国企业在泰国设有办公室、分支机构或任何其他经营场所，或是有雇员、代理或代表在泰国从事经营活动，该企业就会被认为在泰国从事经营活动。在泰国从事经营活动的外国企业，在每一个会计期末，仅对其在泰国境内从事经营活动产生或取得的净利润缴纳企业所得税。当外国企业向海外汇出其在泰国境内产生的利润时，需缴纳汇出额的 10%作为一项单独的利润汇出税。利润是指任何预留的利润金额和任何可能被视为利润的金额。

一个外国企业如果并不在泰国境内从事经营活动，但从泰国获取特定种类的收入，如专业费用、利息、股息、特许权使用费、租金和管理费用，这部分收入总额可能征收企业所得税。这种税是以预提税的形式征收的，即纳税人应当将这部分税款，按照预提税表（税率——向非居民公司支付的款项）所示的税率从收入中扣除。

泰国的企业所得税税率是 30%，每年征收两次，但这一税率也根据纳税人的类型变化。在泰国境内从事经营活动的泰国企业和外国企业应当在会计年度结束后 150 天内提交年度纳税申报表（表格 PND50）。税金必须和申报表一并提交。

除了年度纳税申报，任何需就净利润缴纳企业所得税的企业还应提交半年度纳税申报表（表格 PND51）。企业有义务估算其年度净利润，承担纳税义务，并且在会计年度前六个月、结束后的两个月内缴纳一半的预估税额。预付的税金可以抵扣其年度总的应纳税金。

资本利得税

泰国没有关于资本利得税的相关规定。资本利得被视为用于计算所得税的普通收入。

分支机构利润税

泰国没有关于分支机构利润税的相关规定。外国企业的泰国分支机构通常仅就其在泰国境内从事经营活动所产生的净利润缴纳税款。这类分支机构同居民企业适用同一税率。但对于从泰国汇出的利润需缴纳一项单独的利润汇出税。

增值税

从 1992 年 1 月 1 日起，增值税取代了原来的营业税。这是对每个阶段的生产和分配的增值征收的一种间接税。泰国增值税的征收对象包括任何在泰国定期提供商品和服务的供应商，并且年营业额超过 1 800 000 泰铢的个人或实体，向境外人士提供服务并且用于泰国境内的服务供应商，还包括进口商品和服务的供应商。商品和服务的供应商需缴纳增值税销项税，商品和服务的购买者需支付增值税进项税，允许进项税从销项税中抵扣来计算增值税应纳税金。

目前，对于 2012 年 9 月 30 日之前的收入总额征收的增值税税率是 7%，之后可能会提高到 10%。另外，对于出口商品和服务（完全用于泰国境外）实行零税率，还有某些商品免征增值税。

其他税项

特殊营业税

某些行业不需要缴纳增值税，但要缴纳特殊营业税；而另一些实体和活动免征特殊营业税。该税种就收入总额征收，如下表所示，行业性质不同，征收的税率也不同。

行业类型	计税基数	税率（%）
1. 银行、金融机构和类似企业	利息、扣减额、服务费、其他费用以及外币兑换所产生的毛收益	3.0
2. 人寿保险	利息、服务费和其他费用	2.5
3. 典当业	利息、典当例费、因典当期满对丧失赎回权的典当物进行拍卖所获得的报酬	2.5
4. 房地产业	毛收入额	3.0①
5. 保理业	利息、扣减额、服务费和其他费用	3.0

注：①从 2009 年 3 月 29 日到 2010 年 3 月 28 日特殊营业税率降至 0.1%，但之后又恢复到 3%的标准税率。

说明：须同时一并缴纳按该税额 10%计算的地方税。

燃油所得税

从石油和天然气资源开采中取得的收益受《燃油所得税法》管辖。

印花税

印花税的征收对象包括绝大部分企业提交给政府部门或实体的文件和企业的官方文件，例如，土地转让许可证、租赁合同、股票交易、公司债券、抵押合同、人寿保险单、养老金、授权书、承兑票据、信用证、支票等。印花税的征税对象是文书而不是交易或个人，此处文书是指《税收法案》中规定的所有应课税的文件。印花税的相关规则收录在《税收法案》第二编的第六章。

只有在印花税清单中列举的文书需要缴纳印花税，与这些文书相关联的人是印花税的纳税义务人，例如，凭证的书立人、领受人或是受益人。根据《税收法案》，一般免税额适用印花税，印花税税率取决于文书的类别，不履行纳税义务可能导致缴纳罚款或附加税。

消费税

对于某些特定种类产品征收消费税，例如，酒精类饮料、烟草和果汁。

地方税

广告税

广告税的征税对象是用于广告或提供商业信息的所有提及某一名称、商标或产品的标志、广告牌。根据语言的不同，每平方米广告的税率也不尽相同。

财产税

在指定区域拥有土地和建筑的所有人需缴纳地方行政税（基于未改良的

土地资本价值）或土地房产税（按实际或评估的年租金收益的百分比计算）。地方行政税基于地方当局裁定的土地评估值征收，征收土地房产税的土地不再征收地方行政税。土地和房产税对除所有人自用住宅之外的其他房产征收，年收益参考该房产租金收入的官方评估值。

二、应税所得的确认

企业和个人都应就其应税所得缴纳所得税。应税所得是指减去扣除额后的应纳税收入。对于个人来所，一些额外的费用也可以从应纳税收入中扣减。

在泰国境内从事经营活动的企业需将企业净利润作为计税基数缴纳企业所得税。企业应将在一个会计周期内从经营活动中获取的所有收益纳入计算，并且可以将符合《税收法案》规定的开支从中扣除。一些特定类型开支作为额外扣除额也允许扣减。

编号	类型	计税基数	税率	
			2012	2013—2014
1	中小企业	净利润不超过 150 000 泰铢	免税	免税
		净利润在 150 000～1 000 000 泰铢之间	15%	15%
		净利润超过 1 000 000 泰铢	23%	20%
2	在泰国证券交易市场注册的企业		23%	20%
3	在创业板市场注册的企业			
	1. 在 2007 年 1 月 1 日到 2008 年 12 月 31 日之间申请上市，并在 2009 年 12 月 31 日之前注册的企业	上市之后前三个会计周期的净利润	20%	20%
	2. 2008 年 7 月 29 日之前上市的企业		23%	20%
4	从国际银行信贷业务得利的银行	净利润		
5	从事国际运输业务的外国企业	总收入		
6	不在泰国从事经营活动但从泰国获取利润的外国企业	总收入		
7	不在泰国从事经营活动但从泰国获取除股息之外的其他收入的外国企业	总收入		
8	将利润汇往国外的外国企业	汇款金额		

续前表

编号	类型	计税基数	税率	
			2012	2013—2014
9	盈利性组织和基金	总收入		
10	区域经营总部	净利润		
11	投资促进委员会	净利润		

1. 中小企业是指在每一会计年度末实缴资本不超过 5 000 000 泰铢，并且在相应的会计年度销售商品和服务取得的利润不超过 30 000 000 泰铢的企业。在 2011 会计年度之前减少注册资本的企业也可以享受这项税收优惠，反之则不能享受优惠。需要注意的是，这里的货物销售不包括资产买卖业务和非直接销售。

2. 只要满足两种区域经营总部的适用条件之一，一个实体就可以被认定为区域经营总部，有权享受优惠税率。旧的区域经营总部优惠政策包括按 10%的税率征收企业所得税，对于满足一定条件的外籍人士（在 4 年内）按优厚的 15%的税率征收个人所得税，这些条件包括向除泰国之外的至少 3 个国家的分支机构提供行政、技术、管理等支持。而新的区域经营总部优惠政策包括对来自国外的服务收入免除 10 年的企业所得税；对来自或支付给外国实体的股息免除 10 年的企业所得税和预提税；对 10 年内来源于泰国境内的服务收入和来源于海外的特许权使用费和利息收入，按 10%的税率征收企业所得税；对于满足一定条件的外籍人士（在 8 年内）按优厚的 15%的税率征收个人所得税。同时，对享有这些税收优惠政策新的区域经营总部的认定增加了一些更为严格的规则，包括泰国境外合资企业或分支机构数量下限的要求、最低开支的要求和有关员工的最低要求。

3. 根据所在地（投资区域）和所从事活动的类型，企业可能获得以下优惠政策，就公司利润获得 3～8 年（免税期）的免税优惠，对进口机械和材料减免进口关税，对来源于投资促进委员会的股息免除所得税。

扣除额

为计算企业所得税，以下所列项目可被扣除：

1. 一般必要支出。但以下支出的可扣减额有特殊的比例：

a. 研发费用支出按 200%扣除；

b. 在职培训费用按 200%扣除；

c. 残疾人专用设施的费用按 200%扣除。

2. 除企业储备金和专项资金的利息之外的其他利息。

3. 除向泰国政府支付的企业所得税和增值税之外的其他税款。

4. 从过去五个会计周期结转的净亏损。

5. 呆坏账。

6. 损耗。

7. 低于净利润 2%的慈善捐赠支出。

8. 公积金供款。

9. 低于总收益的 0.3%且不超过 10 000 000 泰铢的招待费。

10. 对公共教育机构的捐赠支出和其他用于公园、公共活动场地和/或运动场地维护的支出。

11. 折旧。对某些资产类别适用特殊的加速折旧率，企业也可以选用基于资产的预计使用寿命确定的折旧率。

12. 海内外展览或博览会费用支出：

a. 租金费用按 200%扣除；

b. 建设费按 200%扣除；

c. 其他相关费用，如运费、保险费和交通费，按 200%扣除。

13. 对 2010 年到 2011 年之间产生的国内员工培训费用按 200%扣除（包括研讨室租金费、住宿费、交通费、餐食费和其他费用）。

14. 新增可移动资产的折旧按 60%扣除，例如一个从事旅游业的企业 2010 年 6 月 16 日到 2011 年 12 月 31 日之间新增的设备、固定附着物和家具（不包括机动车辆）。

15. 2010 年 10 月 4 日以后从事汽车租赁业务产生的车辆购买费用可全部折旧，在此之前，适用以 1 000 000 泰铢为上限的折旧限额。

利润分配

获得分红的居民纳税人可以选择将其纳入应税收入或缴纳 10%的最后预提税后，将这部分所得从应税收入中免除。选择第一种方案的纳税人必须将这部分分红返计纳入免除的 10%的预提税和为之缴纳的企业税（一般为 30%）中。所谓税收抵免，即允许预提税和企业税均被扣除。

在泰国证券交易市场注册的企业获得的股息分红是免税的，同样免税的还有那些在泰国组建并持有泰国其他企业至少 25%表决权股份，从收到一笔股息前至少三个月到收讫后至少三个月连续持有，但不直接或间接交叉持股的企业所获得的股息。当一个泰国企业不符合上述 25%表决权股份和无交叉持股的条件，但符合持股时长要求，允许其只将从泰国其他公司获得的分红的 50%纳入应税所得。另外，当一个泰国企业连续持有某外企至少 25％的股份达六个月，并且该外企适用的最低企业所得税税率为 15％，则该外企自 2005 年 11 月以后支付给这个泰国企业的分红免除企业所得税。

利息

居民个人取得的利息收入按 15％ 的税率代扣税金，根据纳税人个人的意愿可以选择是否将须代扣税金的利息包括在个人的应税收入中。但是，以下所列个人利息收入可以从任何税种中免除：

- 政府债券利息；
- 在一个纳税年度中，在商业银行储蓄账户中产生的总金额低于 20 000 泰铢的利息。

至于利息开支，尚无资本弱化法可依来限制扣除。

出售不动产获得的收入

当计算个人出售不动产产生的收益时，存在一些特殊规则允许纳税人向国土资源部缴纳最终预提税以取代将这部分收益纳入正常的应税收入。

损失

超过应税收入的允许扣减额的税损，最长可以结转五年。

三、国外税收减免

如果收入来源国未与泰国签订双重课税协议，那么根据特定的标准和条件，外国税额扣除以同等收入来源于泰国时应缴纳的税额为上限。对于签订双重课税协议的国家，国外税收减免适用同样的规则。目前，泰国已与 55 个国家签订了双重课税协议。

四、企业集团

每个企业都作为独立的法律实体缴纳税款，一个分公司产生的亏损不能被另一个分公司产生的利润所抵销。

五、关联方交易

泰国政府颁布了相关的法规来缓解企业间激烈的价格战，这些法规旨在防止关联企业间操纵利润和亏损，确保在这些企业间交易的商品和服务的价格公平合理。税务厅也有权对被认为是明显低于市价的转让收益进行评估。

六、预提税

预提税——向居民个人给付

对于一些特定收入，纳税人需要进行源泉扣缴，提交必要的申报（表格PND1、2或3，视情况而定），并且向区税务厅办公室缴纳代扣税款。扣缴的税款应当在提交PND申报表时抵扣纳税人的税负。以下所列是一些收入类型适用的预提税税率：

收入类型	预提税税率
1. 薪资/佣金	0～37%（根据收入水平和适用免税额）
2. 利息	15%
3. 股息	10%
4. 特许权使用费	5%～37%
5. 租金①	5%
6. 奖金	5%
7. 服务及专业费用①	3%
8. 公共招待金	5%
9. 广告费①	2%
10. 资本利得②	0～37%

注：①不适用于收入支付人；

②不适用于在泰国证券交易市场上出售股份。

预提税税率——向居民企业和外国企业分支机构给付

对于一些特定收入，企业需要实行源泉扣缴。预提税税率根据收入的类型和领受人的税务状况变化，收入支付人需要提交申报表（表格PND53），同时在付讫下个月的前7日内向区税务厅办公室缴纳代扣税款。代缴的税款当抵销一部分纳税人的年度税负，以下是一些重要收入类型适用的预提税税率：

收入种类	预提税税率
1. 利息	支付给慈善或基金组织按10%，其他按1%
2. 股息	10%
3. 特许权使用费	支付给慈善或基金组织按10%，其他按3%
4. 租金	支付给慈善或基金组织按10%，其他按5%
5. 奖金	5%
6. 服务及专业费用	支付给慈善或基金组织按10%，其他按3%
7. 佣金	支付给泰国企业或在泰国有永久分支机构的外国企业按3%，支付给在泰国无永久分支机构的外国企业按5%
8. 广告费	2%

政府机构应就一切支付给泰国企业的收益按 10%的代扣税款。

预提税税率——向非居民给付

除需按 10%的税率缴纳预提税的股息收入外，其他大部分向居住在非双重课税协议签约国的非居民做出的给付（包括利息、特许权使用费、租金、管理费、咨询费和资本利得）都需按 15%的税率缴纳预提税。泰国与许多国家之间都签订了双重课税协议，因此，预提税的税率根据双重课税协议中的具体规定有不同程度的下降（见条约和非条约税率）。

七、外汇管制

外汇管制法规是为规范居民和非居民的进口和资金遣返行为，以及商品的进出口业务而制定的，根据一定的标准和阈值，必须填写相应的表格。

八、个人税

个人所得税是一种对个人应税所得征收的直接税。一般而言，个人所得税的纳税义务人需按日历年计算其税务责任，进行纳税申报并且缴纳税款。纳税人分为居民和非居民。居民是指在任一税务（日历）年度，在泰国连续或累计逗留至少 180 天的人。泰国居民须以现金方式就其来源于泰国的收入和来源于国外的收入中（在获得国外收入的同一年汇付到泰国的部分）缴纳个人所得税，不管在哪里支付。非居民仅需对其来源于泰国境内的收入纳税。

需缴纳个人所得税的收入称为应税收入，这一术语涵盖了货币收入和非货币收入。因此，任何由雇主或是他人提供的福利，比如免租住房或由雇主为雇员缴纳的税金，都会被认为是雇员个人所得税的应税收入。

应税收入被分为 8 大类，在计算应税所得额时，某些扣除及免税额可以抵扣应税收入。纳税人应在扣减免税额之前先进行扣除。

计算个人所得税时允许的扣除额如下：

收入类型	扣除额
1. 受雇收入	40%，最高不超过 60 000 泰铢
2. 承揽收入	40%，最高不超过 60 000 泰铢
3. 版权收入	40%，最高不超过 60 000 泰铢
4. 利息、股息、资本利得性质收入	—

续前表

收入类型	扣除额
5. 出租物业的租金收入 ● 建筑和码头 ● 农业用地 ● 其他土地 ● 交通工具 ● 其他财产	 30% 20% 15% 30% 10%
6. 专业服务收入	除医疗职业为 60%，其余均为 30%
7. 从承包商提供除工具外必要材料的工作合同取得的收入	实际支出或 70%
8. 来自经营业务、商业、农业、工业、交通或其他任何上文未提及的活动的收入	实际支出或根据收入类型在 40%～85%之间

计算个人所得税时允许的免税额如下：

免税类型	数额
个人免税额 ● 单身纳税人 ● 非法人合伙企业和团体	 30 000 泰铢 每合伙人 30 000 泰铢，但总数最高不超过 60 000 泰铢
配偶免税额（法律认可的）	30 000 泰铢
子女免税额（不超过 25 周岁且在教育机构学习的子女、未成年人、无行为能力人或准无行为能力人）	每人 15 000 泰铢（仅限 3 人）
教育（对在泰国教育机构学习的子女的额外免税额）	每人 2 000 泰铢（仅限 3 人）
纳税人或其配偶支付的寿险保费	实际支付的金额，每项最高不超过 100 000泰铢
为纳税人或其配偶的父母支付的健康险保费（父母的总收入不得超过 30 000 泰铢）	实际支付的金额，每项最高不超过 15 000泰铢
已批准的公积金供款和退休共同基金	最高 500 000 泰铢免税额（免除），但不得超过收入的 15%
长期股票基金	最高 500 000 泰铢免税额（免除），但不得超过收入的 15%
住房按揭利息	实际支付的金额，最高不超过 100 000 泰铢
社会保障缴款	实际支付的金额
父母免税额（纳税人和/或其配偶的父母，年龄在 60 岁以上并且收入少于 30 000 泰铢）	每人 30 000 泰铢

续前表

免税类型	数额
伤残免税额（照顾残疾人的花销）	60 000 泰铢
不可分不动产	30 000 泰铢
慈善捐款	实际捐赠金额，但标准扣除和免税后不超过收入的 10%
教育捐款	实际捐赠额的两倍，但标准扣除和免税后不超过收入的 10%

对居民个人和非居民个人征税的税率（2008 年及以后）如下：

应税收入（泰铢）	税率（%）	税额	累计税额
0～150 000	免除	—	—
150 001～500 000	10	35 000	35 000
500 001～1 000 000	20	100 000	135 000
1 000 001～4 000 000	30	900 000	1 035 000
4 000 000 以上	37	—	—

年龄在 65 岁以上的个人享有应税收入 190 000 泰铢以下部分免征个人所得税的优惠，而不是常规的 150 000 泰铢。

九、协定及非协定预提税率

下表概括了利息、股息、特许权使用费在《泰国避免双重征税协定》下适用的税率，详情请以相关税收协定为准。下表列出了股息、利息、特许权使用费的协定税率和国内税率二者中的较低者。

	股息[①]（%）	利息[②]（%）	特许权使用费[③]（%）
非居民企业			
非协定国家（或地区）	10	15	15
协定国家（或地区）			
亚美尼亚	10	10/15	15
澳大利亚	10	10/15	15
奥地利	10	10/15	15
巴林	10	10/15	15
孟加拉国	10	10/15	15
比利时	10	10/15	5，15
保加利亚	10	10/15	5，15
加拿大	10	10/15	5，15
智利	10	10/15	10，15

续前表

	股息[①]（%）	利息[②]（%）	特许权使用费[③]（%）
中国	10	10，15	15
塞浦路斯	10	10，15	5，10，15
捷克共和国	10	10，15	5，10，15
丹麦	10	10，15	5，15
芬兰	10	10，15	15
法国	10	3，10，15	5，15
德国	10	10，15	5，15
中国香港	10	10，15	5，10，15
匈牙利	10	10，15	15
印度	10	10，15	15
印度尼西亚	10	10，15	15
以色列	10	10，15	5，15
意大利	10	10，15	5，15
日本	10	10，15	15
韩国	10	10，15	15
科威特	10	10，15	15
老挝	10	10，15	15
卢森堡	10	10，15	15
马来西亚	10	10，15	15
毛里求斯	10	10，15	5，15
尼泊尔	10	10，15	15
荷兰	10	10，15	5，15
新西兰	10	10，15	10，15
挪威	10	10，15	5，10，15
阿曼	10	10，15	15
巴基斯坦	10	10，15	10，15
菲律宾	10	10，15	15
波兰	10	10，15	5，15
罗马尼亚	10	10，15	15
俄罗斯	10	10	15
塞舌尔	10	10，15	15
新加坡	10	10，15	15
斯洛文尼亚	10	10，15	10，15
南非	10	10，15	15
西班牙	10	10，15	5，8，15
斯里兰卡	10	10，15	15
瑞典	10	10，15	15
瑞士	10	10，15	5，10，15

续前表

	股息[①]（%）	利息[②]（%）	特许权使用费[③]（%）
土耳其	10	10，15	15
乌克兰	10	10，15	15
阿拉伯联合酋长国	10	10，15	15
英国	10	10，15	5，15
美国	10	10，15	5，8，15
乌兹别克斯坦	10	10，15	15
越南	10	10，15	15

注：①当满足包括持有支付股息的企业指定最低比例股权在内的特定条件时，适用较低税率。
②获得金融机构实益所有权的利息通常适用较低税率。
③作为使用任何文学、艺术或科学作品版权报酬的支出通常适用较低税率。

新加坡

新加坡税制和税率

税种：综合税收

颁布日期：2014 年 5 月 14 日

出于多种原因，投资者会到新加坡经商。在新加坡成立公司及开展业务的便利度是主要的推动因素之一，另一个重要的决定因素是新加坡的税收制度。新加坡的税收制度因其有吸引力的公司税和个人税税率、税收减免措施、无资本收益税、一级税制及大量的双重税收协议而为人们所熟知。

在新加坡开展任何贸易、专业服务或业务的法人，包括公司、合伙企业、信托公司和人员实体，应对其在新加坡获得的利润和一些由这类贸易、专业服务或业务在国外产生的利润（出售资本性资产所得利润除外）缴税。

新加坡现行税率

公司税税率

所得	税率
低于 30 万新加坡元的公司利润的税率	8.5%
高于 30 万新加坡元的公司利润部分的税率	17%
公司累积的资本收益的税率	0%
分配给股东的股息分红的税率	0%
来自国外且未进入新加坡的收入的税率	0%
来自国外且进入新加坡的收入的税率	0%～17%不等，视情况而定

个人税税率

所得	税率
2 万新加坡元以内部分	0%
2 万～3 万新加坡元部分	2%

续前表

所得	税率
3 万～4 万新加坡元部分	3.5%
4 万～8 万新加坡元部分	7%
8 万～12 万新加坡元部分	11.5%
12 万～16 万新加坡元部分	15%
16 万～20 万新加坡元部分	17%
20 万～32 万新加坡元部分	18%
超过 32 万新加坡元部分	20%
资本收益税率	0%
海外收入所得税税率	0%
新加坡公司所付股息分红税率	0%

新加坡所得税税制——主要事实

新加坡实行税收属地基础，换句话说就是主要对公司和个人自新加坡所获得的收入征税。被汇入或被视为汇入新加坡的来自国外的收入（分公司利润、股息分红、服务收入等）应被征税，若该收入已在其他司法管辖地按不低于 15%的整体税率纳税，则新加坡不再对该收入征税。尽管“收入来源地区”的概念看起来很简单，事实上此概念的实施可能会很复杂且充满争议，并无适用于所有情况的普遍法则。利润是否在新加坡产生或获得，取决于利润的性质和产生此类利润的交易。

新加坡公司税税率最高为 17%。通过使公司税税率保持竞争力，新加坡持续吸引了大量国外投资。新加坡实行一级公司税收制度，公司所缴纳的利润税不会转嫁至股东（即股息分红免税）。

新加坡居民个人税税率为 0%～20%（收入超过 32 万新加坡元的部分）不等，对非居民实行 15%的固定税率。

为增加作为政府收入来源的税收的适应性，新加坡 1994 年实施了商品和服务税，现行商品和服务税税率为 7%。消费税和收入税的均衡式搭配降低了税收收入的薄弱环节在一些经济条件下受到的负面影响，提高了新加坡财政状况的适应能力。

利息、特许权使用费、不动产租金收入、管理和技术费、付给非居民（个人或公司）的董事费在新加坡应缴纳预提税。

对于个人税，税务年度为日历年，即从 1 月 1 日至 12 月 31 日。提交个人纳税申报表的最晚期限为 4 月 15 日。对于公司税，公司可自由决定其财务年度。提交公司纳税申报表的最后期限为 11 月 30 日，应按上年度基础缴税。

新加坡无资本收益税，资本亏损开支相应地也不能进行扣除。

新加坡共签订了 50 个双边综合税务条约以帮助新加坡公司将其税务负担降至最低。

新加坡税种类型

1. 所得税是对个人和公司收入征收的税种。

2. 财产税是基于预估的财产出租价值而对财产所有人征税的税种。

3. 遗产税已于 2008 年 2 月 15 日废除。

4. 车辆税是对机动车征收的税种，车辆税并非进口关税，征收车辆税是为了限制汽车拥有量，减少道路拥堵。

5. 关税和消费税。新加坡是自由港，消费税和进口关税相对较低。新加坡主要对烟草、石油产品、酒类征收消费税。同样，新加坡只对很少数产品征收进口关税，这些产品主要有机动车、烟草、酒类和石油产品。

6. 产品和服务税是一类消费税。当付钱购买商品和服务时，包括进口商品和服务，便已缴纳了消费税。这种间接税在许多其他国家被称为增值税。

7. 赌博税是对个人的彩票、博彩和独得的赌金征收的税种。

8. 印花税是对关于股份和股票及不动产的商业和法律文件征收的税种。

9. 其他税种。主要有两种：外国劳工税和机场乘客服务费。征收外国劳工税是为管理新加坡的外国劳工的雇佣。

新加坡税务管理部门

《新加坡所得税法案》是关于公司和个人税务问题的总法规。

新加坡国内收入局成立于 1960 年，之前称为收入局，它将所有重要的税收机构整合为一体，使管理和税收过程更加简化且管理得更好。新加坡国内收入局已建立起高效税务管理者和服务友好型的税收机构的形象。

新加坡国内收入局负责征收所得税、财产税、产品和服务税、遗产税（已于 2008 年 2 月 15 日废除）、赌博税和印花税。作为财政部的主要税务管理者，新加坡国内收入局通过提供政策输入及评估每种政策的技术和管理影响，在制定税收政策方面起着重要作用。为确定需进行政策评估和修订的领域，新加坡国内收入局也密切关注外部经济和税收环境的发展。新加坡国内收入局的目标是建立有竞争力的税务环境，促进企业和经济增长，该机构履行的其他非税收职能包括：代表政府进行税务协议谈判、为财产评估提供建议及起草税法。

中国香港

《香港税收指南 2011》

税种： 综合税收

颁布日期： 2012 年 5 月 31 日

一、应收税项

联邦税收及费用

利润税

凡在本港经营任何行业、专业或业务的人士（包括法团、合伙商号、个人）均需缴纳利润税。一般在香港以外地区赚取的所得免予征税。就在香港经营的金融机构来说，海外来源的利息所得视作应在香港纳税的所得。

征税对象并无居民或非居民的分别。

纳税年度

纳税年度为一段 12 个月的期间，起始于 4 月 1 日并结束于次年的 3 月 31 日。在一个纳税年度内结束的会计年度期间一个人所挣得的利润，将视作他在该纳税年度的利润。

税率

利润税率如下：

	2009/10（截至 2010 年 3 月 31 日纳税年度）	2010/11（截至 2011 年 3 月 31 日纳税年度）
企业	16.5%	16.5%
除企业以外的纳税人（适用下文第三部分中提及的累进税率）	15.0%	15.0%

视同营业收入

以下各项非居民人士所得均视为在香港经营行业、专业或业务的收入：

1. 因在香港上映或使用电影或电视片胶卷或录像带、任何录音，或任何与该胶卷、录像带或录音有关的宣传资料而应收的使用费。

2. 因有人在香港使用或有权使用专利权、设计、商标、版权、秘方或其他类似性质的财产而应收的使用费。

3. 因有人在香港使用或有权使用专利权、设计、商标、版权、秘方或其他类似性质的财产而应收的使用费，如果支付人可在香港就此索取税收扣除资格。

4. 因有人在香港使用或有权使用动产，而收取或计提的租赁费、租金或其他类似收费款项。

上文情况 1 至 3，在满足了税务局没有在香港进行交易、就职或经商的个人在任一时期全部或部分拥有相关知识产权的条件下，应税利润等于非居民个人应收数额的 30%。不管怎样，如果不满足上述条件，则应税利润为非居民个人应收的全部金额。

分支机构利润税

分支机构利润税与企业利润税之间没有区别。对外国企业的分支机构利润同样按 16.5%的统一税率向其香港来源的利润征税。

其他税项

征收的其他重要税项包括以下各项。

资产税

对位于香港的任何土地或建筑按 15%的标准税率在其应税净值的基础上征收资产税。应税净值为应付给土地或建筑所有者的租金减去以下数额：

1. 未付租金；
2. 所有者所付的差饷；
3. 扣除上述 1 和 2 两项后的应税价值的 20%。

任何由所有者作为住所占用的建筑免予征税。

遗产税

遵照《税务条例 2005》，香港政府于 2006 年 2 月 11 日起正式废止了遗产税，不再对个人死后传递的香港资产的价值征收遗产税。

印花税

印花税仅适用于以下交易类型：

1. 香港股票和有价证券的买卖股票单据；
2. 不动产的分配；
3. 香港资产的租约和租约的转让；
4. 不记名票据的保险。

在 2010/11 年度进行的香港股票或有价证券的交易，买家和卖家需要各付一半从价税，从价税按每 1 000 港元 2 港元征收。

转让不动产时按以下税率征收印花税：

销售报酬（港元）	印花税率（2010/11 年度）
1～2 000 000	100 港元
2 000 001～2 351 760	100 港元＋200 万港元以上超额部分的 10％
2 351 761～3 000 000	1.50％
3 000 001～3 290 320	45 000 港元＋300 万港元以上超额部分的 10％
3 290 321～4 000 000	2.25％
4 000 001～4 428 570	90 000 港元＋400 万港元以上超额部分的 10％
4 428 571～6 000 000	3.00％
6 000 001～6 720 000	180 000 港元＋600 万港元以上超额部分的 10％
6 720 001～20 000 000	3.75％
20 000 000～21 739 120	750 000 港元＋2 000 万港元以上超额部分的 10％
21 739 121 或以上	4.25％

特别印花税

鉴于新法规的颁布，其中所提议的特别印花税适用于卖家于 2010 年 11 月 20 日之后取得住宅不动产后自取得日起 24 个月内再度卖出的转让交易。

对住宅不动产的转让所征收的特别印花税，按转让方转让前持有物业的不同持有期而定的税率征收：

1. 如资产持有期为 6 个月或以内，税率为 15％；
2. 如资产持有期超过 6 个月但在 12 个月以内，税率为 10％；
3. 如资产持有期超过 12 个月但在 24 个月以内，税率为 5％。

资产利得

香港无资产利得税，并且资产利得不需缴纳企业或个人所得税。

销售税/增值税

香港既无销售税也无增值税。

附加福利税

香港无附加福利税。

地方税

香港无地方税。

二、应税所得的确认

一般而言，在得到应税利润的过程中，仅准许扣除在计税期间内生产可纳税利润时发生的营业支出。对下列类别的支出适用特别规定。

资本免税额

资本免税额可由在其用于生产可纳税利润的特定资产上发生合格资本支出的纳税人取得。

资本免税额可归类为工业建筑物免税额、商业建筑物免税额、装备和机器的折旧免税额，以及翻新免税额，概括如下：

1. 工业建筑物免税额。向合格交易所使用的工业建筑物或构筑物在建造时所发生的资本支出，可于付出该等资本支出的课税年度给予20%的期初免税额，并且每年给予资本支出（在直线折旧法的基础上）4%的附加免税额。

2. 商业建筑物免税额。任何非工业建筑物、构筑物，如用于经营行业、专业、业务或作为存货的，有资格得到商业建筑免税额。对建筑物在建造过程中发生的资本支出给予4%的年免税额。

3. 装备和机器的折旧免税额。给予装备和机器的折旧免税额以期初免税额和年免税额的形式体现。

由装备和机器的取得而发生的资本支出，在支付的课税年度当年给予60%的期初免税额。

年免税额以各类装备和机器的递减价值（资金联合组）为基础。资金联合组由所有使用同一折旧率的装备或机器物品组成。现在或曾经所有，且用于生产可纳税利润，为资产有资格进行扣除的唯一必须条件。年免税额等于资金联合组的递减价值乘以适当的折旧率，现为每年10%，20%或30%。

- 某些规定的固定资产在任一课税年度内发生的资本支出准许在其发生的年度内全部核销。规定固定资产包括计算机硬件和软件，以及某些专门直接用于生产过程的限定装备和机器。
- 自2008/09课税年度起，某些规定环境保护设施发生的资本支出享有优惠税收减免。环保机器所产生的支出准许于发生当年全部核销，而环保装置所产生的支出准予在5个课税年度内平均扣除。

4. 翻新免税额。从1998年4月1日起，开始推行一项特殊免税额使得纳税人可以于一个5年的期间中每年扣除翻新支出的20%。

对于工业建筑物及装备和机器须注意的是，其期初免税额和减记免税额在该支出发生以及资产投入使用的期间内都适用（并非只是期初免税额）。

存货

所有待销存货都应按成本或市场价值的较低者计价。可接受的计价方法包括先进先出法和平均成本法，但不包括后进先出法、基本存量法或重置价值。“市场价值”一词通常指可变现价值。

资产利得与亏损

资产的利得不须纳税且亏损在计算可纳税利润时不可扣除。

股息

无论来自香港或海外，股息所得都不须纳税。无论支付股息给香港居民还是香港非居民，都不须缴纳任何预提税。

利息扣除

属于以下任意一个类别的利息费用可以扣除，如果该费用是为生产可纳税利润产生的：

1. 由金融机构所借款产生的利息。

2. 在接收者手中的应缴香港利润税的利息。

3. 向金融机构借款的利息。

4. 从非关联人士或企业处借得的全部且专门用于（a）可获课税折旧费的装备和机器，或（b）用于生产可纳税利润的待销存货的准备金的利息。

5. 为债券所支付的利息。

6. 向其发行的任何金融工具的持有人支付的利息：

（a）在香港或经香港税务当局批准的主要海外金融中心内持续进行真实且有市场的商业活动期间；

（b）遵守所有证券事务监察委员会按保障投资者条例所批准的协定或约定。

7. 当债权人所借款项全部为债券发行收入时，关联企业所借与贷款的利息。

从2004年6月25日起，某些类的利息费用必须在满足以下两个附加条件后才可进行税收扣除：

条件一，贷款不得在事实上或实际上由贷方或贷方的伙伴担保。

条件二，未达成最终会将利息付款归还给借方或与借方有联系的人士的约定。

2，3和4类的利息费用需要同时满足条件一和二；而5、6和7类的利息费用仅要求满足条件二。

亏损

发生的亏损可以无限向后结转与同一实体将来的任何可纳税利润相抵销。然而，税务条例中的反避税条款限制进行利用此亏损来获取税收利益唯一或主要目的的股权变更。亏损不得向前退结。

离岸所得

一般而言，根据领土税制的规定来自或产生于香港以外的所得免予缴税。

三、税收激励

1. 香港所采用的低税率和以领土为基础的税制为其对海外投资者的主要激励措施。

2. 非居民投资者通过在香港的股票经纪人所获得的股票交易利润免予征收利润税。

3. 任何在港经营人士通过存于香港授权金融机构的存款所获得的利息所得免予缴纳利润税。

4. 来自在港管理的真实离岸基金的所得免缴利润税。

5. 科学开发研究支出，包括向许可研究院的付款以及职业技术教育的付款，可以进行扣除。

6. 专业再保险人从离岸风险的再保险业务中获得的利润享受降低 50%的利润税税率。

7. 获得利润的债务工具成熟期至少为三年的，可享受降低 50%的利润税税率；对于成熟期为 7 年或以上的债务工具给予全额免税。

四、企业集团

同一集团内的各企业需分别缴纳利润税。香港无集团税收优惠政策。

五、关联方交易

随着关于《转让定价准则——方法及相关问题》的税务条例释义及执行注解第 46 号的发布，转让定价在香港成为一个税务热点话题。虽然现在香港未对转让定价文件进行强制措施，但纳税人应根据此指导审慎检查和评定其历史、当前及未来转让定价风险。

由关联非居民人士从其香港伙伴处所收到的使用费和许可费的利润将视作香港内的交易收入，并因此需要全额缴纳利润税。

此外，未在香港持续经营的非居民人士也可能被征收香港利润税，如果其经营活动同一居民人士密切相关，并且按经营计划该居民人士或不赚取任何利润或所赚利润低于通常预期额。

六、预提税

为在香港使用某些知识产权而付给非居民的使用费和许可费，以及向非居民演艺人员或运动员为其在商业场合或活动中的表演或参赛而支付的款项，需在其可纳税利润的基础上扣缴 16.5%的预提税。不向股息和利息征收预提税。

七、外汇管控

香港没有外汇管控。

八、个人税

薪俸税

个人于香港产生或得自香港的职位、受雇工作或退休金或在港提供服务所收付款的所得均须缴纳薪俸税。税费按下列两项中的较低者计算：

1. 扣除了慈善捐款后的可纳税所得的 15%；

2. 扣除了慈善捐款和个人免税额后的可纳税净所得乘以所适用的累进税率。

2010/11 纳税年度的累进薪俸税税率如下：

可纳税净所得（港元）	累进税率（%）
0～40 000	2
40 001～80 000	7
80 001～120 000	12
120 001 或以上	17

说明：可纳税净所得＝应税所得－可扣除项－个人免税额
应付薪俸税＝可纳税净所得×累进税率

个人免税额	2009/10 年度（港元）	2010/11 年度（港元）
1. 单身人士	108 000	108 000
2. 已婚人士	216 000	216 000
3. 子女（每个）： ● 第一名至第九名孩子 ● 出生当年（每个）	 50 000 50 000	 50 000 50 000

续前表

个人免税额	2009/10 年度（港元）	2010/11 年度（港元）
4. 受赡养的父母/祖父母： (a) 年龄在 55～59 岁： ● 基础 ● 附加（给与纳税人一同生活的受赡养人） (b) 年龄在 60 岁或以上的： ● 基础 ● 附加（给与纳税人一同生活的受赡养人）	 15 000 15 000 30 000 30 000	 15 000 15 000 30 000 30 000
5. 受赡养的兄弟/姐妹①	30 000	30 000
6. 单亲家长	108 000	108 000
7. 残疾的受赡养人	60 000	60 000
附加扣除项的最大金额：		
1. 自学费用②	60 000	60 000
2. 居所贷款利息	100 000	100 000
3. 长者住宿开支	60 000	60 000
4. 退休计划缴费	12 000	12 000
5. 向慈善组织的捐款	所得的 35%	所得的 35%

注：①用于给予未申请子女免税额的人士。
②此为在许可机构参加培训课程的费用所能要求的最大可扣除额。

其他所得税项

根据香港税收制度，来源不同的所得要分税种征税（即营业所得缴纳利润税，租赁所得缴纳资产税，雇佣收入缴纳薪俸税）。

有时对个人而言，假如其费用有可能无法同某一特定来源的所得相抵扣（例如按揭利息付款），或其营业所得无法完全承受须减免的税损时，则选择按“个人总所得估税”来缴税对其更为有利。按照个人总所得估税，其所有的可纳税来源所得都合计为一笔估计额。

申请者必须为香港的永久或临时居民。必须在规定时限内决定是否选择按个人总所得估税来纳税。

九、协定预提税率

由于香港采用领土税制，居民来自海外的所得不会在香港进行双重征税。许多以其居民全球来源所得为估税基础的国家，为其居民支付的在港经营活动得到的所得税款提供单边的税收减免优惠。

香港还准许将某一营业额所支付的外国税费按同等所得类型在香港相应的征税额来进行扣除。在这种情况下，在香港经营的商业体一般没有所得被双重征税的问题。

不过，香港政府意识到了同其贸易伙伴，尤其是在航空及航运产业方面缔结避免双重征税协定的优势。因此香港同孟加拉国、比利时、加拿大、克罗地亚、丹麦、爱沙尼亚、斐济、芬兰、德国、冰岛、以色列、约旦、肯尼亚、韩国、科威特、老挝人民民主共和国、中国澳门特别行政区、中国内地、马尔代夫、毛里求斯、荷兰、新西兰、挪威、俄罗斯、新加坡、斯里兰卡、瑞典、瑞士、英国、墨西哥和美国等达成了不同的双重征税减免约定，以避免航空和/或航运所得上的双重征税。

香港政府还签订了适用于除航空和航运之外所得的综合税收协定。下表概括了避免双重征税协定所提供的在香港对股息、利息和使用费适用的预提税率。

	签署日期	股息（%）	利息（%）	使用费（%）
非协定国家（地区）：		—	—	4.95
协定国家（地区）：				
奥地利	2010 年 5 月 25 日	—	—	3
比利时	2003 年 12 月 10 日	—	—	5
文莱	2010 年 3 月 20 日	—	—	5
法国	2010 年 10 月 21 日	—	—	10
匈牙利	2010 年 5 月 12 日	—	—	5
印度尼西亚	2010 年 3 月 23 日	—	—	5
爱尔兰	2010 年 6 月 22 日	—	—	3
日本	2010 年 11 月 9 日	—	—	5
科威特	2010 年 5 月 13 日	—	—	5
列支敦士登	2010 年 8 月 12 日	—	—	3
卢森堡①	2007 年 11 月 2 日	—	—	3
中国内地②	2006 年 8 月 21 日	—	—	7
荷兰	2010 年 3 月 22 日	—	—	3
新西兰	2010 年 12 月 1 日	—	—	5
泰国	2005 年 9 月 7 日	—	—	5/10/15③
越南	2008 年 12 月 16 日	—	—	7/10④
英国	2010 年 6 月 21 日	—	—	3

说明：如果非居民人士的使用费所得来自于其伙伴，则预提税率为向该非居民人士应付使用费总额的 16.5%。但假如满足在港经营任何行业、专业或业务的人士没有人在任何时间全部或部分拥有相关知识产权的条件，则香港税务局将仍按减低税率对其征税。

注：①2007 年 11 月 2 日，香港同卢森堡签署了一项协定以避免双重征税以及防止偷逃所得税和资本税。双方于 2010 年 11 月 11 日建立了一个协定，以澄清对协定解释的不同看法。

②2006 年 8 月 21 日，香港同中国内地为避免双重征税和防止偷逃所得税签署了协定。该综合性的双重征税协定取代了之前在 1998 年 2 月 11 日同中国内地所签署的协定。双方于 2008 年 1 月 30 日

建立了一个协定以澄清对协定解释的不同看法，并于2008年6月11日生效。双方于2010年5月27日建立了另一个协定以澄清对协定解释的不同看法。

③5%的税率适用于作为使用或有权使用任何文学、艺术或科学著作版权的报酬的使用费；10%的税率适用于作为使用或有权使用任何专利、商标、设计或模型、设计方案、秘密配方或工序的报酬的使用费；而所有其他情况的使用费的税率为15%。

④7%的税率适用于作为使用或有权使用任何专利、商标、设计或模型、设计方案、秘密配方或工序的报酬的使用费；而所有其他情况的使用费的税率为10%。

非洲

加　纳

《加纳税收指南 2011》

税种： 综合税收

颁布日期： 2012 年 5 月 9 日

一、应付税项

2001 年通过了用于管理直接税的新税法《国内税务法 2000》（法案 592）。《国内税务条例 2001》（L. I. 1675）也一并推行。加纳对法律法规进行了一系列修正。加纳国内最显著的国家收费是：

1. 对某些商品及服务征收 2.5%的社会医疗保险费。

2. 对企业及特定经济部门机构的税前利润征收 5%的国家财政稳定费。这一收费于 2009 年中开始推行，原定实行 18 个月，但又延长一年。

社会医疗保险费的管理按增值税的方针进行。

税项由归加纳税务部门国内收入署管理的所得税、销售及服务税，归关税署管理的关税及国内消费税组成。

企业税

除非税法中明确说明了免予征税，否则所有企业（包括居民和非居民）都须为其与经营和投资活动相关的，来源于、发生在、带入至和接受于加纳的所得，在依照税法进行必要的调整后计算应缴所得税。税率一般为 25%。对某些企业适用不同税率。

根据政府 2011 年的财政政策，因其非营利目的而处于免税状态的机构，现要向其来源于商业活动的所得征税。

企业实体独立于其股东单独缴税。

所有企业都需在其会计年度结束四个月后提交纳税申报单。同时还要求企业以国内收入署或企业本身（由国内收入署许可的）做出的暂缴税评估为基础，为其当年所得按季缴税。

资产利得税

商业企业需要为其应缴税资产所实现的利得缴税。

应缴税资产

应缴税资产包括土地（非加纳农业用地）、建筑、股份、商誉、业务及营业资产，等等。

非应税资产

应缴税资产不包括待销存货、加纳证券交易所建立后前 15 年在此交易所上市的企业的证券，以及 1 类、2 类、3 类和 4 类资产（如机动车辆、厂房和机器、海空运输、计算机等）。

免征税项

下列情况免予征税：

1. 企业在进行兼并、合并、重组过程中得到的利得，前提是该企业继续拥有至少 25%的资产的基本所有权。

2. 不超过 50 万加纳塞地的资产利得。

3. 当个人将所收数额用于取得置换资产。

4. 向离婚或事实分居的原配偶转让资产的所有权。

5. 向配偶或某些亲属转让资产。

计税

资产利得按变现获得的报酬与变现时资产的成本之间的差价计算。征收税率为 15%。

分支机构利润税

任何外国企业在加纳进行商业活动的分支机构，同加纳其他所有企业实体一样缴税。为了防止避税计划（例如转让定价、资本弱化和分散所得），国税局局长有权根据整个集团的营业额来调整分支机构的可征税所得。

当企业将其分支机构的税后利润汇回本国时，将被要求按汇回额的 10%缴税。此税除在任何已付的企业税之外。

销售税/增值税

消费者通过注册过的个人或商业机构为某些商品和服务向国家缴纳间接税。税率为商品及服务价值的 12.5%。这不包括 2.5%的国家医疗保险费。

零售商按 3%的统一税率收费（不计算投入或输出的增值税）。2011 财年预算对商品和服务都提出了 90 000 加纳塞地的起征点。增值税纳税人低于 90 000 加纳塞地起征点的，现适用结合了增值税和所得税核算的方案，在增值税修正法案中对细节进行了说明。

在消费税项下，对塑料包装材料和产品征收 20%的环境税，并且将向烟草征收的消费税率从 140%提高至 150%。

增值税法中对免税有特别说明。免予征税的供应包括农产品及农业原材料、印刷品、经批准的医疗及医药供应、交通运输、金融服务、土地、建筑物及构造物。进口需要缴税。出口为零税率。

2011 年起，正式废止保税仓库设施内增值税的延期支付，制造业所需原材料除外。

附加福利税

除牙科、医疗及医疗保险费用外，所有来源于雇佣工作的附加福利都应缴税。

在税法中详述了有关住宿及车辆的福利的专门措施。

对其他所有福利，应按市值或合理价值计入应税所得并依此缴税。

对某些提供给雇员的服务（如食堂中提供的食物、职工出游、雇员交通、意外保险和退休基金的缴费），雇主可选择替其雇员先付所得税。

地方税项

这类税负由区级、市级和大都市级议会（当局）向在其管辖区内经商的个人征收。它们还负责征收差饷税。

其他税项

赠予税

除某些免税情况外，每个人都须为其个人在一课税年度内所收到的应缴税赠品，按其总价值缴纳赠予税。税率由 5%提高至 15%。

印花税

个人在进行某些交易包含以下交易时应缴纳（按不同税率）印花税：

1. 销售任何财产时的让与或转让；
2. 委任新受托人；
3. 自然资源的租约或许可（如采矿和伐木）；
4. 协定或协定的备忘录；
5. 纠纷问题的诉讼费用；
6. 汇票（如开立支票）；
7. 提货单；
8. 保险单。

矿产使用费

矿产租约的持有者须每月向政府按额定率缴纳使用费。在 2011 年之前为按季缴纳。

通信服务税

此税对通信服务供应商征收，并按增值税管理。

印花税票

此税对非正式经济行业内的经营者，按营业额和产品性质而非利润征收。

机动车辆所得税

此税按季对商用车辆征收。该税为一种预付税。

机场税

此税的征收对象包括国内和国际的旅行。该税根据乘客舱级和目的地而有所不同。

二、应税所得的确认

一个人的应缴税所得在《国内税务法 2000》（法案 592）中定义为：“一个人从各商业、雇佣及投资中得到的可纳税所得，减去该个人当年按第 13 至第 22（有关一般及特指扣除）、第 39（有关优惠）、第 57（有关人寿保险）和第 60（有关退休基金的缴费）节中所容许进行扣除项目的总额。”

资本免税额

资本免税额针对固定资产（可折旧资产）拨放，包括有形资产和无形资产，由从事经营的个人按各课税年度取得。

要取得免税额，无论如何都须满足以下条件：

1. 资产为资本性质。
2. 资产由经营体所有。
3. 资产存在于经营体中直到年终。
4. 资产在期间内用于继续经营活动。
5. 任何新资产的取得，都须在投入经营使用一个月后通知国税局局长。

处置方法

《国内税务法 2000》（法案 592）将可折旧资产归为六类。1～4 类（资金联合组）的资产被放进不同的组，并且用余额递减法按 20%～80%之间不等的折旧率计提折旧。5 类（建筑物）按成本的 10%计提折旧，6 类（知识或工业产权）按其估计有效期限进行折旧。具体如下：

	资产类别	折旧率
1	计算机和数据处理设备	40%
2	用于生产制造的汽车、厂房和机器	30%
	长期种植业所耗用的资产	30%
3*	有关采矿业和采油业的资产	购置当年为成本的 80%，以后各年为 50%
4	铁路、水路及航空运输，厂房及机器，固定装置、家具及设施，以及其他任何未包括在其他级别的资产	20%
5	建筑物、构筑物以及除包含在类别 3 中的永久性部件	10%（直线法）
6	除包含在类别 3 中的其他无形资产	估计有效期限

* 任何新资产的第二年，须将资产成本的 5%加在减去折旧的资产价值上。

处理方法

当属于 1～4 类的资产被处理后，所变现的价值须在剩余值计算资本免税率前从其所属资金联合组中扣除。

当一件资产的销售可以抵清资金联合组的折旧后资产价值，并且还有额外的处理收益时，此超额部分计入当年所得中并一同计税。

当资金联合组中的资产都已处理完毕，但处理收益不足以抵清其折旧后资产价值的，将于年底对未偿付的折旧后资产价值给予资本免税额，用于将资金联合组减至零。

对 5 类和 6 类的资产采取不同的方法。此方法确保商业机构在处理发生亏损时有恢复成本，且在有利得时不会被过度征税。

租赁资产的资本免税额

对于出租人，可基于经营租赁合同要求资本免税额。收到租金的总额，包含在出租人的当年所得中。当协定为融资租赁时，出租人无资格获得资本免税额。

折旧

任何固定资产的折旧在计算可纳税所得时都不允许扣除。在这里用给予资本免税额来进行补偿。

存货

出于避税目的，存货及在产品按成本或市值中的较低者计价。无论怎样，任何持续使用且为会计原理所接受的存货计价方法都是被承认的。

资产利得及亏损

财务报表所报告的资产处理利得或亏损，分别不予计税或不可扣除。利得须从利润中扣除，亏损须计入利润中。这一规定与国内税收法不承认经营者设定的折旧政策一致。

国家税务局为方便资本免税额的计算而采用的资金联合系统，令确认处理某一个类别资产产生的是利得还是亏损基本成为不可能的事情。不过，有足够的准备金来抵偿已处理固定资产的全部成本（根据“资本免税额”项下的固定资产处理）。

1～4 类的资产在处理时无须缴纳资产利得税。

股息

居民企业支付股息的居民或非居民个人抑或合伙人，除免税股息外，都应按 8%的税率缴税。

利润的资本化当做按企业股东在企业中各自权益比例支付的股息来对待，且按 8%的税率征税。

当一个企业（由不超过 5 个人控制）于一段合理时间内记录了利润却不宣布发放股息，则税务局局长有权将一部分企业所得作为已分配股息并对此征税。

免税股息

由一居民企业向另一居民企业支付的股息，当接受企业直接或间接控制支付企业 25%的投票权时，此股息为免税股息。该免税不适用于意图进行利润或股息避税安排而支付的股息。

利息扣除

商业实体用于产生所得的借款所带来的利息，可在确认个人的可纳税所得时予以扣除。

税损

在根据税法对财务报表中所报告的亏损进行调整后可得到税损。进行产品出口的制造业以及农业和矿业企业，可以自税损发生当年后的 5 年期间对该亏损进行扣除。

至 2002 年，所有标明税损的企业都可以享受此措施。

外币汇兑亏损

除资本性质亏损外，所有与创造所得所带来的债权、债务或外币储备相关的外币汇兑亏损，可以予以扣除，但需要满足一些条件。

亏损居民个人带至或收自加纳的外国来源所得，要包括在此人的当年所得中并为此缴税。不过，当存在避免双重征税的协定时，该个人可以用外国税收抵免进行抵扣，或可享受某些优惠政策。

激励措施

在国内税务法和其他法律法规中提供了若干激励措施，以适应某些产业以及国内某些地区的发展。这些激励措施包括降低税率、特定时期免征税和费、增加资本免税。

这些措施不可竭尽使用，以下为所给予的一些优惠。

1. 转结亏损。

适用于从事农业、制造业或矿业的企业。

从 2006 年起，这一优惠还给予风险资本投资中因股份、农产品加工业、旅游业和信息通信业的处理所带来的亏损。

2. 制造企业的区位激励措施。

制造企业的税率根据区位的不同而变化如下：

阿克拉和特马	25%
加纳地区首府	18.75%
免税区	0
加纳其他地方	12.5%

3. 农产品加工企业的区位激励措施。

农产品加工企业的税率根据区位的不同而变化如下：

阿克拉和特马	20%
加纳地区首府：	
● 除北方三个地区	10%
● 北方三个地区	0
地区首府以外	0

4. 产业激励措施（降低税率）。

税率根据所得来源的地区（行业或产业）不同而变化如下：

宾馆业	22%
非传统产品的出口	8%
给予农业企业的贷款	20%
给予租赁公司的贷款	20%
在加纳证券交易所上市的企业	25%
在 2004 年 1 月 1 日之后在加纳证券交易所上市的企业	22%（前三年）

5. 行业优惠（免税期）。

个人从以下经济产业或行业中获得的所得，在其所列年限内免税：

种植木本作物	10 年
家畜	5 年
畜牧业	10 年
加工贸易	3 年
农村银行	10 年
出售、出租用住宅楼宇的建造	5 年
可可种植、可可副产品的无限处理	5 年
废料处理	7 年
农产品加工	5 年
风险资本投资（2006 年生效）	5 年
房地产公司	前 5 年

自 2011 年起，政府正式取消给予从事出售、出租用住宅楼宇建造的企业的 5 年免税期，除将同水利工程住宅部合作提供经济适用房的房地产开发商。

三、外国税收优惠

提供外国税收抵免以减轻国外所得的双重税收负担。经营、雇佣和投资所得的减免额按来源分别计算，并且不得超过该个人该课税年度应缴加纳所得税的平均税率施用于该个人当年应税外国所得后得出的数额。

四、企业集团

不考虑企业集团内的关系，须分别建账并且分别缴税。资本免税额不得转让。

五、关联方交易

虽然法律未禁止关联方交易，税务局局长有权不理会或撤销任何同避税挂钩的交易。

六、预提税

下列交易按不同税率预提税费：

所得：居民	税率
对雇员的支付	累进税率
董事费	10%
支付利息（不包括个人）	8%

续前表

所得：居民	税率
付给兼职讲师、教师、考官等的费用	10%
支付给股东的股息	8%
付给保险及代理商的佣金	10%
付给彩票代理和获得者的报酬	5%
商品及服务供应的付款	5%
租赁	8%

2011年开始，政府将商品及服务的预提税起征点从50加纳塞地提高至500加纳塞地。

同时，外国服务提供者的预提税率从5%提高至15%。

所得：非居民	税率
管理及技术服务费	15%
使用费、自然资源费和租金	10%
背书费	15%
股息	8%
分支机构税后利润汇回本国	8%
利息	8%
短期保险费	5%

七、外汇管控

加纳有外汇管控法用于管理除了其他情况之外的如下行为：

1. 居民使用外汇；
2. 黄金（硬币和/或贵金属）的交易；
3. 银行票据的开出和议付；
4. 出口及出口所得；
5. 资本及货币市场工具。

国内收入署的法规设置了一个公式，用于计算每一时点一家外国企业可向其祖国汇回的利润额。对于准予汇回的额度有限制。

八、个人税

个人须为其来自雇佣、经营或投资的利得或利润缴税。居民个人须为其产生于、来源于、带入至或获得于加纳的所得缴税；非居民个人须为其产生于和来源于加纳的所得缴税，无论该所得是否在加纳获得。

如果一个人在任何 12 个月期间内在加纳逗留总时间达到或超过 183 天，将被认为是居民。

需要合计所有的所得，并在根据获取所得的类型进行不同的调整后对其征税。总计所得不包括资产利得、赠予及租赁所得。

税率在 0%～25%之间累进。年总所得不超过 1 008 加纳塞地的征税税率为 0。所有超过 16 200 加纳塞地的所得按 25%的税率征税。

在政府 2011 年的财政政策中，免税所得适用于 1 100 加纳塞地，25%的税率仅适用于超过 20 280 加纳塞地的年总所得。对雇员在婚姻、老人、处于儿童教育年龄的受抚养人以及培训费用方面的优惠措施进行了向上修正。

九、协定及非协定预提税率

在未与加纳政府签订任何协定的情况下，所得税法中的规定适用于任何税务事宜的处理方法，因此，税率适用于各种所得申请。

当与加纳政府间存在协定时，协定中的条款优先于所有所得税法中的规定。然而，当协定中设定的税率高于加纳税法中设定的税率，应使用较低的税率。

现在，加纳同英国、法国、意大利、南非、比利时和德国等国签有特别避免双重征税协定。

税率按百分比（%）表示如下：

所得	德国	南非	比利时	意大利	荷兰	英国	法国
技术/管理费	8	10	10	10	8	10	10
利息	10	10	10	10	8	12.5	10
使用费	8	10	10	10	8	12.5	10
股息：							
接受者必须至少持有 10%的股份	5	5	5	5	5	7.5	7.5
所有其他情况	15	15	15	15	10	15	15

罚款

所有企业或自雇个人未能在要求期限内向国内税收署提交所得税申报单的，应当按下表缴纳罚款：

企业	每个拖欠日两个货币点
自雇者	每个拖欠日一个货币点

税费缴纳

未于到期日之前缴税的罚款如下：

1. 不超过 3 个月：未付税款的 10%。

2. 超过 3 个月：未付税款的 20%。

如果全部税款逾期未缴，则在罚款的基础上追加征收税款 5%的罚款。

未能预提和/或缴纳预提税的罚款如下：

1. 不超过三个月：未付税款的 20%。

2. 超过三个月：未付税款的 30%。

如果全部税款逾期未缴，则在罚款的基础上追加征收税款 5%的罚款。

刚　果

刚果民主共和国税率

税种：综合税收

颁布日期：2010 年 9 月 22 日

所得税

刚果民主共和国的所得税按 3%～50%的累进税率征收。

应纳税所得（刚果法郎）	税率（%）
0～72 000	3
72 001～126 000	5
126 001～208 800	10
208 801～330 000	15
330 001～498 000	20
498 001～788 400	25
788 401～1 200 000	30
1 200 001～1 686 000	35
1 686 001～2 091 600	40
2 091 601～2 331 600	45
2 331 600 以上	50

薪酬营业税（IPR）

应根据职工薪酬（工资，费用和实际的、专业的支出，报销的津贴，酬金，奖金和任何形式的退休金）计算，薪酬营业税只能就已支付的薪酬差额征税，该税款由公司的员工账户支付。

特殊薪酬税（IER）

这是根据外籍员工的薪酬所需要特别支付的税款。该税款应由公司而非雇员本人支付。

公司税

刚果民主共和国公司税的税率为 40%。利润和利润税通过分期付款的方式或扣缴税款的方式追回。应在纳税年度结束后对余额进行一次调整。

预提税——股息：20%（采矿业按 10%征收）。

预提税——利息：20%（采矿业按 0%征收）。

预提税——特许权使用费：14%。

社会保障金：5%。

房地产税

刚果民主共和国的房地产税率取决于房产的性质及所处地理位置。对别墅按每平方米面积征税。其他建筑物和土地应按规定征税。

租赁所得税

租金收入税是就出租位于刚果民主共和国境内的建筑物和土地所获得收入而征收的税。租赁所得税的标准税率为22%。

刚果的税收制度

刚果的税收制度以税收的多样性为特征：

- 收入的直接税；
- 支出的间接税；
- 资本税。

鉴于涉及目前经济状况的税收调节作用，税收既可以是自发的，也可以是由官方组织进行的。例如，对于立即支付的收入按累进税率征税。当收入增加时，此类税收总是根据收入较多的部分征收，从而限制了储蓄和投资的可能性。

结构性税收政策可以鼓励或抑制某些类型的企业。为了鼓励一些商界人士将其商业活动转入新的领域发展，国家通常以两种形式进行援助。

- 积极的方式：通过补贴和非常低的利率贷款。
- 消极的方式：通过免征或减征税款。

刚果也通过提高与本国制造产品竞争的外国同类产品的进口关税这一途径，实施干预，保护民族工业。

采矿税

采矿权使用费：采矿权使用费从有效开采的生效之日起开始计算。采矿权使用费根据已实现的销售价值，减去运输成本，再减去检测、保险和营销成本之后的差额计算。钢铁或有色金属的采矿权使用费的税率为0.5%，非铁金属的税率为2%，贵金属的税率则为2.5%。

福利职业税：对按照现行会计和税法所确定的开采净利润，应根据采矿法按30%的特惠税率（而非按照40%的公司税税率）征收福利职业税。

利息和股息的预提税：标准税率为20%的预提税不适用于因国外签订的外币贷款合同所支付的利息。此外，分支机构的贷款必须根据利率征税。

股息和其他分配金额均应根据采矿法按10%的特惠税率纳税。

薪酬预提税：持有人有责任就应支付给员工的薪酬缴纳标准预提税。

外籍人士薪酬的特殊税收：对于外籍人士所获得的薪酬，持有人有责任根据采矿法按 10％的特惠税率纳税，而不是根据标准的 25％的税率纳税。

年度交通税：采矿权持有人须依照一般税法支付年度交通税，专用于采矿区域内的车辆除外。

销售税

刚果民主共和国的销售税的标准税率为 13.0％。对于海关按 5％～15％的税率征税的产品，其销售税税率为 3％。

安哥拉

《安哥拉税务指南 2009》

税种：综合税收

颁布日期：2009 年 5 月 9 日

一、应交税金

联邦税收

企业所得税

一般制度下，从安哥拉获得的所有利润都应缴纳营业税（所得税）。安哥拉公司在海外经营所得的收入将全额纳税。

缴纳营业税的纳税人可分为 3 组，其中 A 组最为重要。

1. A 组：包括股份制公司，资本额大于 35UCF 的上市公司、金融和保险机构、在国外经营的安哥拉公司、在安哥拉有常设机构的外国实体和过去三年平均营业额超过 70UCF 的其他纳税人。

UCF 是用于确定纳税人纳税义务的参考值。财政部会根据石油价格、兑美元汇率以及居民消费价格指数对 UCF 进行定期调整。

2. B 组：这一组包括那些不属于 A 组或 C 组的纳税人，以及进行一次性商业或工业性质活动的纳税人。

3. C 组：包括符合下列条件的任何个人：

- 在贸易名单之列；
- 未进行整套账册记账；
- 个体经营且雇员或合伙人数量少于 3 人；
- 不使用两辆以上的车辆；
- 其每年的总营业额不超过 13UCF。

A 组和 C 组的适用税率为 35%，B 组的为 25%，按总营业额征收。

应按照下列情况履行纳税义务：

- A 组：公司须在 5 月 31 日前填写 M/1 表格并于次年 1 月、2 月和 3 月进行税款预付。递交 M/1 表格时应进行最终支付并抵减已缴纳的预付款。
- B 组：支付税款的截止日期为 4 月 30 日。
- C 组：支付税款的截止日期为 2 月 28 日。

资本利得税

居民公司在全球范围内取得的资本收益属于应税所得，应按照35%的标准税率纳税。

分公司利润税

安哥拉分公司（常设机构）所获得的全部收入应缴纳营业税。

销售税/增值税

此项税收的征收范围包括货物和劳务供应以及进口至安哥拉的进口货物。根据货物和劳务的不同，征收税率在2%～30%不等。标准的增值税率是10%。

印花税

课税基础：对公证活动、合同、许可证、银行交易等均应征收印花税。

税率：印花税税率为0.2%～1.5%，主要取决于活动或文件的类型。

特别税制

范围：1997年批准的新税法提出了一种针对合同和类似服务的特别税收制度。

这一税收制度规定：对于偶尔或长期从事承包服务、分包服务或提供未包含在就业所得税法中的服务的个人和公司，无论其是否在安哥拉设有总公司、常设办事处或常驻机构，均应对其所获得的利润缴纳预提税。

税率：如果服务还包括对承包部分的固定资产的修理、建设或组装，则税率为3.5%。其他所有服务的税率为5%。

税收征管/付款方式：合同当事人应对所进行的每次支付预扣税款，并在15天内将税款连同完整的正式文件一并上交税务局。用以支付税款的货币应在各自的合同中明确并应转换成宽扎。

石油工业税制：石油企业应遵守特定的税务制度。

石油所得税

课税基础：对于从事石油交易所获得的收入以及其他非商业或工业性质的行为所获得的收入，均应征收石油所得税。

税率：

（1）65.75%——有关合资协议；

（2）50%——对于费用分担协议。

石油交易税：对于根据合资协议所进行的石油交易所获得的全部收入，均应征收石油交易税。税率为70%。

地表费：地表费应根据生产区域面积按每平方公里每年 300 美元的标准计算。

生产使用费：非压敏胶的总碳氢化合物生产量减去室外操作中使用的碳氢化合物的余量应支付此笔费用，税率为 20%，但也可能降低至 10%。

用于培训安哥拉国民的年度经费：

公司实体应缴纳的培训费/费率：

（1）企业进行有关石油生产活动的，按每桶 0.15 美元缴费。

（2）企业活动尚在勘探开发阶段的，按每年 20 万美元缴费。

采矿业的赋税：矿业公司应遵守特定的税收制度。

矿业企业所得税：税基与特别调整后的企业所得税相同，如折旧。矿业企业所得税的税率为 40%，且纳税方式与企业所得税相同。

采矿地表费：这一费用是根据在探矿和勘探期间授权使用的面积征收的。税率从每平方公里 1 美元到每平方公里 4 美元不等。

矿区使用费：根据年度矿产量的市场价值，按价收取矿区使用费，税率为 2%～5%不等。

二、应纳税所得额的确定

一般性制度

净收入或应纳税收入应根据非税收入和不可扣除费用所得出的会计利润计算得出。作为一般性原则，只有因赚取收入而必须发生的成本才能扣除。

固定资产折旧

出于纳税目的的固定资产可以折旧。折旧率已由特定的立法设定。通常是按直线法计算折旧。

库存/存货

存货通常根据其收购或生产（历史成本）的有效成本计价。

股息

通常情况下，公司应就其所收到的股息总额纳税。对于从安哥拉公司收到应缴纳营业税的股息，在进行股息分配时，如果股息收取人拥有支付公司 25%的资本，且持股时间至少为两年，或自公司成立以来便开始持股，则此类股息可免税。当地方公司为股息分配方且上述情况无法预见时，税率为 10%。从外国公司获取的股息都应视为正常的营业收入并按 35%的有效税率征税。

亏损

居民企业或非居民企业的分支机构发生的经营亏损可进行结转，用以抵消以后 3 年的应税利润。

外国来源收入

居民企业须就其全球收入纳税。

税收激励

安哥拉税法下的税收激励措施包括投资奖励：

1. 对于国家利益项目或位于特别开发区的项目 3 年（最多 5 年）内免征企业所得税，且直至第 10 年减半征收企业所得税。该税收激励措施由财政部授予。

2. 对于农业、农耕、交通、教育和健康方面的投资可享受 8～15 年的企业所得税免税期，优惠期限的时长取决于投资所处的地理位置。

三、外国税负减免

外国来源收入属于应纳税收入。根据收入所得税，对安哥拉纳税人所缴纳的外国税款没有任何减免优惠。某些情况下发生的海外税可享受税收抵免。

四、企业集团

并未对企业集团设立特殊的税收制度。

五、关联方交易

安哥拉并未制定针对企业集团的税收法规。但是，有规定允许税务机关因特殊关系调整任何纳税人的应纳税所得额。此外，对于在相同条件下，外国经营实体申报的应税利润与安哥拉实体所获得的应税利润数额不等的情况下，也允许对应税所得做出调整。

六、预提税

对于支付给居民和非居民个人以及公司的多数股息（包括因利润分配安排而获得的收入），应根据股息总额按 10%的一般税率预提投资所得税。

对于支付给居民公司和非居民公司的利息，应按下列给出的税率预提投资所得税：

- 对于公司债券利息，利率为 10%，由支付人预扣。

● 对于其他类型的应税利息，利率为15%，由主管地方税务的机关评定（即由普通贷款——不能是国内银行贷款——和信用透支、往来账户、赊销及逾期付款产生的利息，以及公司参与者对公司的预支贷款产生的利息）。

对于纳税人所收到的国内和国外来源的特许权使用费，应按一般业务收入征收35%的企业所得税。因智力作品支付给原创作者的特许权使用费应视为作者的自营收入，并按15%的固定税率征收收入所得税。

七、个人税

范围

因履行职责而在安哥拉境内获得就业收入的所有个人均应缴纳所得税。所有的安哥拉居民和非居民都应就其在安哥拉从事活动所获得的全部收入缴纳个人所得税。

所得税

个人（居民和非居民）所得税按0%～15%的征收率累进计征。

薪酬（宽扎）	税率
少于8 500	免税
8 501～11 000	超出8 501宽札的2%
11 001～16 000	50宽扎+超出16 001宽扎的4%
16 001～21 000	250宽扎+超出16 001宽扎的6%
21 001～26 000	550宽扎+超出21 001宽扎的8%
26 001～36 000	950宽扎+超出26 001宽扎的10%
36 001～56 000	1 950宽扎+超出36 001宽扎的12.5%
56 001～76 000	4 450宽扎+超出56 001宽扎的14%
高于76 000	7 250宽扎+超出76 001宽扎的15%

雇员的适用税率

雇员应根据其总酬金，按照上表所列的税率缴纳个人所得税。

独立专业人士

对于独立专业人士所获得的酬金，应按照15%的单一标准税率，就其70%的总收入征收个人所得税。

非居民

非居民应就其在安哥拉境内所获得的收入纳税。非居民无须就带入安哥拉的收入或源自安哥拉境外的收入纳税。

应纳税收入

包括所有类型的（现金或实物形式）就业收入，如工资、薪金、假期工资、费用、小费、奖金和因就业支付或给予的保险金或津贴。

缴税

雇主应从雇员每个月的就业收入中扣除应缴纳的预提税款，并按月上缴给税务机关。

八、外汇管制

安哥拉未设有外汇管制。

九、协定预提税率和非协定预提税率

安哥拉尚未与任何其他国家签订税收协定。

肯尼亚

《肯尼亚税务指南 2009》

税种：综合税收

颁布日期：2010 年 1 月 13 日

一、应交税金

联邦税收

公司税

公司税应根据计税利润按下列税率进行计算：

营业税	营业额的 30%（营业额高于 500 万肯尼亚先令，自 2007 年 1 月 1 日起生效）
居民公司	30%
非居民公司	37.5%

资本利得税

目前此税项在肯尼亚暂停实施。

分公司利润税

外国实体的分公司利润税率为 37.5%。

销售税/增值税

税率为 16%，且出口货物税率为 0。

附加福利税

通常情况下，雇员应根据雇主所发生的成本对非现金福利纳税。出于节税目的考虑，所发生的成本会计入员工薪酬中。

地方税

就业所得应按照付工资时扣缴所得税的制度计缴预提税。

其他税项

地价税

地价税按地价的百分比计征。

全国社会保障基金

社保基金按累进税率进行纳税，员工每人每月最多按 400 肯尼亚先令计征社保税（由雇主和雇员合并缴纳）。

单一营业执照费

根据企业类型而定，费用范围从最低的 4 000 肯尼亚先令到最高的 10 万肯尼亚先令不等。

二、应纳税所得额的确定

资本减免税额

资本减免税税率如下：

	税率
损耗：	
拖拉机/重型车辆	37.5%
计算机	30%
其他机动车辆、飞机	25%
船舶、工厂、机械、家具和设备	12.5%
工业用建筑物的免税额：	
工厂	2.5
指定酒店	4%
农业劳作	2007 年 1 月 1 日起按减 50%计算征税
生产用建筑物和机器可享受投资扣除	100%
2004—2008 年施行的特别税率：	
保税制造业——总投资扣除额	100%
损耗：	
船舶投资扣除	船舶成本的 40%
矿业津贴（针对资本开支或采矿）	
第 1 年	40%
第 2～7 年	10%
指定酒店	10%（自 2007 年 1 月 1 日起）
旅馆或经核准的教学楼	10%（自 2007 年 1 月 1 日起）

折旧

折旧属于不允许扣除的会计支出，但可给予上述的损耗津贴。

库存/存货

销售成本属于获得应纳税利润前的可扣除支出。

资本收益和损失

自暂停实施资本利得税之后，资本收益不计税，资本损失亦不可扣除。

股息

股息应征收预提税，也是最后税款。应纳税人的股息所得或其他任何所得的费用支出不允许扣除。控股超过 12.5%的居民公司所获得的股息可免税。金融机构获得的股息可免税。

但是，分配不计税所得时可征收补偿税（企业所得税），如资本减免税额的资本收益或利润。它是通过年度股息保税账户得以实现的，年度股息保税账户可对股息的取得或支付以及税款的支付动态进行追踪。

利息扣除

完全由于创收所产生的利息是允许扣除的。但是，如果一家公司是由 1 名非居民人士协同 4 名或以下居民人士控制，则利息扣除只局限于该公司的债务总额不超过其实收股本和收入储备金的 3 倍的范围。

亏损

在肯尼亚，税收亏损可进行无限期结转以抵消以后年度所得，但仅限于从特定来源取得的收入。这些来源包括：

(1) 出租或占用不动产所获得的收入；

(2) 从业收入；

(3) 来自农业、园艺、林业等的收入；

(4) 雇主发起的注册养老金/退休储备基金的提款所得；

(5) 商业活动。

但是，某一实体的亏损不得转让给另一实体。

外国来源收入

除下列情况外，不在肯尼亚境内发生或获得的收入无须计税：

(1) 居民个人在肯尼亚境内或境外从业期间作为雇员所取得的从业收入；

(2) 跨国境开展的业务活动；

(3) 外国银行分行取得的投资收入或使用本地产生的收入进行境外交易所取得的收入。

税收激励

根据前文所规定的“资本减免税额”给予资本扣除。

肯尼亚目前已与英国、印度、德国、赞比亚、挪威、瑞典、丹麦和加拿大签订了避免双重征税协定。

仅生产出口货物的某些指定企业（位于出口加工区内）可享受为期 10 年的税收减免期。税收减免期结束时还可享受按 25%的减征税率征税的优惠。

从事慈善、医疗、扶贫和宗教活动的组织可适用免税政策。

三、外国税收减免

外国税收减免的适用范围只限于与肯尼亚签订避免双重征税协定的国家。

四、企业集团

通常来说，出于税收目的的考虑，30％的公司税率适用于所有在肯尼亚合法成立的公司。

五、关联方交易

关联方交易中，全部或纯粹因创收而产生的支出是可允许扣除的，因在肯尼亚进行商业活动所获得或发生的收入应当计征所得税。转让定价规定已于 2006 年 7 月 1 日起实施生效。

六、预提税

相关税率如下所示：

	非居民（％）	居民（％）
艺术家和演艺人员	—	20
管理费用	—	20
专业费用	5	20
特许权使用费	5	20
股息	5	10
利息	15	15
住房债券利息	10	15
为期两年的政府无记名债券利息	15	15
其他无记名债券利息	25	25
租金——土地及楼宇	—	30
其他（飞机除外）	—	15
养老金/公积金计划	—	5
保险佣金	10	20
咨询与代理（自 2003 年 7 月 1 日起）	5	20
合同（自 2003 年 7 月 1 日起）	3	20
信息传递	—	5

七、外汇管制

外汇管制法已于 10 年前废除，因此现在并没有任何外汇方面的限制措施。

八、个人税

2005—2007 年度的税率如下所示：

年收入（肯尼亚先令）	税率（%）
0～121 968	10
121 969～236 880	15
236 881～351 792	20
351 793～446 704	25
高于 446 704	30

九、协定预提税税率和非协定预提税税率

预提税税率如下所示：

	英国（%）	德国、加拿大（%）	丹麦、挪威、瑞典、赞比亚（%）	印度（%）
管理费和专业费	12.5	15	20	17.5
特许权使用费	15	15	20	20
股息	10	10	10	10
利息	15	15	15	15
养老金和退休年金	5	5	5	5
娱乐和体育赛事	20	20	20	20
推广文娱康体活动	20	20	20	20
租金——不动产	30	30	30	30
——不动产以外的财产	15	15	15	15

尼日利亚

《尼日利亚 2010 年值得注意的税收事项》

税种： 综合税收

颁布日期： 2010 年 7 月 13 日

货币单位：尼日利亚奈拉（NGN）

外汇管制：权益股本必须是经由授权经销商（银行）进入尼日利亚境内的。在尼日利亚，只要能证明股票是通过正当渠道取得的，便允许进行股息汇款。对于可分派为股息的利润比例没有任何限制。尼日利亚还允许利息、特许权使用费和技术费等的汇款，只要能证明特许权使用费和技术费的有关合同已获得国家科技购置和推广总局的批准。

会计原则/财务报表：尼日利亚会计标准委员会，审计准则公告/国际会计准则/财务报告准则。财务报表必须按年编制，并提交给企业事务委员会。

主要业务实体：包括公共/私营有限责任公司、合伙公司和独资公司。外国公司须包含当地子公司或分支机构。

企业税收

居民身份认定

尼日利亚企业所得税法没有用居住来界定企业的居民身份，而是采用了"固定基地"的概念。任何在尼日利亚从事业务并拥有一个固定基地的公司，应按照尼日利亚企业所得税法纳税。非居民企业通过税收协定中规定的固定基地或常设机构在尼日利亚进行业务经营的话，也要遵守尼日利亚税制规定。尼日利亚公司是指在尼日利亚注册成立的公司。对于石油利润税法令中界定的石油作业中涉及的所有公司，均应缴纳石油利润税。

税基

尼日利亚公司须就其全球收入纳税，而在外国司法管辖区注册并拥有一个固定基地或常设机构的公司，只须就其尼日利亚来源的收入纳税。

应纳税所得额

应纳税所得额等于公司收入减去允许扣除额和亏损的差额。资本性收入不计入应税收入。

股息税收

对一家尼日利亚公司从另一家尼日利亚公司所获得的股息免征公司税。

资本收益

资本收益税通常按10%的税率计征。出售股份所获得的收益无须计征资本收益税。

亏损

亏损不得向以前年度结转，但可以无限期向后结转（保险公司除外，保险公司只能进行为期4年的亏损结转）。

税率

非石油和天然气公司所适用的企业所得税税率为30%。

附加税

无。

选择性最低税

最低税的征收是为了确保每家公司都支付一定数额的企业所得税，免税情况除外。如果公司根据其任一评税年度内从所有来源获得的应税利润总额进行纳税评估，而结果为亏损、无税可缴或应缴税款额低于最低税额，则该公司应缴纳最低税。凡营业额未超过50万奈拉的，则最低税应按照其总利润的0.5%或净资产的0.5%计征，或按照实收资本的0.25%或营业额的0.25%计征。凡营业额高于50万奈拉的，还应对超出50万奈拉部分的营业额按照0.125%的税率计征额外税收。农业或与农业有关的公司、拥有至少25%外资股份的公司，以及任何公司在开始营业的最初4年均无须缴纳最低税。

外汇税收抵免

单方面的税收抵免不适用于企业纳税人。但是，对于已在非协定国缴纳的所得税，如果尼日利亚仍对该所得征税，则该项税款允许抵扣。

参股免税

无。

控股公司制度

无。

奖励措施

尼日利亚对外国投资者提供了各种各样的投资奖励。这些奖励包括进口优惠，对出口产品的免税优惠，对有条件公司的减税优惠，以及对研究开发费用的减税优惠。

预提税

自2010年1月1日，在津巴布韦证券交易所上市的证券，税率为10%。

1. 股息。无论是支付给居民收款方的股息，还是支付给非居民收款方的股息，均应按10%的税率扣缴预提税；税收协定如设有优惠税率，则按税收协定执行。

2. 利息。除免税利息外，对于支付给居民和非居民的利息，应按10%的税率征收预提税。免税利息包括存款金额少于5万奈拉的储蓄利息。

3. 特许权使用费。对于支付给公司和个人的特许权使用费也必须按10%的税率预提税款，税收协定如设有优惠税率，则按税收协定执行。

4. 其他。例如管理咨询和技术服务费及手续费等款项应当按10%的税率对企业接收方征收预提税，按5%的税率对个人征收预提税。所有的租金和经理费用，则适用税率为10%的预提税。这些预提税款对于非居民接收方而言是最终税，但是对居民而言，这些预提税款并非最终税。

5. 分公司汇款税。无。

企业的其他税费

资本税

无。

工资税

无。

房地产税

国家和地方机关对房地产的占用行为征收房地产税。

社会保障金

雇主必须根据雇员的基本工资、交通和住宿津贴，按最低7.5%的比率进行强制性养老金的缴纳。雇员也应根据其收入按最低7.5%的比率进行缴纳。雇主供款的上限值并未设定，最低的总供款率应为15%。

印花税

联邦政府和州政府均对各类商业文件和法律文件，如契约、保险单和汇票的转让等征收印花税。

转让税

无。

其他

对于石油公司，应征收石油利润税，而非公司税。应计征石油利润税的收入是指石油价值及天然气以外的相关提取物质的价值，加上该公司的任何其他收入。允许进行各种扣除。石油利润税的税率一般为85%。

所有居民公司均应按2%的税率缴纳教育税。税基为公司在扣除资本免税额之前，为计征企业所得税或石油利润税所调整/评估的利润。税款应根据自我评估或联邦税务机关出具的评税通知书缴纳。

反避税规则

转让定价

尼日利亚没有具体的转让定价规定，但要求必须按公平交易原则进行交易。

资本弱化

尼日利亚没有具体的资本弱化规定，但要求必须按公平交易原则进行交易。

受控外国公司

无。

其他

公平交易原则适用于所有交易。

资料公开的要求

年度纳税申报表必须连同已签署并已审核的财务报表一同提交。

管理和服从

纳税年度

根据上一年度，税收年度应以12个月为一个周期；对于适用特殊规则的情况，如开展新业务、更改记账日期以及暂时停业等，可无须遵守前款规定。

合并纳税申报

尼日利亚不允许进行合并纳税申报；各公司必须提交单独的纳税申报表。

申报要求

企业纳税人必须根据其会计年度的收入提交年度纳税申报表。纳税申报表应于会计年度结束后6个月内提交。纳税人的审定财务报表应同申报表一起提交。

罚款

对于未提交申报表的纳税人，应由税务机关对其进行税收评估，并做出最佳评判。对于迟交纳税申报表的行为可处以罚款。

裁决

无。

个人税收

税基

尼日利亚居民应就其全球范围的收入纳税。居民汇入尼日利亚的外国来源收入是应当征税的。对于从工资、股息、利息、租金、特许权使用费或佣金等可兑换货币中获得的外国来源收入，只要这些收入是通过官方认可的渠道进入尼日利亚的，则可免税。运动员、编剧、作家、音乐家、艺术家和身为专业人士的临时访客通过家居账户进入尼日利亚的收入也可免税。非居民应就其尼日利亚来源的收入纳税，通常是在收入源头进行税款扣缴。

居民身份认定

在 12 个月的期间内在尼日利亚逗留时间超过 180 天的个人，应视为尼日利亚居民。

纳税申报要求

个人必须单独进行纳税申报，不允许联合申报。

应纳税所得

除非有其他的免税规定，就业收入通常是需要计征所得税的。个人从其行业或职业中所获取的营业利润以及其他投资收入亦应纳税。

资本收益

资本收益税通常按 10%的税率征收。出售股份所获得的收益无须缴纳资本收益税。

扣除及免税额

对于个人和受抚养子女的免税额应予以扣除。此外，所赚取的收入可按一定比例享受免税。

税率

税率最高递增至 25%。

个人其他税收

资本税

无。

印花税

联邦政府和州政府均对各类商业文件和法律文件，如契约、保险单和汇票的转让等征收印花税。

资本购置税

无。

房地产税

州税务局和地方税务局对房地产的占有者征收“差饷”。

继承税/遗产税

无。

净财富税/净值税

无。

社会保障金

见“企业的其他税费”。

管理和服从

纳税年度

日历年。

申报和支付

从事全职工作的个人应根据“付工资时扣缴所得税”的制度纳税。用人单位应从员工的工资或薪金中扣缴其个人所得税，并于 14 天内上缴至税务机关。如果个人的唯一收入来源即为其从单一用人单位获得的就业收入，那么，除非其年就业收入总额不超过 3 万奈拉，否则该个人需要进行纳税申报。其他个人通过自我评估或直接评估进行纳税。如果适用，财务报表和附表必须连同自我评估申报表一起提交。税款必须全额支付，或者在提出申请的前提下，可分期进行支付。从源头扣缴的预提税可用以抵扣到期应付所得税。

罚款

对迟交的税款或未交的纳税申报表应给予处罚并征收利息。

增值税

应税交易

对商品和服务的应税供应品征收增值税，包括进口商品。

税率

增值税税率为5%。免税的商品和服务包括基本的食品、药品、医疗设备和医疗服务，以及出口货物和服务。某些项目为零税率。

登记注册

大多数企业都有责任为缴纳增值税而进行登记注册。免税条件适用于个人和小规模商人，但是他们可以自愿进行增值税登记，这样他们便可以享受因采购相关业务所支付的增值税退税。

申报和支付

增值税纳税申报表应会同任何应付款项按月提交。增值税申报表包括上月已支付的增值税（进项增值税）和已收到的增值税（销项增值税）。如果纳税人所支付的进项增值税额大于从纳税人客户那里收取的销项增值税额，则纳税人可申请退税。进项增值税不包括因计入损益账户的营业支出所支付的增值税。对于违反增值税法的行为应征收各种罚款和利息。

税法来源：联邦国内税收服务（设立）法、企业所得税法、石油利润所得税法、个人所得税法、资本利得税法、增值税法。

税收协定：尼日利亚已签订了10份税收协定。

税务机关：联邦国内税收局，国内税收州委员会。

加入的国际组织：非洲联盟、西非国家经济共同体、世界贸易组织。

赞比亚

《赞比亚 2010 年值得注意的税收事项》

税种：综合税收

颁布日期：2010 年 5 月 18 日

货币单位：赞比亚克瓦查。

外汇管制：对于资本的进出口不做任何限制。汇回本国的款项可以是任何货币形式。居民和非居民都可以持有任何币种的银行账户。

会计原则/财务报表：国际财务报告准则。财务报表必须按年提交。

主要业务实体：包括国有有限责任公司、私营有限责任公司、合伙公司、个体经营者、合资企业和外国公司的注册分公司。

企业税收

居民身份认定

如果某公司或类似的企业实体在赞比亚注册成立，或在一年内，该公司的业务控制和管理均在赞比亚境内执行，那么这家公司通常可认定为居民公司。

税基

居民应就其来源于或视为来源于赞比亚的收入纳税；同时还须就其国外来源的股息和利息在赞比亚纳税。对于非居民来说，对于其所获得的赞比亚来源收入而扣除的预提税即为其在赞比亚缴纳的最终税。

应纳税所得额

对于企业所获得的交易利润和利息、特许权使用费以及租金收入等其他应税收入，应征收企业所得税。一般情况下，对于完全且专门因商业目的而发生的收入性质的费用和亏损，允许税收扣除。至于其他来源，只有在费用必须是完全且专门因为生产该来源的收入而发生的时候，才可扣除。

为员工提供非现金福利所产生的费用不得作所得税扣除。

股息税收

对于一家居民公司从另一家居民公司收到的股息，不向收款方征税，并且任何在源头预扣的税收即为最终税收（详见下文“预提税”下的“股息”部分）。外国来源股息按照公司税率征税。

资本利得

赞比亚对资本利得不予征税。因资产处置而收取的差额捐税包含在应纳税所得中，根据所得收益减去资产递减价值的余额，最高可达到所申请的总资本免税额。

亏损

亏损可用于对日后同一来源所获得的收入进行抵扣，结转期限为5年（铜和钴矿公司的结转期限为10年）。对于矿业公司而言，亏损可被换算为赞比亚克瓦查以抵扣美元。

税率

公司和分支机构的税率为35%，同时还存在下列特殊税率：银行的一般税率为35%，对超出2.5亿克瓦查的部分按40%的税率征税；矿业公司税率为35%，另外还要加上最高税率为15%的可变利润税；对于非传统产品的出口商以及农业、化肥生产公司，税率均设定为15%。对于在赞比亚（卢萨卡）证券交易所新上市的公司，可给予时长为1年的2%的税率折扣（如公司33%的股份由赞比亚公民掌控，则税率折扣为7%）。

附加税

银行的应税收入超过2.5亿克瓦查时须缴纳，对采矿业务所得收入则须征收可变利润税。

选择性最低税

无。

外汇税收抵免

应税外国收入在源头以及在赞比亚所缴纳的税款可享受外国税收抵免。当分母为应税收入和免税收入的总和时，税收抵免仅能按法定公式适用于可分配税款。

参股免税

无。

控股公司制度

无。

奖励措施

特别奖励措施适用于优先行业投资或赞比亚发展署法中规定的产品。

预提税

1. 股息。居民和非居民应根据所收到的股息支付15%的预提税。对于一家居民公司从另一家居民公司所获得的股息，若支付方已预提税款，则已预提的税款可抵扣其分配股息时所需要支付的税款。赞比亚证券交易所上市公司所产生的股息应全数支付给居民个人。非居民的适用税率可能会根据税收协定有所下降。

2. 利息。对于支付给居民和非居民的利息应按15%的税率征收预提税，根据税收协定降低税率的情况除外。

3. 特许权使用费。对于支付给居民和非居民的特许权使用费应按15%的税率征收预提税，根据税收协定降低税率的情况除外。

4. 分公司汇款税。无。

其他企业税费

资本税

无。

工资税

无。

房地产税

地方议会每年对应付财产进行两次征税。见下述“转让税”。

社会保障

用人单位必须根据员工工资向国家退休金计划管理局缴费。

印花税

各种文件交易均应征收印花税，税率分为普通税率和从价税率两种。

转让税

对于土地、建筑物以及赞比亚联合交易所上市公司以外的股份的转让，均须按公开市场价值征收税率为3%的财产转让税。

其他

经部长免除，对商业进口货物应征收税率为3%的预付所得税。若支付了此项税款，则这笔费用可从公司本财务年度的最终所得税中扣除。对采矿权持有者每月的营业额按3%～5%的税率征收矿产特许权使用费。

反避税规则

转让定价

赞比亚转让定价规则要求关联方之间的交易必须是按照公平合理的规则进行的。对于关联方之间的商业交易或金融交易，税务机关可以用“公平交易条件”取代“实际条件”。

资本弱化

采矿公司的利息不允许超过 3∶1 的债务与资本比率。

受控外国公司

无。

其他

如果税务机关认为一项交易或一系列交易的主要目的是避免或减少缴纳所得税，则税务机关可以进行直接调整以避免这一情况的发生。

资料公开的要求

为更好地实施所得税法，税务机关可要求纳税人或任何其他人提供关于自己或他人的税务资料。

管理和服从

纳税年度

纳税年度的截止日期为 3 月 31 日，但公司可以申请采用任何会计基准日期作为纳税年度的截止日期。从 7 月至次年 3 月结束的年度内所获得的公司利润，应全部在该会计年度结束的财务年度内征税。对于从 4 月至 6 月结束的年度来说，相关利润应返回至上一财务年度。

合并收益

赞比亚不允许申报合并收益；集团中的每个公司单独课税。

申报要求

提交纳税申报表的截止日期为 6 月 30 日。财务年度应纳税所得额的估算截止日期为 6 月 30 日，并且可以在年内进行修改。

当年度按季缴纳的暂缴税截止日期分别为 7 月 14 日、10 月 14 日、1 月 14 日和 4 月 14 日。

罚款

如果所支付的临时税款金额少于应缴金额的 2/3，则应受到应付未付税款额 25%的罚款。对于迟交的暂缴税，应按赞比亚银行贴现率两个以上的百分点征收利息。此外，所有逾期支付的税款（无论是临时税还是最终税），都应在税款仍未缴纳时每月支付金额为到期应纳税款 5%的罚金。因迟交纳税申报表而要缴纳的罚金为每月 36 万克瓦查。

裁决

无。

个人税收

税基

个人（包括居民和非居民）须就其实际或视为来源于赞比亚的收入纳税。居民还需要对其外国来源的股息和利息收入纳税。

居民身份认定

如果个人进入赞比亚境内的目的是在这里建立永久居住地，或如果个人已在税收年度内在赞比亚境内逗留时间超过至少 183 天，则可认定为赞比亚税收居民。

纳税申报要求

不允许联合申报；配偶双方必须单独进行纳税申报。

应纳税所得

应纳税所得包括营业收入、就业收入（定义广泛）、年金、利息、特许权使用费和财产性收入。从赞比亚证券交易所上市公司所获得的股息是免税的。

资本收益

赞比亚对于资本收益不予征税。因资产处置而产生的差额税应纳入应纳税所得额，差额税应根据收入减去资产递减价值的余额计算，不得超过所申请的资本减免税额总额。

扣除及津贴

对于银行储蓄和存款账户、国库券及政府债券所生成的利息，应按 15%的税率征收增值税。最高 15%的应税薪酬（最多为 186 万克瓦查）可作为每月的退休金供款从应纳税所得中扣除。

税率

每年首个 840 万克瓦查的收入不予征税。当收入达到 1 602 万克瓦查和 4 900 万克瓦查时，应分别按 25%和 30%的税率征税。超出 4 900 万克瓦查的部分按 35%的税率征税。失业补偿金的最高免税额为 2 500 万克瓦查，差额部分按统一的 10%的税率征税。地方当局允许对居民个人收入加征 2%的税收，征收金额不超过 1.5 万克瓦查/年。

其他个人税收

资本税

无。

印花税

各种文件交易均应征收印花税，税率分为普通税率和从价税率两种。

资本购置税

无。

房地产税

地方议会每年对应付财产进行两次征税。对于土地及建筑物的转让，均须按公开市场价值征收税率为3%的财产转让税。

继承税/房地产税

无。

净财富税/净值税

无。

社会保障金

员工每年向国家退休金计划管理局缴纳的费用最多应为5%的基本工资和每年4 697 782克瓦查中较低的一方。

管理和服从

纳税年度

纳税年度截止日期为每年的3月31日。

申报和支付

用人单位应在所得税从源预扣的基础上按月扣税，并于当月结束后14天内将税款汇往税务局。对于取得非就业收入的个人，如非就业收入的金额超过了个人所得税免征税点，则必须根据当年的预估税值按季缴纳临时税。纳税申报表提交的截止日期为9月30日。对每年低于2亿克瓦查的非就业收入，应根据设定的流转税系统（无须填报纳税申报表）规定，按3%的税率按月征收流转税。

罚款

若所支付暂缴税税款金额不足最终应缴税款的2/3，则需征收金额为应纳税额25%的罚款。对于迟交的暂缴税，应按高于赞比亚银行贴现率两个以上百分点征收利息。此外，所有（临时或最终的）逾期付款，都将受到每月金额为5%的应付税款的罚款。因未能按期提交纳税申报表而需要支付的罚金为18万克瓦查/月。

增值税

应税交易

赞比亚境内货物和服务的应纳税供应以及进口货物均应征收增值税。对于服务进口通常会进行增值税反向征收。经预先批准后，现金收付制可用于建筑行业。对从事采矿作业的公司强制执行现金核算。

税率

标准税率为16％。对于经审核批准的个人或组织，其出口货物和供应品可享受零税率。免税供应品包括基本食品、保健和教育，以及土地和建筑物的出售。

登记注册

年应税供应品超过2亿克瓦查的公司需要进行增值税登记注册。某些条件下，在起征点以下的公司允许进行自愿注册。

申报和支付

增值税纳税申报表必须在次月21日前按月提交。

税法来源：所得税法、增值税法、海关法。

税收协定：赞比亚现已签订了19份税收协定。

税务机关：赞比亚税务局。

加入的国际组织：南部非洲发展共同体、东南非共同市场、非洲增长与机遇法案的受益国。

美洲

巴　西

《巴西税收指南 2011》

税种： 综合税收

颁布日期： 2012 年 3 月 9 日

一、应付税金

联邦税收及费用

企业所得税

一般情况下，应税所得额必须每月按照权责发生制原则来确认并交纳企业所得税。纳税申报单需每年填报。企业应纳税所得额是在单一税制下以单一税率征收的。这个税率是 25%，即 15%加上年税前利润超过 24 万雷尼尔（巴西货币单位）的部分的 10%。企业所得税一般是按年历计算，但按估计的预缴税款每月缴纳。

净利润社会税是另一种联邦税，按税前利润计算。税率是 9%，按年度或季度计算。按估计的预缴税款每月缴纳。对利润征收的这两种税税率加起来是 34%（25%加 9%）。

转让定价

巴西针对进口国外附属公司的货物、服务、认股权建立了一套转让定价制度。这些价格的制定基于三种方法：相对独立价格、转售价格减去利润，或生产成本加利润。出口到国外关联方适用相同的机制。

资本弱化

自 2010 年 1 月 1 日起，一个有利于避税天堂的外国人而非当地居民的新规则（MP 472/09 号）制定成法律 12.249，该法律规定了对用于公司所得税目的的累积或已支付的可扣除利息的限制。

根据规则，支付给关联方的利息，如果关联方不设在避税天堂司法管辖区或不受益于税收优惠制度，则该利息可能会根据权责发生制用于公司所得税目的的扣除，条件是：

1. 如果费用对公司的活动是必要的。
2. 以下的临界值均满足：

（1）关联方的负债权益比不超过 2∶1，该比例根据关联方负债对关联方直接权益投资的比例计算得到；

（2）总负债权益比不超过 2∶1，该比例根据关联方总负债和总直接投资的比例得到。

支付给设在避税地或享受优惠的税收制度的实体或个人的利息（无论是否是关联方）只有当支出满足以下条件时才可扣除：

1. 支出对公司的活动是必要的。

2. 以下的临界值均满足：

（1）巴西实体对避税地居民的负债不超过巴西实体净资产的 30%；

（2）巴西实体对位于避税地司法管辖区或享受税收优惠制度的所有实体的总负债不超过巴西实体净资产的 30%。

任何超出的利息将被视为不可用于企业所得税和净利润社会税目的扣除的费用。

估计利润法

上年度收入达到 4 800 万雷尼尔的企业可以选择，在某些情况下，根据估计利润法缴纳所得税和社会税，它是在现金制下通过一个季度的收入总额的比例来计算的。

在一些商业活动以及其他情况下，该法规规定不适合此种做法。适用的比例从 1.6%～32%。一般来说，估计利润率最适用的规则是转售商和制造商公司销售额的 8%。所得税是对估计利润征收 15%，并对每季度超过 6 万雷尼尔的部分加征 10%，再加上对由收入总额得出的估计利润征收的 9%的社会税。

附加福利税

企业必须承担联邦机构不同形式的社会保障义务。这些都直接或间接地有利于养老金计划、工作时间补偿、社会工作援助和健康计划等。所有此类缴款都可以用于企业所得税目的的抵扣。

社会保障税

社会保障税是每月纳税人为联邦政府的健康、社会工作援助和社会保障计划而缴纳的税款。

在一般情况下，公司采用常规方法计算应税所得利润，则社会保障税税率是每月总收入的 7.6%。在公司经营活动中的服务和原材料成本是允许扣除的。

对于选择按估计利润方法纳税的公司，社会保障税税率是每月总收入的 3%，上述允许的扣除在此均不可扣除。

资产、商品和服务的进口也应支付进口货值7.6%的社会保障税。这个值将被以非累计方式作为一个减免项来抵消销售的社会保障税。按估计利润方法纳税的公司则没有资格享受这项抵消。

社会一体化计划税

这些缴款是作为给员工的基金每月支付的。税额按每月总收入的1.65%计算。和社会保障税一样，社会一体化计划税率一般是每月销售额的1.65%，也是非累计的方式。这意味着，在公司经营活动中的服务和原材料成本是允许扣除的。

对于选择按估计利润纳税的公司，社会一体化计划税将以累计方式按月销售的0.65%征收，上述允许的扣除在此均不可扣除。

工资税

这是为社会保障和其他基金针对工资每月征收的税收。

税收	税率（%）
社会保障	20
意外伤害保险	1～3
雇员赔偿担保基金	8
教育基金	2.5
其他	3.3

员工每月根据基本工资按7.65%～11%的累进税率每月向社会保障体系纳税，最高基本工资是3 689雷尼尔。

联邦法律强制规定公司应向员工分配年度净利润的一部分。分配额由各个公司自行协商，并通过仲裁解决纠纷。分配的金额可用于企业所得税目的的抵扣，并且不用缴纳社会保障税。

地方税

货物流通税

这个州税是对物品出售或实体流通、货运、运输、通信服务和电能征收的。州内交易按18%的税率征税，州际税率为7%或12%，大多数进口税率在18%～25%之间。较低税率通常向不发达州的交易征收。一些州提供税率优惠或允许延迟支付作为对工厂建设的财政激励。通信服务的税率为13%～25%之间。

财产转让税

通常对财产和权利的继承与转让征收4%的财产转让税。

劳务税

劳务税是针对向许多城市提供服务的公司的总收入征收的。税率随着管辖区不同而变化。高税率多见于较大的城市。医院、学校、高校、建设、租赁、旅游和其他服务行业支付2%～5%的劳务税。非居民提供的进口服务必须支付劳务税。

其他税项

消费税

这一联邦增值税几乎对所有的销售（总收入）、在巴西制造或进口到巴西的商品的流通征收，并且税率根据商品需要的必要程度变化。

各种产品和产品组的税率如下：

产品	税率（%）
一般食品	0
软饮料	44
酒精饮料	11～143
塑料和橡胶	0～20
纺织材料	0～15
机械及设备	0～20
精密仪器	0～15
运输	13～35
其他	0～60

大部分出口（制成品的出口）免征消费税。进口货物（原材料和产品）通常按巴西制造产品相同的税率征税。税率变动频繁。对于所有制成品的销售，消费税必须按月支付。

对于进口货物或产品，消费税（和其他应付税金）应依据货物或产品的海关清关价值征收。

进口税

进口税是用来调节对外贸易，稳定经济危机时期的国际收支状况，保护和刺激巴西工业的增长并鼓励外商投资。税率根据进口产品的类型不同而变化，并经常由政府通过的法令更改而无须通过国会。

进口税的计算基础是在货物出口国批发市场的出售价格，加上保险和运费的成本。

如果没有类似进口产品的本国产品或本国生产的产品不能满足国内市场的需求，减少或豁免进口税可能被允许。

金融交易税

该税是针对金融交易如贷款和信贷业务、保险业务、提供某些服务的外汇业务按不同税率征收的。税率变动频繁。

一般来说，面向非居民支付的外汇交易，包括特许权使用费，技术服务，技术上的、管理上的以及其他任何援助或其他任何收入，包括任何费用的报销，都征收金融交易税。

经济领域干预税

巴西政府在2000年推出了特殊的税种。巴西的法人实体，获得许可、转让或获得技术知识，必须对此类活动支付10%的税款，如商标、技术服务支持、管理服务及任何特许权使用。在现行法律的基础上，甚至一些不涉及技术转让的活动也须支付经济领域干预税。

版权税

该税旨在刺激巴西的科技发展。版权税税率是25%（15%的预提税和10%的转让公司应付的经济领域干预税）。

燃油税

石油、天然气、燃料酒精的进口和出口都要按月缴纳燃油税。税率根据以立方米或吨计的燃油的雷尼尔价值而定。

农村房产税

每年的基本利率计算是根据评估财产价值的地点和财产的利用与开发阶段而定的。价值非常低的财产是免税的，适用的最高税率相当于没有任何改善的土地价值的20%。

二、应纳税所得额的确定

为了确定应纳税所得额，应从总收入中扣除的项目包括获得、维持和保存此收入所需的费用。所得税法中包含具体规定，以确定产品、固定资产、房地产、出售的有价证券的成本和坏账的扣除，计算折旧和摊销。营业收入是按权责发生制确定的。

国际财务报告准则

巴西自2008年开始逐步采用国际会计准则理事会制定的国际财务报告准则，并在2010年完全采用该准则。因此，巴西的会计实务有几个重要的变化，其中最重要的是，这些新的会计实务准则不仅在合并财务报表，也需要在个别财务报表中应用（11638/07号法律）。包括租赁交易的确认、折旧的处理、无形资产的确认、减值的概念等。

巴西当局决定不改变纳税的现行规则，但是创建了税务临时系统（RTT），它强调公司与会计记录的整体一致，这是确保会计中性的11041/2009号法律文件规定的。例如，用收入、成本和支出来得到净收入时，采用新的会计准则不会产生税务后果。

RTT在2008年和2009年是可选择的，在2010年具有强制性，现在继续有效，直到一个新的税法颁布。

折旧

固定资产应根据会计准则（国际财务报告准则）在其估计使用年限内折旧。对于会计而言，通常采用直线法，年折旧率如下：楼宇4%、机械及设备10%、车辆20%、IT设备25%等。用于不可再生的自然资源（矿山、采石场等）的资产可按在各个时期中的产量比例来摊销。在某些情况下，如研发活动中使用的资产，纳税人可以选择加速折旧。

库存/存货

商品销售成本一般使用加权平均成本法估计，虽然也可以选先进先出法（FIFO）。该方法的选定构成了期末存货价值的估计基础。

股息

巴西采取股息豁免制度。分配给居住在巴西或国外的股东的股息金额（因为投资是在巴西中央银行注册的）不须缴纳预扣税。

利息扣除

利息支出的抵扣是有限制的：(1) 来自外国公司的贷款（资本弱化）；(2) 来自海外的贷款必须在巴西中央银行登记（转让定价）。

到期利息必须按市价计，对商业活动是必需的，要缴纳预提税，且以权责发生制为基础。

按合伙人或股东的资本来计算利息是允许的。允许用于所得税和社会纳税扣除的利息上限是官方长期利率。本期或前期利润必须至少增加一倍待分配利息的价值。利息缴纳15%的预提税。利息可以支付或资本化。

税损结转

税损可结转用来抵消未来利润，上限是每期（年）真实利润的30%。用来抵消的损失可无限期结转。对由于公司合并或者控制权变动以及亏损公司的活动造成的损失是有限制的。

激励措施

巴西通过国内税减免或豁免国际金融方面的佣金和特许权使用费的预提税来提供激励。除了鼓励出口，在一些领域，也鼓励大型工业化企业的建立。还有一些关于研究活动、技术和文化活动的计划。

其中最重要的是：

- 科技信息服务出口的特殊的税收基础；
- 出口公司购买固定资产设备时特殊的税收激励；
- 计算机制造公司投资新技术的特殊税收激励；
- 在巴西北部和东北地区新项目的财政激励；
- 开发新技术的财政刺激措施；
- 新项目的财政刺激措施。

特许权使用费和技术援助支出

特许权使用费是可以抵扣的费用，但被限制在支付跨境商标和专利费公司的产品销售收入的1%～5%。研发专利及开发公式和程序所产生的开支，被认为是无形资产并在资产试用期内摊销。这对商标也是适用的，而著作权、软件和特许经营通常从经营业绩中扣除，如果它们与公司的活动有关。

如果合同已正式在巴西国家工业产权局和巴西中央银行注册，则付给外国公司（该公司对巴西的公司有直接或间接的控制）的技术的、科学的和行政的支出以及特许权使用费是可扣除的。对这些汇往国外的款项没有限制。然而，一些汇往国外的汇款要缴纳15%的预提税和10%的经济领域干预税，或单纯的25%的预提税。

三、外国税收减免

在巴西，外国来源的利润和收益也要纳税。税收抵免可减轻双重税收负担，最大限度是此部分收入的巴西应纳所得税税额。

四、企业集团

就纳税目的而言，附属公司的合并是不允许的。损失只能用来抵销同一公司的利润。

五、关联方交易

外国子公司或母公司的费用只可以对和当地公司或分支机构的活动有关的一些项目进行扣除。将外国实体的费用按比例分配一般不为税务目的所允许。

巴西一般遵守转让定价指引，但某些情况下设置固定的边际税率，不区分纳税人或行业的特殊性和具体情况。

六、预提税

国外的公司或个人的所有汇款（股息除外）几乎都须在源头征收所得税。资本收益或资本返还的汇款是不用缴纳预扣税的。整体的预提税税率为15％（在特殊情况下为25％）。

通常，所有的个人所得都要缴纳预提税，按从15％～27.5％的累进税率。款项是每月支付，每年提交个人所得税纳税申报表。不是来自金融投资的资本收益须缴纳15％的所得税。

七、外汇管制

中央银行允许官方汇率在定期确定的区间内自由浮动，但仅限于授权经销商参与。当有投机性操作的迹象时，银行则介入干预。有一个官方的游客汇率，和一般商业利率类似。

八、个人所得税

巴西的居民个人，应就其全球收入以及在全球的资产和权利的处置收益缴纳个人所得税。

满足以下条件可被认定为巴西居民：

- 在巴西有经常居住地；
- 为巴西境外的巴西政府部门或机构工作；
- 持有永久签证进入巴西；
- 持有临时工作签证进入巴西，并于一年中在巴西停留超过184天。

九、协定和非协定预提税税率

对利息和特许权使用费的汇款的总体预提税税率是15％，但对日本是12.5％。股利的汇付不用缴税。任何对避税天堂国家（黑名单）的汇款都要缴纳25％的预提税。

巴西已与一些国家签署了避免双重征税的协定，包括：阿根廷、奥地利、比利时、加拿大、智利、中国、捷克、丹麦、厄瓜多尔、芬兰、法国、匈牙利、印度、意大利、以色列、日本、韩国、卢森堡、墨西哥、荷兰、挪威、秘鲁、菲律宾、葡萄牙、斯洛伐克、西班牙、瑞典、南非和乌克兰。

2010年，巴西联邦税务局发布了新的黑名单，由规范指南SRF1037/10号规定，其中包含“税务黑名单”：（1）“避税港”；（2）“税收优惠制度”。

被认为在“避税港”或“税收优惠制度”下成立公司的非居民实体，通常承受不利的巴西税收规则。然而，最具惩罚性的巴西税收规则，一般只适用于在“避税港”的非居民实体。

2008 年 6 月之前，巴西税务机关将“避税港”定义为：一个对其居民课税税率低于 20%的司法管辖区。在“避税港”组建的非居民实体，在与巴西公司有业务时，须缴纳额外的税收。例如：

- 对利息、特许权使用费和执照，预提税率从 15%增至 25%。
- 对资本收益（非公开上市公司），预提税率从 15%增至 25%。
- 加强转让定价审查（包括与非关联方交易的审议）。

新的规范指南向有关者传递了一个信息：巴西联邦税务局开始考虑超越了“按国别统计”的黑名单。

由法律规定的“税收优惠制度”包括：

1. 根据卢森堡法律成立的控股公司。
2. 在 2010 年 12 月以前根据乌拉圭法律成立的投融资公司。
3. 根据丹麦法律成立的没有实质性经济活动的控股公司。
4. 根据适用于英国公司的法律成立的没有实质性经济活动的控股公司。
5. 根据冰岛法律成立的国际贸易公司。
6. 根据适用匈牙利公司的法律成立的离岸 KFT 公司。
7. 当美国有限责任公司的成员由非居民组成，不用缴纳联邦所得税时，美国有限责任公司被视为“税收优惠制度”。美国有限责任公司没有被列为“低税收实体”，美国“企业”避免了这两个黑名单。
8. 根据适用于西班牙公司的法律成立的 Entidad de Tenencia de Valores Extranjeros 公司。
9. 根据适用马耳他企业法律成立的国际贸易公司和国际控股公司。

除了将转让定价问题加入到“税收优惠制度”的新类别，所有其他原先适用于低税率管辖区成立实体的限制和附加税收保持不变。

在 2008 年引入“税收优惠制度”的新概念后，这一概念在 2009 年底进一步延伸，对母公司借款给巴西的附属公司实行更加严厉的巴西资本弱化管制。

总之，新“黑名单”对根据“税收优惠制度”成立的实体产生的税收影响体现在两个主要限制上：

- 增强转让定价审查；

● 更严格的资本弱化标准。

巴西是经济合作与发展组织、拉丁美洲一体化协会的一员，也是世界贸易组织的签署国。到现在为止，拉丁美洲一体化协会的成员国身份并没有影响巴西对本地行业和外国投资者开放的市场规模。

巴西、阿根廷、巴拉圭和乌拉圭是南锥体共同市场的签署国，这是在经历了一个逐步过程后，在 1995 年 1 月 1 日正式批准的。根据该协定协议，大多数关税已经降低到零。劳动力、商品和服务的流动是不受限制的，鼓励资本投资，协调宏观经济政策，统一对非成员国的对外贸易政策和关税。

委内瑞拉

《委内瑞拉税收指南 2011》

税种：综合税收

颁布日期：2012 年 12 月 20 日

一、应收税项

联邦税收及费用

企业税

委内瑞拉居民或原籍企业需要为其全球所得缴纳利润税。非居民或非原籍企业仅须为其委内瑞拉来源的所得缴纳企业税，即使该企业在委内瑞拉无常驻机构或固定基地。

在本国拥有常驻机构或固定基地的外国居民或原籍企业，仅仅为其可归属至该常驻机构或固定基地的国内或外国来源的所得纳税。

税款的征收以年为单位。可采用的税收年度一般为企业法定文件中指明的年度，且标准年度为一日历年。然而，值得注意的是，其他的期间也是允许的，包括 12 个月或更短的期间。在提交最终企业纳税申报单时应缴付企业的最终税款，通常为会计期间结束后的三个月内。

企业所得税率如下：

应税所得（TU①）	税率（%）
0～2 000	15
2 001～3 000	22
超过 3 001	34

注：①TU 即计税单位，由国税局按年度调整每个计税单位的货币金额，2003 年 1TU 为 19 400 玻利瓦尔，2004 年为 24 700 玻利瓦尔，2005 年为 29 700 玻利瓦尔，2006 年为 33 000 玻利瓦尔。

资本利得税

资本利得并无单独或明确的税收类别。然而，销售属于建于或位于委内瑞拉的企业的资产所得到的资本利得和/或亏损，须在确认企业的纳税义务（所得税）时包含在所得的计算中。

根据税法规定，对从股息支付人得到的净所得（股息计提基础）与其应税净所得（应税会计净收入）的差额部分中分配的股息征收 34%的统一税率。从组建且所在地为外国或组建于外国但所在地为委内瑞拉的企业处收到的股息按税法规定不包含在净所得中，但这类股息在委内瑞拉境外可能需要纳税。

分支机构利润税

在委内瑞拉的分支机构不按收入对其征税。外国企业的委内瑞拉分支机构在本国取得的所得按照企业税来进行征收。根据所得税法的规定，在委内瑞拉有常驻机构的，成立于外国但所在地为委内瑞拉或成立且所在地都为外国的企业或集体房地产，有义务为其常驻机构的净所得中既非免税亦非可从其合伙人、股东或联合所有者已纳税会计净所得中免予缴税的余额缴纳 34% 的税款。若分支机构可以依要求向税收管理机构证明其净所得与在本国的已纳税会计净所得之间的差额全部用于再投资，则不适用于该假定股息。相关再投资必须至少在本国留存 5 年。

增值税

根据税法中的具体规定，对动产的转让、服务的报偿以及商品的进口应征收增值税，且该规定在整个委内瑞拉境内（新埃斯帕塔州的免税港、法尔孔州的巴拉瓜纳半岛以及梅里达州的文化科技免税区将免于缴纳增值税）都适用。该税由个人和公司、未组建或事实存在的公司、联合风险投资以及其他公开或私人法律或经济实体，以商品进口商的身份缴纳，无论是不是经常性的。该税还需由制造商、生产商、组装厂、个体商户和从事税法中定义为应税行为的活动的服务提供者进行缴纳。

某些商品和服务的进口免予缴税。作为正常纳税人的出口商有权利索要在进行与其出口活动相关的有形动产购置或服务获得时所支付的税款。该规定还适用于为出口而进口动产的情况。确认所计提的增值税额按每一纳税期间即一个日历月，从有关税负借方合计额中减去税负抵免合计额。其结果即为应付增值税。现行增值税标准税率为 12%，按交易的净价征收。

附加福利税

企业无须为附加福利纳税。作为替代，任何提供给雇员的福利都包含在其个人所得中并须为此纳税。

地方税

仅一项市政税需向来自工商业活动的总收入按不同百分比评税，该百分比依据所进行的商业活动以及企业所处地域管辖区而定。

其他税项

关税

该税需根据海关税则为进口的商品缴纳，其计税基础为到岸价格。

印花税

该税适用于某些交易，包括所有权转让、企业的组建以及各种合法交易和业务。

公共注册

该税是企业在其经营所在各地域管辖区的主要和辅助登记处，进行注册以及各种文件的真实性验证所发生的税。

法定社会保险

由雇主和雇员在企业薪金的基础上按月缴纳，以保证国家工作者社会保障体系的运转。

住宅和处所提供法

企业必须每月向法定储蓄基金按其工人薪金 2%的费率缴费。工人缴费为其工资的 1%。该储蓄基金必须用于工人住房建设计划的资金供应。

国家教育合作协会

雇主必须按季向该协会根据支付给其工人的总薪酬和报偿的 2%的费率缴费。工人必须缴纳雇主在企业会计年度结束时付给他们的利润的 0.5%。这些缴费用于工人和年轻学徒的职业培训，以解决国内文盲问题。

遗产和赠予税

该税在当事人在世或去世后进行权利的无偿移交时征收。

《科学、技术及创新产业基本法》

该法规定了若干企业必须根据其涉猎的活动而缴纳的费用，如下：

1. 碳氢化合物企业，年总收入的 2%；
2. 从事采矿业和电力能源活动的企业，年总收入的 1%；
3. 从事其他商品和服务生产的大型企业，年总收入的 0.5%（此处所说大型企业为年总收入超过 100 000 纳税单位的企业）。

该法规定此类缴费可通过本企业的研发或政府支持基金来缴纳。

《有关反非法运输和消耗导致失去知觉或精神中毒物品的基本法》

该法规定雇佣 50 名或以上工人的企业需要缴纳其年净所得的 1%的费用。该缴费必须投资于本企业内为其工人和他们的家庭环境而进行的防范毒品运输和消耗的项目。同样地，此法还规定制造或进口酒精饮料、烟草及其混合物如嚼用烟草须缴纳其年净所得 2%的费用，以维持并运营为这些物品的消费者而设立的防治及康复中心。

《电子通信业基本法》

在《电子通信业基本法》中，列载了各类从事电子通信以及无线电电子光谱、声音广播和公共电视等的企业需要缴纳的税款和关税。这些企业必须支付的各类税款和关税为其年总收入的 0.05%～2.3%。

《旅游业基本法》

《旅游业基本法》中提出按每月获得的总收入的 1%征收费用，提供观光服务的企业必须缴付此费用。

二、应税所得的确认

从净所得中扣除所得税法中准予扣除的成本和可扣除项目后确认得到净收益。要得到应税所得，有些费用须视作不可扣除项且某些所得可视作非应税所得。

投资免税额

委内瑞拉所得税法规定了减税优惠。在本国进行的新投资可获得金额 10%的税收抵免，除了未被其他企业使用过的土地，并投资于下列活动的：工业和农业综合企业活动、建筑、电力能源、电子通信、科技（除烃类物制造及相关行为），以及通常情况下所有能反映投资达到先进或尖端技术水平的具有工业性质的行为。

从事烃类物提炼及相关活动如精炼或运输的纳税人可以得到其任何投资金额 8%的税收抵免。该法还规定下列情况可享投资总额 4%的附加税收抵免：勘探、钻探及相关生产、运输和储存设备；烃类物的辅助回收；燃气的使用、保存和贮存，包括液态气体；烃类物的浓缩及研究支出。

从旅游服务中获取所得的已在国家旅游登记处注册过的当事人，其为宾馆、旅店及旅舍的建造、建筑或服务的扩张、改进或改装，提供任何形式的导游服务或职工的教育及培训所进行的新投资可享有 75%的税收抵免。

折旧

折旧可针对通货膨胀通过调整可折旧固定资产来增加。通常使用直线法或单位成本法，税收总署也准许其他方法，但不允许进行资产的加速折旧。

存货/库存商品

纳税人须在经营活动起始和各纳税年度结束时为所有用于销售的商品罗列清单。所有编制在册的商品须按成本价格计价。这些商品还可在市场价格低于成本价格时按市场价格计价。

股息

股息所得按所付金额的34%来征税。在付款之时或计入账户之时必须全额预提税款。所收股息来源于从事石油和采矿业的企业，须分别按67.7%和60%的税率全额在源泉扣缴。鉴于法规的考量，所收股息来源于成立且公司处所位于国外或成立于国外但公司处所位于委内瑞拉的不包括在净所得内，但为这类股息支付的税费可适用于委内瑞拉领土以外的地方。

利息扣除

已借及投资于生产活动的资本的利息可以进行扣除。若利息接收者为国外企业，则必须按以下百分比预提税款：

受益人	税率（%）
金融机构（定居）	5
金融机构（非定居）	4.95
母公司	5
除上述情况以外的法人实体	32.3

亏损

营业亏损可移动至其发生的会计年度当年之后的连续三个期间内。由于通货膨胀调整而造成的亏损可向后结转一年。

外国来源所得

现行所得税法规定了委内瑞拉居民及公司处所位于本国的企业须为其取得的全部收入纳税的义务，无论是在委内瑞拉还是在国外。

激励措施

用于生产出口商品的进口商品和产品所支付的关税可由委内瑞拉中央银行进行返还。

通货膨胀的定期调整

所得税法将通货膨胀的定期调整考虑在内，该调整基于委内瑞拉税法所设立的程序，通过一般消费价格指数来反映确认了通货膨胀对非货币资产和负债的影响后导致的净价值的增加或减少。因而进行通货膨胀的会计调整所计算出的结果在确认所得税费用时被视作应税利得或可扣除亏损。

三、外国税收优惠

委内瑞拉签署了大量协定以避免与船运及航空运输相关的双重税收。

四、企业集团

对合并纳税申报没有规定。

五、关联方交易

对于视作相关的企业之间进行商业交易的情况，有关企业必须遵照转让定价章节所规定的方法来确认其所得。转让定价的规则中规定该规则在关联方间的交易中为强制应用的。该法还用于确认当交易为关联双方之间的交易时这一段关系是否可认作是存在的。

六、预提税

对于预提税款，税收总署视其为预付税款，可从其申报所在会计年度当年确认的税款中扣除。

七、外汇管控

对外汇的管控措施尚具效力。由货币管理委员会对外国货币的交易进行控制。同时，进入本国领土的外国货币也须强制性地出售给委内瑞拉中央银行。

金融机构不得在没有经货币管理委员会和/或委内瑞拉中央银行预先核准的情况下从事外汇交易。

八、个人税

个人的税负每年在所得收入的基础上进行确认，该类应税收入须大于1 500纳税单位且准许进行个人减（免）税及家庭开支减（免）税，同样可用于减（免）税的还有个人于该会计年度内发生的费用，如医疗费用、学费、保险等。

应税所得（TU）	税率（%）
0～1 000	6
1 001～1 500	9
1 501～2 000	12
2 001～2 500	16

续前表

应税所得（TU）	税率（%）
2 501～3 000	20
3 001～4 000	24
4 001～6 000	29
超过 6 000	34

九、协定及非协定预提税率

	股息（%）	利息（%）	使用费（%）
非协定国家：	34	4.95	15/34①
协定国家：			
安第斯共同体	0	0	0
奥地利	5/15	4.95/10	5
巴巴多斯	5/10	5/15	10
比利时	5/15	10	5
巴西（尚未生效）	10/15	15	15
加拿大	5/15	10	10
中国	5/10	5/10	10
古巴	10/15	10	5
捷克共和国	5/10	10	12
丹麦	5/15	5	10
法国	5/15	5	5
德国	5/15	5	5
印度尼西亚	10/15	10	20
伊朗	5/10	5	5
意大利	10	10	7/10
韩国	5/10	5/10	5/10
科威特	5/10	5	20
荷兰	0/10	5	5/7
挪威	5/10	5/15	12
葡萄牙	10/15	10	12
卡塔尔（尚未生效）	5/10	5	5
俄罗斯（2010 年 1 月 1 日生效）	10/15	5/10	10/15
西班牙	10	4.95/10	5
瑞典	5/10	10	7/10

续前表

	股息（%）	利息（%）	使用费（%）
瑞士	10	5	5
特立尼达和多巴哥	5/10	15	10
英国	10	5	5/7
美国	5/15	4.95/10	5/10

注：①按总付款的90%计。

美　国

《美国税收指南 2011》

税种： 综合税收

颁布日期： 2012 年 11 月 29 日

一、应付税项

联邦税收及费用

企业税

所有企业实体都须缴企业税，除某些免税组织以及“转手”企业适用于特别规定。组建于美国的企业需要为其全球来源的所得纳税，而外国企业通常仅须为其在美国的交易或贸易有效的相关的所得纳税。美国按下列累进税率征收企业税：

应税所得（美元）	税额（美元）
0～50 000	15%
50 001～75 000	7 500 美元加超过 50 000 美元部分的 25%
75 001～100 000	13 750 美元加超过 75 000 美元部分的 34%
100 001～335 000	22 250 美元加超过 100 000 美元部分的 39%
335 001～10 000 000	113 900 美元加超过 335 000 美元部分的 34%
10 000 001～15 000 000	3 400 000 美元加超过 10 000 000 美元部分的 35%
15 000 001～18 333 333	5 150 000 美元加超过 15 000 000 美元部分的 38%
18 333 333 以上	统一税率 35%

需注意的是，个人服务企业所有的所得按 35%的统一税率纳税。受控集团内的企业共享减低组优待。

一般而言，企业需要分 4 期预估纳税。若预估纳税义务低于 100%的实际纳税义务，可能需缴纳罚款。

美国在商业和个人层级都对所得进行征税。企业的收入要纳税，而后作为股息分配给股东时还要再纳税，当征税率超过 45%时可按综合联邦税率征税。因此，越来越多的商业机构是通过过渡实体如传统合伙制、有限责任公司以及某些选择税收企业（S 企业）进行处理的。S 企业不得有非居民个人或企业作为其股东。由于美国预提税和分支机构利润税的影响，在美国的外国商业机构可能不能从这些框架中获得与本地商业机构同样多的优待。

美国的过渡实体通常由非美籍人士作为用于管理美国及非美国商业和资产的控股公司。美国的本国和外国纳税人都可以通过“混合”实体享有重要规划机会。这些企业在一个管辖范围内被视作过渡实体，然后由另一个管辖范围对其进行征税。美国的法规通常通过“勾选”机制准许美国纳税人弹性选择其期望的税收状态。

企业的纳税申报及税款缴纳的截止日为会计年度结束后第三个月的15日。按日历年纳税的纳税人必须在3月15日前提交申报单。如果于原定申报截止日提交申请可自动延期6个月。然而，延期提交纳税申报单并不延迟应纳税款的缴纳截止日。

资本利得税

对于企业，出售资本资产的净利得与出售资本的净亏损之间的差额，或净资本利得在纳税时所适用的税率与正常所得的税率相同。然而资本亏损只得用于抵销资本利得，且亏损大于利得的差额部分可向前退结三年或向后结转五年。亏损在向后结转之前必须先同最早的向前退结年度相抵销。

最低替代税

美国对某些企业按20%的税率征收最低替代税。最低替代税所得是在正常的应税所得的基础上调整了在正常税制下优惠待遇的特定项目后得到的。这种“税收优惠”项目包括加速折旧、损耗和无形钻探费用。如果最低替代应税所得被征的税额大于正常征税额则改为征收最低替代税。该税不适用于小企业，即在三年期间内平均年总收入低于750万美元的企业。

分支机构利润税

对外国企业美国分支机构的利润和收入所征收的税与一般企业税相同，对美国分支机构在纳税年度结束后未再投资于经营中或于下一纳税年度汇回至母国的税后收入所额外征收的30%的分支机构税除外。分支机构税的应税基础需根据该美国分支机构在净股本上的一切变动来调整。分支机构税可根据任何相关税收协定来减征或不征，也可由从属预提税来替代。

除分支机构税之外，还对美国分支机构付给非从事同一经济活动的外国实体的所有利息征收30%的分支机构利息税。该税同样也是在美国纳税申报单上所扣除利息大于实际支付金额部分的基础上征收的。

销售税

销售税由各州征收，且税率和税基各有不同。总体而言，销售税的征收对象为销售给最终消费者的有形商品。购置商用商品时要征收使用税，但仅在未收取销售税的情况下征收。通常情况下，卖主须在其被视作在“做买卖”的州进行注册并收取销售税。关于卖家是否需要在销售通过网络或其他电子手段订购的商品及服务时收取和支付销售税的问题，现阶段在美国仍未有定论。虽然很多州对这一问题的意见越来越多，但仅向美国运送通过网络订购的产品的外国卖家通常不承担州和地方税负。

增值税

在美国不征收任何的增值税。

附加福利税

在美国不向企业就其提供给雇员的附加福利征收任何税项。然而，某些附加福利税须由接受该福利的雇员缴纳，并在其个人所得税纳税申报单中进行汇报。

在美国要求雇主和雇员支付的薪酬关联税包括：

（1）雇员社会保险的一部分，按工资的 6.2%扣缴。仅在 2011 年，雇员部分减少至 4.2%。

（2）联邦失业税为工资前 7 000 美元的 6.2%（减去最高达 5.4%的州失业税抵免）。

（3）州失业税，该税各州各有不同。

（4）医疗保险，为所付总工资的 1.45%。

地方税

美国大部分的州对企业征收所得税，税率和税基各不相同。大多数的州准许企业将所得进行分配，如果该商业机构在不止一个州经营。从历史上看，通常使用一个包含有形资产、销售额及收入、工资总额的三要素公式。然而许多州开始向销售额占更大比重的公式变化。大部分的州在计算其计税基础时以联邦应税所得为基准，但也有不少州要求在计算应税所得时依其意图进行调整。

有若干州用对总收入或总销售额征税来替代对净所得的征税。还需注意的是，州所得税不受各种美国所得税收协定的条款制约，因此有些州将外国企业视作需缴纳其州所得税的对象，即使该企业并不需要缴纳美国联邦所得税。同样还需注意的是，外国卖家可能需缴纳其他州的税如销售税，即使其并不需要缴纳州或地方所得税。

其他可能在州的层面进行征收的税项包括不动产和个人财产税、专利税、无形税、转让税以及对资本征收的税。付给州的税款在支付或计提的当年可在联邦所得税纳税申报单中进行扣除。

其他税项

除企业所得税之外，美国还征收下列税项。

累计收益税

企业的上期和本期收入及利润累计超过 250 000 美元的需缴纳此税。该税按 15%的税率针对累计应税所得征收。需缴税的累计应税所得金额应减去为经营的合理需求所留存的收入。

私人控股企业税

股份不公开的企业从被动活动中收到的且不向股东进行分配的大额所得需要缴纳私人控股企业税。此税针对未分配所得按 15%的税率征收。该税为一般企业税的附加税。

二、应税所得的确认

企业应税所得在确定可纳税总收入并减去可扣除项后完成确认。所有可扣除项都必须分成一般扣除项和特别扣除项。企业必须按实体纳税。对于合伙企业、有限责任企业和 S 企业这类过渡实体，其应税所得按类似方式进行确认。不过，各实体是将其所得或亏损以及特别扣除项过渡给其股东、成员、合伙人并在各自的申报单中纳税。

折旧和损耗

资产、厂房及设备可在其有效使用年限期间根据法定成本回收制度进行摊提。对于在 1986 年 12 月 31 日之后取得或投入使用的资产，其资本化成本必须使用修订后加速成本回收制度在 3～39 年的期间内计提折旧。大部分的有形资产在 3，5，7 年的类别中，而不动产一般被归类至 27.5 或 39 年的资产类别。然而，某些建筑物组成部分及对不动产的改善的折旧可加速到更短的年限。最近制定的税法中规定合格租赁资产改良投资和 2012 年 1 月 1 日前投入使用的饭店财产可享 15 年的回收期。

对于一些较小型的企业，可以选择将资产成本视为费用而非资本支出。最大扣除额为 500 000 美元且仅限于未按上述选择确认的应税所得。若所有符合要求的购置支出超过一定限额（530 000 美元），则该费用补助将停用。此外，纳税人可就其在 2012 年 1 月 1 日之前投入使用的合规财产享有 100%的额外折旧津贴，在 2013 年前投入使用的可享有 50%的额外折旧津贴。

自然资源方面的支出可进行损耗扣除。通常情况下，损耗既可用成本法也可用百分比法来计算。成本损耗是基于调整后的财产以及对构成存款的单位数和当年取出单位数的预估。

按照百分比损耗法，对总收入按统一的百分比提取损耗扣除额。该扣除额不得超过损耗扣除前来自财产的应税所得的 50%（油气财产为 100%）。对于独立油气生产者及使用权所有者，其损耗扣除额不得超过纳税人应税所得的 65%。

存货

存货的账面登记通常使用先进先出法下成本或市值二者中的较低者，在后进先出法下只可使用成本。

统一资本化的规则要求将用于转售而制造或收购的不动产或个人财产，所产生的某些其他可抵扣间接费用和行政费用列入存货或资金账户。

资本利得及亏损

见上文。

股息

美国企业有资格就其从其他国内企业处取得的股息享有特别抵扣。接收企业从所有份额在 20%以下的企业处收到的股息可以享有 70%的扣除；企业的所有份额超过 20%但不足 80%的，其扣除额增加至 80%；所有额份在 80%或以上的，其扣除额增加至 100%。例外的是，外国企业的股息 100%应税。

利息扣除

纳税人通常可扣除在一个纳税年度内为其债务或其债务所产生的商业利息。然而，这类负债必须与纳税人的负债有关，且必须来源于真实的债务人和债权人关系。有关利息的可扣除性存在大量的例外和限制因素。例如，若一个企业的负债权益比超过 1.5：1，那么某些关联方负债的利息费用扣除可被拒绝或递延。

亏损

一般而言，一笔业务或交易所带来的净营业亏损可向后结转两年或向前退结 20 年，以同应税所得相抵销。一家企业可于所有权变更、子公司清算或指定重组时在有限程度内结转上期结余。

外国来源所得

美国企业应为其全球所得纳税，包括所有外国分支机构所得。为避免任何的双重税收，可在美国纳税申报时享有外国税收扣除或抵免。当美国股东持有一家外国子公司超过 50%的权益时，外国子公司的某些所得将按直接由美国股东收到来征税。某些有美国股东的外国企业适用其他特别规定。

投资税收抵免

投资抵免包括四个组成部分：

（1）复原抵免；

（2）能源抵免；

（3）合格高级煤矿工程抵免；

（4）合格燃气工程抵免。

对于过渡实体，其抵免额必须按比例分配给合伙人/股东个人。一般情况下，抵免额为合规支出的10%（若是认证历史建筑则为20%）。需注意的是，由不合格的无追索权负债提供资金的投资抵免财产不得享有投资抵免。

激励措施

除投资税收抵免之外，还有其他的优待税收激励措施适用于与出口相关的活动、美国职业活动、授权私人活动债券、研究及开发支出，以及某些特别人才的雇佣。同时，可以对某些制造/生产活动进行扣除。

其他

其他需要提到的问题包括以下各项：

（1）慈善捐款可以进行抵扣，但对于企业其扣除额不得超过扣除捐款前应税所得的10%。超额捐款可向后结转五年。

（2）组织和商业启动的支出最多抵扣10 000美元，但受一定条件的制约且剩余部分必须在180个月内进行摊销。

（3）餐费及娱乐费用在大部分情况下限制在费用总发生额的50%之内。

（4）除某些金融机构外，只在特定抵扣方法下才可对在相关纳税年度间全部或部分不可收回的应收账款扣除坏账。

（5）为核心雇员支付的人身保险单仅在下列情况下才可抵扣：

（a）包含在该雇员的赔偿金中；

（b）金额不是不合理的；

（c）雇员不是直接或间接受益人。

三、外国税收优惠

在美国从事商业活动的美国企业或外国企业可以为其支付给其他国家的所得税索要抵免额或扣减额，如果该税款与其经营有联系或相关且同时在美国也对其征税。通常来讲，该税收抵免仅在相关外国税负是基于外国来源所得而征收的情况下适用。该税收抵免不得用于减少美国来源所得在美国的纳税义务。任何未在一年内使用的抵免额可向前退结至上年及之前的十年间。

四、企业集团

美国企业的联营集团（母公司拥有80%所有权）被准予将集团内一家附属机构的亏损在其提交的联邦所得税联合申报单中与另一家的利润相抵销。各州及各地方法规在这方面同联邦法规有所不同，可能不允许亏损的抵销。此外，有些还会要求提交的申报单包括所有相关企业的经营结果，包括联邦联合纳税申报单中不要求包含的企业。

五、关联方交易

在公平交易原则下协商的关联方交易视作与非关联方交易一样。不过总体而言，交易一方在另一方将该交易包含在总收入之前不得对其进行扣减。美国国税局会进行任何必要的调节以评定关联各方的所得。

对于跨国集团会格外重视其集团内各成员之间的“划拨价格”。规定中提到若干确认合理公平交易价格的方法，包括使用非关联第三方比较、可比利润以及利润分离法。现在此类情况都要求巨额的合规税负。未能维持定价决策文件同步存档的将导致数量可观的罚款（最高可达应交税款的40%）。美国法规要求纳税人进行转让定价的研究以确定在适用情况下的“最佳方式”。

转让定价的决策必须在多个司法管辖区内满足大多数的标准。美国对于转让定价的确认规定，可能不同于其他根据经济合作和发展组织准则来施行转让定价标准的国家所做出的规定。美国各州越来越关心多国和多州间的转让定价，有时采取与国税局不同的方式对待。

六、预提税——非美籍收款人

向非美籍收款人支付的投资组合股息、利息、租金和使用费，以及某些其他类型的所得要缴纳预提税。法定税率为30%，但若接收人为协定国家的居民则可降低税率。外国人士或实体还可免于预提税款，若其美国来源的所得与在美国进行的交易或商业经营有关。该免税无效除非该外国接收人在付款之前向美方付款人提请通知。投资组合利息免于预提税款。投资组合利息包含美国银行存款利息和投资组合债券利息。

特别预提税法适用于在美国合伙企业中的非美籍合伙人，以及在美国进行交易或商业经营的有限责任公司中的非美籍成员。外国合伙人（无论是个人还是企业）当年的美国来源所得都适用35%的预提税率。特别预提税法还适用于外国人直接或间接销售或以其他方式处理美国不动产的情况。预提税率为处理所变卖的总金额或销售价格的10%，除非享有特定的减低许可。

七、外汇管控

美国不进行直接的外汇管控。10 000美元或以上的货币交易必须向国税局提请报告。多方关联交易出于披露的目的必须视作单一交易。向一个外国司法管辖区进行货币或其他超过10 000美元的金融工具的直接或间接运输的也须进行报告。通过普通银行流程进行且不涉及物理运输的货币转移不要求公开。

八、个人税

美国公民和其他居民个人都适用于相同的税收法规。税负在全球所得减去某些调整、抵扣和免税的基础上进行计征。非居民个人一般需要为其美国来源的所得纳税。某些抵免额可以用于减低计征的税额。通常而言，所得包括雇佣服务的报偿、利息和股息、自我雇佣的所得或亏损、资本利得和亏损、租金和使用费以及来自过渡实体的所得或亏损。容许的抵扣项目包括医疗费用、住房按揭和投资利息，州、地方和不动产税，灾害损失、慈善捐款以及其他与商业和投资有关的杂项扣减。

纳税人可声明的亏损以及可索要的扣减有限额。大部分扣减限额以个人的所得水平为基础来决定。

所得税率根据纳税人的纳税申报身份的不同而有所不同。纳税申报身份分为五大类：

（1）单身；

（2）已婚提交共同纳税申报单；

（3）已婚提交独立纳税申报单；

（4）户主；

（5）有资格的寡妇/鳏夫，带有受抚养子女。

现行最高税率为35%。

在美国，要求雇主从雇员工资中预提联邦及州所得税、社会保险和医疗保障费。这些税款必须定期向政府缴纳。多数情况下，自雇个人须按要求按季缴纳不少于其实际纳税义务的90%的预估税款。高收入个人需要缴付100%的当年税负或上年税负的110%。对于未足额缴付上述税负的情况，将计征罚款和利息。

个人资本利得和股息所得适用特别税收规定。其税率由资产持有时间的长度和资本资产的类型来决定。很多股息都享有特惠税率。尤其是需要为其美国来源所得纳税的非居民个人，通常不对其美国来源的资本利得征税，除非该利得直接或间接与美国不动产的销售相关联。大部分非居民个人不就其股息所得享有特惠税率。现行的合规股息和长期资本利得特惠税率为15%。

除一般所得税之外，个人还须为其纳税申报单上的其他税项纳税。这些税项包括最低替代税、自雇税、社会保险和医疗保障以及合规养老金计划税。大多数州还征收不同税率和税基的所得税。美国还向个人征收如赠与税和房产税等其他税项。

九、协定及非协定预提税率

	投资组合	实际持股①（%）	利息②（%）	使用费③（%）
非协定国家：	30	30	30	30
协定国家：				
居民企业及个人	无	无	无	无
非居民企业及个人				
澳大利亚	15	5	10	0/5
奥地利	15	5	0	0/10
巴巴多斯	15	5	5	5
比利时	15	5	15	0
加拿大	15	5	10	0/10
中国	10	10	10	10
独立国家联合体（CIS）	30	30	0/30	0
塞浦路斯	15	5	10	0
捷克共和国	15	5	0	0/10
丹麦	15	5	0	0
埃及	15	5	15/30	0/15
爱沙尼亚	15	5	10	5/10
芬兰	15	5	0	0/5
法国	15	5	0	0/5
德国	15	5	0	0
希腊	30	30	0/30	0/30
匈牙利	15	5	0	0
冰岛	15	5	0	0/30
印度	25	15	15	15/10
印度尼西亚	15	10	10	10/15

续前表

	投资组合	实际持股①（%）	利息②（%）	使用费③（%）
爱尔兰共和国	15	5	0	0
以色列	25	12.5	17.5	15/10
意大利	15	5/10	15	5/8/10
牙买加	15	10	12.5	10
日本	10	5	10	0
哈萨克斯坦	15	5	10	10
韩国	15	10	12	15/10
拉脱维亚	15	5	10	5/10
立陶宛	15	5	10	5/10
卢森堡	15	5	0	0
墨西哥	10	5	15	10
摩洛哥	15	10	15	10
荷兰	15	5	0	0
新西兰	15	15	10	10
挪威	15	15	0	0
巴基斯坦	30	15	30	0/30
菲律宾	25	20	15	15
波兰	15	5	0	10
葡萄牙	15	5	10	10
罗马尼亚	10	10	10	10/15
俄罗斯	10	5	0	0
斯洛伐克共和国	15	5	0	0/10
南非	15	5	0	0
西班牙	15	10	10	5/8
瑞典	15	5	0	0
瑞士	15	5	0	0
泰国	15	10	15	5/8/15
特立尼达和多巴哥	30	30	30	0/15/30
突尼斯	20	14	15	10/15
土耳其	20	15	15	5/10
乌克兰	15	5	0	10
英国	15	0/5	0	0
委内瑞拉	15	5	10	5/10

注：①参考具体相关协定以确定收款人需在付款人处留存的必要利息额，以适用该税率。
②某些由银行和保险公司付给非居民的利息免税。
③由于税率各有不同，版权使用费的适用税率应参考个别协定。使用费可包括私人财产租金。

欧洲

俄罗斯

税收体系和制度

俄罗斯新一轮税收制度改革始于20世纪90年代中期，经过几年酝酿，于1998年和2000年分别颁布了《俄罗斯联邦税收法》第一部和第二部，标志税改取得实质性进展。此次改革最大的变化体现在：将个人所得税多级税率改为3%的单级税率；将预算外的退休基金、社保基金和医保基金合并为统一社会税，同时取消就业基金；改革公路使用税的征收办法，该税率原为销售额的2.5%，现改为按商品销售额与进货额之差额的1%征收；取消住宅及社会文化设施税；取消燃油和润滑油的销售税；取消车辆购置税；取消个别种类交通工具购置税等。

2001年，俄罗斯议会又修改补充了《俄罗斯联邦税收法》。其中将原35%所得税税率下调至24%；将消费税普遍提高12%；增加矿产资源开采税，代替原矿产资源使用税和矿产资源基地再生产税。

俄罗斯实行联邦税、联邦主体税和地方税三级税收体制。联邦税在俄罗斯境内普遍实行，但其税收并不统归联邦预算。联邦主体税由联邦主体的立法机关以专门法律规定，并在相应地区普遍实行。地方税由地方自治代表机关以法规形式规定并在所管辖区域普遍实行。

联邦税包括：增值税、某些商品和资源的消费税、企业和组织的所得税、自然人所得税、国家预算外社会基金缴纳、国家规费、海关关税和规费、地下资源开采税、动物和水生资源使用权税、林业税、水资源税、生态税、联邦许可证签发手续费等。

联邦主体税包括：企业和组织所得税、不动产税、道路交通税、运输税、销售税、博彩税、地区许可证签发手续费等。

地方税包括：土地税、自然人财产税、广告税、继承或赠与税、地方许可证签发手续费等。

主要税赋和税率

企业所得税

企业所得税即企业利润税，根据俄罗斯国家杜马2008年11月21日通过的《税法典》修正案，将企业利润税降低4%，从先前的24%降至20%。

增值税

《俄罗斯联邦税收法典》规定联邦增值税有3种，分别执行不同的税率。

- 一般商品增值税，税率为18%。
- 食品和儿童用品增值税，税率为10%。
- 个别商品增值税，税率为零。

实行零增值税税率的商品主要有：通过海关出口到独联体国家的商品（石油、凝析油和天然气除外）；与不征收增值税的出口商品的生产和销售有直接关系的工作（服务），与过境运输有直接关系的工作（服务）；以统一的国际转运协议为基础的旅客和行李的转运服务；直接为宇宙空间提供的工作（服务）及其在技术工艺上所依赖并与之有关的地面准备工作（服务）；贵重金属开采者或利用含贵金属的废金属及下脚料的生产者卖给联邦的贵金属和宝石基金、俄罗斯中央银行、其他银行的贵金属；外交代表机构及与之享受同等待遇的代表机构的专用商品，以及这些代表机构的外交官或行政技术人员及其家属的自用商品。

消费税

俄罗斯税收法典规定，对用食品原料酿制的酒精饮料、白酒、烈性甜酒制品、含酒精溶液等商品征收消费税。烟草和香烟制品、珠宝制品、部分轿车、车用汽油、柴油、天然气等商品征收消费税。除酒类产品外，其他商品的消费税全部纳入联邦预算。

有价证券发行税

有价证券发行税税率为发行面值的0.8%，由发行单位缴纳，该收入全部纳入联邦预算。

海关关税

海关关税税率由俄罗斯、白俄罗斯、哈萨克斯坦关税同盟统一确定，关税收入根据比例在三国间分配。

矿产资源开采税

该税种针对的是从俄罗斯联邦境内地下开采的、供纳税人使用的矿产；从矿产开采中产生的残渣及从废料中获得的根据俄罗斯联邦矿产法应该获得许可的矿产；在俄罗斯境外俄罗斯联邦司法管辖区域内的矿场开采的矿产（在外国租赁的地区或根据国际条约的规定）。矿产资源开采税的税率根据23种矿产分别加以规定，3.8%～16.5%不等。

个人所得税

个人所得税税率统一为13%。

保险金税

2010年以来，俄罗斯启动新一轮税制改革。其中，天然气开采税2011—2013年分别调整为237卢布/千立方、251卢布/千立方、265卢布/千立方；石油开采税2012—2013年分别调整为446卢布/吨、470卢布/吨；酒精消费税2011—2013年分别调整为10%～42.9%，8%～23%，5.7%～10.7%；烟草消费税2011—2013年分别调整为20.7%，20%，7%；俄罗斯取消了社会税，取而代之的是保险金税，针对不同收入和企业类型，税率在20%～30%之间；交通税从2011年起减少一半，功率在150马力以下的交通工具免征交通税；俄罗斯2011年开征燃油消费税，为油价的3%～6%，2012年起每年增加1%。此外，俄罗斯还征收不动产税、空气资源税，进一步调整增值税、财产税、自然人所得税等。

相关政策动向

目前俄罗斯财政部、能源部正就修订天然气开采税计算公式进行协商，计划自2014年起引用新计算公式。新的天然气开采税计算公式将考虑出口价格及具体矿区情况等因素。据专家估计，采用新计算公式后，2015年前俄罗斯天然气工业公司开采税可能降低1/3，其他独立生产商降低一半。2013年4月，俄罗斯财长西卢阿诺夫表示，俄罗斯正在研究将石油开采税提高5%的可能性，以补充道路基金的短缺。为提高环保质量，俄罗斯开始实行汽油欧4标准，并逐步过渡到欧5标准，政府决定给予成品油加工企业优惠政策，致使道路基金2014—2015年将出现亏空36亿美元。据专家分析，以每桶石油价格100美元计算，上述方案可增加政府财政收入36亿～37亿美元。

企业在俄罗斯报税的相关手续

报税时间

法人机构的会计师必须是俄罗斯公民，报税时间依税种和科目不同，分为按月缴纳、按季度缴纳及按年度缴纳等。

企业自行到税务部门上报税目。

报税手续

俄罗斯的税种分为联邦税、行政区域税和地方税等三个级别。在注册法人机构时，企业须获得税务注册证（号），依据联邦及地方政府规定按时纳税。

报税资料

报税时，企业须携带所在地证明（法人注册证、税务注册证）、银行账户须纳税项目的收据证明等。

参考文献
REFERENCES

［1］梁蓓. 国际税收筹划. 北京：对外经济贸易大学出版社，2011.

［2］中华人民共和国商务部网站.